Petra Wild

Apartheid und ethnische Säuberung in Palästina

Bibliografische Information der Deutschen Bibliothek:
Die Deutsche Bibliothek verzeichnet diese Publikation
in der Deutschen Nationalbibliografie.
Detaillierte bibliografische Daten sind im Internet über http://dnb.ddb.de abrufbar.

Lektorat: Hannes Hofbauer
Gestaltung: Stefan Kraft
Druck: Interpress, Budapest
Printed in Hungary
ISBN: 978-3-85371-355-6

Fordern Sie einen Gesamtprospekt des Verlages an:

Promedia Verlag
Wickenburggasse 5/12
A-1080 Wien

E-Mail: promedia@mediashop.at

Internet: www.mediashop.at
www.verlag-promedia.de

Petra Wild

Apartheid und ethnische Säuberung in Palästina

Der zionistische Siedlerkolonialismus in Wort und Tat

PROMEDIA

Über die Autorin

Petra Wild, geboren 1963 in Aarbergen/Hessen, studierte arabische Sprache und Islamwissenschaften in Jerusalem, Leipzig, Damaskus und Berlin. Sie arbeitet als freiberufliche Publizistin vor allem zur Palästina-Frage und zur Arabischen Revolution.

Inhaltsverzeichnis

Einleitung 7

Der Ursprung des Konflikts: Zionistischer Siedlerkolonialismus und die ethnische Säuberung 1947/1948 11

Ethnokratie, Apartheid und ethnische Säuberung 21

Die gläserne Mauer: Segregation und Ausschluss der Palästinenser innerhalb der Grünen Linie 33

Vertreibung, Landraub und Zerstörung der einheimischen Kultur innerhalb der Grünen Linie am Beispiel des Naqab/Negev 55

Rassismus in der jüdisch-israelischen Bevölkerung 73

Die israelische Kolonialpolitik in den 1967 besetzten Gebieten vor und nach den Oslo-Abkommen 91

Gettoisierung, Enteignung und schleichende Vertreibung der Palästinenser in der Westbank 111

Die ethnische Säuberung des Jordantals 125

Die Funktion der Siedler: Landraub und Terrorisierung der einheimischen Bevölkerung 141

Ethnische Säuberung und Zerstörung der historischen Stadt in al-Quds/Jerusalem 159

Die Blockade des Gazastreifens und die Genozid-Debatte 183

Demokratischer säkularer Staat statt Apartheid und ethnischer Säuberung . . . 209

Literaturliste 223

Landkarten 233

Einleitung

Die Realität in Palästina wird besonders in Deutschland verdeckt durch einen dichten Schleier aus Desinformation und Manipulation. Durch ständige Wiederholung werden im Bewusstsein der Öffentlichkeit bestimmte Verknüpfungen und Konnotationen hergestellt: Dass Israel der Staat der Überlebenden des Holocausts sei; dass Israel die einzige Demokratie im Nahen Osten sei; dass Israel ein bedrohter und belagerter Staat in einer feindlichen und zivilisatorisch rückständigen Region sei; dass die Araber und Muslime Israel ablehnten, weil der Islam eine repressive und barbarische Religion und/oder die arabische Kultur in vormodernen Strukturen gefangen sei; dass Israel nach Frieden strebe, während Palästinenser, Araber und Iraner Israel vernichten wollten; dass jeder israelische Krieg per definitionem nur der Selbstverteidigung diene und Israels Recht auf Selbstverteidigung sakrosankt sei, ebenso dessen Anspruch, ein exklusiv jüdischer Staat sein zu wollen. Die immer gleichen propagandistischen Versatzstücke prägen die Reaktionsmuster der Öffentlichkeit, die sich oftmals in eingeübten Reflexen auf gegebene Reize erschöpfen.

Sobald es um Israel geht, wenden auch kritische Köpfe völlig andere Kriterien an als auf andere Staaten. Während es in den 1980er Jahren selbstverständlich war, den Apartheidstaat Südafrika zu boykottieren, wird die Apartheidpolitik Israels als zulässig betrachtet, da dieses seinen jüdischen Charakter bewahren müsse. Je nach politischer Vorliebe solidarisieren sich viele mit der baskischen Minderheit in Spanien oder der tibetischen in China, die Unterdrückung der palästinensischen Minderheit in Israel wird jedoch geflissentlich übersehen. Die antideutsche Linke, die alle Nationalstaaten eifrig bekämpft, glorifiziert gleichzeitig den Nationalstaat Israel. Jeder andere Staat, der im 21. Jahrhundert darauf bestünde, der exklusive Staat einer bestimmten Religionsgemeinschaft zu sein, würde als fundamentalistisch verurteilt. Jeder andere Staat, der ein System von nach Ethnien getrennten Wohngebieten und Straßen unterhielte, würde als rassistischer Staat verurteilt. In Bezug auf Israel jedoch scheint es eine Immunisierung des Denkens zu geben, die verhindert, dass die Realität so wahrgenommen werden kann, wie sie ist. Die außerordentlich brutale israelische Kolonial- und Kriegspolitik und der beharrliche Widerstand der Palästinenser dagegen haben allerdings in den vergangenen zehn Jahren in den meisten westlichen Ländern dazu geführt, dass der Schleier zerrissen wurde und die Dinge beim Namen genannt werden. Hierzulande jedoch ist die Auseinandersetzung mit der Palästina-Frage von einer bemerkenswerten Rückständigkeit gekennzeichnet. Die Solidaritätsbewegung ist schwach, die internationale Kampagne zu Boykott, Desinvestment und Sanktionen gegen Israel beginnt erst langsam sich zu entwickeln. In der Palästina-Frage gibt es keine nennenswerten Unterschiede zwischen rechten und linken Parteien und Organisationen. Die Sicherheit Israels ist von der Bundesregierung zur Staatsräson erklärt und das Existenzrecht Israels von der Linkspartei ins Parteiprogramm geschrieben worden. Die außerparlamentarische Linke, die sich als antifaschistisch versteht, überholt die herrschenden Parteien von rechts und vertritt teilweise ähnliche Positionen wie die Partei »Die Freiheit«, »politically-incorrect« und andere rechte rassistische Strömungen. Die wenigen kritischen Stimmen, die es gibt, werden regelmäßig mittels inszenierter Antisemitismusvorwürfe zum Schweigen gebracht, Veranstaltungen, die nicht die offizielle israelische Linie wiedergeben, immer wieder verhindert.

Entscheidend für das Gelingen der fortwährenden Manipulation der Öffentlichkeit ist die Instrumentalisierung des Antisemitismusvorwurfes. Zionisten innerhalb und außerhalb Israel bezeichnen auch Antizionismus und Kritik an der Politik des Staates Israel als Formen des Antisemitismus. In den Metropolen wurde dieser Ansatz in den letzten Jahren aufgegriffen, und wenn heute von Antisemitismus die Rede ist, ist meist Israelkritik oder Antizionismus gemeint. Beides sind jedoch grundverschiedene Dinge. Während der Begriff des Antisemitismus den pauschal gegen die jüdische Religionsgemeinschaft gerichteten Rassismus bezeichnet, ist Antizionismus eine politische Position, die im Kern in der Ablehnung der Vertreibung, Enteignung und Entrechtung der Palästinenser und eines exklusiven jüdischen Staates in einem multiethnischen, multireligiösen Land besteht. Welche Theorien in Umlauf gebracht, gefördert werden und sich durchsetzen können, hängt in nicht geringem Maß von den ideologischen Interessen der Herrschenden ab. Theodor W. Adorno hat das bereits in den 1960er Jahren pointiert formuliert: »Über das, was wahr und was bloße Meinung, nämlich Zufall und Willkür sein soll, entscheidet nicht, wie die Ideologie es will, die Evidenz, sondern die gesellschaftliche Macht, die das als bloße Willkür denunziert, was mit ihrer eigenen Willkür nicht zusammenstimmt.«[1]

Um der permanenten Manipulation etwas entgegenzusetzen, hatte ich ursprünglich vor, ein Buch über die israelische Apartheidpolitik und die Ein-Staat-Lösung zu schreiben. Bei meinen Studien stellte sich jedoch heraus, dass die israelische Politik gegenüber den Palästinensern sich nicht auf Apartheid beschränkt, sondern auch systematische ethnische Säuberungen einschließt. Der antizionistische Israeli Moshe Machover lehnt die Verwendung des Apartheidbegriffs sogar als Verharmlosung ab, da der Kern israelischer Kolonialpolitik die ethnische Säuberung sei. Im Gegensatz zum südafrikanischen Apartheidregime habe Israel kein Interesse an der Ausbeutung der Arbeitskraft der einheimischen Bevölkerung,

1. Adorno, Theodor W., Meinung Wahn Gesellschaft in: Eingriffe. Neun kritische Modelle, Frankfurt/Main 1963, S. 153

sondern wolle sich ihrer entledigen.[2] Diese Einschätzung wird von mehreren kritischen Israelis und internationalen Kolonialismus- und Genozidforschern geteilt. Im weiteren Verlauf der Auseinandersetzung wurde mir klar, dass die israelische Kolonialpolitik weder durch den Begriff der Apartheid noch durch den der ethnischen Säuberung ausreichend erklärt werden kann, da beide nur Folgen sind, Symptome. Die Suche nach der Ursache führte mich zur Beschäftigung mit dem Phänomen des Siedlerkolonialismus. In der neueren Kolonialismus- und Genozidforschung werden Israel und dessen Staatsdoktrin, der Zionismus, als solcher behandelt. Der reine Siedlerkolonialismus, für den Israel ein Beispiel ist, strebt danach, die einheimische Bevölkerung durch eine eingewanderte Siedlerbevölkerung vollständig zu ersetzen. Die Grenzen werden stets weiter nach vorne verschoben und die einheimische Bevölkerung auf stets kleiner werdenden Flächen zusammengedrängt, um ihr Land und ihre Ressourcen für die Siedlerbevölkerung freizumachen. Charakteristisch für siedlerkolonialistische Gebilde sind neben territorialer Expansion ein ausgeprägter Rassismus in der Siedlerbevölkerung und die Behauptung, das Land sei menschenleer gewesen, als die Siedler kamen. Die bekanntesten siedlerkolonialistischen Staaten sind die USA, Neuseeland, Australien, Südafrika und Israel. Der Begriff des Siedlerkolonialismus war der Schlüssel, um die Logik, die der Apartheid und ethnischen Säuberung in Palästina zugrunde liegt, verstehen und die konkreten Ausprägungen der zionistischen Kolonialpolitik miteinander in Bezug setzen zu können. So wurde aus einem Buch über die israelische Apartheidpolitik ein Buch über den zionistischen Siedlerkolonialismus in seinen verschiedenen Ausdrucksformen, zu denen – wie in allen siedlerkolonialistischen Staaten – Apartheid, ethnische Säuberung und schleichender Genozid gehören.

Petra Wild,
Berlin, im Januar 2013

2. Machover, Moshe, Is it Apartheid?, News from Within (AIC), Jerusalem, December 2004/January 2005; deutsche Übersetzung von Ellen Rohlfs, Ist es Apartheid? unter: arendt-art.de/deutsch/palestina/Stimmen_Israel_juedisch/machover_moshe_apartheid.htm

Der Ursprung des Konflikts: Zionistischer Siedlerkolonialismus und die ethnische Säuberung 1947/1948

»Der israelisch-palästinensische Konflikt ist seinem Wesen nach ein Konflikt zwischen einer in die Region eindringenden, in erster Linie aus dem Westen stammenden Siedlerbewegung, die aufgrund alttestamentlicher Verheißungen und von der Imperialmacht Großbritannien gemachter Versprechungen nach Palästina kam und um keinen Preis anerkennen wollte, dass das Land schon bewohnt war, und einer palästinensisch-arabischen Ursprungsbevölkerung von Muslimen und Christen, die sich ohne großen Erfolg dem Verlust ihres Territoriums und der Zerstörung ihrer Gesellschaft immer entgegengestellt hat.« (Edward W. Said)[3]

In der arabischen Welt wird der Zionismus seit jeher als koloniales Projekt angesehen. Die Arbeiten arabischer Wissenschaftler zu dem Thema, wie etwa die des bekannten ägyptischen Professors Abdel-Wahab al-Massiri, wurden in der westlichen Welt nicht zur Kenntnis genommen, da ihnen mangelnde Objektivität und propagandistische Absichten unterstellt wurden.[4] Vereinzelte Ansätze europäischer und israelischer Wissenschaftler in den 1970er und 1980er Jahren, Israel als Siedlerkolonialismus zu behandeln, blieben weitgehend folgenlos.[5] Erst in den vergangenen Jahren hat sich die Analyse des Zionismus als Siedlerkolonialismus in stärkerem Maße durchsetzen können. Es gibt mittlerweile eine ganze Reihe von Büchern und Texten zum Thema und auch kritische israelische Wissenschaftler wie Ilan Pappe und Oren Yiftachel bedienen sich dieses Begriffs. Eine Konferenz über den Siedlerkolonialismus in Palästina, wie im März 2011 von der School of Oriental and African Studies (SOAS) in London veranstaltet, oder Debatten unter Genozidforschern über die Frage, ob die israelische Politik genozidal sei, wie 2010 im »Journal of Genocide Research« veröffentlicht, wären vor zehn Jahren noch undenkbar gewesen.[6]

Der Siedlerkolonialismus ist eine spezifische Form des Kolonialismus. Er

3. Said, Edward W., Versöhnung zwischen Gleichen in: Frieden in Nahost? Heidelberg 1997, S. 252
4. Für einen Einblick in seine Analysen: The Transnational Institute of Policy Studies (TNI), Examining the Realationship between Zionism and Racism, Phyllis Bennis, For the Record, No. 81, 6.9.2001, unter: www.tni.org/detail_page.phtml?page=archives_bennis_zionism
5. vgl. Rodinson, Maxime, Israel: A Colonial Settler State?, New York 1973; Shafir, Gershon, Land, Labour and the Origins of the Israeli-Palestinian Conflict, 1882-1914, Cambridge 1989
6. School of Oriental and African Studies; Past is Present: Settler Colonialism in Palestine, 7th Annual Conference, 5-6. März 2010 London, Programm unter: www.soas.org.ac.uk/Imei/events/file65315.pdf;

basiert auf dem Raub des Landes und der Ressourcen durch Siedler, die aus anderen Ländern kommen, während die einheimische Bevölkerung verdrängt und ihre Gesellschaft und Kultur zerstört werden. Zur Legitimation dieser Politik bedienten sich alle siedlerkolonialistischen Projekte in der Vergangenheit wie auch Israel in der Gegenwart eines ausgeprägten Rassismus. Der Kolonialismusforscher Jürgen Zimmerer definiert Siedlerkolonialimus als »Versuch der Kontrolle und bevölkerungspolitischen Neuordnung größerer Territorien nach den Vorgaben einer von außen in die Region gekommenen Bevölkerung. Er basierte zwingend auf einer ethnisch verstandenen Hierarchisierung der Bevölkerung. Motiviert und auch gerechtfertigt wurden sowohl die Invasion als auch die Besetzung fremder Kontinente durch die Einteilung der Menschen in höhere, zum Herrschen bestimmte und niedere, ihnen unterworfenen Rassen. Ob unverhohlener Raub, oder Rechtfertigung als Zivilisationsmission, kaum irgendwo findet sich eine Akzeptanz des indigenen Gegenübers als Gleichem.«[7]

Je nachdem, ob die einheimische Bevölkerung als billige Arbeitskräfte eingebunden wird oder nicht, entwickelt der Siedlerstaat unterschiedliche Techniken im Umgang mit ihr. Der reine Siedlerkolonialismus hat nicht die Ausbeutung der einheimischen Bevölkerung zum Ziel, sondern die Aneignung des Landes möglichst ohne sie. Europäische Siedlerkolonialisten orientieren sich an der von ihnen glorifizierten westlichen Zivilisation, der sie entstammen und streben nach der Errichtung einer Kopie Europas außerhalb Europas unter Ausschluss der einheimischen Bevölkerung. Diese wird entweder Opfer breitflächiger ethnischer Säuberungen, Segregation und Einsperrung oder eines Genozids. Beispiele für den reinen Siedlerkolonialismus sind die USA, Neuseeland, Australien und Israel. Beispiele für den Ausbeutungssiedlerkolonialismus waren die französische Kolonie Algerien und Südafrika bis zur Beseitigung der Apartheid 1994.

Der Zionismus entstand Ende des 19. Jahrhunderts im europäischen jüdischen Kleinbürgertum. Er war einerseits eine Reaktion auf den zunehmenden Antisemitismus und Assimilationsdruck in Europa und andererseits eine Verkörperung der damals vorherrschenden nationalistischen und kolonialistischen Ideologien. Er definierte Judentum nicht mehr nur als Religionsgemeinschaft, sondern als Volk bzw. Nation. Da die Zionisten die Prämisse der Antisemiten übernahmen, dass Juden und Nicht-Juden nicht zusammenleben könnten, sahen sie die Lösung für die Diskriminierung und Verfolgung von Juden in der Gründung eines eigenen Nationalstaates außerhalb Europas. Der österreichische Journalist Theodor Herzl, der eigentliche Gründer des Zionismus, legte das Projekt in seinem 1896 erschienenen

Shaw, Martin, The Question of Genocide in Palestine, 1948: A Debate between Martin Shaw and Omer Bartov, Journal of Genocide Research, Vol.12, Nos. 3&4 2010, S. 243-259

7. Zimmerer Jürgen, Der erste deutsche Genozid/Zum Verhältnis von Kolonialismus und Holocaust, Vortragsmanuskript Kolonialismus und Nationalsozialismus/Die Debatte um (Dis-)Kontinuitäten Freiburg 7./8.Februar 2008, unter: www.freibung-postkolonial.de/Seiten/iz3w2008-KD-Zimmerer.htm

Werk »Der Judenstaat« programmatisch dar. Ein Jahr später fand in Basel der erste Kongress der Zionistischen Weltorganisation (WZO) statt, die dieses Projekt in die Praxis umzusetzen suchte. Die zionistische Bewegung bezeichnete sich in ihren ersten Jahrzehnten selbstbewusst als koloniale Bewegung und Herzl bezeichnete sein Projekt in einem Brief an Cecil Rhodes, dem Gründer der afrikanischen Siedlerkolonie Rhodesien, als »koloniales Projekt«.[8]

Die Entscheidung der WZO für Palästina als Ort des zukünftigen »Judenstaates«, nachdem auch Argentinien und Uganda in der Diskussion gewesen waren, ging einher mit einer fundamentalistischen Bibelauslegung, die trotz des zunächst vorwiegend säkularen Charakter des Zionismus eine zentrale Rolle spielte bei der Legitimation des zionistischen Anspruches auf das Land Palästina, das damals zum Osmanischen Reich gehörte. Dort lebten zu diesem Zeitpunkt etwa eine Million Palästinenser, die dem Land seinen spezifischen Charakter gaben, darunter 4 % Juden.[9] Der Bezug auf biblische Versprechen war indessen keine zionistische Erfindung, sondern ist charakteristisch für alle siedlerkolonialistischen Projekte. Auch die europäischen Siedler in Nordamerika und Südafrika hatten sich ihrer bedient. Die Tatsache, dass Juden seit der Herausbildung ihrer Religion neben einer Vielzahl von anderen religiösen und ethnischen Gemeinschaften immer auch in Palästina gelebt hatten, schien jedoch der Rechtmäßigkeit des zionistischen Kolonisierungsprojekts eine besondere Glaubwürdigkeit zu verleihen: »Der Zionismus als eine kolonialistische Bewegung bot der Welt die originellste und einzigartigste Verteidigung für eine solche Unternehmung an. Die Rechtfertigung basierte in diesem Fall nicht auf einer Zivilisierungsmission oder kommerziellen Interessen. Anders als Siedler in anderen Teilen der Welt, behaupteten die zionistischen Siedler, dass sie nicht in ein neues Land kämen (...), sondern nach einem verlängerten Auslandsaufenthalt einfach nach Hause zurückkehrten; die scheinbar Einheimischen wären die eigentlichen Fremden.«[10]

Eine Vertreibung der Juden aus Palästina, auf die sich die Rhetorik von der »Rückkehr« stützt, hat, wie mittlerweile belegt ist, niemals stattgefunden. Vielmehr sind die heutigen Palästinenser die Nachkommen aller Religionsgemeinschaften – darunter auch der Juden –, Ethnien und Zivilisationen, die sich in der etwa sechstausendjährigen Geschichte des Landes dort getroffen, vermischt und eine spezifisch palästinensische Kultur hervorgebracht haben.[11]

Die zionistische Bewegung suchte zur Durchsetzung ihres kolonialen Projekts

8. Herzl, Theodor, Briefe und Tagebücher, dritter Band, herausgegeben von Alex Bein, Hermann Greive, Moshe Schaerf, Julius H. Schoeps, Berlin/Frankfurt a.M/Wien 1985, S. 327f.
9. White, Ben, Israeli Apartheid. A Beginner's Guide, London/New York 2009, S. 13
10. Beit-Hallahmi, Benjamin, Original Sins. Reflections on the History of Zionism and Israel, London 1992, S. 82
11. vgl. Sand, Shlomo, The Invention of the Jewish People, London/Brooklyn, 2009; Pappe, Ilan, The One Palestine: Past, Present and Future Perspectives, Nebula, Glebe/Australia 5.3, A Journal of Multidisciplinary Scholarship, September 2008, S. 61-77

die Protektion einer Großmacht und versprach, dass der künftige jüdische Staat ein Teil Europas sein, die europäische Zivilisierungsmission fortsetzen und europäische Interessen verteidigen werde.

Theodor Herzl drückte das folgendermaßen aus: »Für Europa würden wir dort ein Stück des Walles gegen Asien bilden, wir würden den Vorpostendienst der Kultur gegen die Barbarei besorgen.«[12]

Während des Ersten Weltkriegs ging die Weltmacht Großbritannien aus eigenen geostrategischen Interessen ein Bündnis mit der Zionistischen Weltorganisation ein. Sie sicherte dieser im November 1917 in der Balfour-Deklaration ihre Unterstützung für die Errichtung »einer jüdischen Heimstatt« in Palästina zu. Nach der Besetzung des Landes durch britische Truppen 1918 intensivierte sich die Einwanderung europäischer zionistischer Siedler und die zionistische Bewegung begann in Kooperation mit der britischen Kolonialmacht quasi-staatliche Strukturen aufzubauen. Dazu gehörte ab 1920 auch die Aufstellung paramilitärischer Einheiten. Oberste Priorität hatte jedoch der Erwerb arabischen Landes als Basis der kolonialen Siedlung. Dafür zuständig war der auf dem 5. Zionistischen Weltkongress 1901 gegründete Jüdische Nationalfonds (JNF), der jedes erworbene Land zum unveräußerlichen jüdischen Eigentum erklärte, das nicht an Nicht-Juden verkauft oder von diesen bearbeitet werden durfte.[13] Nach dem Kauf von Land wurden die Pächter, die das Land zum Teil schon seit Generationen bearbeitet hatten, vertrieben, sodass Tausende von Menschen landlos wurden. Es waren vorwiegend außerhalb des Landes lebende Großgrundbesitzer, die Land verkauften. Die zionistische Bewegung nahm in der ersten Phase die Hilfe französischer Experten für die Kolonisierung Nordafrikas in Anspruch. Diese waren besonders geeignet, da Frankreich Algerien bereits 1830 besetzt und dort eine große europäische Siedlerkolonie aufgebaut hatte.[14]

Die einheimische palästinensische Bevölkerung wurde sowohl in den britischen wie in den zionistischen Planungen ignoriert. Als Nicht-Europäer, Nicht-Weiße galten die Palästinenser beiden gleichermaßen als unzivilisiert und minderwertig. Weder ihre nationalen und politischen Rechte noch ihre Identität, Kultur und Geschichte wurden anerkannt. Lord Balfour gestand ihnen – der überwiegenden Mehrheit der Bevölkerung – in seiner Deklaration mit der typischen Arroganz des Kolonialherrn nur Minderheitenrechte zu. Israel Zangwill brachte die Parole »Ein Land ohne Volk für ein Volk ohne Land« in Umlauf, die nicht bedeutete, dass die Anwesenheit einer einheimischen Bevölkerung der zionistischen Bewegung nicht bekannt war, sondern vielmehr, dass diese nicht als vollwertige Menschen, nicht als an die europäischen Siedler heranreichende Menschen angesehen

12. Herzl, Theodor, Der Judenstaat, Leipzig/Wien 1896, Neudruck der Erstausgabe, Osnabrück 1968, S. 29
13. Lehn, Walter; Davis, Uri, The Jewish National Fund, London/New York 1988, S. 14-42
14. White, a.a.O., S. 13

wurden.[15] Der langjährige Vorsitzende der WZO, Chaim Weizmann, zum Beispiel fand: »Es gibt einen fundamentalen Qualitätsunterschied zwischen Jude und Eingeborenem.« Als der Leiter der Kolonisationsabteilung der Jewish Agency ihn über die Araber in Palästina befragte, antwortete er: »Die Briten haben uns gesagt, dass es dort einige Hunderttausend Neger gibt, die keinen Wert haben.«[16]

Das Ziel der zionistischen Bewegung war die Übernahme des gesamten Mandats-Palästinas und die Ersetzung der einheimischen Bevölkerung durch eine europäische Siedlerbevölkerung.[17] Dem Vorsitzenden der Zionistischen Weltorganisation, Chaim Weizmann, zufolge sollte Palästina so jüdisch werden wie England englisch ist.[18] Das war nur zu erreichen, indem die einheimische Bevölkerung vertrieben wurde. Das hatte bereits Theodor Herzl nahegelegt: »Die arme Bevölkerung trachten wir unbemerkt über die Grenze zu schaffen, indem wir ihr in den Durchzugsländern Arbeit verschaffen, aber in unserem eigenen Land jederlei Arbeit verweigern.«[19]

Alle zionistischen Fraktionen waren sich über die Notwendigkeit eines »Transfers« – wie die Vertreibung euphemistisch genannt wurde – der einheimischen Bevölkerung einig. Ab Mitte der 1930er Jahre wurden mehrere aufeinander folgende Komitees eingesetzt, die Möglichkeiten zum »Bevölkerungstransfer« untersuchen sollten.[20] David Ben-Gurion, ein weiterer Vorsitzender der Zionistischen Weltorganisation, sagte auf dem 20. Kongress der WZO mehr als eine Dekade vor der Gründung des Staates Israel: »Die wachsende jüdische Macht im Land wird unsere Möglichkeiten, einen großen Transfer auszuführen, erhöhen.« Der langjährige Vorsitzende des Jüdischen Nationalfonds (JNF), Joseph Weitz, erklärte auf einem Treffen des »Transferkomitees« 1937, warum die Vertreibung der einheimischen Bevölkerung notwendig war: »Der Transfer der arabischen Bevölkerung aus dem Gebiet des jüdischen Staates dient nicht nur einem Ziel – der Verringerung der arabischen Bevölkerung. Er dient auch einem zweiten, nicht weniger wichtigen Ziel, nämlich das Land zu evakuieren, das gegenwärtig von Arabern besessen und kultiviert wird und es so für die jüdischen Einwohner freizumachen.«[21]

1940 notierte Joseph Weitz in seinem Tagebuch, dass eine Koexistenz mit den Palästinensern im Rahmen des zionistischen Projekts unmöglich sei: »Unter uns

15. vgl. Gregory, Derek, The Colonial Present, Malden/Oxford/Carlton 2004, S. 79ff; Masalha, Nur, The Politics of Denial, London 2003, S. 12ff.
16. White, a.a.O., S. 16f.
17. Zu den territorialen Vorstellungen der Zionisten vgl.: Harttung, Arnold (Hg), Ursprung und Entwicklung des arabisch-israelischen Konflikts und der Palästina-Teilungsplan der Vereinten Nationen, Berlin 1993, S. 19ff., Anhang III. S. 198
18. Flapan, Simha, Zionism and the Palestinians, London/New York 1979, S. 46
19. Herzl, Theodor, Briefe und Tagebücher, Zweiter Band, herausgegeben von Alex Bein, Hermann Greive, Moshe Schaerf; Julius H. Schoeps, Berlin/Frankfurt/M/Wien 1983, S. 117
20. Masalha, The Politics of Denial, a.a.O., S. 23ff.; Flapan, Simha, The Birth of Israel. Myths and Realities, New York 1987, S.103 ff.; ders., Zionism and the Palestinians, London/ New York 1979, S. 259ff.
21. White, a.a.O., S. 19

muss klar sein, dass es im Land keinen Platz gibt für beide Völker zusammen. (...) Mit den Arabern werden wir unser Ziel, ein unabhängiges Volk in diesem Land zu sein, nicht erreichen. Die einzige Lösung ist Eretz Israel, zumindest der westliche Teil Eretz Israels, ohne Araber (...) und es gibt keinen anderen Weg, als die Araber von hier in die benachbarten Länder zu transferieren, sie alle zu transferieren. Nicht ein Ort oder Stamm soll übrig bleiben und der Transfer muss auf den Irak, Syrien und sogar Transjordanien gerichtet sein. Zu diesem Zweck wird Geld aufzutreiben sein, viel Geld; und nur durch diesen Transfer kann das Land Millionen unserer Brüder aufnehmen. Es gibt keine Alternative dazu ...«[22]

Nach der Verabschiedung der UNO-Teilungsresolution 181 am 29. November 1947 hielt die zionistische Führung den Zeitpunkt für gekommen, mit der ethnischen Säuberung des Landes zu beginnen. Die Resolution war ein Erfolg für die Zionisten, weil darin erstmals ihre territorialen Ansprüche auf Palästina international anerkannt wurden. Mehr noch: obwohl Juden zu diesem Zeitpunkt auch nach Jahren der intensiven Einwanderung nur ein Drittel der Bevölkerung stellten und weniger als 7 % des Landes besaßen, wurden dem zukünftigen jüdischen Staat 55,5 % der Fläche Palästinas zugesprochen. Die einheimischen Palästinenser hingegen, die zwei Drittel der Bevölkerung ausmachten und mehr als 93 % des Landes besaßen, sollten nur 44,5 % des Landes bekommen. Die Palästinenser bildeten in 15 der 16 Subdistrikte des Landes die Bevölkerungsmehrheit. Auch in dem für den jüdischen Staat vorgesehenen Gebiet hätten sie fast die Hälfte der Bevölkerung ausgemacht.[23] Die Palästinenser lehnten den Teilungsplan ebenso ab wie die arabischen Staaten. Die Zustimmung der zionistischen Bewegung zur Resolution war taktischer Natur. Es ging ihr zunächst darum, internationale Legitimation und Anerkennung zu erhalten, um, sobald die Gelegenheit sich bot, das Territorium des jüdischen Staates zu vergrößern. Ben-Gurion hatte schon 1937 geschrieben: »Errichtet sofort einen jüdischen Staat, selbst wenn es nicht im ganzen Land ist. Der Rest wird im Laufe der Zeit kommen. Er muss kommen.«[24]

Im Dezember 1947, noch während die britische Kolonialverwaltung das Land regierte, unternahmen zionistische Milizen die ersten Operationen zur Vertreibung der Palästinenser. Das waren zunächst begrenzte, einzelne Aktionen, die jedoch von großer Brutalität gekennzeichnet waren. Im Dorf Khisas sprengten zionistische Milizen mitten in der Nacht einige Häuser mitsamt der darin schlafenden Menschen in die Luft. 15 Palästinenser wurden dabei getötet. Als die Aktion unerwünschte internationale Aufmerksamkeit auf sich zog, entschuldigte sich Ben-Gurion dafür,

22. Weitz, Joseph, A Solution to the Refugee Problem, Davar 29.9.1967, zitiert nach: Davis, Uri, Apartheid Israel. Possibilities for the Struggle within. London/New York 2003, S. 20
23. White a.a.O., S. 21f.
24. zitiert nach: Karmi, Ghada, Married to Another Man. Israel's Dilemma in Palestine, London/New York 2007, S. 17

nahm sie aber wenige Monate später in die Liste der erfolgreichen Operationen auf.[25]

Die ethnische Säuberung in großem Stil begann im März 1948, nachdem der innerste zionistische Führungskreis die Umsetzung des zu diesem Zweck bereits vorbereiteten »Plan Dalet« beschlossen hatte.[26] Die beteiligten militärischen Einheiten erhielten ausdrückliche Befehle zur »Säuberung« und Zerstörung der Dörfer. Die Vertreibung der Palästinenser wurde ebenso systematisch ausgeführt wie sie zuvor geplant worden war. Teilweise wurden die Menschen direkt vertrieben, teilweise durch Gräueltaten zur Flucht gezwungen. Massaker an der Zivilbevölkerung spielten eine wichtige Rolle bei der Verbreitung von Furcht und Schrecken. Nach dem gegenwärtigen Forschungsstand begingen zionistische Truppen mindestens 70 Massaker und Gräueltaten, von denen die bekanntesten in Deir Yassin bei Jerusalem/al-Quds, Tantura bei Haifa und Duwayma bei Hebron/al-Khalil stattfanden.[27]

In Deir Yassin wurden im April 1948 zwischen 100 und 150 der 750 Dorfbewohner – Männer, Frauen und Kinder – getötet. 25 der überlebenden Männer wurden daraufhin in blutdurchtränkter Kleidung im Triumphzug durch Jerusalem geführt, um dann in einer ruhigen Ecke der Stadt erschossen zu werden. In Tantura wurden im Mai 1948 vor allem Männer auf den Straßen, in den Häusern und in kleinen Gruppen auf dem Friedhof des Dorfes gezielt erschossen. Einige hatten zuvor noch ihre Gräber ausheben müssen. Die Gräueltaten in Duwayma im Oktober 1948 wurden von einem Soldaten, der direkt nach dessen Besetzung in das Dorf beordert wurde, wie folgt geschildert: »Sie töteten etwa 80-100 Araber, Frauen und Kinder. Die Kinder wurden getötet, indem ihre Schädel mit Knüppeln zertrümmert wurden. Es gab kein einziges Haus ohne Tote. (...) In dem Dorf verbliebene Männer und Frauen wurden ohne Essen und Trinken in Häuser gesteckt. Dann kamen die Pioniere, um die Häuser zu sprengen. Ein Offizier befahl einem Pionier, zwei alte Frauen in das Haus zu bringen, dass er sich zu sprengen anschickte. Der Pionier weigerte sich und sagte, er würde nur Befehlen gehorchen, die ihm von seinem eigenen Befehlshaber gegeben würden. Also befahl der Offizier seinen eigenen Soldaten, die alten Frauen hineinzubringen und die Gräueltat wurde ausgeführt. Ein anderer Soldat brüstete sich damit, dass er eine arabische Frau vergewaltigt und dann erschossen hatte. (...) Gebildete, wohlerzogene Kommandanten, die als gute Kerle betrachtet werden, haben sich in primitive Mörder verwandelt. Und das geschah nicht im Toben der Schlacht und aus blinder Leidenschaft, sondern

25. White, a.a.O., S. 27
26. Eine umfassende Darstellung der Vertreibung der PalästinenserInnen siehe: Pappe, Ilan, Die ethnische Säuberung Palästinas, Frankfurt/Main 2007
27. Abu Sitta, Salman, The Origins of Sharon's Legacy in: Al-Ahram Weekly Issue No.779 26.1.-1.2.2006, Kairo, unter: www.plands.org/articles/018.html

aufgrund des Systems von Vertreibung und Vernichtung. Je weniger Araber bleiben, desto besser.«[28]

Diese systematischen Massaker an der Zivilbevölkerung sind typisch für den Siedlerkolonialismus, für den die Aneignung des Landes der einheimischen Bevölkerung eine Frage von Leben oder Tod – wir oder sie – ist. Der Genozidforscher Patrick Wolfe begründet das folgendermaßen: »Land ist Leben – oder zumindest notwendig zum Leben. Daher können Kämpfe um das Land Kämpfe um das Leben sein – und sind es tatsächlich oft.«[29] Der Genozidforscher Martin Shaw bewertet die ethnische Säuberung Palästinas 1948 als Genozid, da sie auf die Zerstörung der Palästinenser als Gruppe gerichtet war. Er führt diese nicht nur auf den siedlerkolonialistischen Charakter des Zionismus zurück, sondern auch auf dessen exklusiven Nationalismus. Der Zionismus habe bereits vor dem Krieg von 1948 Ansätze einer »genozidalen Mentalität« gegenüber der arabischen Gesellschaft entwickelt, die derjenigen geglichen habe, die europäische Nationalisten zu dieser Zeit gegenüber den Minderheiten in »ihren« Nationalstaaten hatten.[30]

Die palästinensische Bevölkerung war diesem Schrecken weitgehend schutzlos ausgesetzt. Sie war noch erschöpft von der blutigen Niederschlagung ihres Aufstands von 1936 bis 1939 und nach der Tötung oder Exilierung ihrer Führung zudem weitgehend führungslos. Die am 15. Mai 1948 halbherzig intervenierenden, schlecht ausgebildeten und schlecht ausgerüsteten arabischen Armeen vermochten nicht, die ethnische Säuberung zu stoppen. In diesem ersten israelisch-arabischen Krieg gelang es Israel vielmehr, sein Staatsgebiet um 22 % zu erweitern. Durch die ethnische Säuberung wurden mindestens 750.000 Palästinenser vertrieben, mehr als 80 % der einheimischen Bevölkerung desjenigen Teils Palästinas, der zu Israel werden sollte und etwa die Hälfte der palästinensischen Bevölkerung des ganzen Landes. Dem israelischen Historiker Ilan Pappe zufolge wurden 530 arabische Dörfer und 11 Städte zerstört. Der palästinensische Historiker Salman Abu Sitta beziffert die Zahl der zerstörten Dörfer und Städte auf 675.[31] Die Palästinenser bezeichnen das als Nakba, Katastrophe. In der israelischen Politik und Gesellschaft wird die ethnische Säuberung Palästinas bis heute mehrheitlich entweder geleugnet oder als notwendig und legitim angesehen. Ein Beispiel dafür ist der israelische Historiker Benny Morris, der im Januar 2004 in einem Interview mit der israelischen Tageszeitung Haaretz sagte: »Ich glaube nicht, dass die Vertreibungen von 1948 Kriegsverbrechen waren. Man kann kein Omelett machen, ohne Eier zu

---

28. Kafkafi, Eyal, A Ghetto Attitude in the Jewish State, Davar 6.9.1979 zitiert nach: Davis, a.a.O., S. 24f.
29. Wolfe, Patrick, Settler Colonialism and the Elimination of the Native, Journal of Genocide Research 8 (4), Dezember 2006, S. 387
30. Shaw, Martin, Palestine in an International Historical Perspective on Genocide, Holy Land Studies 9, 1, 2010, S. 1-24, S. 11f.
31. Abu Sitta, Salman, The Right of Return Inevitable, Washington Report on Middle East Affairs Vol. XXIX, No. 9, Dezember 2010

zerschlagen. Man muss seine Hände beschmutzen. (...) Ein jüdischer Staat wäre nicht entstanden, wenn man nicht 700.000 Palästinenser vertrieben hätte.«[32]

Als nach der Besetzung der Westbank und des Gazastreifens erneut größere Gruppen von Palästinensern gewaltsam vertrieben wurden und Fragen nach der Legitimität dessen auftauchten, stellte Yeshayahu Ben-Porat 1972 in der Tageszeitung Yediot Ahronot klar: »Es ist die Pflicht der [israelischen] Führung der Öffentlichkeit klar und mutig eine Reihe von Wahrheiten zu erklären. Eine Wahrheit ist, dass es keinen Zionismus, keine Siedlung und keinen jüdischen Staat gibt, ohne die Araber zu evakuieren, ihr Land zu enteignen und sie abzuzäunen.«[33]

Wenn es Kritik an der ethnischen Säuberung gibt, so beschränkt sie sich oftmals darauf, dass nicht genug Araber vertrieben worden seien. Der als liberal geltende Benny Morris etwa meint, dass die Israelis heute in Frieden leben könnten, wenn 1948 alle Araber vertrieben worden wären.[34]

Die vertriebenen Palästinenser wurden per Gesetz zu »Abwesenden« erklärt, deren Rückkehr nicht erlaubt ist. Palästinenser, die trotzdem versuchten, zurückzukehren, wurden als »Infiltratoren« bezeichnet und erschossen. Mehrere Tausend Palästinenser verloren auf diese Weise in den Jahren nach 1948 ihr Leben. Ihr Land, ihre Häuser, Geschäfte, Plantagen, Bankkonten und sonstiges Eigentum wurden beschlagnahmt und zum Aufbau des Staates Israel verwendet. Das war ein gigantischer Transfer des Eigentums der einheimischen Bevölkerung an die europäischen Siedler, die bis 1948 weniger als 7 % des Landes besessen hatten. Von den 370 neuen jüdischen Siedlungen, die zwischen 1948 und 1953 errichtet wurden, befanden sich 350 auf dem Land palästinensischer »Abwesender.« 1954 lebte über ein Drittel der jüdischen Bevölkerung in Gebieten, aus denen die Palästinenser vertrieben worden waren. Etwa ein Drittel der Neueinwanderer (250.000) ließ sich in Städten nieder, die kurz zuvor von der einheimischen Bevölkerung ethnisch gesäubert worden waren. Auch Zehntausende Geschäfte und Unternehmen wurden von den Siedlern übernommen. Zwischen 1948 und 1953 sicherten die Exporte der landwirtschaftlichen Erzeugnisse beschlagnahmter palästinensischer Haine und Plantagen das ökonomische Überleben Israels. 1949 standen Oliven aus Hainen, die bis 1948 palästinensisch gewesen waren, nach Zitrusfrüchten und Diamanten an dritter Stelle der israelischen Exporte. Auch die exportierten Zitrusfrüchte stammten zu einem großen Teil von palästinensischen Plantagen. Der Wert des von Israel beschlagnahmten beweglichen und unbeweglichen palästinensischen Eigentums wurde in

32. Shavit, Ari, Survival of the fittest, Haaretz 8.1.2004; deutsche Übersetzung: Flottau, Heiko, Die Eiserne Mauer, Berlin 2009, S. 112

33. Ben-Porat, Yeshayahu, Yediot Ahronot, 14.7.1972, zitiert nach: Masalha, Nur, A Land without a People. Israel, Transfer and the Palestinians 1949-96, London 1997, S. 98

34. Shavit, Avi, Survival of the fittest, Haaretz 8.1.2004 unter: www.haaretz.com/survival-of-the-fittest-1.61345; der zweite Teil des Interviews ist nicht mehr abrufbar, aber dokumentiert unter: www.counterpunch.org/2004/01/16/an-interview-with-benny-morris

den 1950er Jahren von der UNO auf 120 Millionen britische Pfund, von der arabischen Liga auf mehr als das Zehnfache geschätzt.[35]

Die vertriebenen Palästinenser und ihre Nachkommen hingegen leben seitdem meist unter elenden Bedingungen in den Flüchtlingslagern der arabischen Nachbarländer oder in der weltweiten Diaspora und kämpfen um ihr Recht auf Rückkehr. Das Recht auf Rückkehr und Entschädigung ist im internationalen Recht verankert und wurde von der UNO in mehreren Resolutionen bekräftigt.

35. (Den damaligen DM-Kurs zum Pfund (11,7:1) auf Euro umgerechnet, sind das ca. 720 Millionen Euro). Davis, a.a.O., S. 34f.

Ethnokratie, Apartheid und ethnische Säuberung

»... die treibende Kraft hinter den Bemühungen des politischen Zionismus war seit seiner Gründung auf dem ersten Zionistischen Kongress nicht liberal-demokratisch, sondern ethnokratisch, nämlich der Versuch, in Palästina einen Staat zu errichten, der so ›jüdisch‹ sein würde wie England ›englisch‹ war – in anderen Worten, im Land Palästina einen souveränen Staat, einen jüdischen Staat zu errichten und zu konsolidieren, der versucht, durch das Gesetz und in der Praxis eine demografische Mehrheit der jüdischen Stämme in den Gebieten unter seiner Kontrolle zu garantieren: einen Apartheidstaat.« (Uri Davis)[36]

Israel definierte sich 1948 in seiner Unabhängigkeitserklärung als »jüdischer Staat«. Gleichzeitig nimmt es in Anspruch, ein demokratischer Staat zu sein. In die »Knesset Basic Laws«, die die Verfassung ersetzen, wurde 1992 ein Gesetz aufgenommen, in dem Israel explizit als »jüdischer und demokratischer Staat« definiert wird. Seitdem hat die Diskussion darüber, ob ein Staat, der sich auf einer religiös-ethnischen Grundlage definiert, tatsächlich demokratisch sein kann, nicht aufgehört.[37] In der israelischen Staatsdoktrin, dem Zionismus, war historisch betrachtet wenig Platz für Demokratie. Ariel Scharon hat das mit der ihm eigenen Offenheit formuliert: »Die Intention des Zionismus war selbstverständlich nicht, eine Demokratie aufzubauen. Er wurde einzig motiviert von der Errichtung eines jüdischen Staates in Eretz Israel, der dem gesamten jüdischen Volk und dem jüdischen Volk allein gehört.«[38]

Dem israelischen Geografen Oren Yiftachel zufolge weist Israel drei Charakteristika auf, die mit dem Begriff der Demokratie nicht vereinbar sind:

1. Er ist nicht der Staat der in ihm lebenden Bürger, sondern einer übernationalen Gemeinschaft, die in ihrer Mehrheit außerhalb des Landes lebt, während

36. Davis, Apartheid Israel, a.a.O., S. 36f.
37. vgl. Yiftachel, Oren, Democracy or Ethnocracy: Territory and Settler Politics in Israel/Palestine, Middle East Report 207, Summer 1998, Washington D.C. unter: www.merip.org/mer/mer207/yift.htm; Yiftachel, Oren, The Shrinking Space of Citizenship: Ethnocratic Politics in Israel, Middle East Report 223, Summer 2002 unter: www.merip.org/mer/mer223/223_yiftachel.htm; Sand, a.a.O. S. 292ff.; Cook, Jonathan, Blood and Religion. The Unmasking of the Jewish and Democratic State, London/Ann Arbor, 2006, Tikva Honig-Parnass, False Prophets of Peace. Liberal Zionism and the Struggle for Palestine, Chicago 2011
38. Cook, Jonathan, Disappearing Palestine, London/New York 2008, S. 116

eine andere nicht zu dieser Gemeinschaft gehörende aber innerhalb des Landes lebende Ethnie ausgeschlossen wird;

2. Wesentliche staatliche Aufgaben werden von internationalen Organisationen dieser übernationalen Gemeinschaft übernommen und dienen ausschließlich deren Interessen;
3. Der Staat Israel hat keine festgelegten Grenzen und damit kein eindeutig markiertes Staatsterritorium.[39]

Israels Staatsverständnis ist einmalig. Es definiert sich nicht als der Staat der auf seinem Territorium lebenden Bürger, sondern als Staat der Juden, also als Staat einer übernationalen Religionsgemeinschaft, die auch als Ethnie verstanden wird. Israel differenziert zwischen jüdischer Nationalität und israelischer Staatsbürgerschaft, wobei die nationale Zugehörigkeit entscheidend ist. Nach dem »Rückkehrgesetz« von 1950 hat jeder Jude Anspruch auf die israelische Staatsangehörigkeit und auch nicht-israelische Juden haben mehr Rechte auf Land und Ressourcen als die nicht-jüdischen Staatsbürger Israels. Es gibt in Israel 137 anerkannte Nationalitäten, darunter die jüdische, die russische, die abchasische, die drusische und die arabische, aber es gibt keine israelische Nationalität. Dass es nach israelischem Selbstverständnis keine inklusive israelische Nation, sondern nur eine exklusiv jüdische gibt, hat der Oberste Gerichtshof 1970 in einem Urteil bekräftigt: »Es gibt keine israelische Nation, die vom jüdischen Volk getrennt ist. (...) Das jüdische Volk besteht jedoch nicht nur aus denjenigen, die in Israel ansässig sind, sondern auch aus den Diaspora-Juden.«[40]

Die religiös-ethnische Definition des Staates anstelle einer territorialen schließt die Integration und Gleichberechtigung nicht-jüdischer Bevölkerungsteile strukturell aus. Oren Yiftachel verdeutlicht das an einem Vergleich Israels mit Finnland: »[Der] Fall Finnlands kann helfen, das Problem zu illustrieren: Während dieser Staat als lutheranischer deklariert wurde, ist er ebenso als (territoriale) *finnische* politische Gemeinschaft definiert. Als solche erlaubt er es nicht-lutheranischen Minderheiten, sich als voll finnisch zu identifizieren. Da aber der Staat Israel (nicht-territorial) als jüdisch definiert ist und Araber niemals jüdisch werden können, ist ihnen das Recht auf gleiche Staatsbürgerschaft strukturell verwehrt.«[41] Ein

39. Yiftachel, Democracy or Ethnocracy: Territory and Settler Politics in Israel/Palestine, a.a.O., S. 4ff.
40. Cook, Jonathan, Why there are no »Israelis« in the Jewish State, Dissident Voice 6.4.2010 unter: dissidentvoice.org/2010/04/why-there-are-no-israelis-in-the-jewish-state/; Cook, Jonathan, Blood and Religion, a.a.O., S. 15
41. Das Gegensatzpaar Jude–Araber ist eine zionistiche Konstruktion. Tatsächlich hat das Judentum eine lange Geschichte in der arabischen Welt. Auch die Mehrheit der in Israel lebenden Juden ist mittlerweile arabischer Herkunft. Da aber die jüdische Religion als exklusive Nationalität definiert wird, können Juden im israelischen Verständnis per definitionem keine Araber sein. Als Konsequenz aus dem Eurozentrismus des Zionismus wird – der europäischen Konstruktion einer Dichotomie zwischen Orient und Okzident folgend – jüdisch-sein als gleichbedeutend mit europäisch-sein gedacht. Vgl. Laor Yitzak, The Myths of Liberal Zionism, London/New York 2009, S. xxivff., S. 150ff.

demokratischer Staat erfordert somit eine *territoriale* Form der Selbstbestimmung, die den gleichberechtigten Einschluss von Minderheiten in die Zivilgesellschaft des Staates ermöglicht. Das lässt die Gültigkeit einer der bedeutendsten Stellungnahmen des israelischen Obersten Gerichtshofs fraglich erscheinen, der 1988 erklärt hatte, dass Israels Definition als der Staat des jüdischen Volkes seinen demokratischen Charakter nicht negiere, genauso wenig wie das Französisch-Sein Frankreichs dessen demokratischen Charakter negiere. »Diese Stellungnahme beinhaltet eine begriffliche Verzerrung: wenn Frankreich französisch ist, dann sollte Israel *israelisch* sein (und nicht jüdisch).«[42]

Das religiös-ethnische Selbstverständnis Israels bedeutet außerdem, dass exterritoriale zionistische Organisationen wie die Zionistische Weltorganisation (WZO) und der Jüdische Nationalfonds (JNF), die ausschließlich jüdische Interessen vertreten, bei der Planung und Ausführung der israelischen Politik eine große Rolle spielen, vor allem in der Einwanderungspolitik, der Landadministration und der Siedlungspolitik.[43] Oren Yiftachel zufolge ist die herausragende politische und ökonomische Rolle, die extraterritoriale ethnische Organisationen in Israel spielen, typisch für den reinen Siedlerkolonialismus.[44]

Da ethnos – der gemeinsame Ursprung, die Ethnie – und nicht demos – das Staatsvolk, die Gesamtheit aller innerhalb eines definierten Staatsterritoriums lebenden Bürger – die zentrale Kategorie ist, auf die sich das israelische Staatsverständnis stützt, ist Israel eine Ethnokratie und keine Demokratie.[45] Das hat der zionistische Staat mit anderen kolonialen Siedlerstaaten gemeinsam. Ein ethnokratischer Staat kann zwar für die herrschende Ethnie einen demokratischen Charakter haben, basiert aber auf der Entrechtung und Enteignung anderer ethnischer Gruppen. So hat der palästinensische Knessetabgeordnete Ahmad Tibi festgestellt, dass Israel für seine jüdischen Staatsbürger ein demokratischer Staat und für seine etwa 1,5 Millionen palästinensischen Staatsbürger ein jüdischer Staat ist.[46] Oren Yiftachel zufolge entstehen Ethnokratien, wenn zwischen Siedlern und einheimischer Bevölkerung der Konflikt in signifikanter Weise fortdauert. Er definiert Ethnokratie als einen eigenen »Regimetypus, der errichtet wird, um die Expansion und Kontrolle einer dominanten Ethno-Nation in multiethnischen Gebieten zu sichern. In solchen Regimen ist Ethnizität und nicht Staatsbürgerschaft das Hauptkriterium für die Verteilung von Macht und Ressourcen. Im Ergebnis weisen diese (Regime) typischerweise einen hohen Grad an ungleicher

42. Yiftachel, Oren, Ethnocracy: The Politics of Judaizing Israel/Palestine in: Constellations, 1999, Vol.6, S. 364-391 unter: www.geog.bgu.ac.il/members/yiftachel/new_papers_eng/Constellations-print.htm, S. 15
43. Davis, Apartheid Israel, a.a.O., S.41ff.
44. Yiftachel, Ethnocracy: The Politics of Judaizing Israel/Palestine, a.a.O., S. 3
45. vgl. Yiftachel, Oren, Ethnocracy. Land and Identity Politics in Israel/Palestine, Philadelphia 2006; ders., Democracy or Ethnocracy: Territory and Settler Politics in Israel/Palestine, a.a.O.
46. Tibi, Ahmad, The ethnic cleansing plan, Ynet 10.12.2010 unter: www.ynetnews.com/articles/0,7340,L-3968038,00.html

ethnischer Segregation und einen Prozess polarisierender ethnischer Politik auf. Ethnokratische Regime entwickelten sich während des 19. Jahrhunderts in den meisten europäischen Siedlergesellschaften, zum Beispiel in Australien, den USA und Südafrika (...) Sie kombinieren eine gewisse politische Offenheit und formale demokratische Repräsentation mit politischen Strukturen, die die Inbesitznahme des umkämpften Territoriums und Gemeinwesens durch eine dominante Ethno-Nation und deren Diaspora ermöglichen. In diesem Prozess übernimmt die dominante Gruppe den Staatsapparat und marginalisiert periphere ethnische, indigene und nationale Minderheiten oder schließt sie aus. Im Zuge der Errichtung und Aufrechterhaltung ethnokratischer Herschaft breitet sich oftmals eine ethnische Logik im politischen Diskurs aus und erhält Legitimität als akzeptable Form der politischen Organisation.«[47]

Da der ethnokratische Siedlerstaat die Herrschaft einer Ethnie über eine andere bedeutet, ist die Apartheid tendenziell in ihm angelegt. Die von außerhalb eingewanderten Siedler und ihre Nachkommen bilden die herrschende und die einheimische kolonisierte Bevölkerung die beherrschte Ethnie. Die Aufrechterhaltung dieses Herrschaftsverhältnisses und die fortlaufende Enteignung der einheimischen Bevölkerung zur Mehrung der Privilegien der Siedler ist die Hauptfunktion des ethnokratischen Staates. Die Konturen der israelischen Apartheid treten in den vergangenen zehn Jahren immer deutlicher zutage. Südafrikaner gehörten zu den ersten, die den Apartheidbegriff auf die israelische Politik angewendet haben.[48] Nicht nur die Methoden und Formen der israelischen Herrschaftsstruktur, sondern auch ihr Ursprung im europäischen Siedlerkolonialismus bilden eine Parallele zu dem bis 1994 in Südafrika bestehenden Apartheidregime. So formulierte der ehemalige südafrikanische Minister Ronnie Kasrils: »Apartheid war eine Erweiterung des kolonialen Projekts, der Bevölkerung ihr Land zu nehmen. Das ist genau das, was in Israel und den besetzten Gebieten geschehen ist: die Anwendung von Gewalt und Gesetz, um das Land zu nehmen. Das ist es, was [die südafrikanische] Apartheid und Israel gemeinsam haben.«[49]

Der Begriff Apartheid stammt aus dem Afrikaans und bedeutet »Trennung«, »Separierung« und »Segregation.« Er bezeichnete ursprünglich die rassistische Politik der herrschenden weißen Minderheit in Südafrika gegenüber der schwarzen Mehrheit. Heute wird der Begriff allgemeiner zur Bezeichnung einer institutionalisierten Politik der systematischen rassistischen Diskriminierung und Segregation nach ethnischer Zugehörigkeit verwendet.

47. Yiftachel, Oren, Bedouin Arabs and the Israeli Settler State: Land Politics and Indigenous Resistance in: Champagne, Duane; Abu-Saad, Ismael (Hg.), The Future of Indigenous Peoples: Struggles for Survival and Development, UCLA American Indian Studies Center 2003, S.24
48. vgl. Declaration by South Africans on Apartheid Israel and the Struggle for Palestine, Palestine Solidarity Commitee Durban, 31.8.2001 unter: www.aztlan.net/apart.htm
49. McGreal, Chris, Worlds Apart, The Guardian 6.2.2006 unter: www.guardian.co.uk/world/2006/feb/06/southafrica.israel/, S. 3

Das Römische Statut des Internationalen Gerichtshofes definiert Apartheid als inhumane Handlungen, »die von einer rassischen Gruppe im Zusammenhang mit einem institutionalisierten Regime der systematischen Unterdrückung und Beherrschung einer oder mehrerer anderer rassischen Gruppen in der Absicht begangen werden, dieses Regime aufrechtzuerhalten.«[50]

Die UNO-Anti-Apartheidkonvention von 1973 gilt für folgende inhumane Handlungen, die die Herrschaft einer ethnischen Gruppe über eine andere errichten und aufrechterhalten sollen:

a. Die Verweigerung des Rechts auf Leben und Freiheit.
b. Das gezielte Aufzwingen von Lebensbedingungen, die die teilweise oder vollständige Zerstörung der Gruppe zum Ziel haben.
c. Legislative und andere Maßnahmen, die eine Gruppe an der Partizipation am politischen, wirtschaftlichen, sozialen und kulturellen Leben des Landes hindern und die volle Entfaltung der Gruppe verhindern, insbesondere die Verweigerung grundlegender Menschenrechte und Freiheiten, einschließlich des Rechts auf Arbeit und auf die Gründung anerkannter Gewerkschaften, des Rechts auf Bildung, des Rechts, das Land zu verlassen und wieder zurückzukehren, des Rechts auf eine Nationalität, des Rechts auf Bewegungs- und Residenzfreiheit und des Rechts auf Meinungs- und Versammlungsfreiheit.
d. Alle Maßnahmen, einschließlich legislativer Maßnahmen, die die Bevölkerung nach ethnischer Zugehörigkeit durch die Schaffung von separaten Reservaten und Gettos für die Mitglieder einer ethnischen Gruppe oder Gruppen trennen sollen; das Verbot von Heiraten zwischen den Mitgliedern der verschiedenen ethnischen Gruppen; die Enteignung des Landbesitzes einer ethnischen Gruppe oder von deren Angehörigen.
e. Die Ausbeutung der Arbeitskraft.
f. Die Verfolgung von Personen oder Organisationen wegen ihrer Opposition gegen die Apartheid.[51]

Nicht alle diese Kriterien müssen erfüllt sein, damit von Apartheid gesprochen werden kann. In der Studie »Besatzung, Kolonialismus und Apartheid« der südafrikanischen Cape Town-Universität vom Mai 2009 wird festgestellt, dass auf Israel bis auf zwei alle oben erwähnten Kriterien zutreffen. Es wird außerdem darauf hingewiesen, dass Apartheid sich auf drei Pfeiler stützt:

---

50. Römisches Statut des Internationalen Strafgerichtshofs, Bundesgesetzblatt Jahrgang 2000 Teil II, Nr. 35, ausgegeben zu Bonn am 7. Dezember 2000, S. 1398 unter: www.auswaertiges-amt.de/cae/servlet/contentblob/340536/publicationFile/3554/RoemischStatutBGBI.pdf
51. UN General Assembly, International Convention on the Suppression and Punishment of the Crime of Apartheid, 30 November 1973, A/RES/3068(XXVIII), unter: http://www.unhcr.org/refworld/docid/3ae6b3c00.html

1. Die Kategorisierung und Segregation der Bevölkerung nach ethnischer Zugehörigkeit,
2. institutionalisierte systematische Diskriminierung und
3. strenge Sicherheitsgesetze.[52]

Auch das trifft auf Israel zu.

Apartheid unterscheidet sich von Rassismus durch ihren institutionalisierten Charakter. Das hebt auch der sich selbst als Palästinenser verstehende Antizionist Uri Davis hervor: »Rassismus ist ein politisches und gesellschaftliches Phänomen, das alle DemokratInnen in der Welt bekämpfen müssen. Israel ist nur einer der Orte, an denen Rassismus bekämpft werden muss. Apartheid ist etwas anderes. Apartheid ist strukturell, ist ein politisches System, in dem der Rassismus durch Gesetze und Parlamentsbeschlüsse institutionalisiert wurde, in dem der Staat durch sein Rechtssystem rassistische Unterscheidungen zwischen den BürgerInnen vornimmt.«[53]

Zusammen mit ethnischer Säuberung und Genozid gehört Apartheid in die Kategorie der Verbrechen gegen die Menschlichkeit. Das Phänomen der Apartheid ist ausreichend untersucht und definiert, um anhand des vorhandenen Materials überprüfen zu können, ob Israel ein Apartheidstaat ist. Mehrere Studien kommen zu dem Ergebnis, dass dies tatsächlich zutrifft.[54] Umstritten ist lediglich, ob das Apartheidsystem nur in den 1967 besetzten palästinensischen Gebieten besteht oder darüber hinaus auch im 1948 gegründeten Staat Israel, wo die palästinensische Minderheit, die etwa 20 % der Bevölkerung bildet, als Bürger zweiter Klasse behandelt und diskriminiert wird.

Der ehemalige US-Präsident Jimmy Carter bezeichnet nur die Herrschaftsstruktur in der Westbank als Apartheid, während Uri Davis den Staat Israel insgesamt als Apartheidstaat ansieht.[55] 2001 wurde Israel in der Abschlusserklärung des NGO-Forums, das parallel zur UN-Anti-Rassismus-Konferenz in Durban stattfand, an dem etwa 10.000 Menschen teilnahmen, wegen Apartheid verurteilt. Das der UNO angehörende Komitee zur Eliminierung aller Formen der rassistischen

52. Human Sciences Research Council, Democracy and Governance Programme, Middle East Project, Occupation, Colonialism, Apartheid? A Re-assessment of Israel's Practices in the Occupied Palestinian Territories under International Law, Cape Town May 2009, S. 275

53. Davis Uri, Apartheidstaat Israel. Was kann Israel von Südafrika lernen? Vortrag in Basel, November 2002 unter: www.bds-info.ch/file_download/5, S.3

54. Strauss, Uri, Defining Apartheid: Israel's Record, Al Haq Ramallah, The Electronic Intifada 19.9.2002 unter:electronicintifada.net/content/defining-apartheid-israels-record/4095; Mac Allister, Karine, Applicability of the Crime of Apartheid to Israel, al-Majdal Issue 38, Summer 2008, a quarterly Magazine of BADIL Resource Center for Palestinian Residency and Refugee Rights, Bethlehem,, S. 11-21; Hasan, Rumy, The Unitary Democratic State and the Struggle against Apartheid in Palestine-Israel, Holy Land Studies 7,1 2008, S.81-94; Peteet, Julie, Beyond Compare, Middle East Report 253 unter: www.merip.org/mer/mer253/peteet.html

55. Carter, Jimmy, Palestine Peace not Apartheid, New York 2006; Davis, a.a.O.

Diskriminierung (CERD) stellte 2007 nach einer Untersuchung der israelischen Politik gegenüber den Palästinensern fest, dass diese teilweise den Kriterien der »rassischen« Segregation oder Apartheid entspricht. Im Gefolge des Krieges gegen den Gazastreifen 2008/2009 forderten der Präsident der UNO-Vollversammlung, Manuel d'Escoto und der ehemalige UN-Sonderberichterstatter für Menschenrechte in den besetzten palästinensischen Gebieten, der südafrikanische Jurist John Dugard, die Anwendung der UN-Anti-Apartheidskonvention auf Israel.[56] Das Internationale Russell-Tribunal zu Palästina verurteilte die israelische Politik 2011 als Apartheid.[57]

Aufgrund der israelischen Politik ist die palästinensische Gesamtbevölkerung in drei große Gruppen aufgeteilt:

1. Die 1948 und 1967 vertriebenen Palästinenser und ihre Nachkommen, die die Mehrheit der palästinensischen Gesamtbevölkerung ausmachen;
2. die etwa 1,5 Mio. Palästinenser innerhalb der Grünen Linie[58], die 20 % der israelischen Gesamtbevölkerung ausmachen und die kleinste Gruppe innerhalb der palästinensischen Gesamtbevölkerung sind;
3. die mehr als 4 Millionen Palästinenser in den 1967 besetzten Gebieten. Davon leben etwa 2,6 Mio. in der Westbank und 1,6 Mio. im Gazastreifen.

Den heute mehr als sechs Millionen palästinensischen Flüchtlingen und ihren Nachkommen wird die Rückkehr in ihr Land von Israel verweigert, da sie keine Juden sind.[59]

Obgleich sowohl die gegenüber den Palästinensern innerhalb der Grünen Linie als auch die in den 1967 besetzten Gebieten praktizierte israelische Politik als Apartheid bezeichnet werden kann, nimmt sie doch in beiden Teilen unterschiedliche Formen an. Innerhalb der Grünen Linie ist es eine Politik der institutionalisierten systematischen rassistischen Diskriminierung mit teilweiser Segregation und teilweisen Rechten für die Palästinenser. In der Westbank ist es eine voll entwickelte Segregationspolitik mit absoluter Rechtlosigkeit der Palästinenser, die von einer äußerst brutalen Kolonialpolitik begleitet wird, die Südafrikanern zufolge, die die

56. vgl. Dugard, John,: Apartheid and Occupation under International Law, Hisham B. Sharabi Memorial Lecture. Edited Transcript of Remarks by Professor John Dugard, Transcript No. 311 (30 March 2009). The Palestine Center Washington D.C. unter: www.thejerusalemfund.org/ht/d/ContentDetails/i/5240/pid/223

57. Russell Tribunal on Palestine, Findings of the South African Session: Are Israel's Practices against the Palestinian People in Breach of the Prohibition on Apartheid under International Law. Third international session – Cape Town, 5-7 November 2011 unter: www.russelltribunalonpalestine.com/en/wp-content/uploads/2011/09/RToP-Cape-Town-full-findings2.pdf

58. Waffenstillstandslinie von 1949, die international allgemein als Grenze Israels betrachtet wird. Israel selbst hat seine Staatsgrenzen bis heute nicht festgelegt.

59. IRIN, Humanitarian News and Analysis, Middle East: Palestinian refugee numbers/whereabouts, 22.6.2010 unter: www.irinnews.org/Report/8957/MIDDLE-EAST-Palestinian-refugee-numbers-whereabouts

Gebiete besucht haben, die südafrikanische Apartheid-Politik in jeder Hinsicht bei weitem übertrifft. Der ehemalige UN-Sonderberichterstatter für Menschenrechte in den besetzten palästinensischen Gebieten, John Dugard, stellte 2006 fest: »Viele Aspekte israelischer Besatzung weisen über das Apartheidsystem Südafrikas hinaus. Israels Zerstörung von palästinensischen Häusern in großem Ausmaß, das Einebnen landwirtschaftlich genutzten Bodens, die militärischen Überfälle und die gezielten Morde an[60] Palästinensern überschreiten bei weitem ähnliche Praktiken in der Apartheid Südafrikas. Niemals wurde eine Mauer gebaut, um Schwarze von Weißen zu trennen.«[61]

Der ehemalige Minister Ronnie Kasrils bezeichnete die südafrikanische Apartheid 2006 im Vergleich mit der israelischen Kolonialpolitik sogar als »Picknick«: »Das ist viel schlimmer als Apartheid. Die israelischen Maßnahmen, die Brutalität lassen die Apartheid wie ein Picknick aussehen. Unsere Townships wurden niemals von Kampfflugzeugen angegriffen. Wie hatten niemals Belagerungen, die monatelang anhielten. Wir hatten niemals Panzer, die Häuser zerstörten. Wir hatten Panzerfahrzeuge und Polizei, die Handfeuerwaffen benutzte, um Leute zu erschießen, aber nicht in diesem Ausmaß.«[62]

Der Herausgeber der südafrikanischen Sunday Times, Mondli Makhanya, äußerte sich während eines Besuches in Israel und den besetzten Gebieten Anfang 2010 noch drastischer: »Es ist schlimmer, schlimmer, schlimmer als alles, was wir erlitten haben. Das Ausmaß der Apartheid, der Rassismus und die Brutalität sind schlimmer als die schlimmste Periode der Apartheid. Das Apartheidregime sah die Schwarzen als minderwertig an; ich denke nicht, dass die Israelis die Palästinenser überhaupt als Menschen ansehen.«[63]

Der qualitative Unterschied zwischen israelischer und südafrikanischer Apartheid erklärt sich aus den unterschiedlichen Zielen beider Systeme. Während die herrschende weiße Minderheit in Südafrika die Apartheid zum Zwecke der Ausbeutung der schwarzen Bevölkerung errichtete, hat Israel das Ziel, sich der einheimischen Bevölkerung zu entledigen.[64] Oren Yiftachel bezeichnet Israel als reinen Siedlerkolonialismus, dessen Ziel die Ersetzung der einheimischen Bevölkerung

---

60. Im Original heißt es »von«, aber aus dem Kontext ersichtlich wurde es in »an« geändert.
61. Dugard, John, Apartheid: Israelis adopt what South Africa dropped, The Electronic Initifada 29.11.2006 unter: electronicintifada.net/content/apartheid-israelis-adopt-what-south-africa-dropped/6568, ins Deutsche übersetzt von Ellen Rohlfs unter: www.freace.de/article/200612/061206a.html
62. McGreal, Chris, Brothers in arms- Israel's secret pact with Pretoria,, The Guardian 7.2.2006, S. 6 unter: www.guardian.co.uk/world/2006/feb/07/southafrica.israel/print
63. zitiert nach: Makdisi, Saree, A racism outside of language: Israel's apartheid, Pambazuka 11.3.2010 unter: www.pambazuka.org/en/category/features/62928
64. vgl. Hilal, Jamil, Imperialism and Settler Colonialism in West Asia: Israel and the Arab Palestinian Struggle in: Utafiti, Journal of the Faculty of Arts and Social Science, University of Dar es Salaam Vol. I No. I 1976, S. 51-70; Machover, Moshe, Israelis and Palestinians: Conflict and Resolution. Barry Amiel and Norman Melburn Trust Annual Lecture 30. November 2006 unter: www.amielandmelburn.org.uk/articles/moshe_machover 2006lecture_b.pdf; ders., Is it Apartheid?, a.a.O.

durch die eingewanderte europäische oder europäisierte Siedlerbevölkerung ist. Der Zionismus kann die einheimische palästinensische Bevölkerung seinem eigenen Selbstverständnis nach nicht integrieren. Oren Yiftachel zufolge zielt er auf die vollständige Judaisierung des historischen Palästinas.[65]

Dem israelischen Historiker Ilan Pappe zufolge hat Israel nach wie vor das Ziel, einen möglichst reinen jüdischen Staat zu schaffen: »Da diese ethnische Säuberung in fast 80 % von Palästina erfolgreich verwirklicht wurde, ohne jede globale oder regionale Resonanz, geht die Politik der ethnischen Säuberung seit 1967 in den verbliebenen 20 % des Landes weiter. Die Schaffung eines jüdischen Staates in einem von Palästinensern gesäuberten historischen Palästina ist immer noch die ideologische Infrastruktur, auf die der Staat Israel gegründet ist. Wie dieses Ziel zu erreichen ist, ist umstritten zwischen linken Zionisten, die hoffen, eine Lösung auszuhandeln, die eine kleine Anzahl von Palästinensern in einem Groß-Israel lassen würde und rechten Zionisten, die bereit sind, eine direktere Säuberung auch heute durchzuführen.«[66]

Ilan Pappe zufolge geht Israel in seiner Politik gegenüber den Palästinensern immer so weit, wie es die europäischen und US-amerikanischen Verbündeten und die internationale Öffentlichkeit zulassen.[67] 1948 war die breitflächige ethnische Säuberung Palästinas nur aufgrund einer einzigartigen historischen und politischen Konstellation möglich. Da Palästina in der geostrategisch so wichtigen arabischen Region liegt und der zionistisch-palästinensische Konflikt seither einer der am besten dokumentierten und meisten beobachteten ist, sind groß angelegte spektakuläre Vertreibungen kaum mehr möglich, wohl aber kleinere Vertreibungsaktionen und eine Politik der indirekten Vertreibung, die diese tendenziell unsichtbar macht.

Im Sommer 1950 wurde die Stadt Majdal (das heutige Ashkelon) an der Küste von ihren verbliebenen 2.700 einheimischen Bewohnern »gesäubert«. Bis 1959 wurden wiederholt große Gruppen von Beduinen aus dem Naqab/Negev und palästinensischen Dorfbewohnern aus Galiläa von der israelischen Armee über die Grenzen getrieben. 1956 plante Israel im Windschatten des Krieges gegen Ägypten eine Vertreibung der einheimischen Bevölkerung aus Galiläa. Das von israelischen Soldaten ungeplant durchgeführte Massaker in Kafr Qassim, dem 49 Palästinenser zum Opfer fielen, machte diese jedoch unmöglich.[68] 1964 ließ der damalige Chef des Nord-Kommandos der israelischen Armee, Ariel Scharon, untersuchen, wie viele Busse und Lastwagen nötig wären, um die 300.000 palästinensischen Bürger

65. vgl. Yiftachel, Bedouin Arabs and the Israeli Settler State, a.a.O., S. 27ff.
66. Pappe, Ilan, The ethnic cleansing of Palestine, ZNet 3.10.2006 unter: www.zcommunications.org/the-ethnic-cleansing-of-Palestine-by-ilan-pappe-1
67. Bedell, Geraldine, Set in Stone, The Observer 15.6.2003 unter: www.guardian.co.uk/world/2003/jun/15/israelandthepalestinians.features
68. Masalha, Nur, A Land without a People. Israel, Transfer and the Palestinians 1949-96, London 1997, S. 7-14, S. 21-35; Pappe, Ilan, The Forgotten Palestinians, New Haven/London 2011, S. 47ff.

des Landes im Kriegsfall zu deportieren. 1967 wurden in den ersten Monaten nach der Besatzung umfangreiche Deportationen und Vertreibungen der einheimischen Bevölkerung durchgeführt. Zwischen 1967 und 1971 prüfte die israelische Führung verschiedene Möglichkeiten zur direkten Vertreibung der palästinensischen Flüchtlinge aus dem Gazastreifen, wo sie immerhin die Mehrheit der Bevölkerung ausmachen. Bis 1972 wurden zwischen 6.000 und 20.000 Beduinen aus Rafah im südlichen Gazastreifen in den Sinai vertreiben.[69] Seither hat die israelische Führung den Schwerpunkt auf indirekte und schleichende Vertreibung durch die Strangulierung aller Lebensmöglichkeiten und die systematische Terrorisierung der Bevölkerung gelegt. Verteidigungsminister Moshe Dayan hat das Anfang der 1970er Jahre programmatisch ausgedrückt: »Ihr sollt weiterhin wie Hunde leben, und wer immer will, kann gehen – wir werden sehen, wohin dieser Prozess führt. (...) In fünf Jahren haben wir vielleicht 200.000 Menschen weniger – und das ist eine Sache von großer Bedeutung.«[70]

Dass die Vertreibung der Palästinenser weiterhin das Ziel israelischer Politik ist, ist durch Äußerungen israelischer Politiker, Militärs, Rabbiner und Wissenschaftler ausreichend belegt. 1973 erklärte Jitzchak Rabin in seiner Funktion als israelischer Botschafter in den USA während einer Diskussion, die von der Tageszeitung »Ma'ariv« organisiert worden war: »Es ist meiner Meinung nach möglich, eine Bevölkerungsveränderung auf einer anderen Basis zustande zu bringen als auf der von Gewaltanwendung. Ich will im Verlauf der nächsten 10, 20 Jahre Bedingungen schaffen, die eine natürliche Migration der Bevölkerung zum östlichen Ufer [Jordanien] verursachen werden.«[71]

1976 empfahl der vom Innenministerium in Galiläa eingesetzte Israel König der Regierung in einem vertraulichen Memorandum unter anderem: »Macht Reisen ins Ausland zum Studium [für arabische Studenten] leichter, während Rückkehr und Anstellung schwerer gemacht werden – diese Politik ist geeignet, ihre Emigration zu fördern.«[72]

Der Journalist und ehemalige hochrangige Angestellte im Außenministerium Oded Yinon schrieb 1982 in der Zeitschrift »Kivunim«, die von der Zionistischen Weltorganisation (WZO) herausgegeben wird: »Keine Schritte gegenüber der arabischen Bevölkerung in den neuen Territorien, die im Verlauf eines aufgezwungenen Krieges erworben wurden, ergriffen zu haben, ist der größte strategische Fehler, den Israel nach dem Sechstagekrieg gemacht hat. Wir hätten uns den ganzen

69. Masalha, A Land without a people, a.a.O., S. 34, S. 60-109
70. Cook, Disappearing Palestine, a.a.O., S. 59
71. Ma'ariv 16 February 1973, S.17, zitert nach Masalha, A Land without a People, a.a.O., S. 176
72. Blecher, Robert, Citizens without Sovereignty: Transfer and Ethnic Cleansing in Israel in: Comparative Studies in Society and History Volume 47/Issue 4, Cambridge Oktober 2005, S.738 unter: issuu.com/a2eto/docs/citizens_without_sovereignty,

bitteren und gefährlichen Konflikt, der seitdem besteht, ersparen können, wenn wir Jordanien den Palästinensern, die westlich des Jordan leben, gegeben hätten.«[73]

Ariel Scharon äußerte 1988 in einem Interview: »Man packt nicht einfach Leute auf Lastwagen und fährt sie weg. (...) Ich ziehe es vor, eine positive Politik zu vertreten wie die Förderung der technischen Ausbildung in den [besetzten] Gebieten – um, im Effekt, eine Bedingung zu schaffen, die Leute zum Gehen veranlasst.«[74]

Der ehemalige Tourismusminister Benny Alon (Moledet-Partei) riet: »Macht ihr Leben so bitter, dass sie bereitwillig von selbst den Transfer machen.«[75] Der derzeitige Ministerpräsident Benjamin Netanjahu (Likud-Partei) bedauerte 1989 in einer Rede vor Studenten der Bar-Ilan-Universität, dass Israel die Fokussierung der internationalen Aufmerksamkeit auf das Tianamen-Massaker in China nicht für eine groß angelegte Vertreibung der Palästinenser genutzt habe. Er zeigte sich aber zuversichtlich, dass es auch in der Zukunft ähnliche Gelegenheiten geben werde.[76]

Der israelische Außenminister Avigdor Liebermann (Yisrael Beitenu-Partei) sagte 2002: »An einem Transfer ist nichts Undemokratisches. Sogar in Europa wurden Millionen von einem Ort zu einem anderen transferiert und das hat geholfen, Frieden zu bringen. (...) Die Separation hilft, wie die Chirugie, zu heilen.«[77]

Außenministerin Zipi Livni (Kadima-Partei) erklärte im Dezember 2008 vor Studenten in Tel Aviv: »Meine Lösung für die Bewahrung eines jüdischen und demokratischen Staates Israel sind zwei Nationalstaaten mit bestimmten Konzessionen und klaren roten Linien (...) und unter anderem werde ich imstande sein, mich an die palästinensischen Bewohner Israels, die wir israelische Araber nennen, zu wenden und ihnen zu sagen: ›Eure nationale Lösung liegt anderswo‹.«[78]

73. Yinon, Oded, A Strategy for Israel in the Nineteen Eighties, Kivunim, A Journal for Judaism and Zionuism Issue No. 14-Winter, 5742, Jerusalem February 1982; ins Englische übersetzt von Israel Shahak unter: cosmos.ucc.ie/cs1064/jabowen/IPSC/articles/article0005345.html; Sakhnini, Nizar, The Zionist project in Palestine: Colonial settlement, land robbery and ethnic cleansing, Al-Awda 7.10.2005 unter: www.al-awda.org/zionists3.html
74. Masalha, A Land without a People, a.a.O., S. 187
75. Aloni, Shulamit, Murder under the cover of Righteousness, Counterpunch 7-9.3.2003 unter: www.counterpunch.org/2003/03/07/
76. Masalha, Nur, Imperial Israel and the Palestinians. The Politics of Expansion, London 2000, S. 90
77. Yiftachel, The Shrinking Space of Citizenship: Ethnocratic Politics in Israel a.a.O., S. 7f.
78. Hallinan, Conn, Ethnic cleansing and Israel, Counterpunch, 3.3.2009 unter: www.counterpunch.org/2009/03/03/ethnic-cleansing-and-israel/

Die gläserne Mauer: Segregation und Ausschluss der Palästinenser innerhalb der Grünen Linie

»Die gläserne Mauer soll – wie die ›Eiserne Mauer‹[79] *– die gefangene palästinensische Bevölkerung einschüchtern und zum Schweigen bringen, aber anders als die eiserne Mauer verbirgt sie die Art der Unterwerfung auf eine Weise, die diese als notwendig, sogar wohlwollend aussehen lässt. Indem wir die gläserne Mauer verstehen, wissen wir, was wirklich wichtig ist für Israel: nicht nur der Einsatz unerbittlicher Gewalt zur Kontrolle der Region und ihrer palästinensischen Einwohner, sondern auch der Schutz seines Images als Insel der aufgeklärten Demokratie im Nahen Osten.« (Jonathan Cook)*[80]

Innerhalb der Grünen Linie leben etwa 1,5 Millionen Palästinenser. Sie bilden 20 % der israelischen Bevölkerung und leben größtenteils in Galiläa im Norden, dem Muthalath-Gebiet in der Nähe der Westbank-Städte Jenin und Tulkarem sowie dem Naqab/Negev im Süden des Landes. Sie sind die Nachkommen der etwa 150.000 Palästinenser, die der ethnischen Säuberung 1948 aus verschiedenen Gründen entgingen. Viele von ihnen wurden jedoch aus ihren Dörfern und Städten vertrieben, sodass sie zu einem Viertel Binnenflüchtlinge sind. Durch Gesetze und die Zerstörung der arabischen Städte und Dörfer hat der Staat Israel ihre Rückkehr systematisch verhindert. Zwischen 1948 und 1966 wurden die Palästinenser in Israel unter Militärverwaltung gestellt. Sie waren gänzlich rechtlos und konnten ohne die Genehmigung des israelischen Militärgouverneurs und einen speziell dafür ausgestellten Passierschein nicht einmal ihre Dörfer verlassen. Dadurch wurden sie voneinander, von der jüdisch-israelischen Bevölkerung und von ihrem arabischen Umfeld getrennt.[81]

Israel war sich nach 1948 nicht ganz sicher, wie es mit den verbliebenen Palästinensern umgehen sollte. Die Optionen, die diskutiert wurden, reichten von Assimilation bis »Transfer«.[82] Erst 1952 wurde den Palästinensern unter bestimmten Bedingungen die israelische Staatsbürgerschaft verliehen. Sie bekamen einen

79. Der Begriff »Eiserne Mauer« stammt aus einem Text von Zeev Jabotinsky aus den 1920er Jahren, in dem er davon spricht, dass die zionistische Kolonisierung nur fortgesetzt werden könne, wenn »eine Eiserne Mauer« gegenüber den Arabern errichtet würde, die diese niemals überwinden könnten.
80. Cook, Blood and Religion, a.a.O., S. 5
81. Zu dieser Periode siehe Jiryis, Sabri, The Arabs in Israel, New York 1977; Pappe, Ilan, The Forgotten Palestinians, New Haven/London 2011, S. 94-134
82. Eyal, Gil, The Disenchantment of the Orient, Standford/California 2006, S. 120ff.

israelischen Ausweis und das Recht, sich an den Wahlen zur Knesset zu beteiligen, wurden jedoch von der Nutzung der Ressourcen und dem Genuss gleicher Rechte ausgeschlossen. Die israelische Regierung entschied sich damals, einem Regierungsberater zufolge, für eine Politik der »getrennten Entwicklung«.[83]

Als kleine isolierte Minderheit waren die Palästinenser in Israel vor allem in den ersten Jahrzehnten nach der Gründung des zionistischen Staates außerordentlich harten Lebensbedingungen und einem umfassenden Angriff auf ihre Identität ausgesetzt. Nach der Zerstörung ihrer Gesellschaft durch die ethnische Säuberung 1948 ging Israel daran, ihre verbliebenen Lebensgrundlagen und ihre traditionelle bäuerliche Lebensweise zu zerstören. Bis heute hat Israel fast ihr gesamtes Land beschlagnahmt und sie dadurch in ein Heer billiger und weitgehend rechtloser Arbeitskräfte verwandelt. In einem für den Kolonialismus so typischen Prozess versuchte Israel darüber hinaus, ihre palästinensische Identität zu zerstören. Sie wurden nicht als Palästinenser anerkannt, sondern als »israelische Araber« bzw. »Israels Araber« bezeichnet. In klassisch kolonialistischer Weise wurden sie in verschiedene Religionen und Nationalitäten aufgeteilt, um sie zu spalten und dadurch besser beherrschen zu können. Konfessionalistische Differenzen wurden gezielt geschürt. In einem vertraulichen Dokument von 1949 drängte der Direktor des Ministeriums für religiöse Angelegenheiten das Bildungsministerium, »die Widersprüche« zwischen den muslimischen, christlichen und drusischen Gemeinschaften »zu betonen und zu entwickeln«, um ihre arabische Identität zu schwächen. »Auf diese Weise werden sie vergessen, dass sie Araber sind und anerkennen, dass sie Israelis verschiedener Art sind.«[84]

Israel versuchte, die innerhalb der Grünen Linie übrig gebliebenen Palästinenser in eine Bevölkerung ohne eigene Identität und Geschichte zu verwandeln. Die Voraussetzung dafür war, die historische Präsenz der Palästinenser in Palästina, das als kohärente geo-politische Einheit mit seiner vielfältigen Geschichte als Schmelztiegel der Ethnien und Zivilisationen bis ins dritte Jahrtausend vor unserer Zeitrechnung zurückreicht, systematisch zu leugnen. Die israelische Geschichtsschreibung besteht im Wesentlichen aus einer sich historisch gebenden fundamentalistischen Bibelauslegung, der zufolge Palästina das Land der Juden und nur der Juden war und nun – 3.000 Jahre später – wieder ist. Der israelische Historiker Shlomo Sand nennt die Art der israelischen Geschichtsschreibung »Mythistory«.[85] Die selektive Archäologie, wie sie in Israel betrieben wird – Funde, die nicht ins Bild passen werden wieder eingegraben, marginalisiert oder sogar zerstört – verstößt teilweise

83. Segev, Tom, The First Israelis, New York 1998, S. 67
84. Cook, Blood and Religion, a.a.O., S. 11
85. Sand, a.a.O., S. 64-128; siehe auch Cook, Disappearing Palestine, a.a.O., S.15ff.; Masalha, Nur, The Bible and Zionism, London/New York 2007 Whitelam, Keith W., The Invention of Ancient Israel. The Silencing of Palestinian History, London/New York 1996

gegen den Kodex des Weltkongresses der Archäologen.[86] Die Spuren der palästinensischen Geschichte und Kultur werden gezielt zum Verschwinden gebracht. Seit 1948 hat Israel Hunderte von Dörfern und ganze Stadtviertel sowie ungezählte heilige Stätten und Friedhöfe zerstört.[87] Viele der zerstörten Dörfer wurden vom Jüdischen Nationalfonds (JNF) systematisch mit Wäldern und Parks überdeckt, einerseits, um die Spuren der palästinensischen Existenz und Geschichte auszulöschen und andererseits, damit es keinen Ort mehr gibt, an den die vertriebenen Palästinenser zurückkehren können.[88] Ben Gurion setzte in den 1950er Jahren ein spezielles Komitee ein, das für den Austausch der arabischen Ortsnamen durch hebräische zuständig war. Dadurch sollte die historische Präsenz der Palästinenser in Palästina aus der Erinnerung gelöscht und eine auf biblischen Mythen basierende jüdische Geschichte des Landes konstruiert werden. Der Versuch, das Gedächtnis der einheimischen Bevölkerung auszulöschen, ist allen kolonialen Projekten zu eigen. Die indigene Wissenschaftlerin Waziyatawin aus den USA erklärt warum: »Der Akt der Tilgung des Gedächtnisses eines Volkes aus der Landschaft ist ein notwendiges Element des Kolonisierungsprozesses. Damit die Kolonialisten die Besetzung des Landes von anderen legitimieren können, müssen sie alle Erinnerungen der Kolonisierten auslöschen, einschließlich der sterblichen Überreste, die eine tiefe und starke Verbindung zu dem Land selbst demonstrieren.«[89]

Israel hat sogar das Aussehen der Landschaft verändert, indem es die einheimische Vegetation durch eine europäische ersetzte, zum Beispiel Olivenhaine durch europäische Pinien. Patrick Wolfe zufolge gehen im Siedlerkolonialismus Aufbau und Zerstörung Hand in Hand. Zivilisation und Kultur der einheimischen Bevölkerung werden zerstört, um an ihre Stelle die der Siedler zu setzen. Der ehemalige stellvertretende Bürgermeister Jerusalems, Meron Benvenisti, bestätigt das in seinem Buch »Sacred Landscape«: »Als Mitglied einer Jugendpionierbewegung brachte ich selbst ›die Wüste zum Blühen‹, indem ich die alten Olivenhaine von al-Bassa entwurzelte, um den Boden zu bereiten für eine Bananenpflanzung wie es die Prinzipien der ›Plan-Landwirtschaft‹ meines Kibbutzes Rosh Haniqra verlangten.«[90]

In den alten palästinensischen Städten wie der Hafenstadt Akka im Norden des

86. vgl. Bronner, Yigal; Gordon, Neve, The Politics of Archaeology in East Jerusalem. Digging for Trouble, Counterpunch 11.4.2008 unter: www.counterpunch.org/bronner04112008.html

87. Rapoport, Meron, History Erased, Haaretz 5.7.2007 unter: www.haaretz.com/wekend/magazine/history-erased-1.1.224899; Masalha, Nur, Remembering the Palestinian Nakba: Commemoration, Oral History and Narratives of Memory, Holy Land Studies 7.2 (2008), S. 129-135; Piterberg, Gabriel, Erasures, New Left Review 10, July-August 2001 unter: newleftreview.org/II/10/gabriel-piterberg-erasing-the-palestinians

88. Zochrot, List of destroyed villages on which JNF sites were erected 10/2006, unter: zochrot.org/en/content/list-destroyed-palestinian-villages-which-jnf-sites-were-erected

89. Schwarz, Sylvia, The Destruction of the Mamilla Cemetry: Desecration of a Sacred Site, OpEdnews 9.6.2010 unter: www.opednews.com/articles/The-destruction-of-the-Mam-by-Sylvia-Schwarz-100906-17.html

90. zitiert nach Wolfe, Settler Colonialism and the Elimination of the Native, a.a.O., S. 388

Landes erfahren Besucher auf Schautafeln nur von der Geschichte der Juden in der Stadt und der Präsenz der Kreuzfahrer, nichts von den anderen Bewohnern. Wo der Ausdruck palästinensischer Kultur nicht zerstört wurde, wurde er verfremdet, israelisiert und zum »jüdischen Erbe« erklärt. Moscheen wurden zu Bars, Museen oder Ställen, erhalten gebliebene palästinensische Dörfer zu pittoresken jüdisch-israelischen Künstlerdörfern, die Überreste Deir Yassins in eine psychiatrische Klinik verwandelt. Die genuin palästinensisch-arabischen Speisen Falafel und Humus wurden zu israelischen Nationalgerichten und palästinensische Lieder und Tänze der neu geschaffenen jüdisch-israelischen Kultur einverleibt.[91]

Von allen drei Teilen der durch die ethnische Säuberung auseinander gerissenen palästinensischen Gesamtbevölkerung befinden sich die Palästinenser innerhalb der Grünen Linie vielleicht in der schwierigsten Lage. Sie leben in einem Staat, der per definitionem nicht der ihre ist. Die PLO, die jahrzehntelang die international anerkannte politische Vertretung der Palästinenser war, fühlte sich nicht für sie zuständig, noch weniger deren Nachfolgerin, die Autonomiebehörde. Eine eigene politische Organisierung war in den ersten beiden Jahrzehnten nach der Gründung des Staates Israel verboten und Versuche dazu wurden mittels Repression zerschlagen, wie Ende der 1950er Jahre die al-Ardh-Bewegung. Eine breitflächige eigenständige politische Organisierung begann erst in den 1990er Jahren, wird von Israel mit Misstrauen beobachtet und ist mit vielerlei Hindernissen konfrontiert.[92] Hinzu kommt, dass die Palästinenser mit israelischer Staatsangehörigkeit jahrzehntelang von ihrem arabischen kulturellen Umfeld abgeschnitten waren. Bis zur Besetzung der Westbank und des Gazastreifens hatten sie keinerlei Kontakte zu anderen Palästinensern oder Arabern. Als israelische Staatsbürger konnten sie vor den Oslo-Abkommen aufgrund des arabischen Boykotts Israels auch kaum in arabische Länder reisen. Die Palästinenser in Israel sitzen zwischen allen Stühlen. Sie bekommen alle Nachteile der israelischen Staatsangehörigkeit zu spüren, ohne jedoch in den Genuss ihrer Vorteile zu kommen. Israel misstraut ihnen, weil sie Araber sind und die Araber misstrauten ihnen bis in die 1990er Jahre hinein, weil sie der Staatsangehörigkeit nach »Israelis« sind. Bevor die internationale Boykottkampagne (BDS) gegen Israel ab 2005 begann, ihre Lage zu thematisieren, waren sie der von allen Seiten übersehene und vergessene Teil der Palästinenser.

91. vgl. Ra'ad, Basem L., Hidden Histories. Palestine and the Eastern Mediterranean, London/New York 2010, S. 123-141

92. Zur politischen Geschichte der palästinensischen Minderheit siehe: Ghanem, As'ad. The Palestinian-Arab Minority in Israel 1948-2000. A Political Study, New York 2001; Pappe, Ilan, The Forgotten Palestinians, New Haven/London 2011

Ungleiche Staatsbürgerschaft

Das tägliche Leben der Palästinenser in Israel ist geprägt von rassistischer Diskriminierung, Ausschluss und Segregation. In der israelischen Gesetzgebung gibt es zwei Kategorien von Staatsbürgern mit unterschiedlichen Rechten. Für Juden gilt das »Rückkehrgesetz« von 1950, das allen Juden die Einwanderung gewährt und ihnen automatisch die israelische Staatsbürgerschaft verleiht. Für Palästinenser gilt das »Staatsbürgergesetz« von 1952, das auf einer vollkommen anderen Basis das Recht der palästinensischen Minderheit auf Staatsbürgerschaft regelt. Zu den wichtigsten Bestimmungen des Staatsbürgergesetzes gehört, dass es den Familienangehörigen der palästinensischen Staatsbürger Israels, die 1948 gewaltsam vertrieben wurden, nicht erlaubt ist, zu ihrem Land, ihren Häusern und Familien zurückzukehren. Dieses Gesetz wurde 2003 durch das »Staatsbürgerschafts- und Einbürgerungsgesetz (Citizenship and Entry Law)« ergänzt, das Ehepartnern von Palästinensern innerhalb der Grünen Linie, die aus der Westbank oder dem Gazastreifen stammen, die israelische Einbürgerung verweigert. Die aufgrund früherer Eheschließungen bereits in Israel lebenden Ehepartner erhalten nur noch befristete Aufenthaltsgenehmigungen, deren Verlängerung keinesfalls garantiert ist und die sie zu einem Leben in Rechtlosigkeit verurteilen. Der Zuzug neuer Ehepartner ist nur unter restriktiven Bedingungen möglich. Das Gesetz war zunächst auf temporärer Basis erlassen worden, wurde aber fortlaufend verlängert und zweimal (2005 und 2007) ergänzt. Seit seiner Verabschiedung wurden mindestens 120.000 Anträge auf Familienzusammenführung abgelehnt, zahlreiche Aufenthaltsgenehmigungen aufgehoben, Ehefrauen und Ehemänner, Mütter und Väter deportiert und die betroffenen Familien auseinandergerissen. Andere leben in der Illegalität und wieder andere haben das Land verlassen.[93] Obwohl, wie so oft, Sicherheitsgründe vorgeschoben wurden, zielt das Gesetz darauf, die demografische Mehrheit der jüdisch-israelischen gegenüber der palästinensischen Bevölkerung zu sichern. Die Richter am Obersten Gerichtshof, die im Januar 2011 über die Klage einer Bürgerrechtsorganisation gegen dieses Gesetz verhandelten, urteilten, dass dieses trotz seines Verstoßes gegen die Menschenrechte zulässig sei, da die Menschenrechte nicht zum »nationalen Selbstmord« führen dürften.[94]

93. Adalah, The Inequality Report: The Palestinian Arab Minority in Israel, Haifa März 2011 unter: www.adalah.org/upfiles/2011/Adalah_The_Inequality_Report_March_2011.pdf; Ma'an News Agency, The nightmare of love across Israel's wall, 26.7.2011 unter: www.maannews.net/eng/Print.aspx?ID=408155

94. Omer-Man, Michael, MKs reveal the true purpose of Israel's Citizenship law, Jerusalem Post-Blogs 13.1.2010 unter: blogs.jpost.com/content/mks-reveal-true-purpose-israels-citizenship-law; White, Ben, Israel's High Court uphold racist »Citizenship Law« to avoid »national suicide«, The Electronic Intifada 12.1.2010 unter: electronicintifada.net/blogs/ben-white/israels-high-court-upholds-citizenship-law-avoid-national-suicide; Schocken, Amos, Citizenship Law Makes Israel an Apartheid State, Haaretz 27.6.2008 unter: www.haaretz.com/print-edition/opinion/citizenship-law-makes-israel-an-apartheid-state-1.248635

Die Knesset verabschiedete im Herbst 2010 zusätzlich eine Ergänzung zum Staatsbürgerschaftsgesetz, die jedem Nicht-Juden, der die israelische Staatsbürgerschaft erwerben will, einen Loyalitätseid auf »Israel als einen jüdischen und demokratischen Staat« abverlangt.[95]

Die Tatsache, dass es in Israel zwei Kategorien von Staatsbürgern gibt, die unterschiedliche Rechte haben, entspricht der Definition von Apartheid, wie sie die UNO 1973 festgelegt hat. Das zur UNO gehörende Komitee zur Eliminierung aller Formen der rassistischen Diskriminierung (CERD) forderte Israel 2007 dazu auf, sicherzustellen, dass »die Definition Israels als jüdischer Nationalstaat nicht zu systematischer Unterscheidung, Ausschluss, Einschränkung oder Bevorzugung auf der Basis von Rasse, Hautfarbe, Abstammung oder nationalem oder ethnischem Ursprung in Bezug auf den Genuss der Menschenrechte« führt. Das Komitee drängte Israel insbesondere »Gleichheit beim Recht auf Rückkehr in sein Land und im Besitz von Eigentum sicherzustellen« und forderte es auf, mehr Informationen darüber zur Verfügung zu stellen »wie sich der Staat die Entwicklung einer nationalen Identität aller seiner Bürger vorstellt.«[96]

Die von Israel praktizierte Unterscheidung zwischen Staatsbürgerschaft und Nationalität, wobei letztere entscheidend ist, ähnelt in ihrer Struktur dem südafrikanischen Bevölkerungsregister-Gesetz von 1950, das jedem Südafrikaner eine bestimmte »rassische« Identität zuschrieb, die darüber entschied, welche Rechte er hatte: »Israels Bevölkerungsregister-Gesetz dient durch seine Unterscheidung zwischen Nationalität und Staatsbürgerschaft einem ähnlichen Zweck. Araber und Juden können beide Staatsbürger sein, aber jedem von ihnen wird eine separate ›Nationalität‹ zugeschrieben, die auf den Ausweisen verzeichnet ist (entweder explizit oder seit Neustem in Form eines Zahlencodes), die tatsächlich darüber entscheidet, wo es ihnen erlaubt ist, zu wohnen, welchen Zugang zu einigen Fürsorgeprogrammen der Regierung sie haben und wie sie wahrscheinlich von Staatsbediensteten und Polizisten behandelt werden.«[97]

---

95. Maan News Agency, Israeli cabinet approves loyalty oath to Jewish state, 10.10.2010 unter: www.maannews.net/eng.Print.aspx?ID=322750; Sherwood, Harriet, Israel proposes Jewish State loyalty oath for new citizens, The Guardian 10.10.2010 unter: www.guardian.co.uk/world/2010/oct/10/israel-jewish-oath-new-citizens
96. UN Committee on the Elimination of Racial Discrimination (CERD), Consideration of reports submitted by States parties under article 9 of the Convention: International Convention on the Elimination of All Forms of Racial Discrimination: Concluding observations of the committee on the Elimination of Racial Discrimination: Israel. 14 June 2007, CERD/C/ISR/CO/13 unter: www.unhcr.org/refworld/docid/467bc5902.html, S. 3f.
97. McGreal, Worlds Apart, a.a.O., S.9f.; siehe auch Makdisi, a.a.O., S.2

Die exklusiv jüdische Nutzung des Landes

Neben dem System der verschiedenen und ungleichen Staatsbürgerschaften für Juden und Nicht-Juden kritisiert CERD auch die israelische Landvergabepolitik als rassistisch diskriminierend.[98] Die von Israel praktizierte Politik der exklusiv jüdischen Nutzung des Landes ist eine logische Folge der zionistischen Staatsdoktrin, der zufolge das Land ausschließlich den Juden gehört. Nicht-Juden können zwar, wie Ariel Scharon es 2002 formulierte, »Rechte im Land« haben, aber »alle Rechte über das Land Israel sind jüdische Rechte.«[99] Diese Politik geht zurück auf den Beginn der zionistischen Kolonisierung. Die zionistischen Organisationen eigneten sich palästinensisches Land erklärtermaßen mit dem Ziel an, dieses zum »unveräußerlichen« jüdischen Eigentum zu machen. Die Konstitution der Jewish Agency schreibt vor: »Land als jüdisches Eigentum zu erwerben«, und fährt fort » (...) der Titel des erworbenen Landes soll vom JNF (Jüdischem Nationalfonds) übernommen werden, damit dieses als unveräußerliches Eigentum des jüdischen Volkes erhalten wird. Die Agency wird die landwirtschaftliche Kolonisierung des Landes auf der Basis von jüdischer Arbeit fördern (...).«[100]

Nach der Vertreibung der einheimischen Bevölkerung 1948 eignete sich Israel mit Hilfe von britischen und osmanischen Gesetzen, die zuvor in Palästina gegolten hatten und neu erlassenen israelischen Gesetzen deren Land an und legte die Grundlage für die Enteignung der verbliebenen Palästinenser. Das wichtigste Gesetz zur Enteignung der ethnisch gesäuberten Palästinenser war das »Gesetz über das Eigentum der Abwesenden (Absentee Property Law)« von 1952, mithilfe dessen deren Land in Staatsland verwandelt wurde. Dieses Gesetz erklärte diejenigen, die sich im Zeitraum zwischen der Verabschiedung der UN-Teilungsresolution am 29. November 1947 und der Deklaration des Staates Israel am 15. Mai 1948 außerhalb zionistisch kontrollierten Territoriums aufgehalten hatten, zu »Abwesenden«.

Das derart angeeignete Land wurde in der Folgezeit für die exklusiv jüdisch-israelische Nutzung reserviert, indem dessen Verwaltung den parastaatlichen zionistischen Organisationen Zionistische Weltorganisation (WZO) und Jüdischer Nationalfonds (JNF) übertragen wurde. In den 1960er Jahren schlossen sich der israelische Staat und der JNF zur Israelischen Landadministration (ILA) zusammen, in der jede Seite jeweils die Hälfte der Mitglieder stellt. Der JNF kontrolliert heute nur noch 13 % des Landes vollständig, ist aber als Teil der ILA an der Verwaltung von weiteren 80 % des Landes beteiligt. Das bedeutet, dass Palästinenser

98. UN Commitee on the Elimination of Racial Discrimination (CERD), a.a.O., S. 5
99. Cook, Blood and Religion, a.a.O., S. 16
100. Mac Allister, a.a.O., S. 5 (»land is to be acquired as Jewish property and ... the title of the Lands acquired is to be taken in the name of the JNF to the end that the same shall be held as unalienable property of the Jewish people. The Agency shall promote agricultural colonization based on Jewish labour, and in all works or undertakings carried out or furthered by the Agency, it shall be deemed to be a matter of principle that Jewish labour shall be employed.«)

faktisch keinen Zugang zu 93 % des Landes haben, da dieses nach den Grundsätzen des JNF verwaltet wird.[101] Der JNF begründet seine diskriminierende Landvergabe damit, dass er »keine öffentliche Körperschaft« ist, »die im Auftrag aller Bürger des Staates handelt. Seine Loyalität gilt dem jüdischen Volk und nur diesem ist er verantwortlich.« Er betont, dass er nicht verpflichtet ist, alle Staatsbürger gleich zu behandeln, denn »Israels Knesset und die israelische Bevölkerung haben die Ansicht geäußert, dass die Unterscheidung zwischen Juden und Nicht-Juden, die die Grundlage der zionistischen Vision ist, eine Unterscheidung darstellt, die gestattet ist«, und dass daher seine Praxis der Landvergabe ausschließlich an Juden »in völliger Übereinstimmung steht mit den Gründungsprinzipien des Staates Israel als einem jüdischen Staat, und dass der Wert der Gleichheit (...) hinter diesem Prinzip zurücktreten muss.«[102]

Durch die Auslagerung staatlicher Funktionen an internationale zionistische Organisationen konnte Israel es umgehen, selbst Gesetze mit einem eindeutigen Apartheidcharakter erlassen zu müssen. Uri Davis zufolge war genau das die Absicht dieser Regelung. Sie sollte verhindern, dass Israels demokratisches Image in der westlichen Welt beschädigt wird: »Die politische Unterstützung, die der Staat Israel unter westlichen Staaten immer noch genießt, wäre viel schwieriger aufrechtzuerhalten, wenn Israel wie das ehemalige Südafrika offensichtlich als Apartheidstaat erscheinen würde. Deshalb wurden enorme Anstrengungen unternommen, um die rechtliche und praktische Realität zu verschleiern. Anstatt Gesetze zu erlassen, die zwischen Jude/Jüdin und Nicht-Jude/Nicht-Jüdin unterscheiden, wurde ein System mit zwei Kategorien geschaffen, die eine Arbeitsteilung zwischen Staat und verschiedenen Organisationen wie der Zionistischen Weltorganisation, der Jewish Ageny und dem Jüdischen Nationalfonds vorsehen. Diese Organisationen vertreten nach dem Statut bei der Landverteilung, bei der Besiedelung und bei der Unterstützung der jüdischen Immigration nur jüdische Interessen. Der Staat hat diesen Organisationen einen offiziellen Status eingeräumt, und sie übernehmen de facto Staatsaufgaben. Durch diese Arbeitsteilung kann der Staat behaupten, dass

101. Makdisi, a.a.O., S. 3; Human Rights Watch, Off the Map: Land and Housing Rights Violations in Israel's Unrecognized Bedouin Villages, März 2008 unter: www.hrw.org/sites/default/files/report/iopt0308_1.pdf, S. 27ff.

102. Pointing out that it »is not a public body which acts on behalf of all citizens of the state. Its loyality is to the Jewish people and its responsibility is to it alone«, Israel's Knesset and society have expressed their view that the distinction between Jews and non-Jews that is the basis for the Zionist vision is a distinction that is permitted« and that its allocation of land to Jews alone »is in complete accord with the founding priciples of the state of Israel as a Jewish state and that the value of equality, even if it applies to JNF lands, would retreat before this principle.«), zitiert nach Makdisi, Saree, A racism outside of language: Israel's Apartheid, Pambazuka issue 473, 11.3.2010 unter: http://pambazuka.org/en/category/features/62928, S. 3

er niemals diskriminiert, während diese Aufgabe den zionistischen Organisationen übertragen ist.«[103]

In einem fortlaufenden Prozess wurde seit 1948 fast das gesamte Land der Palästinenser beschlagnahmt, sodass diese heute innerhalb der Grünen Linie nur noch über 2,5 % des Landes verfügen, obwohl sie 20 % der Bevölkerung stellen. Somit ist der Prozess der gewaltsamen Umwandlung des arabischen Palästinas in ein europäisch geprägtes jüdisches Israel innerhalb der Grünen Linie fast abgeschlossen. Das den Palästinensern verbliebene Land ist größtenteils bebaut, sodass die arabischen Dörfer und Städte kaum mehr Land für eine dem natürlichen Bevölkerungswachstum entsprechende Ausdehnung haben.

Die israelischen Enteignungen palästinensischen Landes geben sich den Anschein der Rechtmäßigkeit, da sie auf Gesetzen basieren. Eines der angewendeten Gesetze aus der britischen Mandatszeit ermöglichte es zum Beispiel dem Staat, alles Land zu beschlagnahmen, für das nicht nachgewiesen werden konnte, dass es seit 1943 ununterbrochen bearbeitet worden war. Ein beliebtes Mittel war auch, das Land zur geschlossenen militärischen Zone zu erklären und dort in einigen Fällen sogar Minen zu legen, damit die Palästinenser es nicht mehr betreten. Wenn das Land dann notgedrungen einige Jahre brach gelegen hatte, verfiel es nach einem reaktivierten osmanischen Gesetz dem Staat und wurde jüdischen Gemeinden zur Bearbeitung übergeben.[104] Sehr oft angewendet wurde auch die »Public Purposes Ordinance« von 1943, die die Beschlagnahmung von Land im »öffentlichen Interesse« erlaubt. Das beschlagnahmte Land war immer palästinensisches und das öffentliche Interesse immer das der jüdisch-israelischen Bevölkerung.[105] Dieses Gesetz wurde 2010 durch einen Passus ergänzt, der vorschreibt, dass enteignetes palästinensisches Land nicht zurückgegeben werden darf, auch wenn es nicht für den Zweck verwendet wurde, der Grund der Beschlagnahmung gewesen war.[106]

Palästinensische Dörfer und Städte werden geografisch stranguliert, indem systematisch jüdisch-israelische Siedlungen, Militärstützpunkte und Naturparks um sie herum gebaut werden mit dem Ziel, sie einzukreisen. Im »Planungs- und Bebauungsgesetz (Planing and Building Law)« von 1965 wurden sie mit so engen Grenzen umgeben, dass ihnen im Widerspruch zur gängigen Planungspraxis kein

103. Davis, Uri, Apartheidstaat Israel, Vortrag in Basel im November 2002 unter: www.bds-info.ch/file-download/5, S. 5

104. Cook, Blood and Religion, a.a.O., S. 8

105. Eine detaillierte Darstellung des Landraubs per Gesetz nach 1948: Flores, Alexander; Schölch, Alexander (Hg.), Palästinenser in Israel, Frankfurt/New York 1983; Centre on Housing Rights (COHRE)/ BADIL Resource Center for Palestinian Residency and Refugee Rights, Ruling Palestine. A History of the legally sanctioned Jewish-Israeli Seizure of Land and Housing in Palestine, May 2005 unter: www.ochaopt.org/documents/opt_prot_COHRE_seizure_of_land_and_housing_in_Palestine_may_2005.pdf, S. 37-64

106. White, Ben, Palestinians in Israel's »democracy«: The Judaization of the Galilee, Middle East Monitor, Briefing Paper, März 2010 unter: www.middleeastmonitor.com/downloads/briefing-paper/palestinians-in-israel-democracy.pdf, S.8

Spielraum für eine Ausdehnung bleibt. Den jüdischen Gemeinden hingegen wurde viel Fläche für künftiges Wachstum zugestanden und ihnen darüber hinaus in einem fortgesetzten Enteignungsprozess stets mehr palästinensisches Land übereignet. Ein typisches Beispiel für diesen Prozess ist das Dorf Sakhnin in Galiläa: in den 1970er- und 1980er Jahren wurde der größte Teil seines Landes enteignet, um dort Siedlungen zu bauen. In diesen Siedlungen leben heute 17.000 jüdische Israelis, die über 20.000 Hektar Land verfügen, während die 25.000 Einwohner von Sakhnin sich mit einem Zwanzigstel davon – 1.000 Hektar - begnügen müssen.[107]

Palästinensische Städte werden durch jüdische Parallelstädte eingekreist, wie zum Beispiel das nach wie vor arabische Nazareth, an dessen Seite das jüdische Ober-Nazareth gebaut wurde. Eine israelische Tageszeitung beschrieb den Bau von Ober-Nazareth Mitte der 1960er Jahre als eine Regierungsentscheidung mit dem Ziel, »dem arabischen Nazareth eine jüdische Stadt aufzuzwingen (...), deren Zweck – deren grundlegender, primärer und sogar einziger Zweck – es ist, die arabische Autonomie in der Region und in dieser Stadt ›zu brechen‹ und später eine jüdische Mehrheit zu schaffen.«[108] Obwohl Ober-Nazareth weniger Einwohner hat als Nazareth, verfügt es über drei Mal so viel Fläche sowie – im Gegensatz zu Nazareth – über Zugang zu speziellen Entwicklungskrediten und mehrere Industriezonen.[109]

Seit 1948 wurden innerhalb der Grünen Linie über 1.000 neue Siedlungen für jüdische Israelis errichtet, aber keine einzige für Palästinenser, obwohl sich deren Anzahl fast verzehnfacht hat. Die einzige Ausnahme sind sieben Planstädte im Naqab/Negev, die für die dortige Beduinenbevölkerung gebaut wurden, um deren Land beschlagnahmen zu können. Es gibt heute noch 163 palästinensische Dörfer und Städte innerhalb der Grünen Linie, von denen Israel nur 123 anerkennt. Die Planungshoheit für die arabischen Dörfer liegt größtenteils bei den jüdisch-israelischen Regionalräten. Damit ist sichergestellt, dass palästinensisches Land nicht im Dienste und nach den Bedürfnissen seiner Besitzer entwickelt und genutzt werden kann. Die Räte erteilen so gut wie keine Genehmigungen für den Bau neuer Häuser oder den Ausbau der Infrastruktur. So bleibt den Palästinensern nichts anderes übrig, als ohne Baugenehmigung zu bauen. Dadurch werden ihre auf ihrem eigenen Land gebauten Häuser »illegal« und sind von Zerstörung bedroht. Es wird geschätzt, dass dies innerhalb der Grünen Linie mindestens 40.000 Häuser betrifft.[110] Während der israelische Staat den illegalen Bau durch jüdische Israelis,

107. Cook, Jonathan, Apartheid targets Palestinian Home-Owners inside Israel, The Electronic Intifada 10.3.2005 unter: electronicintifada.net/content/apartheid-targets-palestinian-home-owners-inside-israel/5505, S. 4

108. White, Palestinians in Israel's »democracy«, a.a.O., S. 9

109. Cook, Jonathan, On the Margins. Annual Review of Human Rights Violations of the Arab Palestinian minority 2005, Arab Association for Human Rights, Nazareth 2006, S. 16

110. Mossawa, One Year for Israel's New Governemnt and the Arab Minority in Israel, April 2010 unter: www.mossawa.org/files/File/Reports/2010/NetanyahuFinal.pdf, S. 46

die auf Staatsland bauen, vielfach duldet oder nachträglich legalisiert, betreibt er gegenüber den Palästinensern, die auf Privatland bauen, eine erbarmungslose Politik der Häuserzerstörungen. Die palästinensischen Dörfer und Städte sind völlig übervölkert und es herrscht dort große Wohnungsnot. Viele Familien müssen auf engstem Raum zusammenleben. Da kein Wohnraum für die wachsende Bevölkerung geschaffen werden kann, ist die nachwachsende Generation oftmals gezwungen, ihre Dörfer zu verlassen. Sie kann jedoch aufgrund der jews-only-Landvergabepolitik und der von Staat und Mehrheitsgesellschaft gleichermaßen praktizierten Politik der Segregation nur begrenzt auf jüdisch-israelische Städte und Gemeinden ausweichen.

Segregation

Das UN-Komitee für die Eliminierung aller Formen der rassistischen Diskriminierung (CERD) befand 2007 nach einer Untersuchung der israelischen Landvergabepolitik, dass darauf Artikel 3 der ICERD-Konvention anzuwenden sei, in dem »rassische« Segregation und Apartheid verurteilt werden. Es empfahl Israel »alle [nötigen] Maßnahmen zu ergreifen, um sicherzustellen, dass Staatsland ohne direkte oder indirekte Diskriminierung auf der Basis von Rasse, Hautfarbe, Herkunft, nationalem oder ethnischem Ursprung zugeteilt wird.«[111]

Palästinensische Staatsbürger haben wiederholt gegen die rassistischen Landvergabepraktiken geklagt und einige dieser Prozesse gewonnen. Da der Zionismus jüdische Exklusivität bedeutete und deren Aufweichung den ethnokratischen Charakter des Staates Israel tatsächlich gefährden würde, hat die Knesset mit einer Reihe von Gesetzen dafür gesorgt, dass die Urteile israelischer Gerichte in dieser Frage wirkungslos bleiben. 2007 wurde ein Gesetz eingebracht, das die anderslautende Entscheidung des Obersten Gerichtshofs von 2004 aufhebt und dem JNF erlaubt, weiterhin nur an Juden Land zu verkaufen oder verpachten.[112] Im Frühjahr 2011 wurde ein Gesetz verabschiedet, das Auswahlkomitees, die über den Zuzug neuer Bewohner entscheiden, in Gemeinden mit weniger als 400 Bewohnern für zulässig erklärt.[113] Selektionskomitees dieser Art gibt es in 700 ländlichen Gemeinden und Kleinstädten, die 70 % aller Städte und 85 % aller ländlichen Gemeinden in Israel bilden.[114] Sie setzen sich aus Vertretern von Gemeinde oder Stadt, der WZO,

111. UN Commitee on the Elimination of Racial Discrimination (CERD), a.a.O., S. 5

112. Hayeem, Abe, Exclusive Plans in: Sahibzada, Mortaza (Hg), Introducing the JNF, JNF eBook (Volume 1 Janauar 2010), S.16 unter: www.stopthejnf.org/documents/JNFeBookVol1ed2x.pdf; Adalah, Land controlled by Jewish National Fund for Jews only, News Update 29.7.2007 unter: www.adalah.org/eng/pressreleases/pr.php?file=07_07_29

113. Be'eri-Sulitzeanu, Amnon, Segregation of Jews and Arabs in 2010 Israel is almost absolute, Haaretz, 29.10.2010; Bar'el, Zvi, South Africa is already here, Haaretz 31.10.2010; Khoury, Jack; Lis, Jonathan, Israeli towns continue to rewrite bylaws to keep Arabs out, Haaretz, 16.12.2010

114. Adalah Newsletter Vol. 42 November 2007 unter: www.adalah.org/newsletter/eng/nov07/8.php

der Jewish Agency und des israelischen Staates zusammen. Human Rights Watch zufolge werden sie dazu benutzt, um Palästinenser systematisch auszuschließen.[115] Wo es keine Auswahlkomitees gibt, sorgt der in der jüdisch-israelischen Bevölkerung weitverbreitete Rassismus dafür, dass Palästinenser keine Wohnungen finden. In der Stadt Karmiel bei Haifa beispielsweise initiierte der stellvertretende Bürgermeister Oren Milstein eine Hotline, um Araber zu melden, die in der Stadt ein Appartement kaufen wollten, um die Transaktion zu verhindern. Er stellte außerdem eine Bürgerwehr auf, die Palästinensern bei Nacht den Zugang zur Stadt verwehren sollte. Seine Motivation dazu geht aus dem Interview, das er einer rechtsextremen Zeitung gab, hervor: »Karmiel ist eine jüdische Stadt, so einfach. Sie wurde gegründet, um Galiläa zu judaisieren, und es ist meiner Ansicht nach nicht richtig, dass arabische Familien kommen und dort leben.«[116]

Auch in den fünf sogenannten gemischten Städten des Landes, wo 20 % der palästinensischen Minderheit leben, besteht eine mehr oder weniger stark ausgeprägte Segregation. In der Hafenstadt Haifa im Norden des Landes ist sie am wenigsten strikt, während in al-Lid/Lod und Ramleh meterhohe Mauern zwischen jüdisch-israelische und palästinensische Wohngebiete gebaut wurden.[117] Die arabischen Stadtviertel sind von Armut, gezielter staatlicher Vernachlässigung und den daraus folgenden sozialen Problemen gekennzeichnet. Derzeit sind die Palästinenser in den »gemischten Städten« durch die Gentrifizierung arabischer Viertel von Vertreibung bedroht. In Israel nimmt dieser Prozess, der weltweit ein Kennzeichen neoliberaler Stadtpolitik ist, einen ausgesprochen ethnischen Charakter an, d. h. er ist dort ein Mittel der ethnischen Säuberung der »gemischten Städte« von ihrer einheimischen Bevölkerung.[118]

Israel verstößt mit seiner Segregationspolitik gegen die Anti-Apartheid-Konvention der UNO, der zufolge Apartheid Maßnahmen einschließt, die dazu bestimmt sind, die Bevölkerung durch die Schaffung separater Reservate und Gettos für die Angehörigen einer ethnischen Gruppe nach ethnischer Zugehörigkeit zu trennen. Das UN-Komitee für die Eliminierung aller Formen rassistischer Diskriminierung (CERD) forderte Israel 2007 dazu auf, die Segregation zu beenden. Das Komitee befand, dass auf Israels Politik der Segregation im Wohn- und

115. White, Palestinians in Israel's democracy, a,.a.O., S. 10; Human Rights Watch, Off the Map, a.a.O., S. 39f.; Cook, Jonathan, Israel's Big and Small Apartheids, Dissident Voice 26.4.2010 unter: www.dissidentvoice.org/2010/04/israel's-big-and-small-apartheids

116. Mada al-Carmel, Political Monitoring Report Haifa, Issue No.11 2010, S. 15f.

117. Arab Association for Human Rights, Behind the Walls: Separation between Arabs and Jews in Mixed Cities in Israel, 16.6.2006 unter: http://electronicintifada.net/v2/printer4816.shtml; Hamadeh, Sharif; Hamdan, Hana; Bishara, Suhad, Four Cases of Segregated Spaces, Makan:Adalah's Journal for Land, Planning and Justice, Volume 1, S. 54-68

118. vgl. Cook, Jonathan, Jaffa »renewal plan« aims at eviction, The National, 14.9.2008 unter: www.thenational.ae/news/world/middle-east/jaffa-renewal-plan-aims-at-eviction; Humphries, Isabelle, The Nakba Continues: The Ethnic Cleansing of Jaffa's Ajami Neighbourhood, Washington Report on Middle East Affairs, July 2008, S. 14-15

Bildungsbereich Artikel 3 der ICERD-Konvention zutrifft, der Apartheid und »rassische« Segregation verurteilt. CERD empfahl Israel, »einzuschätzen inwieweit die Aufrechterhaltung separater arabischer und jüdischer Sektoren einer rassistischen Segregation gleichkommt«, sowie »eine Politik und Projekte zu entwickeln und umzusetzen, deren Ziel es ist, die Separation von Gemeinschaften zu vermeiden, besonders auf den Gebieten des Wohnens und der Bildung.«[119]

Die Segregation der Bevölkerung geht über die Wohngebiete hinaus und erinnert teilweise an die von Südafrika praktizierte »kleine Apartheid«. Palästinensern wird regelmäßig der Zutritt zu bestimmten Örtlichkeiten, z. B. Diskotheken und Swimmingpools oder Verkehrsmitteln sowie der Eintritt in Country Clubs und andere Vereine verweigert.[120]

Auch der Bildungssektor unterliegt der Segregation und ermöglicht dadurch die systematische Benachteiligung palästinensischer Schüler, die ein Viertel aller Schüler ausmachen. So gibt Israel für jeden jüdisch-israelischen Schüler durchschnittlich 848 Euro aus, für jeden palästinensischen aber nur 146 Euro. Dementsprechend sind die Klassen arabischer Schüler größer und die Ausstattung ihrer Schulen schlechter. Meist mangelt es ihnen an so grundlegender Ausstattung wie Bibliotheken, Computern, Laboren und Aufenthaltsräumen. Die Schulen sind in der Regel in einem schlechtem Zustand, da sie nicht gewartet und Reparaturen nicht ausgeführt werden. Es gibt nicht einmal genügend Klassenräume, in allen palästinensischen Kommunen zusammengenommen fehlen schätzungsweise 5.000.[121] Eine Folge dieser miserablen Bedingungen ist, dass es wesentlich mehr palästinensische als jüdisch-israelische Schulabbrecher gibt und Palästinenser wesentlich seltener Abitur machen. Trotzdem umfasst die staatliche Liste der 553 Dörfer und Städte, in denen der Bildungsbereich besonders gefördert werden soll, nur vier arabische Dörfer. Für palästinensische Kinder stehen auch keine Einrichtungen, die über die minimalsten Anforderungen schulischer Bildung hinausgehen, wie Kunstschulen, zur Verfügung. Von den 1.600 staatlich geförderten Kindertagesstätten befinden sich nur 25 in palästinensischen Gemeinden.[122]

Hinzu kommt die Einmischung des israelischen Inlandsgeheimdienstes in den arabischen Bildungssektor, die so groß ist, dass der in Nazareth lebende britische

---

119. UN committee on the Elimination of Racial Discrimination (CERD), a.a.O., S.5
120. Cohen-Eliya, Moshe, Discrimination against Arabs in Israel in Public Accomodations in: International Journal for Law and Politics, Vol.36, New York University (N.Y.U.), 2004, S.717-748; MacIntyre, Donald, Palestinians barred from Dead Sea Beaches to »appease« Israeli Settlers, The Independent 14.6.2008 unter: www.independent.co.uk/news/world/middle-east/palestinians-barred-from-dead-sea-beaches-to-appease-israeli-settlers-846948.html
121. Cook, Jonathan, On the Margins, Annual Review of Human Rights Violations of the Arab Palestinian minority 2005. Arab Association for Human Rights, Nazareth 2006, S. 30ff.; Human Rights Watch, Israel: Budget Discriminates Against Arab Citizens, 12.8.2004 unter: www.hwr.org/en/news/2004/08/11/Israel-budget-discriminates-against-arab-citizens
122. Makdisi, a.a.O., S. 3

Journalist Jonathan Cook zu dem Schluss kommt, dass dieser die Schulen faktisch betreibe.[123]

Die für den arabischen Sektor zuständige Abteilung des Bildungsministeriums arbeitet eng mit dem Inlandsgeheimdienst General Security Services (GSS), auch »Shabak« genannt, zusammen, der bis 2005 die Anstellung von Lehrern per Veto verhindern konnte. In der Vergangenheit – besonders zur Zeit der Militärverwaltung 1948 bis 1966 – wurden oftmals Lehrer eingestellt, denen es zwar an fachlicher Qualifikation mangelte, die dafür aber gute Kontakte zum israelischen Geheimdienst hatten. Bis heute unterhält der Inlandsgeheimdienst ein Netz von Spitzeln unter Schülern und Lehrern. Der Bürgerrechtsorganisation Adalah zufolge hat die Intervention des Shabak eine »Kultur der Angst« gefördert, die arabische Bürger kontrollieren und zum Schweigen bringen sollte.[124]

Auch an den Universitäten werden Palästinenser durch Immatrikulations- und Auswahlverfahren sowie durch Sonderregelungen, die meist den Wehrdienst in der israelischen Armee betreffen, diskriminiert. Sie sind oftmals mit rassistischen Äußerungen ihrer Professoren konfrontiert, werden im Gegensatz zu jüdisch-israelischen Studenten an der politischen Meinungsäußerung weitgehend gehindert, vom israelischen Geheimdienst bespitzelt und durch die ausschließliche Benutzung der hebräischen Sprache benachteiligt.[125] Palästinenser machen nur 9,5 % der B. A.-Studenten, 4,8 % der M. A.-Studenten, 3,2 % der Ph.D.-Studenten und 1 % der Beschäftigten an israelischen Universitäten aus. Für palästinensische Bewerber ist es dreimal so wahrscheinlich wie für jüdische, von israelischen akademischen Institutionen abgelehnt zu werden.[126] Es sieht so aus, als ob der israelische Wissenschaftsbetrieb Palästinenser gezielt von den Universitäten fernhalten will. 2003 wurde beispielsweise die Entscheidung, einen bestimmten psychometrischen Test abzuschaffen, revidiert, nachdem Palästinenser ohne ihn spürbar bessere Ergebnisse erzielt und mehr Studienplätze erhalten hatten.[127] Im Frühjahr 2009 sagte das »Carmel Academic Center« in Haifa einen Studiengang kurzfristig ab, weil die Mehrheit der Studenten, die sich dafür bewarben, Palästinenser waren.[128] Die

123. Cook, Disappearing Palestine, a.a.O., S. 160

124. Cook, Israeli Palestinians: The Unwanted who stayed, The Link, Volume 41 Issue 4, October-November 2008 unter: http://ameu.org/printer.asp?iid=282&aid=600, S.2; Cook, On the Margins, a.a.O., S. 32

125. Zum Rassismus im israelischen Wissenschaftsbetrieb siehe: Cook, On the Margins, a.a.O., S. 36ff; Cole, Juan, Racism and Orientalism in the Israeli Academy, 23.12.2004 unter: www.juancole.com/2004/12/racism-and-orientalism-in-israeli.html; Leibovitz-Dar, Sara, Studies in Racism, Maariv, 21.10.2009 (Hebr.), englische Übersetzung unter: www.pacbi.org/printnews.php?id=1116

126. Yacobi Keller, Uri (Hg), The Economy of Occupation, A Socioeconomic Bulletin, No 23-24, (Alternative Information Center Jerusalem), Oktober 2009: Academic Boycott of Israel and the Complicity of Israeli Academic Institutions in Occupation of Palestinian Territories, S. 16

127. Sa'ar, Relly, Universities return to aptitude exam to keep Arabs out, Haaretz 27.11.2003 unter: www.haaretz.com/print-edition/news/universities-return-to-aptitude-exams-to-keep-arabs-out-1.106954

128. The Alternative Information Center, The Carmel Academic Center in Haifa closes academic track as too many Palestinian students registered, 27.5.2009 unter: www.alternativenews.org/english/index.php/topics/news/1950

Errichtung einer eigenen arabischen Universität, die sich die palästinensische Minderheit wünscht, wird von Israel nicht erlaubt.

Palästinenser innerhalb der Grünen Linie werden darüber hinaus systematisch aus Wirtschaft, Politik und Kultur ausgeschlossen. Im öffentlichen Dienst sind nur 6 % der Beschäftigten Palästinenser und in der staatlichen Elektrizitätsgesellschaft nur 1,3 %. Von den 84.000 Stellen im israelischen Hightech-Sektor sind nur 500 mit palästinensischen Ingenieuren besetzt.[129] Viele Firmen stellen nur Bewerber ein, die zuvor in der israelischen Armee gedient haben, was nur jüdische Israelis und Drusen tun.

Leben unter Dritte-Welt-Verhältnissen

Während die jüdisch-israelische Bevölkerung insgesamt denselben Lebensstandard hat wie jene der westlichen kapitalistischen Länder, leben die palästinensischen Staatsbürger Israels unter Dritte-Welt-Verhältnissen. Sie haben eine schlechtere Gesundheitsversorgung, eine geringere Lebenserwartung und eine höhere Säuglingssterblichkeit als jüdische Israelis.[130] 51,4 % der palästinensischen Familien leben unterhalb der Armutsgrenze im Vergleich zu 19,9 % der jüdisch-israelischen. Das palästinensische Durchschnittseinkommen beträgt knapp 6.000 Euro pro Jahr, das jüdisch-israelische hingegen etwa 14.650 Euro. Palästinenser werden nicht nur seltener angestellt als jüdische Israelis, sie werden auch schlechter bezahlt. 2007 lag das Durchschnittseinkommen palästinensischer Arbeiter bei 52 % des Einkommens europäischer Juden und bei 67 % des Einkommens orientalischer Juden.[131] In arabischen Wohngebieten gibt es so gut wie keine Industrie, da Israel deren Ansiedlung mittels steuerlicher Anreize und Vergünstigungen nur in jüdischen Gebieten fördert. Arabische Kommunen erhalten nur 3 % des staatlichen Haushaltsbudgets, haben eine mangelhafte Infrastruktur, sind aus dem öffentlichen Nahverkehrsnetz ausgeschlossen und werden bei Serviceleistungen staatlicher und privater Dienstleister und Konzerne benachteiligt.[132] In Regionen mit einer arabischen Mehrheit gibt es zum Beispiel keine einzige Filiale der Elektrizitäts- und Telefongesellschaften, nicht einmal in Nazareth, der größten arabischen Stadt. Während jüdische Israelis nur einige Tage auf einen Internetzugang warten müssen, dauert es für Palästinenser durchschnittlich sechs Monate. An dieser Ausgrenzung beteiligen sich auch internationale Konzerne. Der schwedische Möbelkonzern IKEA liefert

---

129. Cook, Jonathan, Arabs Shut Out of Israeli Public Sector, Dissident Voice 17.5.2010 unter: http://dissidentvoice.org/2010/05/arabs-shut-out-of-israeli-public-sector

130. Adalah, The Legal Center for Arab Minority Rights in Israel, The Inequality Report. The Palestinian Arab Minority in Israel, Haifa March 2011, S.48ff unter: www.adalah.org/upfiles/2011/Adalah_The_Inequality_Report_March_2011.pdf.; Cook, Israeli Palestinians, a.a.O., S. 7

131. Le Monde diplomatique, Fakten, 8.5.2009 unter: www.monde-diplomatique.de/pm/2009/05/08/a0003.text-name

132. Ebenda; Mossawa, a.a.O., S. 45f.

zwar in die illegalen jüdischen Siedlungen in der Westbank Möbel aus, aber nicht unbedingt in palästinensische Gemeinden innerhalb der Grünen Linie.[133]

Jüdische Exklusivität des Staates und die Negation der Palästinenser

Es gibt fast 30 Gesetze, die eine unterschiedliche Behandlung von Juden und Nicht-Juden festschreiben. Hinzu kommen weitere Gesetze und administrative Maßnahmen, die eine faktische Segregation auf ethnischer Grundlage zur Folge haben, auch wenn sie das nicht explizit formulieren.[134] Jedes Jahr werden neue diskriminierende oder rassistische Gesetzesentwürfe in die Knesset eingebracht, von denen dann allerdings nur wenige als Gesetze verabschiedet werden. 2008 waren es 12, im Jahr 2009 21. Dazu gehören u. a. ein Gesetz, das festlegt, dass Jerusalem die Hauptstadt des jüdischen Volkes ist, eine Ergänzung des Staatsbürgergesetzes, die vorsieht, dass jedem, der sich dem Staat Israel gegenüber illoyal verhält, die Staatsbürgerschaft entzogen werden kann sowie das Nakba-Gesetz, das bereits verabschiedet wurde. Es sieht eine Kriminalisierung des Gedenkens der Nakba (Katastrophe) vor, wie die ethnische Säuberung Palästinas 1948 und die Zerstörung ihrer Gesellschaft von den Palästinensern genannt wird. Allerdings wurde dieses Gesetz in einer schwächeren Form verabschiedet als von den Initiatoren beabsichtigt. Statt Haftstrafen ist nun »lediglich« die Einstellung der Finanzierung derjenigen Organisationen und arabischen Kommunen vorgesehen, die sich am Nakba-Gedenken beteiligen.[135]

Der Anspruch auf jüdische Exklusivität spiegelt sich auch in der Kultur wider. Alle Symbole des Staates – allen voran Flagge und Nationalhymne – künden von dieser Exklusivität. Diese beinhaltet notwendigerweise eine Negation der einheimischen palästinensischen Bevölkerung, die sich auf Gegenwart und Vergangenheit gleichermaßen erstreckt. Aufgrund des hartnäckigen Kampfes der Palästinenser ist es Israel nicht gelungen, diese zum Verschwinden zu bringen und aus der Erinnerung zu löschen. Heute könnte kein israelischer Politiker mehr, wie einst Golda Meir, behaupten, dass es keine Palästinenser gebe. Bis in die 1990er Jahre hinein jedoch war es in Israel üblich, von »sogenannten Palästinensern« zu reden, und auf der politischen Rechten wird das bis heute vielfach beibehalten.

Die andauernde Negation der Palästinenser zeigt sich zum Beispiel an der

133. Cook, Israeli Palestinians, a.a.O., S. 5

134. Cook, Why there are no Israelis in the Jewish State, a.a.O.; Russell Tribunal on Palestine, Findings of the South African Session, a.a.O., S. 37ff.

135. Roffe-Ofir, Sharon, Report: Current Knesset most racist of all time, Ynet 21.3.2010 unter: www.ynetnews.com/Ext/Comp/ArticleLAyout/CdaArticlePrint; Bannoura, Saed, Thousands March Towards A Destroyed Arab Village Near Al Teera, IMEMC 21.4.2010 unter: www.imemc.org/article/58489?print_page=true; Association for Civil Rights in Israel (ACRI), ACRI's State of Human Rights Report, 2009, S. 16f. unter: www.acri.org.il/eng/story.aspx?id=695

weitgehenden Verbannung der arabischen Sprache, die formal als offizielle Sprache anerkannt wird, aus dem öffentlichen Raum. Obwohl Arabisch die Sprache von 20 % der Staatsbürger ist, sind die Beschilderungen an öffentlichen Plätzen, Universitäten, Freizeiteinrichtungen und touristischen Anlagen meist nur in Hebräisch gehalten. Eine Studie von 2005 hat gezeigt, dass Banken und Versicherungen ihren Service in Hebräisch, Englisch und Russisch anbieten, nicht aber in Arabisch. Vielerorts ist die Verwendung der arabischen Sprache sogar verboten. Palästinenser werden immer wieder entlassen, weil sie an ihren Arbeitsplätzen mit Kollegen oder Kunden Arabisch gesprochen haben, z. B. von McDonalds in der »gemischten« Stadt Ramleh.[136] Die israelische Eisenbahn weigert sich, Ortsdurchsagen auf Arabisch zu machen, weil sie die Fahrgäste nicht »belästigen« will.[137] Der Transportminister Yisrael Katz entschied im Juli 2009, dass die arabischen Ortsnamen von Straßenschildern entfernt und durch arabische Transliterationen der hebräischen Namen ersetzt werden sollen. Diese Entscheidung wurde teilweise bereits umgesetzt, z. B. auf den Straßenschildern, die die Richtung nach Akka und al-Lid/Lod anzeigen. Die israelische Menschenrechtsrechtsorganisation ACRI bezeichnete das als Angriff auf die Rechte der palästinensischen Minderheit und als Versuch zur symbolischen Auslöschung ihrer Präsenz im öffentlichen Raum. Sie fand diese Maßnahme »besonders ungeheuerlich in ihrer Intention, den Status der arabischen Minderheit in Israel zu delegitimieren und zu untergraben.«[138]

Eingeschränkte politische Rechte

Die Palästinenser in Israel genießen trotz ihres aktiven und passiven Wahlrechts nur eingeschränkte politische Rechte. Als Nicht-Juden sind sie in einem jüdischen Staat mit einer zionistischen Staatsdoktrin im politischen Prozess von vornherein benachteiligt. Politische Parteien, die sich an der Wahl beteiligen wollen, müssen den zionistischen Grundsatz anerkennen, dass Israel ein jüdischer Staat ist. Da die palästinensische Bevölkerung eine Minderheit im Land ist, ist eine jüdisch-israelische, zionistische Mehrheit in der Knesset von vornherein garantiert. Die palästinensische Minderheit kann durch die Entsendung einiger weniger Abgeordneter in die Knesset keinen Einfluss auf politische Entscheidungen nehmen. Arabische Parteien und jüdisch-arabische Parteien sind in der gesamten Geschichte des Staates Israel bis auf eine Ausnahme aus jeder Regierungskoalition und jedem Entscheidungsgremium ausgeschlossen worden. Im Gegensatz dazu werden rechtsextremistische Parteien regelmäßig daran beteiligt. In den 1990er Jahren haben

136. Cook, On the Margins, a.a.O., S. 46f.
137. Khoury, Jack, Railway CEO says station names need not be announced in Arabic, Haaretz 22.1.2012, unter: www.haaretz.com/print-edition/news/railways-ceo-says-station-names-need-not-be-announced-in-arabic-1.408521
138. ACRI, a.a.O., S. 17

palästinensische politische Parteien und NGOs wegen dieser strukturellen Benachteiligung begonnen, für die Veränderung Israels von einem exklusiv jüdischen Staat in einen demokratischen Staat für alle seine Bürger zu kämpfen. Der israelische Inlandsgeheimdienst »Shabak« sieht das als »strategische Bedrohung« Israels an und die Repression gegen palästinensische Politiker und Aktivisten wird jedes Jahr schärfer.[139]

Im Vorfeld der Wahl zur Knesset 2009 verbot das zentrale Wahlkomitee, wie bereits 2003, die Kandidatur arabischer Parteien. Diese Entscheidung wurde jedoch vom Obersten Gerichtshof aufgehoben. Die gesetzliche Grundlage des Wahlkomitees war die Ergänzung zum »Basic Law on the Knesset« von 2002, die alle Kandidaten und Parteien für illegal erklärt, die »die Existenz des Staates Israel als einem jüdischen und demokratischen Staat verneinen.« Organisationen, die für eine Demokratisierung des Landes kämpfen, die die Aufhebung der Herrschaft einer Ethnie über die andere voraussetzt, bewegen sich demnach ständig am Rande der Illegalität.[140]

Palästinensische Politiker und Aktivisten werden regelmäßig verhaftet, verprügelt, unter Hausarrest gestellt, mit Reiseverboten belegt, in ihrem Abgeordnetenstatus eingeschränkt, mit dem Tode bedroht, wegen Hochverrat angeklagt oder ins Exil getrieben. Am bekanntesten wurde der Fall des charismatischen Politikers Azmi Bischara, Mitgründer der Tajamu-Partei, Knesset-Abgeordneter und bedeutendster Vordenker der Idee »eines Staates für alle seine Bürger.« Er war, Oren Yiftachel zufolge, der erste israelische Staatsbürger, dem wegen seiner politischen Positionen die parlamentarische Immunität aberkannt und gegen den deswegen ein Verfahren eröffnet wurde. Nachdem er sich während eines Besuchs in Syrien zur Zeit des Krieges gegen den Libanon 2006 verbal auf die Seite des libanesischen Widerstands gestellt und die Rückgabe der von Israel besetzten Golanhöhen an Syrien gefordert hatte, wurde er angeklagt, eine ausländische terroristische Organisation unterstützt zu haben, sodass er ins Exil gehen musste.[141] Die palästinensische Knesset-Abgeordnete Hanin Zoabi bekam nach ihrer Beteiligung an der Hilfsflotte für den Gazastreifen 2010 ihre parlamentarischen Privilegien aberkannt und wurde von einer jüdisch-israelischen Abgeordneten physisch angegriffen, während andere Abgeordnete danach riefen, sie wegen Hochverrats anzuklagen. Sie erhielt auch zahlreiche Morddrohungen.[142]

---

139. Blumenthal, Max, Haneen Zoabi: The largest threat to Zionism is democracy, The Electronic Intifada 22.7.2010 unter: electronicintifada.net/content/haneen-zoabi-largest-threat-zionism-democracy/8937; White, Ben, Targeting Israel's Palestinians, Aljazeera 27.6.2010
140. Adalah, The Inequality Report, a.a.O., S.52ff.; Cook, Israeli Palestinians, a.a.O., S. 8
141. Yiftachel, The shrinking space of citizenship: Ethnocratic Politics in Israel, a.a.O., S. 4f.; Pappe, The Forgotten Palestinians, a.a.O., S. 241ff.; Adalah, The Inequality Report, a.a.O., S. 57f.
142. Democracy Now!, Palestinian member of Israeli Knesset receives Death Threats after surviving Israeli Raid on Gaza Aid Flotilla, 9.6.2010 unter: www.democracynow.org/2010/6/9/palestinian_member_of_israeli_knesset_recieves

Der israelische Repressionsapparat geht mit unvergleichlich größerer Härte gegen Demonstrationen der Palästinenser vor als gegen solche von jüdischern Israelis. Nur gegen Palästinenser werden Spezialeinheiten eingesetzt und das Feuer eröffnet. Die israelische Polizei reagierte bereits 1976 auf die erste große politische Demonstration der Palästinenser innerhalb der Grünen Linie, die sich gegen die Beschlagnahmung von Land in Galiläa richtete, mit unverhältnismäßiger Gewalt und erschoss in den Dörfern Sakhnin, Arabeh und Deir Hanna sechs Palästinenser. Im Herbst 2000 wurden auf Solidaritätsdemonstrationen mit der Intifada in den 1967 besetzten Gebieten 13 Palästinenser erschossen.[143] Eine daraufhin eingesetzte Untersuchungskommission, die die Empörung der palästinensischen Minderheit beschwichtigen sollte, stellte fest, dass die israelische Polizei diese als Feinde ansieht und nicht als Staatsbürger.[144]

Die Stimmen, die die Staatsbürgerschaft der palästinensischen Minderheit von ihrer Loyalität zum jüdischen Staat abhängig machen wollen, mehren sich. Von den Palästinensern wird erwartet, einem Staat gegenüber loyal zu sein, der sie nicht anerkennt, sondern ausschließt und diskriminiert. Das hat weniger mit Demokratie zu tun als mit kolonialer Arroganz, die von der einheimischen Bevölkerung die bedingungslose Unterwerfung und Dankbarkeit für minimalste Rechte fordert. Darin sind sich die jüdisch-israelische Bevölkerung und ihre gewählten Repräsentanten einig, wie die Bürgerrechtsorganisation ACRI 2009 festgestellt hat: »Für viele jüdische Bürger und ihre gewählten Vertreter haben arabische Israelis nur unter der Bedingung, dass sie ihre nationale Identität, Kultur, Sprache und ihr historisches Erbe aufgeben, Anspruch auf Gleichheit und den Schutz ihrer Rechte.«[145]

Da die Staatsbürgerrechte der Palästinenser aufgrund des ethnokratischen Charakters des Staates strukturell begrenzt sind, bezeichnet der israelische Geograf Oren Yiftachel diese als Getto-Staatsbürgerschaft: »Palästinensisch-arabische Staatsbürgerschaft in Israel kann so bezeichnet werden: Sie existiert in einem Getto. Dieses Getto hat viele Facetten – politische, kulturelle, ökonomische und administrative und als Resultat auch räumliche. Die palästinensischen Araber in Israel sind offiziell Teil der Gesellschaft, strukturell jedoch marginalisiert durch das Herrschaft(sverhältnis), Ausschlüsse und Entmachtung.«[146]

Die Palästinenser werden bewusst nicht in die israelische Gesellschaft einbezogen, weil sie unerwünscht sind. Sie werden als Problem betrachtet, für das früher oder später eine Lösung gefunden werden muss. Jonathan Cook hat die Lage der Palästinenser in Israel treffend zusammengefasst: »Das Kernproblem der

143. Adalah, The Inequality Report, a.a.O:, S. 55f; Cook, Blood and Religion, a.a.O., S. 38ff.
144. Mossawa, The Human Rights Status of the Palestinian Arab Minority, Citizens of Israel, October 2008 S.6
145. ACRI, a.a.O., S. 16
146. Yiftachel, Oren, Ghetto Citizenship in: Rouhana, N., Sanagh, A., Israel and the Palestinians, Haifa 2009, S. 58 unter: www.geog.bgu.ac.il/members/yiftachel/papers.html

palästinensischen Staatsbürger ist, dass sie überhaupt keine wirklichen Staatsbürger sind: Sie ähneln mehr Gastarbeitern, deren Rechte in der Zukunft aufgekündigt werden können, falls die jüdische Mehrheit das beschließen sollte.«[147] Wie prekär die palästinensische Minderheit selbst ihre Situation einschätzt, zeigt eine Umfrage von 2010, in der 62 % der befragten Palästinenser angaben, dass sie eine erneute Vertreibung befürchten.[148]

»Die arabische demografische Gefahr«

Tatsächlich besteht die größte Bedrohung für die palästinensische Minderheit innerhalb der Grünen Linie darin, dass der Staat und die Bevölkerung Israels sie als »demografische Zeitbombe« ansehen. Da die Geburtenrate der Palästinenser höher ist und Israel seit Jahren mit einer negativen Einwanderungsbilanz zu kämpfen hat, verschiebt sich die demografische Balance immer mehr zugunsten der Palästinenser. Diese stellen innerhalb Israels zwar nur 20 % der Bevölkerung, bilden jedoch auf dem Territorium des historischen Palästinas mittlerweile die Bevölkerungsmehrheit.[149] Israels Anspruch, ein jüdischer Staat sein zu wollen, setzt allerdings eine deutliche jüdische Bevölkerungsmehrheit voraus. Die Aufrechterhaltung dieser Mehrheit hat die zionistische Führung seit jeher beschäftigt. Ben Gurion führte wenige Jahre nach der Gründung des Staates eine Prämie ein, mit der die Geburtenfreudigkeit israelischer Frauen erhöht werden sollte. Nach wenigen Jahren wurde sie jedoch wieder abgeschafft, da sie – entgegen der israelischen Absichten – in vielen Fällen an Palästinenserinnen vergeben werden musste. Nach der Besetzung der Westbank und des Gazastreifens 1967 und dem damit verbundenen dramatischen Anstieg der palästinensischen Bevölkerung unter israelischer Herrschaft, setzte die Führung einen »demografischen Rat« ein, der Lösungen für die daraus erwachsenden Probleme finden sollte.[150] Ministerpräsidentin Golda Meir vertraute ihrem Tagebuch an, dass sie nachts nicht schlafen könne, wenn sie daran denke, wie viele palästinensische Babys jede Nacht gezeugt und geboren würden.[151]

Die »demografische Bedrohung« durch die palästinensische Bevölkerung wird als Thema der Nationalen Sicherheit behandelt. Im Bericht der jährlich stattfindenden strategischen Konferenz in Herzliya wurden im Jahr 2000 Maßnahmen zur »Eindämmung« des arabischen Bevölkerungswachstum gefordert und unter

147. Cook, Israeli Palestinians, a.a.O., S. 7
148. Ramahi, Sawsan, Israel's discrimination against its Arab citizens, Briefing Paper Middle East Monitor, London, Juni 2010 unter: www.middleeastmonitor.com/resources/briefing-papers/1230-israels-discrimination-against-its-arab-citizens, S. 1
149. Eldar, Akiva, The Jewish majority is history, Haaretz 16.10.2012 unter: www.haaretz.com/news/features/the-jewish-majority-is-history.premium-1.470233
150. Cook, Blood and Religion, a.a.O., S. 114f.
151. Massad, »The post-colonial« colony. Time, space, and bodies in Palestine/Israel in: ders., The Persistence of the Palestinian Question, a.a.O., S. 35

anderem der »Transfer« eines Teil der einheimischen Bevölkerung vorgeschlagen, damit der Staat Israel seinen »jüdischen Charakter« beibehalten könne.[152] Auch in den folgenden Jahren war die Demografie immer wieder Thema der Herzliya-Konferenzen, wo alle führenden Politiker, Militärs und Wissenschaftler zusammenkommen, um die israelische Strategie zu beraten. Der Likud-Vorsitzende und derzeitige Ministerpräsident Benjamin Netanjahu bezeichnete dort 2003 die palästinensische Bevölkerung innerhalb der Grünen Linie – und nicht die Palästinenser in den 1967 besetzten Gebieten – als das tatsächliche »demografische Problem«.[153] Seit 2000 malen israelische Politiker und Wissenschaftler wahrhaft apokalyptische Szenarien über den drohenden Verlust der jüdischen Bevölkerungsmehrheit und die arabische demografische »Zeitbombe« an die Wand.[154] Das hat zum deutlichen Anstieg des Rassismus in der jüdisch-israelischen Bevölkerung beigetragen, der sich zunehmend in gewalttätigen Angriffen auf Palästinenser ausdrückt.

Seitdem israelische Politiker und Wissenschaftler die innerhalb der Grünen Linie lebenden Palästinenser als demografisches Hauptproblem ausgemacht haben, hat der zionistische Staat eine mehrgleisige Strategie zur Lösung des »Problems« entwickelt. In ihrem Zentrum steht der »Transfer« eines Teils der Palästinenser in Israel in die Westbank, der mittels Land- und Bevölkerungstausch im Rahmen eines Abkommens mit der palästinensischen Autonomiebehörde durchgeführt werden soll. Davon hauptsächlich betroffen sein soll das Muthalath-Gebiet, das direkt an der Grenze zur Westbank liegt und eines der Gebiete mit der höchsten palästinensischen Bevölkerungsdichte innerhalb Israels ist. Zudem liegt dort die für ihren Kampfgeist berühmte Stadt Um al-Fahem, ein Zentrum der palästinensischen patriotischen und demokratischen Bewegung.[155] Im Herbst 2010 stellte der israelische Außenminister Avigdor Liebermann in einer Rede vor der UNO das Prinzip des »Bevölkerungstauschs« als leitendes Prinzip der israelischen Regierung für eine Lösung des Konflikts mit den Palästinensern vor.[156] Fälschlicherweise wurde das in internationalen Medien bisweilen als persönliche Initiative und Position des als Rassisten bekannten Liebermann angesehen. Liebermann hatte der israelischen Öffentlichkeit bereits im Juni 2010 seine Vorstellungen von einer Konfliktlösung mit den Palästinensern vorgestellt. Diese beinhalten, dass den Palästinensern innerhalb der Grünen Linie die Staatsbürgerschaft entzogen und diese aus Israel

152. Yiftachel, The Shrinking space of Citizenship: Ethnocratic Politics in Israel, a.a.O., S. 6ff.
153. Alon, Gideon; Benn, Aluf, Netanyahu: Israel's Arabs are the real demographic threat, Haaretz, 18.12.2003, unter: www.haaretz.com/print-edition/news/netanyahu-israel-s-arabs-are-the-real-demographic-threat-1.109045
154. vgl. Galili, Lily, A Jewish demographic State, Haaretz, 27.6.2002 unter: www.haaretz.com/print-edition/features/a-jewish-demographic-state-1.41134
155. Benn, Aluf, Israel's identity crisis, Salon 16.5.2005 unter: www.salon.com/2005/05/16/identity_2
156. Ravid, Barak, Lieberman presents plan for population exchange at UN, Haaretz 28.9.2010; Barrows-Friedman, Nora, For Palestinians in Israel »Transfer« threat nothing new, The Electronic Intifada 4.10.2010 unter: electronicintifada.net/v2/printer11553.shtml

entfernt werden sollten. Liebermann zufolge könne es nur wahren Frieden geben, wenn Land getauscht würde. Dabei gehe es um »einen Tausch von bewohnten Gebieten, um zwei im Wesentlichen homogene Staaten zu schaffen, einen jüdisch-israelischen und einen arabisch-palästinensischen.« Er fügte hinzu, dass die Araber in Israel die palästinensische Staatsbürgerschaft erhalten würden.[157]

Das Projekt »Bevölkerungsaustausch«, das faktisch die ethnische Säuberung eines Teils der palästinensischen Bevölkerung innerhalb der Grünen Linie bedeutet, hat den Konsens der gesamten israelischen herrschenden Klasse und großer Teile der Bevölkerung. Es wurde bereits 2000 im Konferenzbericht des Herzliya-Zentrums als Antwort auf die »demografische Bedrohung« Israels vorgeschlagen. Die von Aljazeera veröffentlichten Palästinapapiere zeigen, dass dieses Projekt ansatzweise auch während der israelisch-palästinensischen Friedensverhandlungen diskutiert wurde.[158] Israelische Armee, Polizei, Zivilschutz und Gefängnispersonal hielten im Oktober 2010 ein gemeinsames fünftägiges Manöver ab, in dem die Niederschlagung von Aufständen im Falle von dessen Umsetzung simuliert wurde. Die israelische Menschenrechtsorganisation ACRI war darüber so beunruhigt, dass sie von Ministerpräsident Netanjahu die Zusicherung forderte, dass kein »Bevölkerungstransfer« geplant sei.[159]

157. Cook, Jonathan, Minister wants Palestinians relocated, The National 26.6.2010 unter: www.thenational.ae/news/world/middle-east/minister-wants-palestinians-relocated
158. Aljazeera Transparency Unit, Meeting Minutes: Bilateral Post-Annapolis Plenary Session, 21.6.2008 unter: transparency.aljazeera.net/document/3027; Carlstrom, Gregg, Expelling Israel's Arab population, Aljazeera 24.1.2011 unter: palestinepapers/2011/20111241056 22779946.html
159. Cook, Jonathan, Israeli forces train for Arab transfer riots, The National 14.10.2010 unter: www.thenational.ae/news/world/middle-east/israeli-forces-train-for-arab-transfer-riots; Yahni, Sergio, Israel Forces complete exercise for population exchange between Israel, PA, Alternative Information Center (AIC), 10.10.2010 unter: www.alternativenews.org/english/index.php/component/content/article/28-news/2907-israel-forces-complete-exercise-for-population-exchange-between-israel-pa; siehe auch Blecher, Robert, Living on the edge: the threat of »transfer« in Israel and Palestine, Middle East Report 225 unter: www.merip.org/mer/mer225/225_blecher.html

Vertreibung, Landraub und Zerstörung der einheimischen Kultur innerhalb der Grünen Linie am Beispiel des Naqab/Negev

»Negev-Land ist reserviert für jüdische Bürger, wann immer und wo immer sie wollen. (...) Wir müssen die Araber vertreiben und ihren Platz einnehmen.« (David Ben Gurion, 1937)[160]

»Nur in einem Fall werden wir, die beduinischen Araber, unsere vollen und gleichen Rechte im jüdischen Staat bekommen: nur wenn wir wundersamerweise aufhören, Land zu besetzen, zu brauchen und zu nutzen. Dann werden wir erhalten, was wir wirklich verdienen – volles Recht auf Luft ...« (Hassan Abu Quider, 1998)[161]

Der Kern der zionistischen Politik in Palästina ist die fortgesetzte »Judaisierung« bzw. »Zionisierung« des Landes. Das Hauptziel dieser Politik ist die De-Arabisierung der betroffenen Gebiete. Um die Zentralität der »Judaisierung« in der zionistischen Politik hervorzuheben, bezeichnet Oren Yiftachel Israel als »judaisierenden Staat«: »Judaisierung – und die damit verbundene Entarabisierung – das Resultat des zionistischen hegemonialen Projekts, bestimmt die Ziele, Ressourcen und Politik der staatlichen Institutionen und die weitreichende rassistische Einstellung gegenüber der arabischen Minderheit; Judaisierung ist die Hauptideologie des Staates, die Vorrang vor seinem formalen Bekenntnis zur Demokratie hat.«[162]

»Die Judaisierung des Raumes ist«, Haim Yacobi von der Ben Gurion-Universität zufolge, »das Herz von Israels ethnonationalem Regime.«[163]

Einer der Schwerpunkte der Judaisierungspolitik ist der Naqab/Negev, wo die palästinensischen Beduinen 32 % der Bevölkerung ausmachen. Seit 1948 hat Israel mehrere Judaisierungs- und Dearabisierungsprojekte dort unternommen, aber aufgrund der Hartnäckigkeit, mit der die palästinensische Bevölkerung ihre Rechte verteidigt, finanzieller Engpässe und sinkender Einwandererzahlen waren diesen

160. Ben-Gurion, David, Letter to his Son Amos, 5. October 1937 zitiert nach: Abu-Sa'ad, Isma' el, Forced Sedentarisation, Land Rights and Indigenous Resistance: The Palestinian Bedouin in the Negev in: Masalha, Nur (Hg), Catastrophe remembered. Palestine, Israel and the Internal Refugees. Essays in Memory of Edward Said, London/New York, 2005, S.20
161. Yiftachel, Oren, Ethnocracy. Land and Identity Politics in Israel/Palestine, Philadelphia, S. 4
162. Yiftachel, Ghetto Citizenship, a.a.O., S. 58
163. Yacobi, Haim, The Jewish-Arab City. Spatio-politics in a mixed community, London/New York 2009, S. 9

nur relative Erfolge beschieden. Der Naqab umfasst etwa 60 % der Fläche des Staates Israel und hat eine relativ geringe Bevölkerungsdichte. Dort leben weniger als 10 % der israelischen Bevölkerung und er ist der Ort der Wahl zur Auslagerung sensibler oder gefährlicher Einrichtungen. Dort befinden sich unter anderem der Atomreaktor Dimona, eine gigantische Abhöranlage, Militäreinrichtungen, das berüchtigte Gefängnis Ketziot sowie Chemiefabriken und Lagerstätten für toxischen Müll. Gegenwärtig wird im Naqab das weltweit größte Internierungslager für afrikanische Flüchtlinge errichtet.[164] In den vergangenen Jahren hat Israel seine Zionisierungspolitik im Naqab/Negev kontinuierlich intensiviert.

Historischer Hintergrund

Der Naqab ist seit alters her das Siedlungsgebiet arabischer Beduinen, die sich mit ihrer halbnomadischen Lebensweise den ökologischen Bedingungen der Wüste perfekt angepasst hatten. Ihre Präsenz dort reicht bis spätestens ins 7. Jahrhundert zurück. Von der UNO werden sie als indigene Bevölkerung des Naqab anerkannt, auf die die UN-Deklaration über die Rechte der indigenen Völker anzuwenden sei. Diese bekräftigt unter anderem das Recht der indigenen Bevölkerung auf das Land und die Ressourcen, die sie traditionell besessen oder genutzt hatte.[165] Die Lage der Beduinen wird bisweilen verglichen mit der anderer indigener Bevölkerungen wie den Maoris in Neuseeland und den Indigenas in Chiapas, die um Land, Rechte und die Bewahrung ihrer Identität kämpfen. Dabei sollte allerdings nicht vergessen werden, dass die Beduinen zwar eine eigene, von anderen Teilen der einheimischen palästinensischen Bevölkerung verschiedene Lebensweise und soziale Organisation haben, aber ein integraler Bestandteil derselben sind.[166]

Vor der Gründung des Staates Israel stellten die Beduinen 99 % der Bevölkerung des Naqab/Negev, den sie in seiner Gesamtheit als ihr Gebiet ansahen. Im 19. Jahrhundert gingen sie zur Sesshaftigkeit über und begannen von Landwirtschaft und Viehhaltung zu leben. Vor der Gründung des Staates Israel kultivierten sie 250.000 Hektar Land.[167] Der Besitz von Land war kollektiv organisiert und seine Vergabe wurde nach beduinischen Traditionen geregelt. Das Osmanische Reich

164. Stewart, Catrina, Israelis build the world's biggest detention centre, The Independent 10.3.2012 unter: www.independent.co.uk/news/world/middle-east/israelis-build-the-worlds-biggest-detention-centre-7547401.html
165. Israel: Situation of unrecognized Bedouin villages in the Negev desert, Bericht des UN-Sonderberichterstatters für die Rechte der indigenen Völker, James Anaya, ISR 2/2011 unter: A/HRC/18/35/Add.1Annex VI, S. 24-31
166. vgl. Nasasra, Mansour, The Ongoing Judaisation of the Naqab and the Struggle for Recognizing the Indigenous Rights of the Arab Bedouin People, settler colonial studies journal Vol 2 No 1 2012, S. 83ff.
167. Alternative Report submitted by the Negev Coexistence Forum for Civil Equality (NCF) to the Committee on the Elimination of Racial Discrimination on the occasion of the consideration of the 14th to 16th periodic reports of Israel's Violations of the Convention on the Elimination of all Forms of Racial Discrimination with regard to the Negev Bedouin, 30.1.2012 unter: NCFCE_Israel_CERD80.pdf

führte im 19. Jahrhundert im Zuge der europäisch inspirierten Tanzimat-Reformen ein System der Landregistrierung ein und sein Nachfolger, die britische Mandatsregierung, setzte dieses fort. Viele Beduinen kamen der Pflicht zur Landregistrierung nicht nach, unter anderem deshalb, weil sie nicht darüber informiert waren, aus Misstrauen gegen die Zentralregierung und um keine Steuern an die Besatzungsmächte zahlen zu müssen.[168] Zudem entspringt der Zwang zur Landregistrierung der kapitalistischen Logik des Privateigentums an Land, die bei den Beduinen wenig ausgeprägt war. Es gibt eine Reihe von Dokumenten, die belegen, dass sowohl die osmanischen Herrscher als auch die britischen Kolonialisten die Rechte der palästinensischen Beduinen auf das Land des Naqab trotz der lückenhaften Registrierung anerkannten. Ein Dokument von 1921, das in einem Londoner Archiv entdeckte wurde, zeigt, dass der damalige Außenminister Winston Churchill die Beduinen der Region Bir Sab'a/Be'er Sheva von der Pflicht zur Landregistrierung entband.[169] Vor der Gründung des Staates Israel erkannte auch der Jüdische Nationalfonds (JNF) die Besitztitel der Beduinen an und kaufte ihnen Land ab.[170]

Nach der Gründung des zionistischen Staates wurden die palästinensischen Beduinen größtenteils vertrieben. Nur 11.000 der etwa 100.000 Beduinen entgingen der ethnischen Säuberung durch zionistische Truppen. Von den 95 Stämmen des Naqab blieben nur 19 zurück. Im Rahmen einer typisch kolonialen Teile-und-Herrsche-Politik behandelte Israel die Beduinen zunächst als eigenständige und separate Bevölkerungsgruppe und versprach ihnen, ihre Rechte zu wahren und ihr Land nicht anzutasten. Die Beduinen waren im Gegenzug bereit, die Oberhoheit des neuen Staates anzuerkennen und sich in diesen zu integrieren. 1948 unterzeichneten die Stämme einen Vertrag mit der israelischen Armee, in dem sie ihre Loyalität versicherten und im Gegenzug die Garantie erhielten, weiterhin auf ihrem Land leben zu können.[171] Ausdruck dieser Loyalität war zum Beispiel die Bereitschaft vieler Beduinen, in der israelischen Armee Dienst zu tun.

Die palästinensischen Beduinen wurden jedoch betrogen. Innerhalb weniger Jahre waren sie kollektiv enteignet. Dazu dienten die bereits erwähnten Gesetze wie das »Gesetz über das Eigentum der Abwesenden« und das »Landaneignungsgesetz« sowie eine groß angelegte Umsiedlungsaktion unter Vorspiegelung falscher Tatsachen. Zwischen 1951 und 1954 siedelte Israel die Beduinen in den Nordosten des Naqab um, wo der Boden weniger fruchtbar ist und es weniger Regen gibt. Die israelische Armee versicherte ihnen, dass es sich um eine vorübergehende Aktion aus Sicherheitsgründen handle und sie nach einigen Monaten zurückkehren

168. Yiftachel, Bedouin Arabs and the Israeli Settler State, a.a.O., S. 1
169. Abu Sitta, Salman, Al-Araqib – All of Palestine in: JNF eBook (Volume 3, January 2011), Ongoing Ethnic Cleansing: Judaizing the Naqab unter: jnfebook.net/JNFeBookVol3.pdf, S. 11f.; Keller, Adam, Report from the Be'er Sheva District Court, March 6/2010; Institut für Palästina Kunde 21.7.2012 unter: www.ipk-bonn.de/politik/news/20120702100.html
170. Steinert, Irène, Bedouin Land Rights in: JNF eBook (Volume 3, January 2011) a.a.O., S. 55
171. Abu Sitta, Al-Araqib, a.a.O., S. 8

könnten. Zwölf Stämme wurden in den Nordosten umgesiedelt, wo bereits sieben Stämme lebten. Israel stellte ihnen dort weder Unterkünfte noch Infrastruktur zur Verfügung. Das Gebiet, das Siyag – Sperrzone – genannt wird, umfasst 10 % des Landes, das den Beduinen zuvor gehört hatte und konnte nur mit Sondergenehmigung betreten oder verlassen werden. Aus der versprochen Rückkehr wurde nichts. Stattdessen verabschiedete die Knesset 1953 das »Landaneignungsgesetz«, dem zufolge alles Land, das bis zu einem bestimmten Stichtag des Jahres 1952 nicht bearbeitet wurde, an den Staat fällt. Die Beduinen, die wie alle anderen Palästinenser bis 1966 unter Militärverwaltung standen und absolut rechtlos waren, verloren durch dieses und andere Gesetze ihr Land, auf dem zum Teil jüdisch-israelische Siedlungen errichtet wurden.[172] Erst 1971 – nachdem Israel bereits vollendete Tatsachen geschaffen hatte – erhielten die Beduinen die Möglichkeit, Land registrieren zu lassen. Sie machten auf der Basis von britischen und osmanischen Dokumenten 3.200 Rückerstattungsansprüche geltend.[173]

Die Umsiedlung der Beduinen war indessen nur ein Zwischenschritt. Die israelische Regierung plante, sie zwangsweise zu urbanisieren, indem sie sie in eigens dafür gebauten Planstädten auf engstem Raum konzentrierte. Ein interministerielles Komitee schlug 1962 sieben dafür geeignete Orte vor und zwischen 1966 und 1990 wurden die Planstädte Rahat, Tel Sheva, Segev Shalom, Lakiya, Arara, Quseifa und Hura gebaut. Um die Kontrolle der Beduinen zu erleichtern, wurden diese allesamt in die Nähe von Be'er Sheva/Bir Sab'a, der Hauptstadt des Naqab, errichtet. Die Lebensbedingungen in diesen Städten sind katastrophal. Es gibt keine Arbeitsplätze oder soziale Einrichtungen und die Infrastruktur ist überaus mangelhaft. Die Zusammenfassung vieler verschiedener Stämme und Clans in einer Stadt hat darüber hinaus wesentlich zum Zusammenbruch der traditionellen Sozialstruktur der Beduinen beigetragen. Außerdem gibt es kein Land für die Haltung von Viehherden oder Landwirtschaft, die von zentraler Bedeutung für den Lebenunterhalt und die Identität der Beduinen sind. Unter elenden materiellen Bedingungen lebend und abgeschnitten von ihrer traditionellen Erwerbsquelle und Lebensweise, fristen die palästinensischen Beduinen dort ein kümmerliches und perspektivloses Dasein. Soziale Probleme, Kriminalität und Drogenkonsum sind die Folge.[174] Viele

172. Abu-Sa'ad, a.a.O.; S.117 ff.; Noach, Haia (Hg.), The Bedouin Arabs in the Negev-Naqab Desert in Israel. Shadow Report submitted by the Negev Coexistence Forum for Civil Equality, Response to the State of Israel on Implementing the Covenant on Civil and Political Rights (CCPR), August 2009 unter: www2.ohchr.org/english/bodies/hrc/docs/ngos/Negev_Coexistence_Forum_Civil_Equality.pdf, S. 2f.

173. Yiftachel, Bedouin Arabs and the Israeli Settler State, a.a.O., S. 33

174. Abu-Sa'ad, a.a.O., S. 126ff.; Human Rights Watch, Israel: End systematic bias against Bedouin, 31.3.2008 unter: www.hrw.org/news/2008/03/30/israel-end-systematic-bias-against-bedouin; Alternative Report submitted by the Negev Coexistence Forum for Civil Equality (NCF) to the Commitee on the Elimination of Racial Discrimination on the occasion of the consideration of the 14th to 16th periodic reports of Israel. Israel's violation of the Convention on the Elimination of All Forms of Racial Discrimination with regard to the Negev Bedouin, submitted 30 January 2012 unter: NCFCE_Israel_CERD80.pdf, S. 3, S. 18

Beduinen lehnen es daher ab, dorthin zu ziehen oder verlassen die Städte wieder. 40 Jahre nach der Errichtung der Planstädte lebt nach unterschiedlichen Einschätzungen nur etwa die Hälfte bis zwei Drittel der auf 200.000 Menschen angewachsenen Beduinenbevölkerung in diesen Städten. Oren Yiftachel zufolge sind dies vor allem landlose Bauern, die unter dem Schutz der Beduinenstämme gelebt hatten, während die Beduinen auf ihrem Land geblieben sind, um es zu verteidigen.[175]

Um die Beduinen in die Planstädte zu zwingen, wurden die Dörfer, die Israel selbst durch die Umsiedlungsaktion in den 1950er Jahren geschaffen hatte, für illegal erklärt. Das Planungs- und Bebauungsgesetz von 1965 kategorisierte die Flächen, auf denen sie liegen, als landwirtschaftliche Zonen und wies die darauf liegenden Dörfer als nicht-existent aus. Dass sie offiziell nicht existieren, bedeutet für diese Dörfer, dass sie keinen Zugang zu so grundlegender Infrastruktur wie Elektrizität, Wasser, medizinischer Versorgung, Schulen, Müllentsorgung und Straßen haben. Die Menschen sind gezwungen, in Zelten und Wellblechbaracken zu leben, da jedes feste Haus sofort zerstört wird.

Davon betroffen sind 35 Dörfer, von denen zwei Drittel durch die Umsiedlung in den 1950er Jahren entstanden sind. Die restlichen Dörfer existierten schon lange vor der Gründung des Staates Israel und waren entweder nicht umgesiedelt worden oder ihre Bewohner waren zu ihnen zurückgekehrt. Seit ihrer Umsiedlung hatten Beduinen immer wieder versucht, auf ihr Land zurückzukehren, wurden aber wegen der Besetzung von »Staatsland« meist sehr schnell festgenommen und vertrieben. Erst in den 1990er Jahren gelang es einzelnen Stämmen, sich wieder auf ihrem Land niederzulassen und ihre zerstörten Dörfer aufzubauen, zum Beispiel al-Araqib im Norden von Be'er Sheva/Bir Sab'a.[176] In den nicht-anerkannten Dörfern leben nach unterschiedlichen Einschätzungen 53.000-90.000 Menschen.[177]

Durch die Umsiedlung der palästinensischen Beduinen in die Planstädte sollte nicht nur der Zugriff auf ihr Land gesichert, sondern auch ihre Lebensweise und einzigartige Kultur zerstört werden: »Wir sollten die Beduinen in ein urbanes Proletariat verwandeln – für die Industrie, Dienstleistungen, Bau und Landwirtschaft. 88 % der israelischen Bevölkerung sind keine Bauern, lasst die Beduinen sein wie sie«, erklärte Moshe Dayan 1963. »Das wird tatsächlich ein radikaler Schritt sein, der bedeutet, dass der Beduine nicht mit seinen Herden auf seinem Land leben, sondern eine städtische Person werden würde, die am Nachmittag nach Hause

175. Yiftachel, Bedouin Arabs and the Israeli Settler State, a.a.O., S. 35

176. Guarnieri, Mya, Israel declares war on its own people, Aljazeera 14.10.2010; Jamjoum, Hazem, Al-Naqab: The Ongoing Displacement of Palestine Southern Bedouin, al-Majdal Autumn 2008-Winter 2009

177. Alternative Report, NCFCE_Israel_CERD80.pdf, a.a.O., S.13f.; Shadow Report United Nations Commitee Against all Forms of Racial Discrimination, January 2012, written by The Mossawa Center, the Advocacy Center for Arab Citizens in Israel, The Israeli Religious Action Center, The Hotline for Migrant Workers, edited by Mariyam Hussain, submitted on behalf of the Coalition against Racism in Israel unter: www2.ohchr.org/english/bodies/cerd/docs/ngos/CARI_ISrael.CERD80.pdf, S. 35

kommt und seine Hausschuhe anzieht. Seine Kinder wären an einen Vater gewöhnt, der Hosen trägt, keine Shabaria (das traditionelle Beduinenmesser) mit sich führt und nicht in der Öffentlichkeit nach Ungeziefer sucht. (...) Das wäre eine Revolution, aber das kann innerhalb von zwei Generationen bewerkstelligt werden. Ohne Zwang, aber mit staatlicher Lenkung (...) wird dieses Phänomen der Beduinen verschwinden.«[178]

Dieses Vorhaben wurde durch eine Reihe von Gesetzen und die Aufstellung einer Sondereinheit zur Zerstörung der traditionellen Lebensweise der Beduinen und ihrer Lebensgrundlagen umgesetzt. Das »Schwarze Ziegen-Gesetz« von 1950 setzte der Haltung von schwarzen Ziegen, die der Hauptbestandteil der beduinischen Viehwirtschaft waren, enge Grenzen. Mittlerweile sind sie fast verschwunden. 1976 wurde darüber hinaus die »Grüne Patrouille« aufgestellt, die in Orwellscher Weise als Einheit zum Schutz der Umwelt dargestellt wurde. In Wirklichkeit aber kam ihr die Aufgabe zu, die Lebensgrundlagen der Beduinen zu zerstören und ihren Bewegungsraum einzuschränken. Sie war befugt, »illegale« beduinische Behausungen niederzureißen, die Größen von Herden und Weiden zu kontrollieren, Herden zu beschlagnahmen, ohne Genehmigung angelegte Felder zu zerstören, »illegale« Siedlungen zu räumen und Bußgelder zu verhängen. Die »Grünen Patrouillen« waren in den vergangenen Jahren für massive Zerstörungen beduinischen Besitzes und in einigen Fällen auch für Tote verantwortlich.[179]

In den 1980er Jahren verschärfte die israelische Regierung die Angriffe auf die Lebensgrundlagen der Beduinen, indem sie mit der systematischen Zerstörung von deren Feldern begann. Ab 2002 wurden diese, bevor die israelische Justiz dies verbot, für einige Jahre auch ohne Vorwarnung aus der Luft mit giftigen Chemikalien besprüht, sodass immer wieder Palästinenser dabei zu Schaden kamen. Allein zwischen 2002 und 2004 wurden 2.450 Hektar Ackerland vernichtet, teils durch Umpflügen der Felder, teils durch Besprühen mit chemischen Substanzen.[180]

Der Staat Israel erkennt beduinische Landrechte prinzipiell nicht an, da er diese als umherziehende Nomaden und Eindringlinge betrachtet. In Bezug auf die palästinensischen Beduinen lebt auf israelischer Seite die typisch siedlerkolonialistische Terra-nullius-Rhetorik ungebrochen fort, die besagt, dass das Land menschenleer gewesen sei bevor die europäischen Siedler kamen. Die Beduinen werden nicht als einheimische Bevölkerung anerkannt, sondern als erst spät in der osmanischen Zeit aus Saudi-Arabien und anderswo eingewanderte, eigentlich

178. Dayan, Moshe, Interview in Haaretz 13.7.1963 zitiert nach Abu-Sa'ad, a.a.O:, S. 125

179. Koeller, Kathrin, The Bedouin of the Negev: a forgotten minority, Forced Migration Review (FMR) Oxford, 26. August 2006, unter: www.fmreview.org/sites/fmr/files/FMRdownloads/en/FMRpdfs/FMR26/FMR2620.pdf, S. 38-39; Abu Sa'ad, a.a.O., S. 132f.

180. Algazy, Joseph, Negev and Naqab, Le Monde diplomatique (deutsche Ausgabe) 8.5.2009 unter: www.monde-diplomatique/pm/2009/05/08.mondeText.artikel,a0002.idx,15

landesfremde Bevölkerung angesehen. Rabbi Dov Lior fordert, dass der Staat »Beduinen ermutigen muss, zu ihrem Ursprungsland in Saudi-Arabien und Libyen zurückzukehren.«[181]

Bereits in den 1970er Jahren wurde unter der Leitung von Pliya Albeck aus dem Justizministerium ein Komitee zur Untersuchung der Landfrage im Naqab eingesetzt. In seinen 1976 veröffentlichten Empfehlungen klassifizierte das Komitee das gesamte Land des Naqab nach einem alten osmanischen Gesetz als »mawat« – totes, unkultiviertes Land, das dem Staat zusteht, sprach sich aber für die teilweise Entschädigung von 20 % des Landes für diejenigen aus, die über einen Landbesitz von mehr als 40 Hektar verfügt hatten.[182] Während eine Reihe von arabischen und kritischen israelischen Wissenschaftlern mittlerweile eine Fülle von Material zusammengetragen hat, das die jahrhundertelange Präsenz der Beduinen im Naqab nachweist, stützen sich vom Staat bestellte Gutachter in Gerichtsverfahren lediglich auf ausgewählte Berichte europäischer Reisender, die beweisen sollen, dass es im Naqab vor der Ankunft der Zionisten keine einheimische Bevölkerung und Landwirtschaft gegeben habe. Israel argumentiert mit der mangelhaften Registrierung beduinischer Eigentumstitel in der britischen Mandatszeit und übergeht gezielt diejenigen Dokumente, die diese belegen. Dokumente aus osmanischen Archiven werden von staatlichen Gutachtern in orientalistisch-rassistischer Weise als unglaubwürdig angesehen.[183] Der UNO-Sonderberichterstatter für die Rechte indigener Völker, James Anaya, führt die israelische Weigerung, die Naqab-Beduinen als indigene Bevölkerung und das beduinische Gewohnheitsrecht als legitime Quelle des Rechts auf Land anzuerkennen, auf koloniale Gesetze und Politik zurück, die überwunden werden sollten, da sie mit den heutigen internationalen Menschenrechtsstandards unvereinbar sind.[184]

Das hartnäckige Festhalten der palästinensischen Beduinen an ihrem Land und ihr mit den Mitteln des zivilen Ungehorsams geführter Kampf hat den Staat Israel immer wieder zur Anwendung neuer Taktiken gezwungen. Die Klärung der 3.200 Landansprüche palästinensischer Beduinen wurde kontinuierlich verzögert. 2003 begann die Israelische Landbehörde (ILA), juristisch Gegenansprüche auf das von den Beduinen beanspruchte Land zu erheben. Es geht um insgesamt 775 km^2 Land oder 6,5 % des Territoriums des Naqab. Die Beduinen leben gegenwärtig auf etwa 260 km^2 – 2 % des Naqab –, davon macht die Fläche der nicht-anerkannten Dörfer 180 km^2 oder 1,5 % des Naqab aus. Bis zum Sommer 2008 gelang es dem

181. Ynet, Study: jews leaving mixed cities, 4.5.2011 unter: www.ynetnews.com/articles/0,7340,L-4061996,00.html
182. Abu Sitta, Salman, Living Land: Population Transfer and the Mewat Pretext in the Naqab 1, al-Majdal Issue 49 (Spring-Summer 2012), S. 18-27
183. Abu Sitta, Al-Araqib – All of Palestine, a.a.O., S. 9ff.
184. UN-Sonderberichterstatter für die Rechte der indigenen Völker, a.a.O., S. 30

Staat Israel mit 380 Klägern zu einer außergerichtlichen Lösung zu kommen. Im Juli 2008 waren noch 2.749 Klagen offen, in denen es um 592 km^2 Land geht.[185]

Israelische Gerichte haben in keinem einzigen Fall die Rechte palästinensischer Beduinen anerkannt. Sie folgen dem herrschenden Narrativ, dass die Beduinen landesfremd seien und keine Bindung an das Land hätten. Das ist nicht verwunderlich, denn jede andere Entscheidung würde die Rechtmäßigkeit des zionistischen Projekts in Palästina infrage stellen. Der israelische Historiker Tom Segev stellte zu Recht fest, dass die historischen Dokumente, die in einigen dieser Landprozesse vorgelegt wurden, »eine grundlegende Frage aufwerfen: Wem gehört das Land?« Ihm zufolge ging der Streit vor Gericht nicht nur um ein bestimmtes Stück Land, sondern »sie stritten über die Gerechtigkeit des Zionismus.«[186]

Ende der 1990er Jahre ging Israel zur partiellen Anerkennung der nicht-anerkannten Dörfer über. Obwohl Israel damit zum ersten Mal beduinische Wohnorte außerhalb der sieben Planstädte autorisierte, war dies kein wirklicher Sieg für die palästinensischen Beduinen. Die konkrete Ausgestaltung dieser Regelung folgte vielmehr dem typischen Muster des zionistischen Umgangs mit der einheimischen Bevölkerung: Gettoisierung und geografische und ökonomische Strangulierung. Die zehn anerkannten Dörfer wurden 2003 im Abu-Basma-Regionalrat zusammengefasst, an dessen Spitze ein jüdisch-israelischer Verantwortlicher steht. Damit die Beduinen in diesen Dörfern auch in Zukunft ihre Angelegenheiten nicht selbst bestimmen können, wurde 2009 eigens ein Gesetz verabschiedet, das verhindern soll, dass dort in absehbarer Zeit Lokalwahlen stattfinden.[187] Der Abu-Basma-Regionalrat, unter dessen Jurisdiktion 30.000-35.000 Menschen leben, kontrolliert nicht mehr als 3.400 Hektar Land. Er ist damit der am dichtesten bevölkerte und territorial kleinste Regionalrat des Naqab. Im Gegensatz dazu erstreckt sich die Jurisdiktion der zehn anderen Regionalräte im Süden Israels mit 45.000 Einwohnern über eine Fläche von 1,2 Millionen Hektar.[188] Unter 47 israelischen Regionalräten ist er der einzige, der über keine territoriale Kontinuität verfügt. Thabet Abu Ras von der Ben-Gurion-Universität weist auf eine weitere Besonderheit hin: die »Jurisdiktion beschränkt sich auf die bebauten Gebiete eines jeden Dorfes und schließt das Land zwischen den Dörfern oder das sie umgebende Land nicht mit ein. Trotz der beduinischen Lebensweise wurden Abu Basma keinerlei

185. Abu Ras, Thabet, The Arab Bedouin in the Unrecognized Villages in the Naqab (Negev); Between the Hammer of Prawer and the Anvil of Goldberg in: Adalah's Newsletter, Vol.81, April 2011 unter: www.adalah.org(upfiles/2011/Thabet_English_2.pdf, S. 2

186. Cook, Jonathan, Bedouin's legal fight threatens Jewish state, The Electronic Intifada, 1.9.2010 unter: electronicintifada.net/content/bedouins-legal-fight-threatens-jewish-state/9015; sieha auch Abu-Sa'ad, a.a.O., S. 123

187. Cook, Jonathan, Bedouins in Israel denied elections, The National 7.12.2009 unter: www.thenational.ae/news/world/middle-east/bedouins-in-israel-denied-elections

188. Shadow-Report on behalf of The Coalition against Racism, January 2012, a.a.O., S. 38

landwirtschaftliche Zonen zugeteilt.«[189] Die Beduinen werden überall im Naqab systematisch daran gehindert, Landwirtschaft zu betreiben und ihre Dörfer sind auf sehr viel kleineren Flächen zusammengedrängt als jüdisch-israelische. Sie haben durchschnittlich 1.500 Bewohner, während es in jüdischen landwirtschaftlichen Siedlungen nur etwa 300 sind.[190]

Das aktuelle Projekt zur Judaisierung des Naqab

Seit 2005 hat Israel die Bemühungen zur Judaisierung und De-Arabisierung des Naqab verstärkt. Im November 2005 wurde von der Regierung ein »nationaler strategischer Plan für die Entwicklung des Negev« bekanntgegeben, für dessen Umsetzung das neu gegründete Ministerium zur Entwicklung des Negev und Galiläas zuständig ist. Hinter der wohlklingenden Rhetorik von Entwicklung und Fortschritt verbirgt sich ein umfassender Angriff auf die einheimische Bevölkerung.

Raquel Rolnik, die UN-Sonderberichterstatterin für das Recht auf adäquates Wohnen, befand nach einem Besuch des Landes im Februar 2012, dass die territorialen Entwicklungsmodelle Israels innerhalb der Grünen Linie nicht weniger diskriminierend sind als in den 1967 besetzten Gebieten: »In sehr verschiedenen juristischen und geografischen Kontexten fördern die israelischen Behörden von Galiläa und dem Negev bis Ostjerusalem und der Westbank ein territoriales Entwicklungsmodell, das Minderheiten ausschließt, diskriminiert und vertreibt, wovon palästinensische Gemeinschaften besonders betroffen sind.«[191]

Im Rahmen des aktuellen »Entwicklungsplans« für den Naqab/Negev sollen die palästinensischen Beduinen von dem ihnen noch verbliebenen Land vertrieben und ihr Anteil an der demografischen Zusammensetzung der Region verringert werden. Die Beduinen werden trotz ihrer israelischen Staatsbürgerschaft nicht als gleichberechtigte Staatsbürger angesehen und behandelt, sondern als Kriminelle, illegale Landbesetzer und Bedrohung des jüdischen Staates. Der zu dieser Zeit für Landmanagament verantwortliche Minister Avigdor Liebermann sagte 2002 über sie: »Wir müssen ihre illegale Invasion auf Staatsland mit allen möglichen Mitteln stoppen; die Beduinen haben keinen Respekt für unsere Gesetze; in diesem Prozess verlieren wir die letzten Ressourcen an Staatsland; eine meine Hauptmissionen ist, der Landbehörde die Macht im Umgang mit der nicht-jüdischen Bedrohung unseres Landes zurückzugeben. Gleichzeitig müssen wir das Land durch den Bau

189. Cook, Jonathan, The Negev's Hot Wind Blowing, Middle East Research and Information Project 25.10.2011, unter: www.merip.org/mero/mero102511, S. 2

190. Udasin, Sharon, »The worst day in a Bedouin's life«, The Jerusalem Post 13.9.2011 unter: www.jpost.com/NationalNews/Article.aspx?id=237730

191. Reliefweb, Israel's policies violate right to housing and need urgent revision – UN independent right expert, 13.2.2012 unter: reliefweb.int/node/476447

neuer kommunaler Siedlungen und Familienfarmen besiedeln. Wenn wir das nicht tun, werden wir den Negev für immer verlieren.«[192]

Ministerpräsident Netanjahu bezeichnete die Präsenz der palästinensischen Beduinen 2010 als Bedrohung des zionistischen Staates: »Heute wird eine internationale Kampagne gegen die Definition Israels als jüdischem Staat geführt. (...) Die Signifikanz dieser Angriffe ist, dass verschiedene Elemente wahrscheinlich ihre eigenen nationalen Rechte und die Rechte eines Staates innerhalb des Staates Israel fordern werden – im Naqab zum Beispiel, wenn er eine Region ohne jüdische Mehrheit wird. Das ist auf dem Balkan passiert und stellt eine reale Bedrohung dar.«[193]

Da sie unter allen israelischen Bevölkerungsgruppen die höchste Geburtenrate haben, werden die Beduinen als große demografische Bedrohung angesehen. Der Verlust der deutlichen jüdischen Bevölkerungsmehrheit in einem Teil des Landes kommt in den Augen zionistischer Politiker und Funktionäre dem Verlust des Territoriums gleich. Der Vorstand des JNF-USA warnte im Januar 2009: »Wenn wir nicht innerhalb der nächsten fünf Jahre 500.000 Leute dazu bewegen können, in den Negev zu ziehen, werden wir ihn verlieren.«[194]

Da die Beduinen in dem Gebiet zwischen Westbank und Gazastreifen leben, befürchtet Israel zudem, dass sie eine Brücke zwischen diesen beiden Gebieten bilden. Daher gelten sie als Sicherheitsrisiko.

Ursprünglich sollten im Rahmen des »Entwicklungsprogramms« etwa 3,4 Milliarden Euro investiert und die Bevölkerung von gegenwärtig 535.000 auf 900.000 Menschen im Jahr 2015 vergrößert werden. Um das zu erreichen, war der Bau von 100 individuellen Farmen und 65.000 regulären Wohneinheiten vorgesehen, obwohl viele der bereits bestehenden 100 jüdisch-israelischen Gemeinden halb leer stehen.[195] Hinzu kommen der Bau einer Autobahn und eines großen Ausbildungszentrums für das israelische Militär. Allein durch den Bau des Trans-Israel-Highway sind 3.000 Naqab-Araber von Vertreibung und 400 ihrer Behausungen von Zerstörung bedroht.[196] Der »Entwicklungsplan« sieht auch die Zerstörung der nicht-anerkannten Dörfer vor. Der israelische Staat verlangt von den Beduinen, dass sie den Anspruch auf ihr Land aufgeben, was für die meisten von ihnen undenkbar ist, da es ein zentraler Bestandteil ihrer Identität ist. Die ursprünglichen

192. zitiert nach Yiftachel, Ethnocracy, a.a.O., S. 3
193. Erschienen in der hebräischen Ausgabe von Haaretz 26.7.2010, zitiert nach: Algazi, Gadi, The State of Israel vs. Citizens of Israel, JNF eBook (Volume 3, January 2011) a.a.O., S. 61
194. White, Ben, Israel's Negev Frontier, Aljazeera 7.4.2010, S. 3 unter: www.aljazeera.com/focus/2010/04/20104592655951622.html
195. Badil Resource Centre for Palestinian Residency and Refugee Rights, Badil's written Response to Israel's Third Periodic Report to the UN Human Rights Commitee (CCPR(C/ISR/3), September 2009, S. 26f. unter: www2.ohchr.org/english/bodies/hrc/docs/ngos/badilresourcesenter_israel99.pdf
196. Rinat, Zafrir, Route 6 Extension will force hundreds of Bedouins from homes, NGOs say, Haaretz 10.5.2010 unter: www.haaretz.com/print-edition/news/route-6-extension-will-force-hundreds-of-bedouin-from-homes-ngos-say-1.28932

Ziele des »Entwicklungsplans« ließen sich jedoch wegen fehlender finanzieller Mittel und vor allem einem Mangel an Siedlern nicht umsetzen. Die israelischen Kriege gegen den Libanon und den Gazastreifen 2006 und 2008/2009 verschlangen einen großen Teil der Ressourcen. Noch gravierender ist, dass es nicht genügend Siedler dafür zu geben scheint. Der Jüdische Nationalfonds, der an dem Projekt beteiligt ist, vermochte bis 2009 zum Beispiel nur drei neue Siedlungen zu errichten, obwohl ursprünglich bis 2010 25 hatten entstehen sollen. Er hat nunmehr die Zahl der geplanten Siedlungen auf 14 reduziert und die Siedlerorganisation »OR-Bewegung« zum Partner gemacht, die mehrere illegale Siedlungen gebaut hat, die von der israelischen Regierung im Nachhinein legalisiert wurden.[197]

Der JNF leitet auch Projekte zur Anpflanzung von Wäldern auf dem Land palästinensischer Beduinen, die als Rechtfertigung für deren Vertreibung dienen sollen. Davon betroffen ist unter anderem das Dorf al-Araqib mit 350 Einwohnern, dessen Existenz lange vor der des Staates Israel bezeugt ist.

Die Eigentumsrechte der Dorfbewohner wurden von israelischen und palästinensischen Wissenschaftlern mit zahlreichen Dokumenten belegt und bis Frühjahr 2012 vor Gericht verhandelt.[198] Der aus dem Vereinigten Königreich stammende evangelikale Fernsehsender »God TV« plant die Anpflanzung von einer Million Bäumen um »das Kommen des Messias« zu beschleunigen und zahlte dem Jüdischen Nationalfonds (JNF) 385.000 Euro für die Anpflanzung eines Teils davon.[199]

Um die »Judaisierung« des Naqab auch ohne viele Siedler voranzutreiben, legt die israelische Regierung den Schwerpunkt auf die Errichtung individueller Farmen. Eine oder mehrere Familien bekommen sehr große Ländereien zur Verfügung gestellt. Dadurch können riesige Flächen durch sehr wenige Menschen kontrolliert werden.

Bis 2008 wurden 60 individuelle Farmen errichtet. Obwohl sie teilweise illegal gebaut wurden, ebenso verstreut liegen und noch kleiner sind als die beduinischen Dörfer, denen Israel aus eben diesen Gründen dieselben Dienstleistungen verweigert, wurden sie sofort an die staatliche Infrastruktur angeschlossen. Diese Farmen verfügen mit 8.100 Hektar über mehr Land als die etwa 85.000 Palästinenser, die

197. Manski, Rebecca., Blueprint Negev, Mondoweiss 9.11.2010 unter: http://mondoweiss.net/2010/11/blueprint-negev.html, S.3

198. Guarnieri, Mya, Israel declares war on its own people. Aljazeera 14.10.2010; Silver, Charlotte, Palestinian Bedouins in al-Araqib: »We won't leave«, The Electronic Intifada, 17.3.2011 unter: electronicintifada.net/v2/printer11860.shtml; Keller, Adam, Al-Arakib – 60 Jahre und der Kampf beginnt erst oder »Israel bringt die Wüste zum Blühen«, Crazy Country 23/7/2011, deutsche Übersetzung von Ellen Rohlfs unter: www.arendt-art.de/deutsch/palestina/Stimmen_Israel_juedische/keller-adam_al-arakib_60_jahre_der_kampf_beginnt.htm

199. Cook, Jonathan, God-TV helps Israel oust Bedouin, Counterpunch 28.12.2010 unter: www.counterpunch.org/2010/12/28/god-tv-helps-israel-oust-bedouins/; ders., JNF-Christian Evangelical Forest, JNF eBook (Volume 3, January 2011) a.a.O., S. 45ff.

in den Planstädten wohnen.[200] Geplant ist auch die Ansiedlung von Militärpersonal. In der Umgebung der Stadt Arad sollen zehn ländliche Siedlungen für 1.500 Militärfamilien gebaut werden, wofür mindestens zwei beduinische Dörfer mit zusammen 1.000 Einwohnern geräumt und zerstört werden sollen.[201] Auch Siedlerorganisationen aus der Westbank beteiligen sich an der Zionisierung des Naqab. So errichtete die Siedlerorganisation Amana im August 2011 in Kooperation mit staatlichen Behörden eine Siedlung direkt an der ägyptischen Grenze. Ein Siedlerehepaar begründete seine Entscheidung mit »dem Wunsch, Pioniere zu werden – im Negev oder in Galiläa zu siedeln.«[202]

Frontier-Mythos

Der Naqab/Negev hat seit jeher in der zionistischen Imagination eine besondere Rolle gespielt. Er ist der Inbegriff des »wüsten Landes« Palästinas, das durch die Rückkehr seiner von Gott eingesetzten rechtmäßigen jüdischen Besitzer »erlöst« und zu neuem Leben erweckt wird. Gegen die palästinensischen Beduinen wird die typisch kolonialistische Überlegenheitsrhetorik von Modernität versus Rückständigkeit ins Feld geführt, die den Zionismus seit jeher begleitet hat: »Seit seinen Anfängen bis in die 1930er Jahre blieb die Wahrnehmung, die der Zionismus vom Raum hatte, zumindest im Diskurs, einer Beimischung aus kolonialistischen und modernistischen Vorstellungen treu. Palästina war ein leeres Land, das der Zionismus entwickeln würde und denjenigen, die in diesem ›leeren‹ Land lebten, wurde Wohlstand (eine Unmöglichkeit, die allen kolonialistischen Diskursen zu eigen ist) versprochen. Die zionistische Wissenschaft repräsentiert weiterhin dieses modernistische Paradigma von Palästina im frühen 20. Jahrhundert als einem stagnierenden, gefrorenen Raum, der erst mit der Ankunft des Zionismus dynamisch wurde.«[203]

Zu den hartnäckigsten zionistischen Mythen, die sich bis heute halten, gehört, dass Israel die Wüste zum Blühen gebracht habe. Der Naqab wird als letzte verbliebene »Wildnis« dargestellt, die darauf wartet, von zionistischen Pionieren zivilisiert zu werden. Um Siedler dorthin zu locken, werden die alten zionistischen Aufbau- und Pioniermythen reaktiviert. Der Jüdische Nationalfonds (JNF) in Großbritannien warb dafür, »die Pioniere, die die Wüste zum Leben erwecken«, zu unterstützen. In einem Artikel der zionistischen Zeitschrift B'Nai B'Rith wurde der Negev als »das, was der Tabula rasa, die viele von Israels Pionieren vor der

200. Human Rights Watch, Off the Map,a.a.O., S. 5; Manski, Rebecca, Blueprint Negev, Mondoweiss 9.11.2010 unter: http://mondoweiss.net/2010/11/blueprint-negev.html

201. Cook, The Negev's Hot Wind Blowing, a.a.O., S. 1; Alternative Report NCFCE, a.a.O., S. 17

202. Curiel, Ilana, Zionism overtakes fear on Egypt border, Ynet 31.8.2011 unter: ynetnews.com/articles/0,7340,L-4116424,00.html

203. Pappe, Ilan, Zionizing the Palestinian Space: Historical and Historiographical Perspectives in: Makan, Adalah's Journal for Land, Planning and Justice, Volume 2 2010: The Right to a Spatial Narrative, S. 10

Staatsgründung vorfanden, als sie zum ersten Mal in das heilige Land kamen, am nächsten kommt«, bezeichnet.[204] Für Siedlungsinteressenten wird in Feriencamps eine Nachstellung der »heroischen« frühen Kolonisierung Palästinas inszeniert, die das Wohnen in den originalen Frontier-Tipis der damaligen Zeit einschließt. Im Naqab machen in der zionistischen Wahrnehmung, wie einst in der französischen Kolonie Algerien, nur die europäischen Siedler Geschichte.[205]

Der JNF konzentriert sich bei der Anwerbung von Siedlern auf die USA. Schimon Peres versprach ihnen Luxuswohnprojekte inklusive Swimmingpool von »olympischer Größe«. Der JNF-USA, der die Anwerbekampagne leitet, bedient sich neben den bekannten biblischen Mythen auch einer Romantisierung und Verklärung der Kolonisierungsgeschichte der USA, die sich in Israels Wüste fortsetze. Ronald Lauder, der Vorsitzende der JNF-USA, verglich die zionistische Durchdringung des Naqab mit dem »Manifest Destiny«, dem von Gott zugeteilten »Schicksal« der nordamerikanischen Siedler, das Land zu erobern: »Die Vereinigten Staaten hatten ihr ›Manifest Destiny‹ im Westen«, schrieb er 2004. »Russland richtete seinen Blick auf die eisige Tundra im Osten. Viele Länder hatten riesige Gebiete, die von vielen zu einem bestimmten Zeitpunkt als unbewohnbares Land betrachtet wurden, aber schließlich zu einigen der wichtigsten Teile ihrer entwickelten Gesellschaften wurden. Für Israel ist dieses Land der Negev.«[206]

Um der Siedlung im Naqab den Geschmack von Freiheit und Abenteuer zu verleihen, werden auch Anleihen bei den Cowboy- und Indianer-Mythen gemacht. Das israelische Tourismus-Ministerium warb 2009 mit dem Bild eines Cowboys, auf dem stand: »Ja, es gibt Cowboys in Israel.« Verkörpern die Siedler in der zionistischen Imagination die Cowboys, so wird den palästinensischen Beduinen die Rolle der Indianer zugewiesen. Deren weitverbreitete Stigmatisierung als Eindringlinge und Gesetzlose ist der Stigmatisierung der indigenen Bevölkerung Nordamerikas zur Zeit der Kolonisierung nicht unähnlich. Doch nicht nur rhetorisch werden Anleihen beim »Wilden Westen« gemacht. Viele Siedler sehen sich als selbst ernannte Sheriffs, die gegen die »gesetzlosen« Beduinen vorgehen. Gegen diese »Wilden« haben sich in den zionistischen Siedlungen des Naqab bereits zahlreiche Bürgerwehren gebildet. Der Einsatz von Schusswaffen gegen Beduinen wurde von staatlicher Seite autorisiert. Als der Siedler Shai Dromi im Februar 2007 den Palästinenser Khalid al-Atrash erschoss, weil dieser ihm ein Schaf stehlen wollte, gab es eine landesweite Solidaritätsbewegung für Dromi. Die Knesset verabschiedete nach dem Vorbild eines texanischen Gesetzes das sogenannte »Dromi-Gesetz«, das diese Tat und zukünftige Taten dieser Art legalisierte. Viele jüdisch-israelische Siedler im Naqab scheinen tatsächlich mit der einheimischen Bevölkerung Cowboy

204. White, Ben, Israel's Negev »frontier«, Aljazeera 7.4.2010 unter: http://english.aljazeera.net/focus/2010/04/20104592655951622.html, S. 3
205. vgl. Fanon, Frantz, Die Verdammten dieser Erde, Reinbek bei Hamburg 1978, S. 39
206. Manski, a.a.O., S. 5

und Indianer »spielen« zu wollen, wie die öffentliche Äußerung eines Siedlers von 2007 zeigt: »Jede Person wacht morgens auf, geht los und erschießt einen Beduinen. Da sind 100.000 Personen, die einen Beduinen erschießen. Was wirst Du tun, alle bestrafen?«[207]

Der Widerstand der palästinensischen Beduinen

Die palästinensischen Beduinen wehren sich gegen ihre Enteignung und Vertreibung. Oren Yiftachel bezeichnet den Kampf um das Land im Naqab als typisches Beispiel für »eine explizite Politik territorialer Expansion und Kontrolle durch einen ›ethnisierenden‹ Staat«.[208] Der wichtigste Teil des Widerstands ist, dass die Beduinen trotz aller Schikanen auf ihrem Land bleiben. Um ihren Widerstand zu brechen und sie in die für sie vorgesehenen Gettos zu zwingen, bedient sich Israel, Oren Yiftachel zufolge, hauptsächlich folgender Methoden:

- »strikte Nicht-Anerkennung der existierenden Siedlungen außerhalb der Planstädte und die daraus folgende Verweigerung der meisten kommunalen Dienstleistungen, die anderen Bürgern zur Verfügung gestellt werden (Wasser, Elektrizität, medizinische und öffentliche Dienste, Zugang zu Bildung);
- hohe Strafen für unautorisiert errichtete Häuser;
- Zerstörung von etwa 1.300 Häusern und Gebäuden zwischen 1990 und 1998 (Negev Center 1999);
- häufige Ausstellung von Räumungsbescheiden und Geldstrafen, um die »arabischen Eindringlinge« von Staatsland zu vertreiben;
- Verschleppung von Landschlichtungsverfahren, die sich oftmals über drei Jahrzehnte hinzogen, um die Araber dazu zu bringen, ihre Hoffnung, Land zurückzugewinnen, aufzugeben;
- Strenge umweltpolitische Restriktionen für das Weiden und die daraus folgende Beschlagnahmung und Vernichtung der meisten Herden der Beduinen;
- Vergiftung von auf umstrittenem Land angelegten Feldern;
- Aktivierung der staatlichen Steuerbehörden gegen ›problematische‹ beduinische Araber.«[209]

Infolgedessen ist das Leben der Beduinen vor allem in den nicht-anerkannten Dörfern von elenden Bedingungen und großen Mühen gekennzeichnet. Allein die Versorgung mit Wasser ist zeit- und kostenintensiv und das den Beduinen zur Verfügung stehende Wasser oft von so schlechter Qualität, dass es Gesundheitsrisiken

207. Manski, a.a.O, S. 6; Mossawa, One Year for Israel's New Governement and the Arab Minority, a.a.O., S. 37
208. Yiftachel, Bedouin Arabs and the Israeli Settler State, a.a.O., S. 21
209. Yiftachel, Bedouin Arabs and the Israeli Settler State, a.a.O., S. 36f.

birgt.[210] Die Naqab-Araber, wie sie sich selbst nennen, sind der marginalisierteste Teil der insgesamt marginalisierten arabischen Bevölkerung innerhalb der Grünen Linie. 80 % aller Beduinen und 66 % der Beduinen in den Planstädten leben unterhalb der Armutsgrenze.[211] Die Säuglingssterblichkeit unter ihnen ist höher als die der Palästinenser in anderen Landesteilen und dreimal so hoch wie unter jüdischen Israelis.[212]

Da die israelischen Zerstörungstrupps jederzeit anrücken können, leben die Beduinen in den nicht-anerkannten Dörfern zudem in ständiger Ungewissheit. Die Zerstörung der Behausungen und anderer Bauten nimmt kontinuierlich zu. 2009 waren es 254, im Jahr 2011 wurden mehr als 1.000 beduinische Behausungen zerstört, doppelt so viele wie im Jahr zuvor.[213] Das Dorf Twail Abu Jarwal wurde bereits 51 Mal zerstört und wieder aufgebaut. Das Dorf al-Araqib wurde seit Sommer 2010 mehr als 30 Mal zerstört. Die Zerstörungstrupps kommen in der Regel ohne Vorankündigung und zerstören auch Bäume und Wassertanks. Bei der ersten Zerstörung von al-Araqib gingen 1.300 israelische Polizisten gegen 350 Dorfbewohner und ihre Unterstützer vor.[214] Hinzu kommen weitere Schikanen: nächtliche Hausdurchsuchungen, die Festnahme und Kriminalisierung von Kindern, die Verhängung willkürlicher Bußgelder, die Zerstörung von Ernten, die Abriegelung der Dörfer und ihre Einzäunung mit Stacheldraht sowie Checkpoints und die damit verbundenen Demütigungen, um die palästinensischen Beduinen dazu zu bringen, ihr Land aufzugeben.[215] Anfang Juli 2010 meldete der arabische Fernsehsender Aljazeera, dass Israel eine aus Polizei und Militär zusammengesetzte Sondereinheit für die Zerstörung der Häuser und zur Beschlagnahmung des Landes der Beduinen, das es als Staatsland beansprucht, gebildet hat.[216]

---

210. Negev Coexistence Forum for Civil Equality, The Indigenous population of the Naqab-Negev Desert in Israel, submitted to the seventh session of the UN Permanent Forum on Indigenous issues, April 2008, S. 17f.
211. Sinai, Ruth, 66 % of Negev Bedouin live below poverty line, Haaretz 15.01.07 unter: www.haaretz.com/print-edition/news-66-of-negev-bedouin-live-below-poverty-line-1.210067
212. The Arab-Bedouin in the Negev-Naqab Desert in Israel. Shadow Report submitted by The Negev Coexistence Forum for Civil Equality. Response to the Report of the State of Israel on Implementing the Covenant on Economic, Social and Cultural Rights (ICESCR), Oktober 2010, S. 24 unter: www.phr.org.il/uploaded/Final_Shadow_Report_ESCR_1Nov_10.pdf
213. Alternative Report NCFCE_Israel_CERD80.pdf, a.a.O., S. 14
214. Mada al-Carmel, Political Monitoring Report, Issue No.10, Haifa 2010, S.20; Blumenthal, Max, Summer Camp of Destruction: Israeli High Schools in the Wasteland of Democracy, JNF eBook (Volume 3, January 2011), a.a.O., S. 65f.
215. Cook, Jonathan, Israel turns up the Heat to Evict Bedouin from Desert Lands, Dissident Voice 26.8.2009 unter: www.dissidentvoice.org/2009/08/israel-turns-up-the-heat-to-evict-bedouin-from-desert-lands/
216. Watad, Muhammad Muhsin, Wihda Khasa li-musadara aradhi al-naqab, Aljazeera (Arabisch) 3.7.2010

Der Prawer-Amidor-Plan

Im September 2011 hat die israelische Regierung mit der Annahme des Prawer-Amidor-Plans die Weichen für eine weitere Eskalation des Kampfs um das Land im Naqab gestellt. Der Plan wurde von einer Kommission unter dem Vorsitz von Ehud Prawer, dem Leiter des Ressorts für Planungspolitik im Büro des Ministerpräsidenten Netanjahu, ausgearbeitet, um den Konflikt endgültig im Sinne Israels zu regeln. Die Kommission war eingesetzt worden, um die praktischen Schritte für die Umsetzung der Empfehlungen der Goldberg-Kommission von 2008 zu erarbeiten. Die Goldberg-Kommission hatte als erste staatliche Kommission überhaupt die Rechte der Beduinen zumindest teilweise anerkannt und die Legalisierung nicht-anerkannter Dörfer empfohlen.[217] Die Prawer-Kommission machte das rückgängig und erstellte einen Plan zur ethnischen Säuberung und Gettoisierung der Beduinen. Nach der Ablehnung des ersten Plans der Prawer-Kommission durch Avigdor Liebermanns Yisrael-Beiteinu-Partei wurde er unter Leitung von Yaakov Amidor überarbeitet und verschärft. Amidor ist der Vorsitzende des Nationalen Sicherheitsrates, gehört der nationalreligiösen Strömung an, ist Siedler in der Westbank und für seine Hardliner-Positionen gegenüber den Palästinensern bekannt. Der Plan sieht die Vertreibung von etwa 30.000 bis 40.000 Beduinen von ihrem Land und die Konfiszierung von etwa 800 km² Land vor. Neve Gordon bezeichnete ihn als »Algorithmus der Enteignung«. Nur für Land in Privatbesitz (im Unterschied zu kollektivem Land), für das die betroffenen Familien in den 1970er Jahren einen Rückerstattungsanspruch geltend gemacht und auf dem sie kontinuierlich gelebt hatten, gibt es eine Entschädigung, aber nur von 50 %. Ein Beduine, der 10 Hektar Land besitzt, bekäme also nur 5 Hektar und das nicht einmal auf dem Land seiner Familie, sondern an einem anderen Ort, den die israelische Regierung zuteilt.

Mit der finanziellen Entschädigung sieht es nicht besser aus. Pro 0,1 Hektar Land sollen etwa 990 Euro gezahlt werden, 0,05 Hektar in einem Township wie Rahat kosten jedoch knapp 30.000 Euro.[218]

Das beschlagnahmte Land der Beduinen soll in Staatsbesitz überführt und mit jüdischen Siedlungen bebaut werden. 35 palästinensische Dörfer sollen geräumt, ca. 30.000 Bauten zerstört und die Beduinen fortan auf 300 km² konzentriert werden. Rawia Abu Rabia von der israelischen Menschenrechtsorganisation ACRI bezeichnet den Prawer-Plan als diskriminierend, da er die beduinische Bevölkerung in ein speziell definiertes geografisches Gebiet innerhalb des nördlichen Teils des

217. Abu Ras, The Arab Bedouin in the Unrecognized Villages in the Naqab (Negev): Between the Hammer of Prawer and the Anvil of Goldberg, a.a.O.

218. Gordon, Neve, Uprooting 30.000 Bedouin in Israel, Aljazeera 3.4.2012; Shadow-Report on behalf of the Coalition Against Racism, January 2012, a.a.O., S. 36f.

Negevs, westlich der Road 40 zwingt, während jüdische Siedlungen im gesamten Negev entstehen können.[219]

Neve Gordon warf angesichts der geografischen Nähe dieser Zone zur Westbank die Frage auf, ob dies nicht die Vorbereitung eines »Transfers« der Beduinen unter die Zuständigkeit der palästinensischen Autonomiebehörde ist.[220]

Falls diejenigen Beduinen, denen eine finanzielle Entschädigung zusteht, diese nicht innerhalb von fünf Jahren akzeptieren, verlieren sie neben dem Recht auf das Land auch das auf finanzielle Kompensation. Die Beduinen lehnen die finanzielle Entschädigung ab und bestehen weiterhin auf ihren Landrechten. Um den Druck noch weiter zu erhöhen, gab der Staat Israel im Sommer 2011 bekannt, dass er von den Beduinen des Dorfes al-Araqib die Rückerstattung der Kosten für die Häuserzerstörungen fordert, die sich auf etwa 360.000 Euro belaufen. Die israelische Landbehörde begründet das damit, dass die Beduinen illegal Häuser auf Land gebaut hätten, das dem Staat gehört. Ein Gesetzesentwurf sieht vor, dass dieses Vorgehen in der Zukunft auf alle von Häuserzerstörungen betroffenen Palästinenser übertragen werden soll.[221]

Der auf die Empfehlungen des Prawer-Komitees zurückgehende Entarabisierungsplan bedeutet den Raub des größten noch zusammenhängenden palästinensischen Landes innerhalb der Grünen Linie. Palästinenser haben diese Politik wiederholt als »Kriegserklärung« gegen die arabische Präsenz im Naqab und die beduinische Lebensweise bezeichnet, zum Beispiel Ibrahim al-Waqili, der Vorsitzende des Rates der nicht-anerkannten Dörfer. Er stellte fest: »Israel betrachtet die Araber im Naqab als Sicherheits- und demografische Bedrohung und behandelt sie, als ob sie Feinde wären und nicht Staatsbürger«, und forderte internationalen Schutz gegen Vertreibung und Landkonfiszierung.[222] Der Journalist Jonathan Cook bezeichnet den Prawer-Plan als »Vollendung der Unternehmung von 1948« und Oudeh Basharat als »Miniaturversion der Nakba«, während Omar Radwan ihn mit der Zusammentreibung der nordamerikanischen indigenen Bevölkerung in Reservaten und der Zerstörung ihrer Gemeinschaften vergleicht.[223]

Der UNO-Menschenrechtsrat verlangte in einer Stellungnahme, dass Israel »das Recht der Beduinenbevölkerung auf das Land ihrer Vorfahren und ihren traditionellen auf Landwirtschaft basierenden Lebensunterhalt respektieren sollte.«

---

219. Udasin, a.a.O.
220. Gordon, a.a.O.
221. Bannoura, Saed, Israel passes draft laws requiring Palestinians to pay for their own home demolition, IMEMC News 29.6.2011unter: www.imemc,.org/article/61573
222. Watad, Muhammad Muhsin, Israil tusadir milyun dunum bil-naqab, Aljazeera (Arabisch) 4.6.2011
223. Cook, The Negev's Hot Wind Blowing, a.a.O., S. 1; Basharat, Oudeh, The Arabs of the Negev are not Israel's enemy, Haaretz 12.9.2011 unter: www.haaretz.com/print-edition/news/the-arabs-of-the-negev-are-not-israel-s-enemy-1.383843; Radwan, Omar, Palestinian Bedouins threatened with ethnic cleansing, Middle East Monitor 15.9.2011 unter: www.middleeastmonitor.com/articles/middle-east/2824-palestinian-bedouins-threatened-with-ethnic-cleansing

Das UN-Komitee zur Eliminierung aller Formen der rassistischen Diskriminierung (CERD) empfahl Israel die »Anerkennung der Rechte der Beduinen, ihr kommunales Land, Territorien und Ressourcen, die sie traditionell besessen oder anderweitig bewohnt oder genutzt hatten, zu besitzen, zu entwickeln, zu kontrollieren und zu nutzen«.[224]

Israel stößt bei der Durchsetzung des Projekts durchaus auf Schwierigkeiten. Die Beduinen, die seit Ende der 1990er Jahre begonnen haben, sich in verschiedenen Organisationen wie dem Rat der nicht-anerkannten Dörfer zusammenzuschließen, haben erreicht, dass der Naqab zu einem zentralen Thema der arabischen Minderheit in Israel geworden ist. In den vergangenen Jahren gab es zahlreiche Solidaritätsaktionen, zum Beispiel Streiks und Kundgebungen. Palästinenser aus anderen Landesteilen beteiligen sich regelmäßig am Wiederaufbau der zerstörten Dörfer. Auch in den kritischen Teilen der israelischen Gesellschaft ist die Naqab-Frage auf Resonanz gestoßen. Jüdisch-israelische Aktivisten kommen regelmäßig in den Naqab, um gegen die Zerstörung der Dörfer zu protestieren oder sie nach ihrer Zerstörung wiederaufzubauen. Die jüdisch-israelisch-palästinensische Zusammenarbeit scheint im Naqab darüber hinaus weitergehender zu sein als in anderen Landesteilen. So besteht seit einigen Jahren ein gemischtes Koexistenz-Forum und es werden gemeinsam Alternativen zur staatlichen Politik entwickelt.[225] Die Lage der Beduinen im Naqab ist zudem immer wieder Thema verschiedener UNO-Gremien. Hinzu kommt, dass kritische Wissenschaftler und Aktivisten der Solidaritätsbewegung die israelische Vertreibungspolitik im Naqab und die Rolle, die parastaatliche zionistische Organisationen wie der JNF dabei spielen, auch auf internationaler Ebene thematisieren.

Oren Yiftachel zufolge ist die israelische Judaisierungspolitik im Naqab/Negev in eine Krise geraten, die symptomatisch für die Schwächung des Staates Israels ist: »Ich behaupte, dass die Unfähigkeit des Staates, den beduinischen Arabern seine Pläne aufzuzwingen, einen Prozess der Fragmentierung und Schwächung signalisiert, der aus dem Widerspruch resultiert, der dem ethnokratischen Staat innewohnt: je mehr er versucht, Land zu ethnisieren, desto mehr ist er mit organisiertem, oftmals militantem Widerstand von peripheren (oder subalternen) Minderheiten konfrontiert.«[226]

---

224. Erklärung des UN-Sonderberichterstatter für die Rechte der indigenen Völker, a.a.O., S. 25
225. vgl. ACRI, Bimkom, The Regional Council for the Unrecognized Villages in the Negev – RCUV, Principles for Arranging Recognition of Bedouin Villages in the Negev, Policy Brief June 2011 unter: www.acri.org.il/en/wp-content/uploads/2011/09/Prawer-Policy-Brief-FINAL-ENG.pdf
226. Yiftachel, Bedouin Arabs and the Israeli Settler State, a.a.O., S. 22; siehe auch Nasasra, a.a.O., S. 102f.

Rassismus in der jüdisch-israelischen Bevölkerung

»Die koloniale Welt ist eine manichäische Welt. Dem Kolonialherrn genügt es nicht, den Lebensraum des Kolonisierten physisch, das heißt mithilfe seiner Polizei und seiner Gendarmerie, einzuschränken. Wie um den totalitären Charakter der kolonialen Ausbeutung zu illustrieren, macht der Kolonialherr aus dem Kolonisierten eine Art Quintessenz des Bösen. (...) Der Eingeborene, heißt es, ist für die Ethik unerreichbar, ist Abwesenheit von Werten, aber auch Negation der Werte. Er ist, sagen wir es offen, der Feind der Werte. Insofern ist er das absolute Übel: ein zersetzendes Element, das alles, was mit ihm in Berührung kommt zerstört, alles, was mit Ästhetik oder Moral zu tun hat ›deformiert‹ und verunstaltet, ein Hort unheilvoller Kräfte, ein unbewußtes und nicht faßbares Instrument blinder Gewalten.« (Frantz Fanon)[227]

»In Wahrheit glaubt er, wenn er von anderen angeklagt wird, selten an seine eigene Unschuld. Tief drin in sich selbst plädiert der Kolonialist auf schuldig.« (Albert Memmi)[228]

Der institutionalisierte Rassismus des israelischen Apartheidsystems findet seine Fortsetzung im Alltagsrassimus der jüdisch-israelischen Bevölkerung. Beides gründet im Wesen des Zionismus selbst. Die Gründungsväter des Zionismus waren europäische Juden, die die Idee von der Überlegenheit weißer Europäer über die Bevölkerung der drei Kontinente, die im 19. Jahrhundert deren Kolonisierung rechtfertigen sollten, teilten. Aus dem kolonialen Machtverhältnis heraus wurden die einheimischen Araber auf klassisch orientalistische Weise als wesenhaft anders und minderwertig konstruiert.[229]

Der koloniale Blick auf die einheimische Bevölkerung hat sich seit dem Beginn der zionistischen Kolonisation in Palästina nicht verändert. Er wird von oben her durch die ideologischen Staatsapparate, Politiker, Militärs und Rabbiner verbreitet und durchdringt die gesamte jüdisch-israelische Bevölkerung. Eine zentrale Bedeutung kommt dabei dem israelischen Bildungssystem, den Medien und der Armee zu. In israelischen Schulbüchern werden die Palästinenser als nicht zum Lande

227. Fanon, Frantz, Die Verdammten dieser Erde, Reinbek bei Hamburg 1978, S. 31f.
228. Memmi, Albert, The Colonizer and the Colonized, Boston 1965, S. 57
229. Gerber, Haim, Zionism, Orientalism and the Palestinians in: Journal of Palestine Studies Vol.XXXIII, No. 1, Fall 2003, Issue 129, S.23-41; Said, Edward W.., Orientalism. Western Conceptions of the Orient, London/New York 1995 (2.Auflage), S.286, S.306ff.; Abed, Shukri, Israeli Arabism: The latest Incarnation of Orientalism, Ontario 1986

gehörend, als unzivilisiert, rückständig, primitiv, faul, dreckig, dumm, gewalttätig und fanatisch dargestellt. Nurit Peled-Elhanan von der hebräischen Universität in Jerusalem zufolge wachsen israelische Schulkinder auf, um in der Armee zu dienen und internalisieren die Botschaft, dass Palästinenser Menschen sind, »über deren Leben man ungestraft verfügt und nicht nur das: ihre Anzahl muss sogar verringert werden.« [230]

Die israelischen Medien, die das falsche Bewusstsein der Bevölkerung maßgeblich prägen, bedienen das zionistische Narrativ und verzerren die Wahrnehmung des Konflikts durch massive Desinformation.[231] Der kritische Journalist Gideon Levy schreibt ihnen eine zentrale Rolle bei der systematischen Dehumanisierung der Palästinenser zu: »Die israelischen Medien dehumanisieren die Palästinenser Jahr für Jahr, Jahrzehnt für Jahrzehnt und das ist meiner Ansicht nach die beste Erklärung für dieses ungewöhnliche Phänomen, dass die Israelis (...) so sehr in Frieden mit sich selbst leben.«[232] Abgerundet wird die Indoktrinierung durch den Armeedienst, der, wie die Arbeit kritischer Soldatengruppen zeigt, einer systematischen Einübung in die Dehumanisierung der Palästinenser gleichkommt.[233]

Der Rassismusforscher Albert Memmi, der den Rassismus in seinem von Frankreich kolonisierten Geburtsland Tunesien untersuchte, weist darauf hin, dass das koloniale System selbst den Rassismus fortwährend hervorbringt. Er ist die Essenz des kolonialen Machtverhältnisses und verlängert die objektive Herrschaftsstruktur ins Subjekt hinein. Die wichtigste Funktion des Rassismus ist die Selbstlegitimation des Kolonialisten: »Es ist unmöglich für ihn, sich nicht über die beständige Illegitimität seines Status bewusst zu sein. Es ist auf eine Art eine doppelte Illegitimität. Ein Ausländer, durch den Zufall der Geschichte ins Land gekommen, hat er es geschafft, nicht nur einen Platz für sich selbst zu schaffen, sondern auch den der Einheimischen wegzunehmen, sich selbst erstaunliche Privilegien einräumend zum Schaden derer, denen sie rechtmäßig zustehen. (...) Er ist ein privilegiertes Wesen

230. Sherwood, Harriet, Academic claims Israeli school textbooks contain bias, The Observer, 7.8.2011 unter: www.guardian.co.uk/world/2011/aug/07/israeli-school-racism-claim; siehe auch Peled-Elhanan, Nurit, Palestine in Israeli School Books: Ideology and Propaganda in Education, London/New York 2012; Meehan, Mauerrn, Israeli textbooks & children's literature promote racism and hatred toward Palestinians and Arabs, Washington Report on Middle East Affairs, September 1999; Bar-Tal, Daniel; Teichman, Yona, Stereotypes and Prejudice in Conflict. Representations of Arabs in Israeli Jewish Society; Cambridge 2005, S. 157ff.; siehe auch Kestler-D'Amours, Jilian, Militarising education in Israeli schools, Aljazzera 29.6.2012

231. vgl. Bar-Tal, Daniel, The Influence of events and (mis)information on Israeli-Jewish public opinion: The case of the Camp David Summit and the Second Intifada in: Palestine-Israel Journal, Vol. 11, Nos 3&4 2004/2005; Bar-Tal; Teichman, a.a.O., S. 141ff.

232. Eichner, Itamar, Israeli Columnist: Media dehumanises Palestinians, Ynet 15.3.2011, unter: ynetnews.com/articles/0,7340,L-4042816,00.html

233. vgl. Laor, Yitzhak, In Hebron in: London Review of Books Vol.26, No.14, 22.7.2004, S.32-33; Joseph Dana, Inside story: The moral corruption of Israeli society, 16.12.2010 unter: desertpeace.wordpress.com/2010/12/16/inside-story-the-moral-corruption-of-israeli-society/; siehe auch: www.breakingthesilence.org.il

und ein illegitim Privilegierter; das heißt, ein Usurpator. Mehr noch, das ist nicht nur in den Augen der Kolonisierten so, sondern ebenso auch in seinen eigenen.«[234]

Der israelische Rassismus wird aus verdrängten Schuldgefühlen nicht weniger gespeist wie aus Projektionen. Dem israelischen Psychologen Benjamin Beit-Hallahmi zufolge sind sich alle jüdischen Israelis des historischen Unrechts, das den Palästinensern durch das zionistische Projekt angetan wurde, bewusst, verdrängen es aber, um sich den Konsequenzen nicht stellen zu müssen. Insbesondere die Nakba peinigt sie. Auf den Begriff Kolonialismus zur Charakterisierung der israelischen Politik reagieren sie deswegen mit so heftiger Ablehnung, weil er einen wunden Punkt trifft.[235] Die Verdrängung von Schuldgefühlen ist typisch für die psychologische Konstitution von siedlerkolonialistischen Gesellschaften. Albert Memmi beschreibt, welche Folgen das hat: »Es bleibt nicht ohne Schaden, dass jemand bereit ist, permanent mit seiner Schuld zu leben. Die Lobreden auf einen selbst und seine Kameraden, die wiederholte, sogar aufrichtige Affirmation der Vortrefflichkeit seiner eigenen Vorgehensweisen und Institutionen, seiner eigenen kulturellen und technischen Überlegenheit beseitigen nicht die fundamentale Verurteilung, die jeder Kolonialist in seinem Herzen trägt. Falls er versuchen sollte, seine innere Stimme zu dämpfen, würde ihn alles jeden Tag an das Gegenteil erinnern: die bloße Ansicht des Kolonisierten, höfliche Andeutungen oder scharfe Anklagen durch Ausländer, Geständnisse seiner Landsleute.«[236]

Um sich selbst zu legitimieren, müssen jüdische Israelis ihre eigene Überlegenheit und die Minderwertigkeit der einheimischen Bevölkerung fortwährend beweisen. Säkulare jüdische Israelis bedienen sich dabei vorwiegend einer klassisch kolonialrassistischen Zivilisationsrhetorik, während religiöse auf die Bibel zurückgreifen. Da die israelische Kolonialgesellschaft nicht anerkennen kann, dass ihre Privilegien und die von ihr ausgeübte Gewalt gegen die einheimische Bevölkerung die Ursache des Konflikts mit dieser sind, muss sie auf kulturalistische und rassistische Erklärungsmuster zurückgreifen. Stereotype, Klischees und Abstraktionen wie »der Islam« oder »die arabische Mentalität« ersetzen die Auseinandersetzung mit der Realität und den tatsächlichen Palästinensern.[237]

Der israelische Historiker Benny Morris beispielsweise bezeichnete die Palästinenser in einem Interview mit der Tageszeitung »Haaretz« im Januar 2004 als »eine Zeitbombe«, den Islam als »eine Welt, in der menschliches Leben nicht denselben Wert hat wie im Westen« und verglich die Araber mit den »Barbaren« vor den Toren des Römischen Reiches. Die palästinensische Gesellschaft sei »ein Serienmörder«, der hingerichtet werden sollte und ein »wildes Tier«, das in einen Käfig

234. Memmi, The colonizer and the colonized, a.a.O., S. 9
235. Beit-Hallahmi, Benjamin, Original Sins. Reflections on the History of Zionism and Israel, London 1992, S. 78ff., S. 207ff.
236. Memmi, The Colonizer and the Colonized, a.a.O., S. 56
237. vgl. Patai, Raphael, The Arab Mind, New York 1983 (3.Auflage)

gesperrt werden müsste.[238] In typisch kolonialrassistischer Manier stellen er und viele andere Israelis den Konflikt als einen zwischen Zivilisierten (Europa) und Unzivilisierten (der arabische Osten) dar und sprechen »den Unzivilisierten« ihre Menschlichkeit ab. Der ehemalige Ministerpräsident und gegenwärtige Verteidigungsminister Ehud Barak nannte Israel »eine Villa im Dschungel«. Moshe Feiglin von der »Jüdische-Führung-Fraktion« innerhalb des Likud verglich die Araber mit Affen und bezeichnete sie pauschal als Diebe und Mörder: »Man kann einem Affen nicht beibringen, zu sprechen und man kann einem Araber nicht beibringen, demokratisch zu sein. Man hat es mit einer Kultur von Dieben und Räubern zu tun. Muhammad, ihr Prophet war ein Räuber und ein Mörder und ein Lügner. Der Araber zerstört alles, was er anfasst.«[239]

Die religiöse Rechte bedient sich hingegen einer Herrenmenschen-Rhetorik, die sie mit den Heiligen Schriften begründet. Das findet durchaus Resonanz in der jüdisch-israelischen Bevölkerung, die zu 70 % glaubt, dass Juden das auserwählte Volk seien.[240] Das Anwachsen des religiösen Zionismus nach 1967 wird von kritischen Israelis als Antwort auf eine Legitimitätskrise angesehen. Je weniger sich der Zionismus legitimieren lässt, desto verlockender wird der Bezug auf die Versprechungen und Gebote eines Gottes.[241] Nicht selten werden Juden in diesen Strömungen in rassistischer Weise als einheitliche Ethnie mit genetisch vererbbaren Eigenschaften verstanden. Der Oberste Rabbiner der Siedler in der Westbank, Dov Lior, beschreibt Juden pauschal als »barmherzig, schüchtern und wohltätig – Qualitäten, von denen er behauptete, dass sie vererbt werden könnten.« Jüdische Frauen, die Kinder von Nicht-Juden bekämen, würden »barbarische Nachkommen« in die Welt setzen.[242] Das spirituelle Oberhaupt der Schas-Partei, Ovadia Yosef, der schon in der Vergangenheit zur Vernichtung der Araber aufgerufen hatte, erklärte im Oktober 2010: »Goyim [Nicht-Juden] wurden nur geboren, um uns zu dienen. Ohne das haben sie keinen Platz in der Welt – nur um dem Volk von Israel zu dienen.« Zur Erläuterung der Funktion von Nicht-Juden fügte er hinzu: »Warum

238. Ari Shavit, Survival of the fittest. An interview with Benny Morris, Haaretz 8.1.2004 unter: www.haaretz.com/survival-of-the-fittest-1.61345 Der zweite Teil des Interviews ist – wie es oft mit brisanten Artikeln geschieht – nicht mehr abrufbar, wird aber von Counterpunch dokumentiert: www.counterpunch.org/2004/01/16/an-interview-with-benny-morris.; siehe auch Ash, Gabriel, Diagnosing Benny Morris: The mind of a European settler, The Electronic Initfada 27.1.2004 unter: electronicintifada.net/content/diagnosing-benny-morris-mind-european-settler/4967

239. (»You can't teach a monkey to speak and you can't teach an Arab to be democratic. You're dealing with a culture of thieves and robbers. Muhammad, their prophet, was a robber and a killer and a liar. The Arab destroys everything he touches.«), Mossawa, The Advocacy Center for Arab Citizens in Israel, The Palestinian Arab Minority and the 2009 Israeli Elections, March 2009 Update unter: www.mossawa,org/files/File/Reports/2009/Israel 2009 election paper.pdf, S. 17

240. Levy, Gideon, God rules all in 2012 Israel, even the state, Haaretz 29.1.2012 unter: www.israeli-occupation.org/2012/01/29/gideon-levy-god-rules-all-in-2012-israel-even-the-state/

241. vgl. Beit-Hallahmi, a.a.O., S. 142

242. Nahshoni, Kobi, »Gentile sperm leads to barbaric offspring«, Ynet 12.1.2011 unter: ynetnews.com/articles/0,7340,L-4006385,00.html

werden die Goyim gebraucht? Sie werden arbeiten, sie werden pflügen, sie werden ernten. Wir werden wie ein Effendi sitzen und essen.«[243]

Der koloniale Konflikt mit der einheimischen Bevölkerung prägt die jüdisch-israelische Bevölkerung bis ins Innerste. Er bestimmt die Art ihres Denkens und Fühlens maßgeblich und die Selbstverblendung der israelischen Kolonialgesellschaft ist so groß, dass sie zu pathologischen Störungen führt. Der Psychologin Ruchama Marton zufolge dichten sich jüdische Israelis gegen Vergangenheit und Zukunft gleichermaßen ab, da beides ohne die Palästinenser nicht gedacht werden kann. Hinzu kommt die allgemeine Abspaltung all dessen, was nicht ins eigene Weltbild passt.[244] Der Psychologe Daniel Bar-Tal bescheinigt der jüdisch-israelischen Gesellschaft Engstirnigkeit und einen Mangel an kritischem Denken. Diese sind um so ausgeprägter, je weiter rechts jemand steht. Studien über die »psychologische Infrastruktur« der jüdisch-israelischen Gesellschaft zeigen, dass diese geprägt ist von einer Opfer- und Belagerungsmentalität, blindem Patriotismus, Kriegslust, Selbstgerechtigkeit, Entmenschlichung der Palästinenser und Nichtempfänglichkeit für deren Leiden.[245] Da jüdische Israelis jedoch gleichzeitig spüren, dass ihre Wahrnehmung der Realität mit der Realität nicht übereinstimmt, kommt es zu kognitiver Dissonanz, Unsicherheit und Angst.[246] Belagerungsmentalität, ethnischer Nationalismus, das Gefühl der Auserwähltheit sowie die Dehumanisierung der einheimischen Bevölkerung sind in Israel weit verbreitet und typisch für siedlerkolonialistische Gesellschaften.[247]

Im Falle Israels kommt die jüdische Verfolgungs- und Leidensgeschichte verschärfend hinzu. Die eigene Leidensgeschichte führt zu einer stark ausgeprägten Selbstgerechtigkeit der Siedlerbevölkerung. Ruchama Marton führt den in Israel weitverbreiteten Hass auf die Palästinenser zu einem Teil auf diese Geschichte zurück. Ihr zufolge war der Hass auf die Opferrolle der Juden während des Zweiten Weltkriegs so übermächtig, dass er nicht einzudämmen war und auf die palästinensischen »Anderen« projiziert wurde. Deren Schwäche und Elend vor allem in den ersten Jahrzehnten nach der Staatsgründung riefen Hass und Verachtung hervor. Als die Palästinenser spürbaren Widerstand zu leisten begannen, veränderte sich der Hass. Er galt nicht mehr dem Opfer-Sein der einheimischen Bevölkerung,

243. BBC News, Rabbi calls for annihilation of Arabs, 10.4.2001 unter: http://news.bbc.co.uk/2/hi/middle-east/1270038.stm; Mozgovaya, Natasha, ADL slams Shas spiritual leader for saying non-Jews were borne to serve Jews«, Haaretz, 20.10.2010 unter: www.haaretz.com/jewish-world/adl-slams-shas-spiritual-leader-for-saying-non-jews-were-born-to-serve-jews-1.320235

244. Marton, Ruchama, The psychological impact of the second Intifada on Israeli society, Palestine-Israel Journal of Politics, Economics and Culture, Vol.11 No.1 2004

245. Akiva Eldar, Is an Israeli Jewish sense of victimization perpetuating the conflict with the Palestinians?, Haaretz 29.1.2009 unter: www.haaretz.com/is-a,-israeli-jewish-sense-of-victimization-perpetuating-the-conflict-with-palestinians-1.269152

246. Marton, Ruchama, a.a.O.

247. Mitchell, Thomas G., Native vs. Settler. Ethnic Conflict in Israel/Palestine, Northern Ireland and South Africa, Westport, Connecticut/London, 2000, S. 20

sondern deren vermeintlichem Täter-Sein, denn diese wurde konstruiert als eine »mythische Verlängerung der Nazis als einem übermächtigen Feind«. Der Hass auf die Palästinenser befriedigt, Ruchama Marton zufolge, »ein existenzielles emotionales Bedürfnis der jüdischen Gesellschaft. Die israelische Entpersonalisierung der Palästinenser in gesichtslose Feinde und die Bezeichnung aller Palästinenser als Terroristen sind Mechanismen, die Hass aufrechterhalten. Die Projektion des Hasses auf die Palästinenser ermöglicht die Bewahrung des selbstgerechten israelischen zionistischen Selbstbildes als moralisch rein und dient als zusammenhaltende Kraft in der jüdisch-israelischen Gesellschaft. Die Palästinenser als einen verhassten und mächtigen Feind wahrzunehmen (trotz ihrer evidenten Schwäche) verschafft Israelis das Gefühl, dass ihre Energien in Selbsterhaltung investiert werden. Hass gegen die Palästinenser funktioniert als ein Ventil für die israelische Furcht vor innerer Fragmentierung. Der Preis, der für den inneren Frieden gezahlt wird, ist es, Frieden mit den Palästinensern zu vermeiden. Hass wird zu einer Sucht, einer Leitlinie für israelisches Verhalten.«[248]

Der Rassismus in der jüdisch-israelischen Bevölkerung hat seit 2000 eine quantitative und qualitative Steigerung erfahren. Das gilt für Politiker, religiöse Kräfte, Staatsapparat und Bevölkerung gleichermaßen und ist eine Folge der politischen Krise des Zionismus, die mit der zweiten Intifada begann. Diese enttäuschte die im Zuge der Oslo-Abkommen genährten Hoffnungen, die Palästinenser würden sich endlich mit ihrer Lage abfinden, nicht weiter auf ihren Rechten bestehen und ihnen die Absolution erteilen. Die Enttäuschung der Hoffnung, dass die Palästinenser endlich »vernünftig« geworden wären und den Kampf um ihre Rechte aufgegeben hätten, ist in einen bösartigen Rassismus umgeschlagen. Die vielen Zugeständnisse der PLO-Führung während der Verhandlungen hatten bei israelischen Politikern und in der israelischen Bevölkerung den Eindruck erweckt, die PLO würde alles tun, was von ihr verlangt wird. Als Arafat in den Camp David-Endstatus-Verhandlungen 2000 erstmals eine Grenze setzte und im Herbst desselben Jahres der Beginn der al-Aqsa-Intifada die Wiederaufnahme des Kampfes signalisierte, war das für die jüdisch-israelische Bevölkerung wie ein Schock. Dem israelischen Antizionisten Michael Warschawski zufolge wurde die Distanzierung der PLO-Führung vom Terrorismus zu Beginn des Oslo-Prozesses auf israelischer Seite als einseitiges palästinensisches Schuldbekenntnis angesehen. Dass die PLO ihrerseits die Forderung aufgab, dass Israel die Verantwortung für die ethnische Säuberung Palästinas 1948 übernimmt, verstärkte die israelische Selbstgerechtigkeit. Auf israelischer Seite war der Oslo-Prozess mit keinerlei Selbstbefragung, Selbstkritik oder Aufarbeitung der Vergangenheit verbunden. Stattdessen ermöglichte es die PLO-Führung den Linkszionisten und Friedenskräften durch die faktische

248. Marton, Ruchama, a.a.O. , S.4 f.

Übernahme der Verantwortung für den Konflikt, sich ihres schlechten Gewissens zu entledigen.[249]

Wie wichtig es für Kolonialisten ist, von den Kolonisierten Absolution zu erhalten, hat bereits Albert Memmi aufgezeigt: »Damit der Kolonialist ganz und gar der Herr sein kann, reicht es ihm nicht, es tatsächlich zu sein, sondern er muss auch glauben, dass es legitim ist. Um diese Legitimität vollständig zu machen, reicht es nicht, dass der Kolonisierte ein Sklave ist, er muss diese Rolle auch akzeptieren.«[250]

Ein genuiner Friedensprozess hätte eine neue Interpretation der Geschichte und die Veränderung des israelischen Selbstverständnisses vorausgesetzt. Der Kolonialismus-Forscher Lorenzo Veracini erklärt das folgendermaßen: »Permanenter Rückzug oder die Aufgabe von Kontrolle über ein spezifisches Gebiet wäre unmöglich ohne die Aufgabe einer Geschichtsinterpretation, die ›Fortschritt‹ als palästinensische Auslöschung/Abwesenheit versteht. (...) Diese Betrachtung der Geschichte (und Israels) (...) kann nicht akzeptieren – in der Gegenwart oder einer historisierten Zukunft –, dass Palästinenser Anspruch auf souveräne Rechte haben könnten. Ein palästinensisches Gemeinwesen, das mehr ist als ein Bantustan oder eine Übergangsregelung oder ein Interimsabkommen, würde das Ende eines spezifischen und tief verankerten Siedlernarrativs verkörpern.«[251]

Verschärfend kam hinzu, dass die zweite Intifada anfangs auch die Palästinenser innerhalb der Grünen Linie einbezog. Damit zeigte sich, dass deren Entpalästinensierung und Verwandlung in »Israels Araber« nicht gelungen war. Der Aufstand konfrontierte die jüdisch-israelische Bevölkerung erneut mit dem palästinensischen »Poltergeist«, der ihren permanenten Selbstbetrug aufdeckte und die peinigenden Verdrängungen, deren alle Kolonialisten bedürfen, wiederbelebte. Hinzu kommt, dass sie aufgrund der schnellen Militarisierung der zweiten Intifada, die mehrere Selbstmordattentate in israelischen Städten einschloss, erstmals einen nennenswerten Preis für die fortgesetzte Kolonialpolitik in der Westbank und dem Gazastreifen zahlen musste. Infolgedessen sind seit dem Beginn der zweiten Intifada Hass und Angst innerhalb der jüdisch-israelischen Gesellschaft extrem angestiegen.[252]

Die Bürgerrechtsorganisation Mossawa verzeichnet in den vergangenen Jahren eine stetige Zunahme verbaler und tätlicher Angriffe gegen die Palästinenser innerhalb der Grünen Linie. Sie werden als Problem und Wurzel allen Übels angesehen. Schon allein ihre bloße Existenz gilt als Bedrohung. Nach einer Studie des Soziologen Sami Smooha von der Universität Haifa glauben 65 % der jüdischen Israelis,

249. Warschawski, Michael, Mit Höllentempo. Die Krise der israelischen Gesellschaft, Hamburg 2004, S. 80-85
250. Memmi, The Colonizer and the Colonized, a.a.O., S. 88f.
251. Veracini, Lorenzo, Israel and Settler Society, London 2006, S. 7
252. Marton, Ruchama, The Psychological impact of the Second Intifada on Israeli society, Palestine-Israel Journal of Politics, Economics and Culture Vol.11 No.1 2004; Levy, Gideon, Fear is driving Israeli's to obtain foreign passports, Haaretz 2.6.2011 unter: www.haaretz.com/print-edition/opinion/fear-is-driving-israelis-to-obtain-foreign-passports-1.365454

dass die Palästinenser innerhalb der Grünen Linie aufgrund ihrer höheren Geburtenrate und wegen der Möglichkeit, dass sie aus Solidarität mit ihren Brüdern und Schwestern in der Westbank und dem Gazastreifen rebellieren, eine Gefahr für den Staat Israel darstellen.[253] Einer Umfrage des israelischen Demokratie-Instituts von 2010 zufolge befürworten 53 % der Israelis, dass der Staat Israel arabische Bürger dazu »ermutigt«, das Land zu verlassen. 55 % sind der Meinung, dass jüdische Städte mehr Gelder zur Verfügung gestellt bekommen sollen als arabische. 86 % finden, dass Entscheidungen, die für den Staat wichtig sind, von der jüdischen Mehrheit getroffen werden sollten. 46 % der jüdischen Israelis wollen nicht neben Arabern wohnen, (39 % nicht neben ausländischen Arbeitern, 25 % nicht neben Homosexuellen und 17 % nicht neben äthiopischen Juden).

Der Rassismus scheint bei religiösen Juden besonders ausgeprägt zu sein: während 33,5 % der säkularen Juden gleiche Rechte für Araber ablehnen, sind es 51 % der traditionellen Juden und 65 % der Haredim (Ultra-Orthodoxe). Wie überall sonst auch geht dieser starke Rassismus mit autoritären politischen Positionen einher. 60 % der jüdischen Israelis denken, dass starke Führer besser für Israel wären als demokratische Debatten.[254]

50 % der jüdisch-israelischen Jugendlichen zwischen 15 und 18 Jahren wollen keinen Araber in ihrer Klasse (32 % keinen Schüler mit Behinderungen und 23 % keinen Homosexuellen). 64 % denken, dass Araber keine gleichen Rechte in Israel haben und 59 % finden das richtig. 96 % der Jugendlichen wollen einen jüdischen Staat und 41 % wollen denjenigen, die das ablehnen – den Palästinensern also –, die Staatsbürgerschaft entziehen.[255]

Die Entmenschlichung der einheimischen Bevölkerung drückt sich auch im Sprachgebrauch aus. »Tatsächlich ist die Sprache des Kolonialherrn, wenn er vom Kolonisierten spricht, eine zoologische Sprache«, schrieb Frantz Fanon über Algerien. »Man macht Anspielungen auf die kriecherischen Bewegungen des Gelben, auf die Ausdünstungen der Eingeborenen, auf die Horden, auf den Gestank, auf das Gewucher und Gewimmel, auf das Gestikulieren. Wenn der Kolonialherr genau beschreiben und das richtige Wort finden will, bezieht er sich ständig auf das Tierreich.«[256]

Das trifft auch für Israel zu. Menachem Begin nannte die Palästinenser »Tiere

253. Al-Naami, Saleh, Is this not racism?, Al-Ahram Issue No. 1027, 16.-22.12.2010 unter: weekly.ahram.org.eg/2010/1027/re3.htm

254. The Israel Democracy Institute, Presentation of the 2010 Israeli Democracy Index: Democratic values in practice, 30.11.2010 unter: en.idi.org.il/events/democracy-index/presentation-of-the-2010-israeli-democracy-index-democratic-values-in-practice/ Poll: Most Israeli Jews believe Arab citizens should have no say in foreign policy, Haaretz 30.11.2010 unter: www.haaretz.com/news/national/poll-most-israeli-jews-believe-arab-citizens-should-have-no-say-in-foreign-policy-1.327972

255. Kashti, Or, Poll: half of Israeli teens don't want Arab students in their class in: Haaretz, 6.9.2010 unter: www.haaretz.com/news/national/poll-half-of-israeli-teens-don-t-want-arab-students-in-their-class-1.312479

256. Fanon, a.a.O., S. 33

auf zwei Beinen«, der ehemalige Generalstabschef Raphael Eitan »hirnlose Kakerlaken«, Ehud Barak »Krokodile«.[257] Dov Lior, der Rabbiner der Siedlung Kiryat Arba sprach von ihnen als »Wölfen«[258] und Ovadia Yosef als »Schlangen«.[259] Der Likud-Abgeordnete Yehiel Hazan setzte sie in einer Rede in der Knesset mit Würmern gleich: »Wie die Würmer sind diese Araber überall. (...) Unter der Erde, über der Erde, mit allen Mitteln haben diese Würmer dem jüdischen Volk in den letzten hundert Jahren Schaden zugefügt, und wir strecken unsere Hand zum Frieden aus, als ob nichts geschehen wäre.«[260]

Der Siedlerführer Baruch Marzel sagte über das Ziel eines von ihm organisierten Aufmarsches in der palästinensischen Stadt Um al-Fahem: »Wir haben einen Krebs in unserem Körper, der imstande ist, den Staat Israel zu zerstören, (...) und diese Leute sind im Herzen Israels – eine Kraft, die imstande ist, Israel von innen zu zerstören. Ich werde diesen Leuten sagen, dass das Land Israel uns gehört.«[261]

Rassistische Dehumanisierung ist eine Art der symbolischen Vernichtung. Die symbolische Vernichtung der Kolonisierten durch rassistische Dehumanisierung war in der Vergangenheit immer nur der Auftakt zu physischer Gewalt und sogar Vernichtung. Albert Memmi hat auf den inneren Zusammenhang zwischen kolonialen Rassismus und Vernichtung hingewiesen: »Es ist, nebenbei gesagt, nicht zu verkennen, daß die Negation nur den Auftakt zur Vernichtung darstellt. Man mag darüber streiten, inwieweit diese Tatsache dem Rassisten bewußt ist; wahrscheinlich wären die gemäßigten Rassisten, wenn man diesen Ausdruck verwenden will, erschrocken, wenn ihnen die Endstation des rassistischen Unternehmens zu Bewusstsein käme: der Friedhof. Dennoch läßt sich nicht bestreiten, dass wir es hier mit einem – mehr oder weniger verschleierten, mehr oder weniger eingestandenen – fortschreitenden Prozeß der zunächst symbolischen Zerstörung, der Entmenschlichung des Opfers zu tun haben. Manche Rassisten gehen gar nicht so weit, dem Schwarzen oder Kolonisierten den gewaltsamen Tod zu wünschen, sie finden sie höchstens komisch. Aber auch deren Leiden oder Tod ruft bei ihnen eher Belustigung als Mitgefühl hervor, für sie handelt es sich eigentlich gar nicht

257. Atawneh, Ahmad, The Political Discourse of the Israeli Occupation: The Spirit of Orientalism in: Nasser, Ilham; Berlin, Lawrence; Wong, Shelley, Examining Education, Media and Dialogue under Occupation, Bristol/New York/Ontario 2011, S. 116

258. Nahshoni, Kobi, Rabbi Lior: Arabs are »evil camel riders«, Ynet 20.9.2011 unter: www.ynetnews.com/articles/0,7340,L-4124816,00.html

259. Schmidt, Yvonne, Foundations of civil and political rights in Israel and the occupied territories. Dissertation Norderstedt 2001, S. 279

260. (»Just like the worms, these Arabs are everywhere... Under the ground, on the land, by every method, these worms have been harming the Jewish people for the past hundred years, and we extend our hand in peace, as if nothing had happened.«), Mossawa, a.a.O., S. 17

261. (»We have a cancer in our body capable of destroying the state of Israel (...) and these people are in the heart of Israel, a force capable of destroying Israel from the inside. I am going to tell these people, that the land of Israel is ours.«); Jeffay, Nathan; Hebron Rioters inspired by radical settler leaders, Forward 11.12.2008 unter: forward.com/articles/14717/hebron-rioters-inspired-by-radical-settler-leaders-/

um menschliche Wesen, die eine Mutter oder einen kleinen Sohn haben, sondern um eine Art Tiere. Es ist leichter, dem Untergang oder der Ausrottung von Tieren entgegenzusehen als der von Menschen.«[262]

In der Vergangenheit hat der Rassismus immer wieder zu Pogromen und Massakern geführt. 1994 beging der aus den USA stammende Baruch Goldstein aus der für ihre rassistische Gewalt berüchtigten Siedlung Kiriyat Arba in al-Khalil in der Ibrahimi-Moschee ein Massaker an palästinensischen Gläubigen, bei dem 29 Menschen getötet und über 100 verletzt wurden. Goldstein, der daraufhin von den Überlebenden des Massakers erschlagen wurde, wird bis heute von der Siedlerbevölkerung Kiriyat Arba, die ihm eine Gedenkstätte gebaut hat, wie ein Heiliger verehrt. Elf Jahre später eröffnete ein israelischer Soldat außerhalb des Dienstes in der palästinensischen Stadt Shafr Amr in Galiläa in einem Bus wahllos das Feuer auf dessen palästinensische Passagiere, wodurch vier Menschen getötet und 12 verletzt wurden.[263] 2008 reagierten zionistische Siedler auf die Räumung eines von ihnen besetzten Hauses in der Altstadt von al-Khalil/Hebron im Süden der Westbank mit einem Pogrom gegen die einheimische palästinensische Bevölkerung. Am Yom-Kippur-Tag 2008 griffen jüdische Israelis in der nördlichen Hafenstadt Akka die palästinensischen Bewohner eines vorwiegend jüdisch-israelischen Wohnviertels an. Mehrere von palästinensischen Familien bewohnte Häuser wurden in Brand gesteckt und die Familien dadurch, wie beabsichtigt, vertrieben.[264] Ilan Pappe führte auch die fast vollständige Unterstützung des Krieges gegen den Gazastreifen 2008/2009 durch die jüdisch-israelische Bevölkerung auf die fortgesetzte Dehumanisierung der Palästinenser zurück: »Palästinenser werden aber nicht nur im militärischen Diskurs entmenschlicht. Ein ähnlicher Prozess findet auch in der jüdischen Zivilgesellschaft statt und erklärt die massive Unterstützung für das Massaker in Gaza. Palästinenser werden von israelischen Juden derart entmenschlicht – ob Politiker, Soldaten oder normale Bürger –, dass ihre Tötung[265] natürlich erscheint, genau so wie ihre Ausweisung 1948 oder ihre Inhaftierung in den besetzten Gebieten. Die derzeitige Antwort des Westens zeigt, dass dessen politische Führer den direkten Zusammenhang zwischen der zionistischen Entmenschlichung der Palästinenser und Israels barbarischer Vorgehensweise in Gaza nicht einsehen.«[266]

Seit dem Krieg gegen den Gazastreifen nimmt der Rassismus so krasse Formen an, dass kritische Israelis vor einem heraufziehenden Faschismus warnen. Die Speerspitze dieser rassistischen Kampagnen bilden rechte Politiker, Siedler in

262. Memmi, Albert, Rassismus, Frankfurt/Main 1992, S. 119
263. Cook, Blood and Religion, a.a.O., S. 169f.
264. Mossawa, The Human Rights Status of the Palestinian Arab Minority of Israel, Haifa Oktober 2008; S. 8f.; Avnery, Uri, Brennt Akko? 12.10.2008, unter: www.arendt-art.de/palestina/stimmen_Israel_juedisch/UriAvnery-bennt_akko.htm
265. Im Original »Töten«, aber aus dem Kontext ersichtlich in »Tötung« geändert.
266. Pappe, Ilan, Israel's Message, London Review of Books, 14.1.2009, übersetzt von Omar Abo-Namous, Israels Botschaft unter: zmag.de/artikel/israels-botschaft

primär von Palästinensern bewohnten Gebieten innerhalb der Grünen Linie und in der Westbank sowie Rabbiner. Mossawa hat festgestellt, dass die seit 2009 zunehmenden Angriffe auf Palästinenser innerhalb der Grünen Linie die Folge rassistischer Aufhetzung von oben sind: »Diese Angriffe sind kein Schicksal, sondern ein direktes Resultat der Aufhetzung gegen die arabischen Bürger dieses Landes durch religiöse, öffentliche und gewählte Amtsinhaber.«[267]

Politiker verschiedener Parteien bringen fortlaufend neue rassistische Gesetzesentwürfe in die Knesset ein und delegitimieren die einheimische Bevölkerung, indem sie sie als »illoyal« und »unerwünscht« und die Beduinen im Naqab als »Eindringlinge« bezeichnen.[268] Israelische Militärs und Politiker werden nicht müde, zu verkünden, die Araber verstünden einzig die Sprache der Gewalt. Der stellvertretende Verteidigungsminister Matan Vilnai drohte der Bevölkerung des Gazastreifens einige Monate vor dem Beginn des Krieges 2008 sogar mit einer »Schoah« (das im Hebräischen gebrauchte Wort für Holocaust).[269] Der damalige Außenminister Liebermann riet während des Krieges, den Gazastreifen genauso zu behandeln, wie die USA Japan am Ende des Zweiten Weltkriegs behandelt hatten, was allgemein als versteckte Aufforderung zum Einsatz der Atombombe verstanden wurde.

Über die ethnische Säuberung des Landes von den Palästinensern wird in der israelischen Politik und Gesellschaft in selbstverständlicher Weise diskutiert. Dieses Verbrechen gegen die Menschlichkeit ist Bestandteil des politischen Programms mehrerer an der gegenwärtigen Regierungskoalition beteiligter Parteien. Diejenigen Israelis, die die palästinensische Bevölkerung in der Westbank und innerhalb der Grünen Linie beinahe täglich auf ihren Felder und in ihren Häusern angreifen und die Parole »Tod den Arabern« an deren Geschäfte und Moscheen sprühen, tun nichts anderes als die logische Konsequenz aus diesen rassistischen Brandreden zu ziehen. So wurde in Jerusalem Ende 2010 eine rassistische Jugendbande verhaftet, die sich zur Durchführung systematischer körperlicher Angriffe auf Palästinenser gegründet und mehrere von ihnen zum Teil schwer verletzt hatte. Die Jugendlichen begründeten ihre Aktionen mit nationalistischen Motiven. Aufmerksamkeit erregten sie jedoch erst, als sie einen chilenischen Touristen angriffen, weil sie ihn für einen Araber gehalten hatten. Jüdische Israelis, die Palästinenser verletzen oder töten, gehen in der Westbank in der Regel straffrei aus und erhalten innerhalb der Grünen Linie sehr viel geringere Haftstrafen als Palästinenser, die jüdische Israelis

267. Roffe-Ofir, Sharon, Racist attacks against Arabs increase tenfold , Ynet 21.3.2009, unter: www.ynetnews.com/articles/0,7340,L-3689855,00.html
268. Roffe-Ofir, Sharon, Report: Current Knesset most racist of all time, Ynet 21.3.2010, unter: www.ynetnews.com/articles/0,7340,L-3865696,00.html
269. The Guardian staff and agencies, Israeli minister warns of Palestinian »holocaust« 29.2.2008, unter: www.guardian.co.uk/world/2008/feb/29/israelandthepalestinians1

verletzen oder töten, was ohnehin sehr viel seltener vorkommt.[270] Das kommt einer Ermutigung rassistischer Angriffe auf Palästinenser gleich.

Zu den Scharfmachern gehören auch viele Rabbiner. Der Oberste Rabbiner von Safad, Shmuel Eliyahu, initiierte im Oktober 2010 eine Kampagne gegen die Vermietung von Wohnraum an Palästinenser. Vermieter wurden unter Druck gesetzt und sogar mit dem Tode bedroht, sollten sie die Mietverträge mit palästinensischen Studenten nicht kündigen.[271]

Im Dezember griffen über 40 Rabbiner im Staatsdienst dieses Thema auf und sprachen sich gleichfalls gegen die Vermietung oder den Verkauf von Wohnraum an Nicht-Juden aus und forderten Sanktionen gegen diejenigen, die sich nicht daran halten. Sie begründeten das damit, dass das Land Israel den Juden gehöre. »Rassismus gründet in der Torah«, erklärte Rabbi Yosef Scheinem, der die Yeshiva von Asdod leitet, und: »Das Land Israel ist für das Volk von Israel bestimmt.«[272] Sehr schnell schlossen sich 250 weitere Rabbiner dem Aufruf an. Eine Umfrage der Online-Zeitung Ynet ergab, dass das anti-arabische Rechtsgutachten der Rabbiner die Unterstützung von 55 % der jüdisch-israelischen Bevölkerung fand.[273] Dem Historiker Ilan Greilsammer zufolge sprachen die Rabbiner nur offen aus, was die Mehrheit der Bevölkerung ohnehin dachte. Noah Flug von der Internationalen Vereinigung der Holocaust-Überlebenden hingegen zeigte sich entsetzt, da er sich an die Politik der Nazis erinnert fühlte: »Ich erinnere mich, wie die deutschen Nazis Juden aus ihren Wohnungen und den Stadtzentren warfen, um Gettos zu schaffen.« Er fügte hinzu: »Ich erinnere mich daran, wie sie auf die Banken schrieben, dass keine Juden erlaubt seien und selbstverständlich war es verboten, an Juden zu verkaufen oder zu vermieten. Wir dachten, in unserem Land würde das nicht geschehen.«[274]

Eine Wohnung arabischer Studenten in Safad wurde infolge der rassistischen Hetze, begleitet von »Tod den Arabern«-Rufen, mit Steinen und Flaschen angegriffen und scharfe Munition auf sie abgefeuert. In Tel Aviv wurde eine Gruppe von fünf Palästinensern, zu der ein drusischer Veteran der israelischen Armee gehörte,

---

270. Glunts, Ira, Light sentence in brutal murder shows double standards for Jews, Palestinians, Mondoweiss 15.7.2012 unter: mondoweiss.net/2012/07/light-sentence-in-brutal-murder-shows-double-standard-for-jews-palestinians.html

271. Cook, Jonathan, Israel's racist rabbis, Counterpunch 10.-12.12.2010 unter: www.counterpunch.org/2012/12/10/israel-s-racist-rabbis/; Sherwood, Harriet, Denounced as traitor: Holocaust survivor who rents rooms to Israeli Arabs, The Guardian 2.12.2010 unter: www.guardian.co.uk/world/2010/dec/02/rabbi-landlord-jewish-arab-students-safed

272. Levinson, Chaim, Top rabbis move to forbid renting homes to Arabs, say »racism« originated in the Torah, Haaretz, 7.12.2010 unter: www.haaretz.com/news/national/top-rabbis-move-to-forbid-renting-homes-to-arabs-say-racism-originated-in-the-torah-1.329327; Sherwood, Harriet, Dozens of Israeli rabbis back call to forbid sale of property to Arabs, The Guardian 7.12.2010 unter: www.guardian.co.uk/world/2010/dec/07/israeli-rabbis-ban-rental-sale-to-arabs

273. Ynet, Poll: 55 % back rabbis' anti-Arab ruling, 15.12.2010 unter www.ynetnews.com/articles/0,7340,L-3998010,00.html

274. Schattner, Marius, Support grows for Israeli rabbis »racist« letter, Maan News Agency 9.12.2010 unter: www.maannews.net/eng/ViewDetails.aspx?ID=340507

von ihrer Vermieterin aus der Wohnung geworfen, nachdem dieser angedroht worden war, andernfalls ihr Haus anzuzünden.[275]

Großen Widerhall finden auch die parallel stattfindenden Kampagnen zur Säuberung jüdisch-israelischer Betriebe von palästinensischen Arbeitern, die an die »Jüdische Arbeit«-Kampagnen der frühen zionistischen Kolonialisten anknüpfen sowie Initiativen zur Verhinderung von Beziehungen jüdischer Frauen mit palästinensischen Männern. Beides gibt es schon seit vielen Jahren, hat aber in der letzten Zeit eine Intensivierung erlebt. Bereits 2007 sagten über 50 % der jüdischen Israelis, dass sie die Heirat einer Jüdin mit einem Araber als »nationalen Verrat« ansehen.[276] Gemischte Heiraten sind in Israel ohnehin nicht möglich, da es dort keine Möglichkeit zur zivilen Eheschließung gibt. Auch außereheliche Beziehungen sind sehr selten. Immer wieder werden Palästinenser angegriffen und zusammengeschlagen, wenn sie mit jüdisch-israelischen Frauen sprechen.[277] Im Dezember 2010 verboten die Rabbiner der Stadt Rosh Ha-Ayin die Anstellung von Arabern in Geschäften, in denen Jüdinnen arbeiten. Wenige Tage später fand in Bat Yam bei Tel Aviv, wo es bereits im Jahr 2000 heftige anti-arabische Ausschreitungen gegeben hatte, eine Demonstration gegen Beziehungen jüdischer Frauen mit arabischen Männern statt. Auf Plakaten, die in der Stadt geklebt wurden, war zu lesen: »Bat Yam jüdisch halten. Araber übernehmen Bat Yam, kaufen und mieten Appartements von Juden, nehmen und ruinieren Bat Yam-Mädchen! Etwa 15.000 jüdische Mädchen sind in [arabische] Dörfer gebracht worden! Juden, kommt, lasst uns gewinnen!« Einer der Demonstranten verlangte, dass Jüdinnen, die mit Arabern ausgehen, getötet werden sollten ebenso wie Juden, die ihre Häuser an Araber verkaufen.[278] Die Ehefrauen von 27 Rabbinern unterstützten die Kampagne in einem offenen Brief.[279] Die Likud-Abgeordnete Zipi Hotovely lud die rassistische Organisation »Lehava« wenige Monate später dazu ein, in der Knesset über die Gefahren der »Assimilation« zu sprechen.[280] Eine ähnliche Dynamik hat die Kampagne für »araberreine« Betriebe entwickelt. In den letzten Jahren haben Rabbiner, darunter der bereits erwähnte Dov Lior, immer wieder religiöse Rechtsgutachten erstellt, die die Anstellung von Arabern verbieten. In den israelischen Gelben Seiten werben Firmen damit, dass

---

275. Shaalan, Hassan, Arabs flee home due to racist threats, Ynet 23.12.2010

276. Nahmias, Roee, Marriage to an Arab is national treason, Ynet 27.3.2007, unter: www.ynetnews.com/articles/0,7340L-3381978,00.html

277. Raved, Ahiya, Arab man attacked for talking to Jewish girl, Ynet 22.7.2010, unter:ynetnews.com/articles/0,7340,L-3923576,00.html

278. Zitun, Yoav, Bat Yam rally: »Arabs dating our sisters« Ynet 19.12.2010, unter: ynetnews.com/articles/0,7340,L-4001502,00.html; Zitun, Yoav, Bat Yam rally: Death to Jewish women who date Arabs, Ynet 21.12.2010 unter: www.ynetnews.com/articles/0,7340,L-4002085,00.html

279. Altman, Yair, Rabbi's wifes: Don't date Arabs, Ynet 28.12.2010 unter: ynetnews.com/articles/0,7340,L-4005896,00.html; Altman, Yair, Rabbi's wife: Arabs are the enemy, Ynet 29.12.2010 unter: www.ynetnews.com/articles/0,7340,L-4006332,00.html

280. Gurvitz, Yossi, Israeli governemnt willingly lays foundations for Jewish terrorism, +972 Magazine, 22.8.2012, unter: 972mag.com/Israeli-governement-willingly-lays-foundation-for-Jewish-terrorism/54318

sie nur Juden beschäftigen.[281] Taxiunternehmen und Transportfirmen tun dasselbe mit Aufklebern auf ihren Firmenfahrzeugen.[282] »Lehava«, deren Ziel die »Prävention von Assimilation im Heiligen Land« ist, stellt sogar Koscher-Zertifikate für »araberreine« Betriebe aus.[283]

Diese Entwicklung ist der typische Ausdruck einer kolonialen Gesellschaft in der Krise. Die zentralen Pfeiler des zionistischen Projekts – die Unterwerfung der Araber durch überlegene militärische Macht, eine stabile jüdische Bevölkerungsmehrheit und die garantierte Unterstützung der Regierungen und Bevölkerungen der westlichen Welt – sind ins Wanken geraten. Die israelische Armee vermag keine Siege mehr zu erringen, Juden sind mittlerweile auf dem Boden des historischen Palästinas die Minderheit und Israels internationales Image verschlechtert sich seit der blutigen Niederschlagung der zweiten Intifada kontinuierlich. Umfragen zeigen, dass Israel seit vielen Jahren neben Nordkorea, Pakistan und dem Iran einer der unbeliebtesten Staaten der Welt ist.[284] Seit dem Krieg gegen den Gazastreifen 2008/09 ist es mit einem gewaltigen Verlust seiner Legitimität und einer stetig stärker werdenden internationalen Boykottkampagne konfrontiert. Der Verlust der Legitimität wiegt besonders schwer, da, wie Albert Memmi herausgearbeitet hat, der Kolonialist um so sehr Legitimität benötigt, je mehr Gewalt er gegen die einheimische Bevölkerung einsetzt. Je weniger er aber diese Legitimität gerade wegen dieser Gewalt erhält und je größer die politische und moralische Verurteilung aus dem Ausland wird, desto stärker wird sein Hass auf die Kolonisierten, die er dafür verantwortlich macht.

Während seit dem Beginn der zweiten Intifada einerseits größere Teile der jüdisch-israelischen Bevölkerung als jemals zuvor den Zionismus kritisch hinterfragen oder ganz von ihm abrücken und sich an die Seite der Palästinenser stellen, verhärten sich andererseits viele Israelis immer stärker gegenüber den Palästinensern.

---

281. Reider, Dimi, Looking for a business that's Arab-free? Try Yellow Pages, +972 Magazine 13.6.2011 unter: 972mag.com/yp1/16307

282. Baskin, Gershon, Dem Frieden begegnen: Spieglein, Spieglein an der Wand, Palästina-Portal 21.2.2011 unter: www.arendt-art.de/deutsch/palestina/Stimmen_Israel_juedische/Baskin_Gershon

283. Alternative Information Center, New Campaign in Israel: »Kosher« certificate to buisnesses that employ only Jews, 26.1.2011 unter: www.alternativenews.org/english/index.php/israeli-society/3224-new-campaign-in-israel-qkosherq-certificate-to-buisnesses-that-employ-only-jews; Shadow Report United Nations Commitee against all Forms of Racial Discrimination, Januar 2012 written by the Mossawa Center, the Advocacy Center for Arab Citizens in Israel, the Israeli Religious Action Center, the Hotline for Migrant Workers, edited by: Mariyam Hussain, submitted on behalf of The Coalition against Racism in Israel unter: www2.ohchr.org/english/bodies/cerd/docs/ngos/CARI_Israel.CERD80.pdf

284. A Globescan Poll for the BBC, Views of Europe slide sharply in global poll, while views of China improve, 10.5.2012 unter: www.Globescan.com/84-press-release-2012/186-view-of-europe-slide-sharply-in-global-poll-while-views-of-china-improve.html; Abunimah, Ali, Israel's popularity sinks even lower in 2012, new BBC global survey confirms, 15.5.2012 unter: electronicintifada.net/blogs/ali-abunimah/israel's-popularity-sinks-even-lower-2012-new-bbc-global-survey-confirms; Abdulla, Daud; Europe's Israel romance is on the wane; The Guardian, 14.3.2011; Israel verliert bei Deutschen an Ansehen, Süddeutsche Zeitung, 23.5.2012

Das findet seinen Ausdruck in öffentlich geäußerten Massaker- und Ausrottungsfantasien. Während des Krieges gegen den Gazastreifen 2008/2009 äußerte z. B. eine junge jüdische Israelin auf dem sogenannten Hügel der Schande, von dem aus begeisterte israelische Nationalisten die Bombardierung der Zivilbevölkerung verfolgten, vor laufenden Kameras den Wunsch, der Gazastreifen möge dem Erdboden gleichgemacht werden und gestand daraufhin ungerührt, dass sie »etwas faschistisch« sei.[285] Israelische Soldaten hinterließen in den Häusern des Gazastreifens Graffiti, die von einer ähnlichen Denkweise zeugen, zum Beispiel: »Araber müssen sterben« oder »Einer erledigt, 999.999 sind noch zu erledigen«.[286]

Der anerkannte israelische Historiker Benny Morris rechtfertigt sogar indirekt den Völkermord, wenn er einer »höheren Sache« dient.[287] Das ist der typische Ausdruck einer kolonialen Denkweise. Kolonialisten sind auch in der Vergangenheit immer davon ausgegangen, dass die einheimische Bevölkerung im Laufe der Zeit verschwinden würde, da sie minderwertig und den überlegenen europäischen Siedlern nicht gewachsen sei. Amira Hass wies in der Tageszeitung »Haaretz« darauf hin, dass viele jüdische Israelis sich wünschen, die Kolonisierung Palästinas möge so ausgehen wie die der USA, wo es den Siedlern gelang, die einheimische Bevölkerung fast vollständig zum Verschwinden zu bringen.[288] Dass eine solche Politik auf Völkermord hinausläuft, scheint nicht einmal ins Bewusstsein der Siedlerbevölkerung zu dringen.

Ausgeprägt genozidale Tendenzen weisen auch die Reden und Schriften religiös-zionistischer Rabbiner auf. Jitzchak Schapira, der eine Yeshiva (Religionsschule) in der für ihre Gewalt gegen Palästinenser berüchtigten Siedlung Yitzhar leitet, veröffentlichte 2010 ein Buch, in dem er die unterschiedslose Tötung palästinensischer Zivilisten, einschließlich Kindern, aus dem jüdischen religiösen Recht ableitete. »Es ist gerechtfertigt, Kindern Schaden zuzufügen, wenn klar ist, dass sie heranwachsen werden und uns schaden. Unter diesen Umständen kann der Angriff (direkt) gegen sie gerichtet werden, und nicht nur (indirekt), indem auf Erwachsene gezielt wird.«[289]

Das Buch Schapiras, dessen Yeshiva in den vergangenen Jahren vom Sozialministerium sowie vom Bildungsministerium Gelder erhalten hatte, fand unter Rabbinern breite Unterstützung.[290] Einige Rabbiner der Siedlerbewegung und im

285. www3.ndr.de/sendungen/extra_3/media/extra548.html
286. Hass, Amira, Death in the Samouni Compund, Haaretz 25.9.2009; Amira Hass, The writing on the Wall, Haaretz 17.5.2009 unter: www.haaretz.com/print-edition/opinion/the-writing-on-the-wall-1.272253
287. Shavit, a.a.O.
288. Hass, Amira, Israel must understand it cannot be like America, Haaretz 11.4.2012 unter: www.haaretz.com/opinion/israel-must-understand-it-cannot-be-like-America-1.423677
289. (»There is justification in harming infants if it is clear that they will grow up to harm us. Under such circumstances, the blow can be directed at them and not only by targeting adults.«), in: Karmi, Omar, Settler violence flares up in the Westbank, 29.7.2010 unter: www.miftah.org/PrinterF.cfm?DocId=22395
290. Cook, Jonathan, Israel's racist rabbis, Counterpunch 10.-12.12.2010 unter: www.counterpunch.org/2010/12/10/israel-s-racist-rabbis; Blumenthal, Max, How to kill Goyim and influence people.

Dienste der Armee gehen noch weiter und setzen die Palästinenser mit den biblischen Amalekitern gleich, deren Vernichtung Gott den Juden aufgetragen habe.[291] Die ehemalige Meretz-Abgeordnete und Ministerin Shulamit Aloni warnte bereits 2003: »Viele unserer Kinder werden in religiösen Schulen indokriniert, dass die Araber Amalek sind, und dass die Bibel uns lehrt, dass Amalek zerstört werden muss. Es gab bereits einen Rabbi (Israel Hess), der in der Zeitung der Bar-Ilan-Universität schrieb, dass wir alle Genozid begehen müssten, und zwar weil seine Studien gezeigt hätten, dass die Palästinenser Amalek sind.«[292]

Die rechte zionistische Wochenzeitung »Ma'ayanei Hayashua (Fountains of Salvation)«, die in Hunderten von Synagogen im ganzen Land kostenlos verteilt wird, rief im Editorial der Ausgabe vom 25. Dezember 2011 zur Errichtung von Lagern und der Vernichtung der »Amalekiter« auf. Dem kritischen Israeli Yossi Bartal zufolge ist der Aufruf zum Völkermord nichts Neues: »Dieser unverblümte Aufruf zum Völkermord an den Palästinensern ist nicht neu in Publikationen der israelischen Rechten, aber zum ersten Mal erscheint er in einem ›Familien‹-Magazin mit prominenten Inserenten«, zu denen unter anderem die Bank Hapo'alim, die Bank Le'umi, die nationale Telefongesellschaft Bezeq und das Jerusalem College of Technology gehören.[293]

Nationaler Chauvinismus und Rassismus haben in den vergangenen Jahren so krasse Züge angenommen, dass kritische Israelis vor der Gefahr einer Faschisierung warnen. Dass der Kolonialismus seinem Wesen nach zum Faschismus tendiert, hatte bereits Albert Memmi festgestellt.[294] Die israelische Professorin Dalia Golan warnte im Herbst 2010 in der israelischen Tageszeitung »Yediot Ahronot«: »Ich bin nicht sicher, ob alle Elemente des Faschismus hier präsent sind, aber ein Element, das gefährlich ist – und das mehr als alles andere Grund zur Sorge sein könnte – ist der Rassismus. Ich spreche über Intoleranz, die auf Ethnizität und nationaler Herkunft basiert, die in der rassistischen Gesetzgebung verankert ist. Die Definition von ›Loyalität‹ wird verbunden mit Religion oder Rasse. Nichts davon sollte in einer Demokratie akzeptabel sein, ist aber ganz klar wesentlich für verschiedene Formen des Faschismus, vor allem natürlich des Nazi-Faschismus. (...) Das zweite Element ist extremer Nationalismus, der sich ab 1976 zu entwickeln begann, vor allem unter religiösen Zionisten. Heute stehen diese extremistischen

Leading Rabbis defend Manual for killing Non-Jews, 31.8.2010 unter: maxblumenthal.com/2010/08/how-to-kill-goyim-and-influence-people-leading-israeli-Rabbis-defend-manual-for-killing-non-jews/

291. International Crisis Group, Israel's religious right and the question of settlements, Middle East Report No. 89 , Jerusalem/Brüssel 20.7.2009, S. 27

292. Aloni, Shulamit, Murder under the cover of righteousness, counterpunch 7.-9.3.2003 unter: www.counterpunch.org/2003/03/07/murder-under-the-cover-over-righteousness/

293. Bartal, Yossi, Israeli Banks finance Newspaper calling for Genocide, Alternative Information Center (AIC) 17.1.2011 unter: www.alternativenews.org/english/index.php/topics/israeli-society/3194-israeli-banks-finance-newspaper-calling-for-genocide – link ist defekt, der Text aber dokumentiert unter: www.uruknet.info?p=74022

294. Memmi, The colonizer and the colonized, a.a.O., S. 62f.

nationalistischen Kräfte der herrschenden Macht nahe und die Kombination von Rassismus und Nationalismus existiert in unserer politischen Kultur.«[295]

Die Professorin für hebräische Literatur, Hanan Hever, schätzt die Lage als noch bedrohlicher ein: »Die einzige Hoffnung, den Faschismus aufzuhalten, wird nicht aus dem Inland kommen. Die Schwäche der liberalen und demokratischen Kräfte, die sich einig sind in ihrem theologischen Bekenntnis dazu, dass der Staat jüdisch ist, ist der beste Hinweis dafür. In der Praxis gibt es nur wenige Fälle in der Geschichte des Faschismus des 20. Jahrhunderts, die aus dem Inland gestoppt und nicht durch einen von äußeren Mächten geführten Krieg besiegt wurden. Je klarer der faschistische Charakter des Staates Israel wird, desto größer wird die Wahrscheinlichkeit, dass Kräfte von außen gegen den Staat vorgehen werden, sei es durch ökonomische Boykotte, die bereits zunehmen oder durch andere Mittel. Deswegen werden das Gesetz und die Gesetzesvorschriften, die in seinem Gefolge erlassen wurden (das Nakba-Gesetz, das Boykott-Gesetz und andere), den internationalen Druck auf Israel nur verstärken. Nur dieser Druck kann eventuell Rettung bringen.«[296]

295. Mada al-Carmel, Political Monitoring Report, Issue No.11, 2010, S. 19
296. Mada al-Carmel, a.a.O., S. 19f.

Die israelische Kolonialpolitik in den 1967 besetzten Gebieten vor und nach den Oslo-Abkommen

»Eine einzige gerade Linie – eine einzige, fortwährende Verhaltensweise – zieht sich von 1948 bis 2012: Palästinensisches Eigentum hat keinen Besitzer, wurde immer verlassen, selbst wenn dies nachweislich nicht der Fall ist, und israelische Juden haben die Freiheit, damit zu tun, was immer sie wollen. Es war ein ›Nehmen-was-man-kriegen-kann‹ 1948 und es ist ein ›Nehmen-was-man-kriegen-kann‹ 2012, in einem niemals endenden Spiel. Heute wie damals wird die Anmaßung autorisiert und sanktioniert. Heute wie damals ist ein Verbrechen ein Verbrechen.« (Gideon Levy)[297]

Im Juni 1967 eroberte Israel neben den syrischen Golanhöhen und der ägyptischen Halbinsel Sinai auch die Westbank und den Gazastreifen. Damit vervollständigte es die gewaltsame Aneignung des historischen Palästinas, die von der zionistischen Bewegung seit ihren Anfängen als minimalste territoriale Voraussetzung für die Errichtung eines jüdischen Staates angesehen worden war. Die Besetzung von 1967 wurde von der israelischen Bevölkerung und Führung gleichermaßen als Korrektur des Versäumnisses angesehen, diese Gebiete nicht bereits während des Krieges von 1948 erobert zu haben. Um sich alle Optionen offen zu halten, hatte es Israel in seiner Unabhängigkeitserklärung 1948 vermieden, die Grenzen des »jüdischen Staates« festzulegen.

Aus demografischen Gründen sah Israel jedoch von einer de-jure-Annexion der Westbank und des Gazastreifens ab. Obwohl die israelische Armee während der Besetzung der Gebiete 300.000 Palästinenser vertrieben hatte, lebte dort immer noch eine Million Menschen.[298] Israel entschied sich für eine dauerhafte Besetzung mit dem alten zionistischen Ziel, sich möglichst viel palästinensisches Land mit möglichst wenig palästinensischen Menschen anzueignen. Das bewährte Mittel zur Erreichung dieses Ziels war der Bau von Siedlungen, deren stetiges Vorrücken den Zugriff auf immer mehr palästinensisches Land ermöglicht und die einheimische Bevölkerung auf immer kleiner werdenden Flächen zusammendrängt. Verteidigungsminister Moshe Dayan bezeichnete diese Politik als »schleichende Annexion«. Neben der Aneignung von Land sollte mittels Siedlungsbau auch der Zugriff auf die strategische Ressource Wasser, mit der die Westbank reichlich gesegnet ist,

297. Levy, Gideon, Nothing has changed in Israel since 1948, Haaretz 29.4.2012 unter: www.haaretz.com/opinion/nothing-has-changed-in-israel-since-1948-1.427042
298. White, Israeli Apartheid, a.a.O., S. 36ff

gewährleistet werden. Die Karte der israelischen Siedlungen deckt sich weitgehend mit der Karte der Wasservorräte in der Westbank.[299] Die Siedlungen waren darüber hinaus als neue Markierungen des israelischen Staatsterritoriums gedacht. »Die Grenze des jüdischen Staates ist dort«, sagte Ministerpräsidentin Golda Meir 1972, »wo Juden leben, nicht wo eine Linie auf der Karte ist.«[300] Um das zu unterstreichen, wurde die Grüne Linie, die Waffenstillstandslinie von 1949, die Israel von der Westbank und dem Gazastreifen trennt, nach und nach annulliert.

Territoriale Expansion ist typisch für siedlerkolonialistische Staaten. Sie ist notwendig, um fortwährend neuen Platz für neue Einwanderer zu schaffen. Die auf die Eroberung neuer Gebiete folgende Siedlungspolitik hat außerdem eine wichtige Funktion für die Zusammenschweißung der kolonialen Gesellschaft. Sie ist der ideologische Kitt, der der disparaten Siedlergesellschaft eine gemeinsame Identität und ein gemeinsames Ziel verleihen soll. Auch das ist, Oren Yiftachel zufolge, typisch für den Siedlerkolonialismus: »›Reine‹ Siedlerstaaten wie die USA, Kanada und Australien, Israel, Südafrika und Neuseeland waren auf Wellen von Einwanderern angewiesen, die von den ökonomischen und politischen Chancen in diesen im Entstehen begriffenen Gesellschaften angezogen wurden. Ihre Ökonomien wuchsen schnell, wozu sie die riesigen Ressourcen nutzten, die sie sich von der einheimischen Bevölkerung angeeignet hatten, vor allem Land. Die Regierungen solcher Gesellschaften haben kontinuierlich versucht, neue kollektive Identitäten und Kulturen zu konstruieren, um aus den disparaten ethnischen Gruppen, die sich unter ihrer Jurisdiktion sammelten, eine Nation zu bilden. Die fortgesetzte Expansion der weißen Siedlung und der ›Frontier-Ethos‹, der diese Siedlung begleitete, diente daher zwei Zwecken: der Vergrößerung der territorialen Basis des Staates (wodurch Raum geschaffen wird für weitere Einwanderungswellen) und der Formung eines zentralen kulturellen Pfeilers, um den herum eine neue Nation aufgebaut werden konnte.«[301]

Bereits im Juni 1967 wurde auf den syrischen Golanhöhen die erste Siedlung in den neu eroberten Territorien gebaut. Die zweite Siedlung, Kafr Etzion, wurde im selben Jahr in der Nähe von Bethlehem errichtet. Alles Staatsland wurde beschlagnahmt, und für weitere Landenteignungen bediente sich Israel im Wesentlichen derselben Methoden, die bereits gegen die Palästinenser innerhalb der Grünen Linie angewendet worden waren.[302] Immer größer werdende Flächen palästinensischen Privatlandes wurden zu Staatsland erklärt, konfisziert und den zionistischen Siedlern übergeben. Die Fläche von Staatsland in der Westbank verdreifachte sich

299. Bishara, Marwan, Palestine/Israel: Peace or Apartheid, London/New York 2002 (2.Aufl.), S. 138
300. Aronson, Geoffrey, Israel, Palestinians and the Intifada, London/Washington D.C. 1990, S. 14
301. Yiftachel, Bedouin Arabs and the Israeli settler State, a.a.O., S. 23
302. Zu den Methoden des Landraubs: B'Tselem, Land Expropriation and taking control of the land unter: www.btselem.org/Settlements/taking_control; dies., By Hook and bycrook, Israel's settlement policy in the West Bank, Juli 2010 unter: www.btselem.org/download/201007_by_hook_and_by_crook_eng.pdf

nahezu von 527 km^2 unter jordanischer Herrschaft auf mehr als 1.427 km^2 unter zionistischer Besatzung.[303] Mit der Kolonisierung durch Siedlung beauftragt wurde die Hinamuta, eine Unterorganisation des Jüdischen Nationalfonds (JNF). 1971 wurde die Siedlungsabteilung der WZO gegründet, die fortan eine zentrale Rolle spielte.

Der Siedlungsbau wurde sowohl von der Arbeiterpartei als auch der Likud-Partei betrieben und folgte strategischen Gesichtspunkten. Den ersten Plan für strategischen Siedlungsbau erstellte Arbeitsminister Yigal Allon im Sommer 1967. Ihm folgten 1973 der Dayan-Plan, 1977 der Scharon-Plan und 1978 der von Mati Drobless verfasste Plan der Zionistischen Weltorganisation (WZO). Diese Pläne brachten unterschiedliche Vorstellungen über den Umfang des zu besiedelnden palästinensischen Landes zum Ausdruck.[304]

Der Allon-Plan sah die Aufteilung der Westbank in zwei Kantone und die faktische Annexion von etwa 40 % der Westbank vor, darunter das Jordantal und al-Quds/Jerusalem. Allon wollte die palästinensischen Bevölkerungszentren von der Besiedlung ausnehmen, schlug aber ihre Einkreisung durch Siedlungen vor.[305] Die Pläne von Moshe Dayan und der WZO sahen darüber hinaus den Bau von Siedlungen auch in dicht besiedelten palästinensischen Bevölkerungszentren wie der Qalqiliya-Tulkarem-Region im Norden der Westbank vor.[306]

Die WZO ließ darüber hinaus keinen Zweifel daran, dass die Siedlungen die Funktion haben sollten, die besetzten Gebiete faktisch zu annektieren: »Die zivile Präsenz jüdischer Gemeinschaften ist vital für die Sicherheit des Staates. Es darf nicht den geringsten Zweifel hinsichtlich unserer Intention geben, die Gebiete von Judäa und Samaria für immer zu behalten. (...) Der beste und effektivste Weg, um jeden Zweifel hinsichtlich unserer Intention, Judäa und Samaria für immer zu behalten, auszuräumen, ist eine schnelle Besiedlung dieser Gebiete.«[307]

Die WZO sah im Siedlungsbau außerdem eine Möglichkeit, die Entstehung eines palästinensischen Staates zu verhindern: »Unkultiviertes Land und Staatsland sollten sofort zum Zweck der Siedlung in den Gebieten und um die Bevölkerungszentren herum mit dem Ziel beschlagnahmt werden, so weit wie möglich die Entstehung eines weiteren arabischen Staates in diesen Gebieten zu verhindern. Es wird sehr schwer für die (arabische) Minderheit sein, eine regionale Verbindung und politische Einheit zu bilden, wenn sie von jüdischen Kolonien zersplittert wird.«[308]

---

303. Ma'an News Agency, Study: Israeli »stateland« illegally taken from West Bank, 14.3.2012 unter: maannews.net/eng/ViewDetails.aspx?ID=468009
304. vgl. B'Tselem, Land Grab: Israel's Settlement Policy in the West Bank, 2002 unter: www.btselem.org/download/200205/_land_grab_eng.pdf, S. 12ff.
305. Aronson, a.a.O., S. 16
306. Aronson, a.a.O., S. 30, S. 95ff.
307. Cape Town-Report, a.a.O., S. 263
308. Cape Town-Report, a.a.O., S. 264.

Während anfangs zur Legitimierung des Siedlungsbaus vor allem Sicherheitsargumente geltend gemacht wurden, begannen in den 1970er Jahren religiöse Argumente eine immer größere Rolle zu spielen. Allerdings hatte die Arbeiterpartei bereits im Dezember 1967 die biblischen Bezeichnungen Judäa und Samaria für die Westbank eingeführt und leistete damit der religiösen Aufladung der Besetzung Vorschub.[309] Die Welle der nationalistischen Begeisterung, die das Land nach dem Juni-Krieg 1967 durchzogen hatte, spülte in der Folgezeit auch national-religiöse Strömungen nach oben, für die die Siedlung in der Westbank ein Gebot Gottes ist. 1974 gründete sich die national-religiöse Siedlerbewegung Gush Emunim, die zu einem Hauptprotagonisten des »wilden« Siedlungsbaus in der Westbank wurde. Welcher Motivation sie dabei folgte, erklärte ein Vertreter der Organisation 1979 vor dem Obersten Gerichtshof: »Wir haben uns in Elon Moreh (einer wilden Siedlung, Anm. d. V.) niedergelassen, da wir dazu auserwählt sind, das Land zu besiedeln, das Gott unseren Vorfahren gegeben hat. Unsere Niederlassung selbst hatte keine Sicherheitsgründe, sondern diente dazu, diese Mission zu erfüllen.«[310]

Die territorialen Vorstellungen der Gush Emunim deckten sich mit denen der WZO, die im Interministeriellen Komitee für Siedlungsbau sitzt, das die Siedlungspolitik festlegt.

In einem dialektischen Prozess verstärkten sich in der Folgezeit territoriale Expansion mittels Siedlungsbau und politische Rechtsentwicklung gegenseitig. Der Wahlsieg der Likud-Partei 1977, der eine Folge des anwachsenden national-religösen Trends war, verstärkte diesen zugleich. Die Rede von den »historischen Rechten« der Juden auf diese Gebiete, die sich auf die Bibel stützte, einigte das gesamte politische Spektrum. Dass die Religion einen immer größeren Stellenwert einnahm, war indessen keine Abweichung vom Zionismus, wie von Linkszionisten oft dargestellt, sondern von Anfang an darin angelegt. Dem israelischen Soziologen Baruch Kimmerling zufolge war die Verwandlung des Zionismus in ein religiöses Projekt von dem Moment an unvermeidlich, da seine Führer Palästina als das heilige Land der Juden imaginierten: »Die Essenz der Daseinsberechtigung und des Daseinszwecks dieser Gesellschaft und dieses Staates ist eingebettet in Symbole, Ideen und religiöse Schriften – selbst wenn es einen Versuch gegeben hat, diesen eine säkulare Neuinterpretation und einen säkularen Kontext zu geben. Tatsächlich wurde [der Zionismus] von Anfang an durch die Wahl seines Ziel-Territoriums für die Immigration und den Ort seines Staatsaufbaus zum Gefangenen. Dadurch konnte weder die Nation noch ihre Kultur erfolgreich jenseits ihres religiösen Kontexts

309. Gordon, Neve, From Colonization to Separation: Exploring the Structure of Israel's Occupation in: Ophir, Adi; Givoni, Michal; Hanafi, Sari, The Power of Inclusive Exclusion. Anatomy of Israeli Rule in the Occupied Palestinan Territories, New York 2099, S. 248

310. Davar, 31.8.1979 zitiert nach: Metzger, J.; Orth, M.; Sterzing, C., Das ist unser Land. Westbank und Gaza-Streifen unter israelischer Besatzung, Bornheim-Merten 1980, S. 43; siehe auch Masalha, Nur, Zionism and the Bible

aufgebaut werden, selbst wenn seine Propheten, Priester, Erbauer und Kämpfer sich als vollkommen säkular ansahen.«[311]

Je stärker die religiöse Komponente in der israelischen Politik wurde, desto wichtiger wurde auch der Siedlungsbau in den 1967 besetzten Gebieten. Je mehr Siedlungen es gab, desto stärker wurde wiederum die national-religiöse Strömung. Diese Verschiebung spiegelte sich unter anderem auch im Sprachgebrauch wider. In der ersten Phase der Kolonisierung des historischen Palästinas wurden für Siedlung die Worte »yeshuv« und »hityashvut« verwendet, die die kolonialrassistische Zivilisationsrhetorik der ersten Siedler wiedergab. Nach 1967 trat die Bezugnahme auf die Bibel an die Stelle der postulierten zivilisatorischen Überlegenheit der Siedlerkolonialisten: »Das Gegenteil von yeshuv ist Ödland oder Wüste, Shamamma. Dieser Sprachgebrauch spielt auf die mythische ›Leere‹ Palästinas in der frühen zionistischen Imagination an – die Wüste, die auf die Siedler wartet, damit sie sie zum Blühen bringen. Der Mythos ignoriert die Tatsache, dass Palästinenser bereits seit Generationen in Palästina lebten. Im Kontrast dazu ist das hebräische Wort, das verwendet wird, um die Siedlungen in den besetzten Gebieten nach 1967 zu beschreiben, »hitnakhlut«, ein Wort biblischen Ursprungs, das so viel bedeutet wie ›sich auf seinem väterlichen Erbe niederlassen‹. Es bedeutet das Gegenteil von Nomadentum und Wandern in der Wüste. Die Veränderung im Sprachgebrauch spiegelt die Transformation des Zionismus von der kolonialen Denkweise der frühen Siedler zum religiösen Fanatismus der Siedler nach 1967 wider.«[312]

Bis Ende 2012 hat Israel 150 koloniale Siedlungen in der Westbank errichtet sowie 16 weitere im Gazastreifen, die jedoch 2005 im Rahmen der »Disengagement«-Politik geräumt wurden. Hinzu kommen mindestens 100 sogenannte Outposts – Außenposten, die von der Regierung als illegal bezeichnet werden, aber dennoch an die Infrastruktur angeschlossen und von der Armee geschützt werden. Aufgrund des israelischen Landraubs hatte sich von den Palästinensern kultiviertes Land bereits in den 1980er Jahren um 40 % verringert.[313]

Nach internationalem Recht sind die Siedlungen schwerwiegende Verstöße gegen die 4. Genfer Konvention, da eine Besatzungsmacht ihre eigene Bevölkerung nicht in den von ihr besetzten Gebieten ansiedeln darf. In der Resolution 465 des UN-Sicherheitsrats von 1980 wird festgestellt: »dass alle von Israel ergriffenen Maßnahmen, um den physischen Charakter, die demografische Zusammensetzung, institutionelle Struktur oder Status der seit 1967 besetzten palästinensischen und anderen arabischen Gebiete einschließlich Jerusalems oder eines Teils davon zu ändern, keine rechtliche Gültigkeit haben, und dass Israels Politik und Praxis, Teile seiner Bevölkerung und neue Einwanderer in diesen Gebieten anzusiedeln,

311. zitiert nach Cook, Blood and Religion, a.a.O., S. 174f.
312. Ash, Gabriel, »Settlements: a user guide«, YellowTimes, 15.5.2003, S. 1, unter: www.mafhoum.com/press5/147S28.htm
313. White, Apartheid, a.a.O., S. 60

eine flagrante Verletzung der 4. Genfer Konvention bezüglich des Schutzes von Zivilisten in Kriegszeiten darstellt und auch ein ernstes Hindernis für die Erreichung eines umfassenden, gerechten und dauerhaften Friedens im Nahen Osten.«[314]

Zur Unterdrückung und Kontrolle der einheimischen Bevölkerung setzte Israel – wie bereits zwischen 1948 und 1966 gegen die Palästinenser innerhalb der Grünen Linie – eine Militärverwaltung ein. Seitdem prägen der Einsatz brutaler Gewalt, der jeden Widerstand im Keim ersticken soll und ein kafkaeskes System aus bürokratischen Vorschriften und Verordnungen zur Reglementierung und Kontrolle jeden Aspekts palästinensischen Lebens, die Realität der einheimischen Bevölkerung. Die Militärverwaltung erließ im Laufe der Jahrzehnte über 2.000 Verordnungen, die das Leben der Palästinenser in einen bürokratischen Albtraum verwandelt haben. Es gibt allein 101 verschiedene Arten von Genehmigungen, die die Mobilität der Palästinenser regeln.[315]

In vielen der erlassenen Militärverordnungen ging es auch um israelische ökonomische Interessen. Die einheimische palästinensische Wirtschaft wurde zerstört und die besetzten Gebiete in die israelische Ökonomie integriert. Israel bekam Zugriff auf ein Heer von billigen und rechtlosen Arbeitskräften. Außerdem wurden die besetzten Gebiete zu einem wichtigen Absatzmarkt für israelische Waren. Die Löhne, die palästinensische Arbeiter in Israel erhielten, flossen so wieder zurück in die israelische Ökonomie. Die ökonomische Ausbeutung der einheimischen Bevölkerung war jedoch nicht das primäre Ziel der Besetzung, sondern ein Nebeneffekt. Israel strebte von Anfang an danach, sich der einheimischen Bevölkerung so weit wie möglich zu entledigen, entweder durch Vertreibung oder Formen indirekter kolonialer Herrschaft.

Nach der Entscheidung zur Abtrennung der Palästinenser, die sich im Oslo-Prozess manifestierte, wurden die palästinensischen Arbeiter größtenteils abgestoßen und durch frisch importierte asiatische, afrikanische und osteuropäische Arbeitskräfte ersetzt. Die auf die Interessen der israelischen Ökonomie zugerichtete palästinensische Wirtschaft konnte diese nicht beschäftigen und eine massive Verarmung war die Folge.

Die palästinensische Bevölkerung sollte nach israelischen Vorstellungen langfristig entweder dem haschemitischen Königreich Jordanien unterstellt oder von palästinensischen Kollaborateuren in einer begrenzten Selbstverwaltung unter israelischer Kontrolle regiert werden. 1976 unternahm die israelische Regierung unter der Führung von Jitzchak Rabin den Versuch, die mit ihr kollaborierenden und mit dem jordanischen Königshaus verbündeten traditionellen Eliten durch Wahlen unter ihrer Aufsicht als Selbstverwaltungsorgane einzusetzen. Der Versuch scheiterte.

314. United Nations Security Council; Resolution 465 (1980), S/RES/465 (1980) 1 March 1980
315. Levinson, Chaim, Israel has 101 different types of permits governing Palestinian movement, Haaretz 23.12.2011 unter: www.haaretz.com/print-edition/news/israel-has-101-different-types-of-permits-governing-palestinian-movement-1.403039

Nicht die von Israel begünstigten Kandidaten gewannen die Wahl, sondern diejenigen, die der PLO nahe standen. Israel setzte die Bürgermeister ab und stellte das Experiment ein. Der terroristische »jüdische Untergrund« verübte 1980 Bombenanschläge auf die Bürgermeister von Ramallah und Nablus, Karim Khalaf und Bassam Shaka'a, wobei ersterer schwer verletzt wurde und zweiterer beide Beine verlor.

1978 unternahm die israelische Regierung, diesmal unter der Führung der Likud-Partei, erneut den Versuch, der palästinensischen Bevölkerung eine Führung aufzuzwingen, die bereit war, die begrenzten Autonomie-Vorstellungen des Likud mitzutragen, die Menachem Begin 1977 formuliert hatte. Der Begin-Plan sah die Schaffung eines palästinensischen Verwaltungsrats mit Sitz in Ramallah oder Bethlehem vor, der für die inneren palästinensischen Angelegenheiten verantwortlich sein sollte, während Israel die Kontrolle über die Außenpolitik, die Grenzen und die Ökonomie behalten würde.[316] Israel setzte Dorfligen mit relativ weitreichenden Kompetenzen, einschließlich der Entscheidungsbefugnis über Entwicklungsprojekte in den 1967 besetzten Gebieten, ein. Ihre Mitglieder wurden bewaffnet, erhielten israelischen militärischen Schutz und waren befugt, Aktivisten festzunehmen. Doch da die palästinensische Bevölkerung diese Dorfligen als Kollaborateure ansah und boykottierte, scheiterte auch dieser Versuch. 1984 löste Israel die Dorfligen auf.[317]

Der Oslo-Prozess

In den 1990 Jahren eröffnete die Wandlung, die sich innerhalb der PLO von einer genuinen Befreiungsbewegung hin zu einer Kopie der reaktionären arabischen Regime vollzogen hatte, die Möglichkeit, diese für US-amerikanische und israelische Interessen zu instrumentalisieren. Nicht weniger korrupt, autokratisch und inkompetent wie die mit ihr verbündeten Regime, hatte sich die PLO-Führung spätestens seit dem Abzug aus dem Libanon 1982 vorrangig um die Anerkennung der USA bemüht und unter Aufgabe der alten palästinensischen Ziele – die Rückkehr aller 1948 und 1967 vertriebenen Palästinenser und die Errichtung eines demokratischen, säkularen Staates auf dem gesamten Territorium des historischen Palästinas – die Aushandlung einer Zwei-Staaten-Lösung angestrebt. Dies kam den regionalen Neuordnungsplänen der USA nach dem Ende des Kalten Krieges entgegen und sie setzte die israelische Regierung unter Druck, mit der PLO über »eine Lösung des Nahost-Konflikts« zu verhandeln.

Die Verhandlungen fanden zu einem Zeitpunkt statt, der aufgrund des regionalen und internationalen Kräfteverhältnisses denkbar schlecht für die PLO war.

316. Hanieh, Adam; Cook, Catherine, A Road Map to the Oslo Cul-de-Sac, Middle East Research and Information Projekt 15.5.2003 unter: www.merip.org/mero/mero051503

317. Baroud, Ramzy, My father was a freedom fighter. Gaza's untold story, London/New York 2010, S. 118; Mitchell, a.a.O., S. 126f.

Nach dem Sieg des Kapitalismus im Kalten Krieg, der das »Ende der Geschichte« sein sollte, waren die USA auf dem Höhepunkt ihrer Macht und bestrebt, die Regionen der Welt nach ihren Interessen zu reorganisieren. Die USA waren die einzige verbliebene Weltmacht, der unangefochtene Herrscher der Welt – wenn auch nur für einige Jahre. Diesem Kräfteverhältnis entsprechend wurden die Verhandlungen nicht auf der Grundlage internationalen Rechts und der zahlreichen Palästina betreffenden UNO-Resolutionen geführt, die unter anderem den Rückzug Israels aus den 1967 besetzten Gebieten, das Recht auf Selbstbestimmung und die Errichtung eines unabhängigen Staates für die Palästinenser sowie die Rückkehr der 1948 vertriebenen Flüchtlinge verlangen. Stattdessen bestimmte Israel, unterstützt von den USA, die Grundlagen und den Verlauf der Verhandlungen.[318]

Israel hat von Anfang an keinen Zweifel daran gelassen, dass die Unterzeichnung der Oslo-Abkommen und der daran anschließende Verhandlungsprozess mit der PLO/Palästinensischen Autonomiebehörde keinesfalls auf die vollständige Räumung der 1967 besetzten Gebiete hinauslaufen würde. Von Jitzchak Rabin bis Benjamin Netanjahu haben alle an den Verhandlungen beteiligten Ministerpräsidenten betont, dass das Jordantal und Jerusalem/al-Quds unter allen Umständen unter israelischer Herrschaft bleiben würden. Wenn zionistische Israelis von Frieden sprechen, meinen sie einen Frieden zu israelischen Bedingungen, also die Unterwerfung der Palästinenser. Ehud Barak, General und Mitglied der Arbeiterpartei, kleidete die israelischen Friedensvorstellungen nach seinem Wahlsieg 1999 in folgende Worte: »Ich sage euch, dass die Zeit für Frieden gekommen ist – nicht Frieden durch Schwäche, sondern Frieden durch Stärke und ein Gefühl der Sicherheit; keinen Frieden auf Kosten der Sicherheit sondern einen Frieden, der Sicherheit bringen wird. Wir werden uns schnell in Richtung Trennung von den Palästinensern im Rahmen von vier roten Sicherheitslinien bewegen: ein vereinigtes Jerusalem unter unserer Souveränität als die Hauptstadt Israels in Ewigkeit, Punkt; unter keinen Umständen werden wir zu den Grenzen von 1967 zurückkehren; keine ausländische Armee westlich des Jordans; und die meisten Siedler werden in Siedlungsblöcken unter unserer Souveränität sein.«[319]

Israel hat nie anerkannt, dass es eine Besatzungsmacht ist. Es betrachtet die besetzten Gebiete als »befreite Gebiete« bzw. – wie es in der messianisch eingefärbten zionistischen Terminologie heißt – »erlöste Gebiete«. In der zionistischen Vorstellungswelt sind die Siedler keine Kolonialisten, sondern lediglich in Gebiete zurückgekehrt, die bereits vor 3000 Jahren ihre Heimat waren. Die Westbank gilt als jüdisches Kernland, als zentraler Schauplatz der jüdischen Geschichte, ja als Ursprungsort der Juden. Israel hat den international gültigen Terminus »besetzte

318. vgl. Beinin, Joel, The Oslo Process and the Limits of a Pax Americana in: Beinin, Joel; Stein, Rebecca L., The Struggle for Sovereignty. Palestine and Israel 1993-2005, Standford/California 2006, S. 21-37

319. BBC News, Barak's victory speech 18.5.1999 unter: http://news.bbc.co.uk/2/hi/world/monitoring/346507.stm

Gebiete« für die Westbank und den Gazastreifen durch den Terminus »umstrittene Gebiete« ersetzt. Während es sich im Besitz des historischen, aus der Bibel abgeleiteten Rechts auf die Aneignung dieses Gebietes wähnt, erheben die Palästinenser in seinen Augen ganz ungerechtfertigte Ansprüche auf das Land. Mit Unterstützung der USA vermochte Israel, die Betrachtung der besetzten Gebiete als »umstrittene Gebiete« zum Ausgangspunkt des Oslo-Prozesses zu machen. Dadurch wurde ein koloniales Machtverhältnis in einen Streit um Land zwischen zwei Parteien, eine Art Grenzkonflikt umdefiniert. Derart wurde nicht über die Konditionen des Abzugs aus den besetzten Gebieten verhandelt, sondern über »umstrittene Gebiete«, von denen ein Teil der begrenzten Selbstverwaltung der Palästinensischen Autonomiebehörde übergeben werden sollte. Darüber, wie groß dieser Teil letztlich sein würde, sollte erst in den später vorgesehenen Endstatus-Verhandlungen entschieden werden.

Der Oslo-Prozess war alles andere als ein Friedensprozess. Mit ihm begann lediglich ein neues Kapitel in der langen Geschichte der zionistischen Kolonisierung palästinensischen Landes.[320] Verhandlungen und Abkommen mit der einheimischen Bevölkerung gehörten auch in der Vergangenheit zum Arsenal der taktischen Waffen, derer sich Siedlerkolonialisten in der Konfrontation mit der einheimischen Bevölkerung bedient hatten, z. B. in Nordamerika während des jahrhundertelang andauernden Prozesses der Zusammentreibung der indigenen Bevölkerung auf stets kleiner werdende Flächen, der schließlich im Genozid kulminierte.

Die Oslo-Abkommen, die bei den Verhandlungen in Oslo und Madrid zwischen 1991 und 1993 herauskamen, gehen nicht über ältere zionistische Vorstellungen einer begrenzten Autonomie für die Palästinenser in den 1967 besetzten Gebieten hinaus. Das Recht auf Rückkehr wurde ebenso wie die Jerusalemfrage in den Verhandlungen ausgespart. Die PLO trat faktisch das Erbe der Dorfligen an. Sie annullierte das palästinensische Befreiungsprojekt, verwandelte sich in die Palästinensische Autonomiebehörde und hat die palästinensische Bevölkerung vom Regen in die Traufe geführt.[321]

Die Oslo-Abkommen führten zu einer Zementierung und Legitimierung der israelischen Kolonialpolitik. Durch die Abkommen konnte Israel sein Kolonialregime dahingehend modifizieren, dass es in den Genuss aller Vorteile des Kolonialismus kam (Aneignung von Land und Zugriff auf alle Ressourcen), während es die Nachteile (finanzielle Belastungen sowie Verluste unter Soldaten und Siedlern) auszulagern vermochte. Die Palästinensische Autonomiebehörde (PA) übernimmt seit

320. Zu den besten Analysen des Oslo-Prozesses gehören: Said, Edward, Frieden in Nahost?, Heidelberg 1997; Said, Edward, W., Das Ende des Friedensprozesses. Oslo und danach, Berlin 2002
321. vgl. Massad, Joseph A., The Persistence of the Palestinian Question, Part II Origins of the »Peace Process«: Transformation of the Palestinian political field, London/New York 2006 S. 77-153; ders. How surrendering Palestinian rights became the language of »peace«, The Electronic Intifada 27.1.2010 unter: electronicintifada.net/content/how-surrendering-palestinian-rights-became-language-peace/8640

der Unterzeichnung der Oslo-Abkommen als Security-Subunternehmer im Dienste Israels die Kontrolle und gewaltsame Pazifizierung der palästinensischen Bevölkerung.[322] Die Autonomiebehörde wird seither von Kritikern immer wieder als »Vichyregime« bezeichnet und der palästinensische Ministerpräsident mit Buthelezi, dem Zulu-Kollaborateur des südafrikanischen Apartheidregimes oder mit Hamid Karzai, dem von den USA in Afghanistan eingesetzten Statthalter, verglichen. Der palästinensisch-amerikanische Wissenschaftler Naseer Aruri führte, um die Funktion der Autonomiebehörde noch klarer herauszustellen, auf der Konferenz der School of Oriental und African Studies (SOAS) über den zionistischen Siedlerkolonialismus 2012 den Terminus »palästinensisch-zionistische Behörde« ein. Patrick Wolfe verglich die Rolle der Autonomiebehörde mit einer aus einheimischen Kollaborateuren bestehenden Behörde in Australien, die die europäischen Siedler zur Verwaltung der Angelegenheiten der indigenen Bevölkerung eingesetzt hatten.[323]

Die EU, die USA und andere westliche Staaten übernehmen die Finanzierung des palästinensischen Sicherheits-Subunternehmers sowie die teilweise Versorgung der kolonisierten Bevölkerung mit elementarer Infrastruktur, die nach internationalem Recht in die Verantwortung der Kolonialmacht fällt. Die Abkommen verhalfen dem zionistischen Staat zudem zur Beendigung der noch bestehenden internationalen Isolierung. Zahlreiche Staaten sahen ab vom Boykott und nahmen diplomatische Beziehungen zu Israel auf. Mehrere arabische Staaten leiteten die Normalisierung der Beziehungen zu Israel ein, das in der Folgezeit vermochte, sich Zugang zu wichtigen Märkten der arabischen Welt zu verschaffen. Außerdem flossen reichlich ausländische Investitionen nach Israel.

Israel hatte in den Verhandlungen das Ziel, die demografische Trennung zwischen Juden und Nicht-Juden durch territoriale Abtrennung der größten palästinensischen Bevölkerungszentren zu erreichen, die aus linkszionistischer Sicht die Bedingung für den Fortbestand eines jüdischen Staates mit demokratischem Anspruch ist. Yossi Beilin, der an den Verhandlungen beteiligt war, erklärte 2001, warum er sich so für einen »Frieden« zwischen Israelis und Palästinensern einsetzt: »Die reale Frage, die ich mir in den letzten zehn Jahren jeden Tag gestellt habe, ist, was wird geschehen, wenn es eine arabische Mehrheit westlich des Jordanflusses gibt; was wird geschehen, wenn die Anzahl der Araber, die Staatsbürger Israels sind und die Anzahl der Araber, die unter israelischer Herrschaft stehen, die Anzahl der Juden übersteigt, denn dieser Moment ist nicht fern. (...) Denn, wenn dieser Tag kommt und wir haben keine Grenze, wenn es an diesem Tag keinen palästinensischen Staat auf der anderen Seite der Grenze gibt, dann wird hier die Hölle

322. Chomsky, Noam, Sie sollen leben wie Hunde, Wochenzeitung Online, 22.4.2002 unter: www.woz.ch/archiv/old/02/15/533.html; Abunimah, Ali, One Country. A bold Proposal to end the Israeli-Palestinian Impasse, New York 2006, S. 64ff.

323. Video-Aufzeichnung der Konferenz unter: www.publicsolidarity.de/2011/3/6/past-is-present-settler-colonialism-in-Palestine

losbrechen. Ich will nicht einmal daran denken, was in diesem Fall geschehen wird. Das wird das Ende der zionistischen Idee sein. Also, was ich sage, ist, dass ein palästinensischer Staat der Rettungsring des jüdischen Staates ist.«[324]

Jeff Halper vom Israelischen Komitee gegen Häuserzerstörungen (ICAHD) beschrieb die unterschiedlichen Vorstellungen, die Israelis und Palästinenser von einem Friedensprozess hatten, folgendermaßen: »Israel braucht einen palästinensischen Staat, um sich von den dreieinhalb Millionen Palästinensern der besetzten Gebiete ›zu befreien‹, die es weder absorbieren kann (dieser Bevölkerung die Staatsbürgerschaft zu geben, würde einen jüdisch dominierten Staat zunichte machen) noch für immer durch Gewalt kontrollieren kann. Während die Palästinenser nach politischer Unabhängigkeit in einem lebensfähigen Staat an der Seite Israels streben, strebt Israel nach dem, was es ›Autonomie-plus/Unabhängigkeit-minus‹ nennt, eine Art Besatzung-mit-Zustimmung, die es in Kontrolle des gesamten Landes lässt, es jedoch von der palästinensischen Bevölkerung befreit. Das beschreibt in aller Kürze, worum es beim Oslo-›Friedensprozess‹ ging.«[325]

Die Herauslösung der palästinensischen Bevölkerungszentren aus »Großisrael« zur Aufrechterhaltung von dessen jüdischer Bevölkerungsmehrheit wurde 1995 durch das Oslo II-Abkommen erreicht. Darin wurde die Westbank in drei Zonen aufgeteilt und dadurch die Grundlage für deren Bantustanisierung bzw. Gettoisierung geschaffen. Bis zum Jahr 2000 erhielt die palästinensische Autonomiebehörde nur in den palästinensischen Städten, wo die überwiegende Mehrheit der Bevölkerung der Westbank lebt und deren Territorium sich auf 18 % der Westbank erstreckt, die vollständige Kontrolle (Zone A). Israel kontrolliert weiterhin 62 % der Westbank vollständig (Zone C) und weitere 20 % arbeitsteilig mit der Autonomiebehörde (Zone B). Der größte Teil der palästinensischen Bevölkerung kam unter die Kontrolle der Autonomiebehörde, während der größte Teil des Landes (Zone C) unter israelischer Kontrolle blieb. Die von der Autonomiebehörde kontrollierten Gebiete sind in über 200 unzusammenhängende Zonen unterteilt, viele nicht größer als einige Quadratkilometer.[326]

Zone C deckt sich weitgehend mit dem Allon-Plan und anderen strategischen Siedlungsplänen, die die zur Annexion vorgesehenen Gebiete abstecken. Zu Beginn des Oslo-Prozesses war noch die Rede von der Errichtung eines palästinensischen Staates innerhalb von fünf Jahren gewesen. Dem Oslo II–Abkommen von 1995 sollte die schrittweise Übertragung der territorialen Kontrolle von Israel an die Autonomiebehörde folgen. Israel vermochte es jedoch, die bis zum Jahr 2000 erfolgte territoriale Aufteilung der Westbank, die es als Endstatus betrachtet, einzufrieren.

Der graduelle Ansatz, der die Lösung aller zentralen Fragen bis zum Ende

324. Cook, Blood and Religion, a.a.O., S. 134
325. Halper, Jeff, Defeating the Palestinians in: Peace Magazine Jan-Mar 2002, S. 13 unter: peacemagazine.org/archive/v18n1p13.htm
326. Tessler, Mark, A History of the Israeli-Palestinian Conflict, Bloomington/Indiana 2009 (2.Aufl.), S. 797

aufschob und die damit verbundene Aufteilung der Westbank in Zone A, B und C, die dafür sorgte, dass Israel die vollständige oder weitgehende Kontrolle über mehr als 80 % des Gebietes behielt, ermöglichten es Israel, die Realität in den »umstrittenen Gebieten« zu seinen Gunsten zu verändern. In Zone C, wo nur 5 % der palästinensischen Bevölkerung leben, intensivierte es in einem nie zuvor da gewesenen Maß den Siedlungsbau, um dadurch vollendete Tatsachen zu schaffen, die den Verlauf und Ausgang des Verhandlungsprozesses bestimmen sollten. Durch die Errichtung stets neuer Siedlungen und den Ausbau bestehender sollte das Land, das den Palästinensern am Ende zur Errichtung ihres Pseudo-Staates übergeben werden sollte, fortlaufend verkleinert werden. Ariel Scharon hat dieses Ziel ganz offen formuliert, als er 1998 dazu aufrief, sich so viel Land wie möglich zu schnappen, damit es die Palästinenser nicht bekommen: »Jeder muss sich bewegen, los rennen und sich so viele Hügelkuppen schnappen, wie er kann, um die Siedlungen zu vergrößern. Denn alles, was wir uns jetzt nehmen, wird unser bleiben. Alles, was wir uns entgehen lassen, werden sie erhalten.«[327]

Die Siedlungen wurden während des Oslo-Prozesses signifikant größer und die Zahl der Siedler stieg rapide an. Die Zahl der Siedler in al-Quds/Jerusalem stieg zwischen 1993 und 2000 um 18 % von 146.800 auf 173.000. In der Westbank stieg sie im selben Zeitraum sogar um 91 % von 100.500 auf 191.600 Siedler. Israel konfiszierte in dieser Zeit etwa 141 km² Land in der Westbank, größtenteils landwirtschaftlich genutztes Land. 90 km² wurden für den Bau von über 400 km Straße, die nur von zionistischen Siedlern und Soldaten benutzt werden dürfen, beschlagnahmt. Die Siedlungen, Siedlerstraßen und Siedlersicherheitszonen, die alle Siedlungen umgeben, umfassen mittlerweile 42 % der Westbank. Sie machen nicht nur die Entstehung eines palästinensischen Staates unmöglich, sondern rauben auch der einheimischen palästinensischen Bevölkerung ihre Lebensgrundlagen Land und Wasser.[328] Bis Ende 2005 erhöhte sich die Zahl der Siedler in der Westbank (ohne Jerusalem) auf 259.000.[329] Bis 2012 ist die Zahl der Siedler in der Westbank und Jerusalem auf 520.000 angestiegen. Während des Oslo-Prozesses wurden in den 1967 besetzten Gebieten 63 % mehr Häuser gebaut als innerhalb der Grünen Linie. Israelische Familien bekamen doppelt so hohe Subventionen wie in Israel, wenn sie dort Eigentum kauften. Die Ausgaben für kommunale Dienstleistungen waren für Siedler, auch nach Abzug der Kosten für die Sicherheit, noch um 50 % höher als innerhalb der Grünen Linie.[330] 2011 gab die israelische Regierung etwa 220 Millionen Euro für die Siedlungen aus.[331]

327. zitiert nach Khalidi, Raschid, No Chance of Peace, The New York Times 18.5.2011
328. Centre on Housing Rights (COHRE)/Badil, Ruling Palestine, a.a.O., S.140; White, a.a.O., S. 59f.
329. Tessler, a.a.O., S. 820
330. Cook, Disappearing Palestine, a.a.O., S. 149
331. Levinson, Chaim, Israeli government spent NIS 1,1 billion on settlements, reports show, Haaretz 31.7.2012 unter: www.haaretz.com/news/national/israeli-government-spent-nis-1-1-billion-on-settlements-in-2011-reports-show-1.454790

Israel war mit dieser Politik, in den besetzten Gebieten vollendete Tatsachen zu schaffen und dadurch die Verhandlungsgrundlage fortwährend zu verändern, überaus erfolgreich. Die USA, die, wie die 2011 von Aljazeera veröffentlichten Palästina-Papiere zeigen, während des gesamten Verhandlungsprozesses die Rolle des Anwalts Israels eingenommen hatten, segneten dieses Vorgehen immer wieder offiziell ab.[332]

Während der Endstatus-Verhandlungen in Camp David 2000 bot der israelische Ministerpräsident Barak mit Rückendeckung der USA die Errichtung eines territorial fragmentierten palästinensischen »Staates« auf 76,6 % der Fläche der Westbank an. Die großen israelischen Siedlungsblöcke sollten bestehen bleiben und unter israelische Souveränität fallen. Israel beabsichtigte 13,3 % des Gebietes zu annektieren und weitere 10 % ohne Restriktionen für den Bau von Siedlungen oder Infrastruktur bis zu 30 Jahren weiter besetzt zu halten. Jerusalem und die Territorialgewässer des Toten Meeres waren aus den Verhandlungen ausgeklammert worden. Zudem bestand Israel auf der Souveränität über die muslimischen heiligen Stätten in al-Quds/Jerusalem, der fortgesetzten Kontrolle des palästinensischen Luftraums und einer langen Liste von Sicherheitsarrangements, die einen unabhängigen Staat unmöglich gemacht und viele Gelegenheiten für Aufschübe und Verzögerungen geboten hätten, wie es sie während des gesamten Oslo-Prozesses gegeben hatte.[333]

Die von US-Präsident Bill Clinton nach dem Scheitern der Endstatus-Verhandlungen in Camp David 2001 vorgeschlagenen sogenannten Clinton-Parameter besagten, dass Israel in al-Quds/Jerusalem alle jüdisch-israelischen Stadtviertel und Siedlungen bekommen sollte und die Palästinenser alle palästinensischen. Damit erkannte er die unter Verstoß gegen internationales Recht durch die israelische Siedlungspolitik nicht lange zuvor neu geschaffenen demografischen und geografischen vollendeten Tatsachen als rechtmäßig an und machte sie zur Basis eines künftigen Friedensabkommens. Der auf Clinton folgende US-Präsident George W. Bush ging noch darüber hinaus und versicherte dem israelischen Ministerpräsidenten Ariel Scharon auf dessen Wunsch hin 2004 in einem Garantiebrief, dass Israel die großen Siedlungsblöcke in der Westbank behalten könne, und dass eine Rückkehr zu den Grenzen von 1967 angesichts der neu geschaffenen Tatsachen in der Westbank »unrealistisch« sei. Ariel Scharons Berater, Dov Weinglass, der diese Garantien vom Weißen Haus und dem Kongress erwirkt hatte, beschrieb ihre Bedeutung folgendermaßen: »Was ich effektiv mit den Amerikanern vereinbart habe, ist, dass über einen Teil der Siedlungen [d. h. die großen Siedlungsblöcke in der Westbank] überhaupt nicht verhandelt wird und über den Rest so lange nicht, bis die Palästinenser zu Finnen geworden sind. (...) Diese Vereinbarung [mit den USA]

332. www.aljazeera.com/palestinepapers; siehe auch Bishara, Marwan, Palestine/Israel: Peace or Apartheid, London/New York 2002 (2.Aufl.), S. 78ff.

333. Abunimah, One Country (...) the Israeli-Palestinian Impasse nicht Israeli-Plestinian Impasse S. 68ff.; Berry, Mike; Philo, Greg; Israel and Palestine. Competing Histories London 2006, S. 109-114

bedeutet das Einfrieren des politischen Prozesses. Und wenn man den politischen Prozess einfriert, verhindert man die Errichtung eines palästinensischen Staates. Und man verhindert eine Diskussion über die Flüchtlinge, die Grenzen und Jerusalem. Tatsächlich ist dieses ganze Paket, das palästinensischer Staat genannt wird und alles, was es beinhaltet, ein für alle Mal von unserer Agenda entfernt worden. All das mit [Präsident Bushs] Autorität und Genehmigung (...) und der Ratifizierung beider Häuser des Kongresses.«[334]

Dieser Garantiebrief wird seitdem von allen israelischen Regierungen als Bestandteil der Oslo-Abkommen angesehen. Als sich die israelische Regierung nach dem Amtsantritt Barak Obamas 2009 weigerte, dessen Forderung nach einer Einstellung des Siedlungsbaus nachzukommen, tat sie das unter Hinweis auf diesen Brief.[335]

Die Landnahme mittels Siedlungsbau schreitet seitdem weiter fort. Das zu Zone C gehörende fruchtbare und mit reichen Wasserressourcen versehene Jordantal, das fast 30 % der Fläche der Westbank ausmacht, wurde bereits von dieser abgetrennt und faktisch annektiert.

Israels Ausgestaltung der Zwei-Staaten-Lösung wird von kritischen Israelis mit dem südafrikanischen Modell der »Homelands« verglichen. Auch diese waren von dem Wunsch, die weiße demografische Mehrheit zu erhalten, motiviert gewesen. Der ehemalige israelische Botschafter in Deutschland, Avi Primor, schrieb 2002, dass Scharon und viele Generäle seiner Generation Südafrikas Lösung für sein demografisches Problem – die Schaffung von Pseudo-Staaten für die einheimische afrikanische Bevölkerung – sehr geschätzt hatten und es auf Palästina übertrugen: »Ein Prozess ist im Gange, einen auf die palästinensischen Städte beschränkten ›palästinensischen Staat‹ zu etablieren, einen Staat, der eine Anzahl von Enklaven ohne Souveränität umfasst, ohne Ressourcen, um sich selbst zu unterhalten. Die Territorien der Westbank und des Gazastreifens bleiben in israelischer Hand und ihre palästinensischen Bewohner werden zu ›Bürgern‹ eines ›ausländischen Landes‹ gemacht.«[336]

Auch der Journalist Akiva Eldar berichtete von Scharons Vorliebe für eine Bantustan-Lösung. Scharon habe lange von einem unabhängigen Staat »Hamastan« im Gazastreifen geträumt, »in seinem Haus nannten sie ihn Bantustan, nach den südafrikanischen Protektoraten, die dazu bestimmt waren, die Apartheid fortzusetzen.« Eldar wies auch darauf hin, dass Scharon bereits einige Jahre vor seinem Wahlsieg dem ehemaligen italienischen Ministerpräsidenten Massimo D'Alema

334. Siegmann, Henry, Israel's Lies, London Review of Books 29.1.2009 unter: www.lrb.co.uk/v31/n02/print/siege01_html
335. Kessler, Glenn; Schneider, Howard, U.S. presses Israel to end Expansion of settlements; Bush Pact complicates issue, The Washington Post, 24.5.2009; Abrams, Elliott, Hillary is wrong about the settlements. The U.S.and Israel reached a clear understanding about natural growth, The Wall Street Journal, 26.6.2009
336. Cook, Disappearing Palestine, a.a.O., S. 106

gegenüber erwähnt hatte, dass das Bantustan-Modell das Richtige für die Palästinenser sei. Was ihm daran besonders gut gefiel, war, dass die Bantustans nicht nur die weiße Minderheit von der schwarzen Mehrheit trennten, sondern darüber hinaus die Schwarzen untereinander spalteten und in mehreren potenziell antagonistischen Staaten voneinander isolierten. Laut Eldar wurde der Bantustan-Plan in der Folgezeit von den aus unterschiedlichen politischen Konstellationen zusammengesetzten israelischen Regierungen umgesetzt. 2007 schrieb Eldar: »Neben der Trennung Gazas von der Westbank – eine Politik, die nun ›Isolation‹ genannt wird – haben die Scharon-Peres-Regierung und die Olmert-Peres-Regierung, die sie ablöste, das Bantustan-Programm in der Westbank durchgeführt. Das Jordantal wurde vom Rest der Westbank abgetrennt, deren Norden vom Süden und alle drei Gebiete von Ostjerusalem. Der ›zwei Staaten für zwei Völker‹-Plan wurde abgelöst von einem ›fünf Staaten für zwei Völker‹-Plan: ein zusammenhängender Staat, umgeben von Siedlungsblöcken für Israel und vier isolierte Enklaven für die Palästinenser.«[337]

Die Oslo-Abkommen haben zu einer demografischen Separation ohne Souveränität geführt und das ist, wie Edward Said zu Recht festgestellt hat, gleichbedeutend mit Apartheid.[338] Es sollte jedoch nicht übersehen werden, dass die Bantustan-Lösung bei aller Härte, die sie für die Palästinenser bedeutet, auch ein Ausdruck israelischer Schwäche ist. Israel ist von den Widersprüchen, die allen Siedlerstaaten innewohnen, eingeholt worden. Historisch betrachtet waren siedlerkolonialistische Projekte nur dort erfolgreich, wo es den Siedlern gelang, die einheimische Bevölkerung auf eine verschwindend kleine Minderheit zu reduzieren. In Israel ist das Gegenteil der Fall: die einheimische Bevölkerung bildet auf dem Territorium des historischen Palästinas mittlerweile die Hälfte der Bevölkerung und die Zahl der jüdischen Neueinwanderer reicht kaum aus, um diejenigen jüdischen Israelis, die das Land – in vielen Fällen dauerhaft – verlassen, zu ersetzen. Auch innerhalb der Grünen Linie sinkt der Anteil von Juden an der Gesamtbevölkerung beständig.[339] Die Bantustanisierung der palästinensischen Bevölkerung ist der Versuch, das zionistische Projekt in Palästina zu retten.

»Bantustanisierung könnte dann also begrifflich gefasst werden als Phase eines auf Transfer basierenden Typs des Siedlerkolonialismus, als eine Vorgehensweise, die versucht wird, wenn Prophezeiungen einer demografischen Eroberung durch weiße Siedler schließlich disqualifiziert und Fantasien von Bevölkerungstransfer aufgegeben worden sind.«[340]

337. Cook, Disappearing Palestine, a.a.O., S. 106
338. Said, Edward, A real state means real work, Al-Ahram Weekly Online 1.-7.10.1998, issue 397 unter: weekly-ahram.org.eg/1998/397/op1.htm
339. Hever, Shir, The Political Economy of Israel's Occupation. Repression beyond Exploitation, London 2010, S. 92
340. Veracini, a.a.O., S. 33

Nicht alle zionistischen Fraktionen haben freilich die Option auf ethnische Säuberungen aufgegeben. Den Palästinensern einige ethnische Enklaven zur Selbstverwaltung zu überlassen, geht einem Teil der jüdisch-israelischen Siedlergesellschaft bei aller Begrenztheit noch zu weit. Sie wollen das ganze »Eretz Israel« – möglichst ohne Palästinenser. Teile der zionistischen Rechten vertreten nach wie vor die »jordanische Option«, die besagt, dass Jordanien Palästina sei und dort – und nicht in Palästina - ein palästinensischer Staat gegründet werden sollte. Diese Option beinhaltet – wenn auch in der Regel unausgesprochen – die Vertreibung der Palästinenser nach Jordanien.[341]

Die zionistische Logik der Gewalt

Kein Kolonialstaat kann sich ohne den Einsatz von Gewalt auf Dauer halten. Die israelische Politik gegenüber den Palästinensern wird bestimmt von der Maxime der europäischen Kolonialmächte des 19. Jahrhunderts: dass die »Eingeborenen« nur die Sprache der Gewalt verstünden. Das spiegelt sich unter anderem darin wieder, dass israelische Politiker und Militärs militärische Angriffe auf die Palästinenser immer wieder damit begründen, dass diesen eine Lektion erteilt werden müsse. Jeff Halper vom Israelischen Komitee gegen die Häuserzerstörungen (ICAHD) bezeichnet die israelische Politik gegenüber den Palästinensern als »Politik der Verzweiflung«.[342] Der israelische Kolonialstaat versucht, der einheimischen Bevölkerung jede Hoffnung zu nehmen, ihr Land jemals wieder zurückbekommen zu können, sodass sie sich schließlich fügen müsse.
Alle Maßnahmen zielen darauf ab, den Willen der Palästinenser zu brechen und ihnen die Hoffnung zu rauben. Das reicht von den Erschwernissen des täglichen Lebens und den täglichen Schikanen, von denen jeder Palästinenser und jede Palästinenserin betroffen ist, den Kollektivstrafen, der gewaltsamen Niederschlagung von Demonstrationen und gewaltfreien Protesten, hohen Haftstrafen und der massenhaften Zerstörung von Häusern und ganzen Stadtvierteln bis hin zu Folter in israelischen Gefängnissen, gezielten Morden an Widerstandskämpfern und Kriegen gegen die Zivilbevölkerung, die wegen der Ungleichheit der Mittel tendenziell in Massaker übergehen. Die Anwendung exzessiver Gewalt wird vonseiten der UNO und von Menschenrechtsorganisationen immer wieder kritisiert.[343] Dem ehemaligen Generalstabschef Moshe Yaalon zufolge wäre es eine

341. Andoni, Lamis, Jordan is not Palestine, Aljazeera 4.7.2010
342. Barat, Frank im Interview mit Halper, Jeff, »We've gone way beyond Apartheid«, 2.5.2012, Aljazeera unter: www.aljazeera.com/indepth/opinion/2012/04/201248124445821996.html
343. Zum Beispiel: UN Human Rights Council, Illegal acts by Israeli authorities on the rise in the occupied West Bank – UN human rights expert, Genf 14.1.2011 unter: reliefweb.int/report/occupied-palestinian-territory/illegal-acts-israeli-authorities-rise-occupied-west-bank-un; Human Rights Watch, Israel end Crackdown on Anti-Wall Activists, 5. March 2010 unter: hrw.org/news/2010/03/05/israel-end-crackdown-anti-wall-activists

»existenzielle Bedrohung« für Israel, wenn die Palästinenser nicht verinnerlichten, dass Widerstand keinen Zweck hat. In einem Interview mit der Tageszeitung »Haaretz« erklärte er, was er unter einem israelischen Sieg versteht: »Die sehr tiefe Verinnerlichung aufseiten der Palästinenser, dass Terrorismus und Gewalt uns nicht besiegen, uns nicht zusammenbrechen lassen werden. Wenn diese tiefe Verinnerlichung am Ende der Konfrontation nicht existiert, werden wir ein strategisches Problem mit einer existenziellen Bedrohung für Israel haben. Wenn [diese Lektion] nicht ins palästinensische und arabische Bewusstsein eingebrannt wird, werden ihre Forderungen an uns kein Ende nehmen.«[344]

Gewalt ist ein ständiger Begleiter der Palästinenser. Die israelische Armee überfällt regelmäßig Dörfer und Städte der Westbank – auch in Zone A, die offiziell unter der vollständigen Kontrolle der Autonomiebehörde steht – um Verhaftungen vorzunehmen und die Bevölkerung zu terrorisieren. In der Woche zwischen 15. und 21. März 2012 intervenierte sie z. B. 56 Mal in der Westbank und einmal im Gazastreifen. Dabei wurden in der Westbank acht Palästinenser verhaftet, mehrere verletzt und Sachschäden verursacht.[345] Palästinenser werden an Checkpoints oder auf der Straße grundlos geschlagen und es kann ihnen auch passieren, dass sie von Soldaten entführt und gefoltert werden, ohne dass etwas gegen sie vorläge.[346]

Die palästinensische Bevölkerung ist wohl die Bevölkerung mit der weltweit höchsten Dichte an politischen Gefangenen. Zwischen 1967 und April 2012 waren mehr als 750.000 Palästinenser aus den besetzten Gebieten in israelischen Gefängnissen.[347] Das entspricht 20 % der Bevölkerung und 40 % der männlichen Bevölkerung. Verhaftung und Haft werden durch Militärverordnungen geregelt. In der Verhörperiode werden palästinensische Gefangene regulär gefoltert.[348] Ein Gefangener kann bis zu sechs Monaten am Stück in Administrativhaft genommen werden. Das bedeutet, dass Palästinenser ohne konkreten Tatverdacht, ohne Anklage oder Gerichtsverfahren verhaftet und sechs Monate festgehalten werden können. Eine Verlängerung ist unbegrenzt möglich, sodass ein Gefangener mehrere Jahre in

---

344. Pedatzur, Reuven, Dissent and conquer, Haaretz 21.10.2011 unter: www.haaretz.com/weekend/week-s-end/dissent-and-conquer-1.391258
345. Bannoura, Saed, PCHR Weekly: Army Conducts 56 Invasions into W.BAnk, 1 in Gaza, 23.3.12, IMEMC News unter: www.imemc.org/article/63190
346. vgl. Levy, Gideon, Twilight Zone/ A night in Hebron, Haaretz 1.7.2010 unter: www.haaretz.com/weekend/magazine/twilight-zone-a-night-in-hebron-1.299478
347. Addameer Prisoner Support and Human Rights Association, Eyes on Israeli Military Court: A collection of impressions, Ramallah 2012, S. 7; www.addameer.org/files/Reports/Eyes on Israeli Military Court – impressions.pdf
348. B'Tselem, Kept in the Dark. Treatment of Palestinian Detainees in the Petah Tikva Interrogation Facility of the Israeli Security Agency, October 2010 unter: www.btselem.org/download/201010_kept_in_the_dark_eng.pdf; White, a.a.O., S. 80

Administrativhaft bleiben kann. Während der ersten Intifada wurden 5.000 Menschen in Administrativhaft genommen.[349]

Eine Besonderheit der israelischen Kolonialpolitik ist die Konzentration auf Kinder und Jugendliche. So wie diese in allen israelischen Kriegen immer mindestens ein Drittel der Opfer darstellen, so sind sie auch ein bevorzugtes Ziel des israelischen Repressionsapparats. Nach einer Studie von »Save the Children International« und dem YMCA-Ostjerusalem wurden seit 2000 etwa 8.000 Kinder und Jugendliche festgenommen, einige davon waren nicht älter als zwölf Jahre.[350] Manchmal werden sogar noch jüngere Kinder nachts aus ihren Betten geholt und, oftmals unter massiver Anwendung von Gewalt gegen die Familienangehörigen, zum Verhör auf Polizeireviere verschleppt und dort für einige Stunden festgehalten, wie im Mai 2011 der siebenjährige Ali Siyam aus Jerusalem.[351] Palästinensische Kinder und Jugendliche sind in israelischen Gefängnissen in der Regel physischen und psychischen Misshandlungen ausgesetzt, die zur Traumatisierung führen. Die Dörfer, in denen der gewaltfreie Widerstand gegen Landraub und Mauerbau besonders stark ist, werden immer wieder nachts von der israelischen Armee überfallen, die Kinder aus dem Bett geholt und fotografiert, verhört oder mitgenommen. Diese Maßnahmen zielen auf die Einschüchterung der Kinder. Die Angst vor der israelischen Armee soll sich schon in frühem Alter so tief in der Persönlichkeit festsetzen, dass die Menschen später zum Widerstand nicht mehr in der Lage sind.

Jeder Widerstand wird von Israel mit massiver Gewalt beantwortet. Um die kolonisierte Bevölkerung niederzuhalten, setzt Israel seine geballte Militärmacht, inklusive schwerer Artillerie und Luftwaffe, ein. Während der ersten Intifada – der Intifada der »Kinder der Steine« – befahl Ministerpräsident Rabin im Rahmen seiner Politik der »Eisernen Faust«, den Steine werfenden Kindern und Jugendlichen Arme und Beine zu brechen. Die außerordentlich brutale Vorgehensweise der israelischen Armee zu Beginn der zweiten Intifada trug nach einer Studie des »Teddy Kollek Centers for Jerusalem Studies« zur Eskalation des Aufstandes bei: »Die exzessive Reaktion der Armee hatte nicht nur die Absicht, die Konfrontation einzudämmen, sondern die Palästinenser zur Aufgabe zu zwingen. Das Ziel war, sie für die Gewalt zu bestrafen und ihnen eine Lektion zu erteilen, die sie nie vergessen würden.«[352]

Auf die darauf folgende Militarisierung der Intifada reagierte Israel mit Panzern

349. Amnesty International, Starved of Justice. Palestinians detained without trial by Israel, London 2012, S. 12

350. Kestler-D'Amours, Jilian, Freeing Childhood from Prison, IPS News, 26.3.12 unter: www.ipsnews.net.news.asp?idnews=107194; siehe auch: Defense for Children International – Palestine Section, Bound, Blindfolded and Convicted: Children held in military detention, April 2012 unter: www.dci-palestine.org/sites/default/files/report_0.pdf

351. Wadi Hilweh Information Center – Silwan, Seven year-old violently arrested in Silwan, 29.5.20110 unter: http://silwanic.net/?p=17446

352. zitiert in: Tessler, a.a.O., S. 822

und Kampfhubschraubern, die gegen die palästinensische Zivilbevölkerung zum Einsatz kamen. Die zweite Intifada nahm einen ausgesprochen blutigen Verlauf. Es gab fünfmal so viel gewaltsame Zusammenstöße zwischen israelischer Armee und Palästinensern als während der ersten Intifada. Zwischen 2001 und 2004 wurden über 3.000 Palästinenser und 972 Israelis getötet. Im Vergleich dazu waren es während der ersten Intifada 1.124 Palästinenser und 75 Israelis gewesen.[353]

Israel betreibt eine »Politik der Arroganz«, der die Überzeugung zugrunde liegt, dass Israel den Arabern aufgrund seiner militärischen Stärke seine eigene Politik aufzwingen kann. Dem israelischen Militärexperten Zeev Maoz zufolge orientiert sich Israel nicht an einem Land-gegen-Frieden-Konzept, sondern an einem Friede-gegen-Friede-Konzept: »Ein wichtiges Konzept in der Politik der Arroganz ist die Vorstellung von ›Frieden gegen Frieden‹ als Alternative zu dem ›Land gegen Frieden‹-Konzept. Dieses Konzept beinhaltet, dass Israels [militärische] Fähigkeit nicht nur als Abschreckungsmittel, sondern auch als Erzwingungsmittel dienen kann. Die Demonstration und der tatsächliche Einsatz von Israels militärischer Macht hat die Absicht, die Araber davon zu überzeugen, dass Frieden nicht nur ein kostbares Gut für Israel ist, sondern noch viel kostbarer für sie. Sobald die Araber davon überzeugt sind, können sie es sich leisten, mit dem zu leben, was sie haben und werden sich mit Israels Besetzung von arabischen Territorien arrangieren.«[354]

Der israelische Antizionist Jitzchak Laor fasste die Logik der israelischen Politik seit dem Beginn des Oslo-Prozesses in folgenden Sätzen zusammen: »Israel hat die [besetzten] Gebiete nicht aufgegeben, sondern sie kantonisiert und blockiert. Die neue Strategie ist, die Palästinenser einzusperren: Sie gehören nicht in unseren Raum, sie sollen außerhalb der Sicht bleiben, in ihre Townships und Lager gequetscht oder unsere Gefängnisse füllen. Das Projekt hat jetzt die Unterstützung des größten Teils der israelischen Presse und Akademiker. Wir sind die Herren. Wir arbeiten und wir reisen. Sie können ihren Lebensunterhalt erwerben, indem sie ihre eigenen Leute kontrollieren. Wir fahren auf den Autobahnen, sie müssen hinter den Hügeln wohnen. Die Hügel gehören uns. Wie die Zäune. Wir kontrollieren die Straßen und die Checkpoints und die Grenzen. Wir kontrollieren ihre Elektrizität, ihr Wasser, ihre Milch, ihr Öl, ihren Weizen und ihr Benzin. Wenn sie friedlich protestieren, feuern wir Tränengas auf sie. Wenn sie Steine werfen, schießen wir mit Kugeln. Wenn sie ein Geschoss abfeuern, zerstören wir ein Haus und seine Bewohner. Wenn sie eine Rakete abfeuern, zerstören wir Familien, Wohnviertel, Straßen, Städte. Israel will keinen palästinensischen Staat an seiner Seite. Es ist bereit, das mit Hunderten von Toten und Tausenden von Behinderten in einer einzigen ›Operation‹ zu beweisen. Die Botschaft ist immer dieselbe: geht oder

353. Maoz, Zeev, Defending the Holy Land. A critical analysis of Israel' s security and foreign policy, Ann Arbor 2009, S. 264
354. Maoz, a.a.O., S. 484

bleibt und unterwerft euch unserer Militärdiktatur. Wir sind eine Demokratie. Wir haben demokratisch entschieden, dass ihr wie Hunde leben werdet.«[355]

355. Laor, Yitzhak, in: London Review of Books, Vol. 31, No.2, 29.1.2009, S. 5-6, Responses to the War in Gaza unter: www.lrb.co.uk/v31/n02/gaza-writers/responses-t-the-war-in-gaza

Gettoisierung, Enteignung und schleichende Vertreibung der Palästinenser in der Westbank

»Unilaterale Separation garantiert keinen ›Frieden‹ – sie garantiert einen zionistisch-jüdischen Staat mit einer überwältigenden Mehrheit an Juden: sie garantiert die Art von Sicherheit, die Touristen ins Land zurückbringen wird und sie garantiert eine andere wichtige Sache. Zwischen 1948 und 1967 war der Zaun [der die Grüne Linie markierte] ein Zaun und 400.000 Menschen verließen die Westbank freiwillig. Das wird nach der Separation geschehen. Wenn ein Palästinenser nicht nach Tel Aviv zur Arbeit kommen kann, wird er im Irak, in Kuwait oder London schauen. Ich glaube, dass es eine Bewegung aus dem Gebiet heraus geben wird.« (Arnon Soffer)[356]

Die Mauer

Da der »Friedensprozess« von israelischer Seite auf die Abtrennung der palästinensischen Bevölkerung zielte, war der Bau der Mauer in der Westbank seine logische Folge: »sie dort – wir hier«, wie Jitzchak Rabin es formuliert hatte. Israel bezeichnet die Mauer, deren Bau im Sommer 2002 begann, als »Sicherheitszaun«, der die jüdisch-israelische Bevölkerung vor palästinensischen Selbstmordattentätern schützen solle. Tatsächlich jedoch geht die Idee auf Jitzchak Rabin zurück, über dessen Vorstellungen der ehemalige Nahostgesandte der Clinton-Administration, Dennis Ross, in einem Interview mit der »New York Times« 2004 Auskunft gab. Dennis Ross zufolge wollte Rabin mit der Unterzeichnung der Oslo-Abkommen der palästinensischen »demografischen Bedrohung« des jüdischen Staates zuvorkommen. Er habe diese Bedrohung als so ernst eingeschätzt, dass er zwei Jahre nach Oslo über den Bau einer Mauer nachzudenken begann, die die Palästinenser von Israel fernhalten sollte, falls der Oslo-Prozess nicht zur gewünschten Aufrechterhaltung von Israels demografischer Stärke führen würde. »[Rabin] sagte: ›Es wird eine Teilung geben müssen, weil wir nicht jüdisch und demokratisch sein werden, wenn wir keine Teilung haben.‹ Er zog es vor, die Teilung friedlich auszuhandeln, um zwei Staaten zu schaffen. Aber wenn das nicht klappte, wollte er (...) einen Trennungszaun oder eine Sperre, um das, was zwei Staaten sein würden, zu schaffen oder zumindest Israel als einen Staat zu bewahren.«[357]

356. Ruthie Blum, It's the demography, stupid, The Jerusalem Post 21.5.2004. Das Originalinterview mit Arnon Soffer ist online nicht mehr abrufbar; zitiert nach Cook, Blood and Religion, a.a.O., S. 159
357. Cook, Blood and Religion, a.a.O., S. 142

Nachdem die Camp-David-Endstatusverhandlungen im Herbst 2000 nicht die gewünschten Ergebnisse gebracht hatten, ging Israel zu einer unilateralen Grenzziehung über. Ministerpräsident Ehud Barak hatte bereits im Vorfeld für den Fall, dass die Verhandlungen scheitern sollten, einen Plan für die unilaterale Separation von den Palästinensern erstellen lassen, der die Annexion von Teilen der Westbank beinhaltete.[358] Baraks Nachfolger im Amt, Ariel Scharon, übernahm angesichts alarmierender demografischer Prognosen den Separationsplan der Linkszionisten und die israelische Regierung beschloss im Sommer 2002 den Bau einer Mauer. Der Verlauf der Mauer, und ihre Folgen für die palästinensische Bevölkerung zeigen, dass Israel damit folgende drei über die Segregation hinausgehende Ziele verfolgt: 1) die Annexion von Teilen der Westbank, 2) die vollständige Gettoisierung der Palästinenser in voneinander abgetrennten ethnischen Enklaven und 3) die Erhöhung des Drucks auf die einheimische Bevölkerung, das Land zu verlassen, indem ihr die Lebensgrundlagen geraubt und die Aufrechterhaltung eines normalen Lebens unmöglich gemacht wird.

Die Mauer wird, wenn sie fertiggestellt ist, voraussichtlich 708 km lang sein, während die Länge der Grünen Linie, die international als israelische Grenze anerkannt wird, lediglich 315 km beträgt. Bis Juli 2012 wurden 62,1 % der Mauer gebaut, 8 % befinden sich im Bau und 29,9 % sind geplant, aber noch nicht gebaut. 85 % der Mauer werden auf der palästinensischen Seite der Grünen Linie errichtet. Die Mauer schneidet teilweise tief ins Territorium der Westbank hinein – an einer Stelle 22 km weit.[359] Die Sperranlage besteht in Teilen aus einer acht Meter hohen massiven Betonmauer, die alle 300 Meter einen Wachturm hat und in Teilen aus einem mit Stacheldraht versehenen elektrischen Zaun, der durch Überwachungskameras, einen breiten Graben und eine »Sicherheitszone« vervollständigt wird. Wenn die Mauer fertiggestellt ist, ist die Westbank in drei Gettos geteilt, von denen jedes wiederum fragmentiert ist ... und außerdem Jerusalem aus der Westbank herausgelöst. Das nördliche Getto umfasst das Gebiet zwischen Jenin und Qalqiliya, das mittlere Salfit, das südliche Bethlehem und al-Khalil/Hebron. Ergänzt werden diese drei großen Gettos durch die separaten Gettos al-Quds/Jerusalem, Jordantal und Gazastreifen.[360]

Die Mauer ist so konzipiert, dass sie die großen Siedlungsblöcke in der Nähe der Grünen Linie und 85 % der Siedler in das israelische Staatsgebiet einschließt. 71 der 150 Siedlungen befinden sich auf der israelischen Seite der Mauer.[361] Sie dient außerdem zur Annexion von 13-16 % des Territoriums der Westbank sowie

358. Cook, Blood and Religion, a.a.O., S. 145

359. United Nations Office for the Coordination of Humanitarian Affairs, Occupied Palestinian Territories (OCHA OPT), The humanitarian impact of the barrier, July 2012 unter: www.ochaopt.org/documents/ocha_opt_barrier_factsheet_july_2012_english.pdf

360. Palestinian Grassroots Anti-Apartheid Wall Campaign, The Apartheid Wall. Land Theft and Forced Expulsion. 2010 Fact Sheet unter: stopthewall.org/download/pdf/2010wallfactsheet.pdf

361. OCHA OPT, The humanitarian impact of the barrier, a.a.O.

eines großen Teils des palästinensischen Wassers. Einem Bericht des Ökonomischen und Sozialen Rats der UNO vom Mai 2007 zufolge, hat der bis 2007 ausgeführte Bau der Mauer die Palästinenser von 95 % ihrer Wasserressourcen abgeschnitten.[362] Außerdem wurden Hunderte von Hektar palästinensischen Landes enteignet, Tausende von Bäumen entwurzelt sowie Häuser und Agrarland zerstört. Einzelne Dörfer werden durch die Mauer geteilt. Der Mauerbau bedeutet für unzählige Familien den Verlust ihres Zuhauses, ihrer Einkommensquelle und ihres Lebenszusammenhangs.

Fragmentierung der Westbank

Die Mauer ist Teil einer komplexen Struktur zur Fragmentierung der Westbank. Ergänzt wird sie durch mehr als 1.600 km jews-only-Straßen, weiter wachsende Siedlungen und Siedlungsaußenposten auf der palästinensischen Seite der Mauer, über 630 feste Checkpoints, Sperren, Erdwälle und andere Hindernisse sowie Dutzende von »fliegenden Checkpoints«, die die Palästinenser in voneinander abgetrennte Gettos mit mehr oder weniger engen Grenzen zwingen. Die Errichtung dieser Apartheidstruktur hat bis jetzt zur faktischen Annexion von 46 % der Westbank geführt.[363]

Die jews-only-Straßen sind der bekannteste Ausdruck des israelischen Apartheidsystems. Die Benutzung vieler Straßen der Westbank wurde unter dem Vorwand der Sicherheit für Palästinenser teilweise oder ganz verboten. An beiden Seiten der jews-only-Straßen muss ein Sicherheitsabstand eingehalten werden. Die Palästinenser müssen sich mit den schlechteren Straßen, Feldwegen oder Tunneln begnügen und riesige Umwege machen, um von einem Ort zum anderen zu gelangen. Die israelische Menschenrechtsorganisation B'Tselem bezeichnet diese Straßen als Apartheidstraßen: »Dieses Regime, das auf Separation durch Diskriminierung basiert, weist deutliche Ähnlichkeiten mit dem rassistischen Apartheidregime, das bis 1994 in Südafrika existierte, auf. Das Recht eines Individuums, verschiedene Straßen zu benutzen, wird durch seine nationale Herkunft bestimmt.«[364]

An den jews-only-Straßen lässt sich ein spezifisch israelisches, von der südafrikanischen Apartheid verschiedenes, Kennzeichen des Systems aufzeigen: seine Verschleierung. Während Südafrika seine Politik der »Rassentrennung« offen

362. Human Sciences Research Council, Democracy and Governance Programme, Middle East Projekt, Cape Town University, Occupation, Colonialism, Apartheid? A re-assessment of Israeli practices in the Occupied Palestinian Territories under international law, May 2009 (Cape Town-Report), S. 145

363. Palestinian Grassroots Anti-Apartheid Wall Campaign, The Apartheid Wall. Land Theft and Forced Expulsion. 2010 Fact Sheet unter: www.stopthewall.org/download/pdf/2010wallfactsheet.pdf

364. B'Tselem, Forbidden Roads: The Discriminatory West Bank Road Regime, August 2004 unter: www.btselem.org/publications/summaries/200408_forbidden_roads; siehe auch: Etkes, Dror; Friedman, Lara, Bypass Roads in the West Bank, August 2005 unter: http://peacenow.org.il/eng/content/bypass-roads-west-bank

benannte, unternimmt Israel alle Anstrengungen, um das Offensichtliche unsichtbar zu machen. Die ehemalige Bildungsministerin Shulamit Aloni wurde vor einigen Jahren auf einer jews-only-Straße Zeugin eines Vorfalls, bei dem ein israelischer Soldat einen palästinensischen Autofahrer auf dieser Straße »erwischte« und ihm deswegen ein hohes Bußgeld auferlegte. Shulamit Aloni protestierte, weil es keinerlei Hinweise darauf gab, dass die Straße eine jews-only-Straße war, der Palästinenser es also nicht wissen konnte. Der Soldat antwortete, dass es die Pflicht der Palästinenser sei, das zu wissen. Oder ob die Armee etwa Schilder aufstellen solle, auf denen jews-only stehe, sodass ein »antisemitischer Journalist« ein Foto davon machen und behaupten könne, dass Israel Apartheid praktiziere.[365]

Die Apartheidstruktur hat eine duale Geografie geschaffen. Die Schaffung zweier getrennter Welten, in denen es Zugriff auf Land und Wasser, privilegierten Zugang zu Infrastruktur und Vergünstigungen aller Art für die Siedler und Entrechtung, Enteignung und Vertreibung für die einheimische Bevölkerung gibt, geht auf den Beginn der Kolonisierung der Westbank 1967 zurück. Zionistische Siedler und Palästinenser unterstehen verschiedenen Rechtssystemen, verfügen über eine unterschiedliche Bewegungsfreiheit und leben in separaten Räumen. Die historisch gewachsene, ursprüngliche Geografie der einheimischen palästinensischen Bevölkerung wurde überlagert durch die neue Geografie der zionistischen Siedler. Für die Siedler ist die Westbank ein zusammenhängendes und ins israelische Staatsterritorium eingegliedertes Gebiet mit komfortablen Straßen und privilegierten Lebensbedingungen in einer Landschaft, deren Schönheit atemberaubend ist. Die einheimische Bevölkerung wurde an die Ränder der zionistischen Kolonien, die auf ihrem Land errichtet wurden, gedrängt und wird durch umfangreiche Zugangsverbote daran gehindert, auch nur in deren Nähe zu kommen.

Gettos und Passierscheine

Das Verlassen oder Betreten der palästinensischen Gettos wird durch ein Passierscheinsystem geregelt. Die israelische Kontrolle der palästinensischen Bewegungsfreiheit und das dazu gehörige Passierscheinsystem gehen weit über das ehemalige südafrikanische hinaus. Palästinenser aus der Westbank dürfen nicht in den Gazastreifen und umgekehrt. Palästinenser aus Gaza dürfen gar nicht und solche aus der Westbank nur mit Sondergenehmigung nach Jerusalem. Bewohner der Dörfer zwischen Mauer und Grüner Linie dürfen ihre Dörfer nur mit Passierscheinen betreten und verlassen. In die Dörfer hinein dürfen Besucher nur mit speziellen Genehmigungen. Das gilt gleichermaßen für Familienangehörige, Freunde, Ärzte,

365. Aloni, Shulamit, Yes, there is Apartheid in Israel, Counterpunch 8.1.2007 unter: www.counterpunch.org/2007/01/08/yes-there-is-apartheid-in-israel

Techniker und Müllarbeiter.[366] Bewohner Jerusalems dürfen die Westbank zwar besuchen, aber nicht dort arbeiten, da sie sonst ihr Aufenthaltsrecht in der heiligen Stadt verlieren. Durch das Verbot, bestimmte Straßen zu benutzen, Checkpoints und andere Hindernisse haben sich kurze Wege zu langwierigen Unternehmungen mit ungewissem Ausgang entwickelt. Studenten, die auf eine 20 Minuten entfernt liegende Universität gehen, müssen das Haus Stunden vor Beginn der ersten Vorlesung verlassen, der Rückweg dauert ebenso lange. Die Checkpoints sind berüchtigt für die dort regelmäßig ausgeübten Demütigungen und Misshandlungen von Palästinensern, die sich oftmals entkleiden oder den Soldaten etwas vorsingen oder vortanzen müssen.

Auch Kinder werden nicht verschont. Der 10-jährige Samer Jamal Dara'awi aus dem Dorf Nu'man bei Bethlehem zum Beispiel. Er schildert seine Erfahrungen am Checkpoint folgendermaßen: »Die Polizisten spielten eine Kassette und verlangten, dass wir tanzen. Ich weigerte mich und gehorchte ihnen nicht, aber Muhammad Samih und Muhammad Radi aus der ersten Klasse, die ebenfalls aus der Schule gekommen waren, hatten Angst und begannen zu tanzen. Auf dem Weg zur Schule und zurück fragen uns die Polizisten oft nach einem Ausweis oder einer Geburtsurkunde, obwohl wir keine haben. Wenn wir ihnen das sagen, nehmen die Polizisten uns fest, durchsuchen unsere Taschen und lassen uns erst nach einer Weile frei. Fast jeden Tag verlangen die Polizisten von mir und Freunden in meinem Alter und sogar jüngeren, unsere Schultaschen auszuräumen, damit sie sie durchsuchen können. Wenn die Soldaten die Durchsuchung beendet haben, werfen sie die Taschen normalerweise weit weg auf den Feldweg, sodass wir sie holen müssen. Die Schikanen, die ich jeden Tag erlebe, versetzen mich dauernd in Angst, obwohl ich nicht will, dass die Polizisten sehen, dass ich Angst vor ihnen habe. Vor ungefähr zwei Tagen kamen wir von der Schule zurück und Muhammad Samih, etwa sieben Jahre alt, war bei uns. Die Polizisten verlangten, dass er seine Hosen herunter lässt, aber ich habe ihm gesagt, er soll nicht auf sie reagieren. Wir sind weiter gegangen und das war es.«[367]

Palästinensische Städte und Dörfer gleichen belagerten Orten. Die Stadt Nablus im Norden der Westbank, wo 130.000 Palästinenser leben, hat sieben Checkpoints, die das Betreten und Verlassen der Stadt kontrollieren. Die Stadt wird darüber hinaus umzingelt von 14 Siedlungen und 26 Außenposten, die durch jews-only-Straßen miteinander verbunden sind. Diese verringern die Fläche der Stadt und schränken die Bewegungsfreiheit der Palästinenser ein. Die Stadt al-Khalil/Hebron im Süden der Westbank ist von allen vier Seiten von Siedlungen

366. Cape Town-Report, a.a.O., S.199f.; Hass, Amira, Supreme Court is on wrong side of West Bank separation fence, Haaretz 11.4.2011 unter: www.haaretz.com/print-edition/features/supreme-court-is-on-wrong-side-of-west-bank-separation-fence-1.355251

367. Careccia, Grazia; Reynolds, John J., Al-Nu'man village. A case study of indirect forcible transfer, Al-Haq Ramallah November 2006, S.17f.

umzingelt und hat fünf zionistische Siedlungen im Herzen der Altstadt. Innerhalb der Stadt gibt es 32 Checkpoints und weitere 39 trennen sie von den Dörfern der Umgebung.[368]

Für Menschen, die akute medizinische Behandlung benötigen, sind die Checkpoints das Nadelöhr, das über Leben oder Tod entscheidet. Immer wieder sterben palästinensische Patienten auf dem Weg ins Krankenhaus, weil israelische Soldaten die Krankenwägen nicht passieren lassen. Dasselbe gilt für Frauen in den Geburtswehen. Zwischen 2000 und 2007 mussten 69 Frauen ihre Kinder an Checkpoints gebären, 35 Babys und fünf Frauen starben dabei.[369]

Auch der Zugang der Palästinenser zu Schulen und Universitäten wird durch die Fragmentierung der Westbank massiv erschwert. Familiäre Bande werden geschwächt, weil die zu deren Aufrechterhaltung notwendigen gegenseitigen Besuche und gemeinsame Feiern für Familien, die in verschiedenen Enklaven leben, nur noch unter großen Schwierigkeiten stattfinden können. Viele Dörfer sind durch die Apartheidstruktur völlig isoliert und von der Außenwelt abgeschnitten.

Die Fragmentierung und ethnische Separation in der Westbank wurde von Wissenschaftlern der südafrikanischen Cape-Town-Universität, die die israelische Politik untersuchten, als »Große Apartheid« bezeichnet: »Die Politik der ›Grand Apartheid‹, die Bevölkerung in verschiedene geografische Gebiete zu trennen, zeigt sich in Israels weitgehender Kontrolle palästinensischen Landes, die den territorialen Raum, der Palästinensern zur Verfügung steht, weiterhin verringert; in der hermetischen Abriegelung und Isolation des Gazastreifens vom Rest der besetzten palästinensischen Gebiete; in der vorsätzlichen Trennung Ostjerusalems vom Rest der Westbank und in der Aneignungs- und Baupolitik, die dazu dient, die Westbank zu zerschneiden, in ein verwickeltes und gut versorgtes Netzwerk von verbundenen Siedlungen für jüdische Israelis und einen Archipel von belagerten und unzusammenhängenden Enklaven für Palästinenser. Dass diese Maßnahmen die Absicht haben, die Bevölkerung, unter Verstoß gegen Artikel 2 (d) der Apartheid-Konvention, nach ethnischer Zugehörigkeit zu trennen, wird deutlich an dem sichtbaren Netz aus Mauer, separaten Straßen und Checkpoints und dem unsichtbaren Netz aus Genehmigungs- und Identitätskartensystemen, die vergleichbar sind mit Südafrikas Passgesetzen und die zusammenwirken, um sicherzustellen, dass die Palästinenser auf die Reservate beschränkt bleiben, die für sie bestimmt sind, während israelische Juden diese Reservate nicht betreten dürfen, aber im Rest des palästinensischen Gebiets Bewegungsfreiheit genießen. Ähnlich wie in

368. Ramahi, Sawsan, Hebron: the endangered city, 25.10.2010, Briefing Paper – October 2010, Middle East Monitor unter: www.middleeastmonitor.org.uk/resources/briefing-papers/1680-hebron-the-endangered-city, S. 4

369. Shoaibi, Halla, Childbirth at Checkpoints in the Occupied Palestinian territory, published online 5.7.20011 unter: download.thelancet.com/flatcontentassets/pdfs/palestine/palestine2011-4.pdf; siehe auch www.thelancet.com/health-in-the-occupied-palestinian-territory-2011

Apartheid-Südafrika hat diese Politik den Effekt, das palästinensische sozio-ökonomische Leben zu zerstören, die palästinensische Ungeschütztheit gegenüber der israelischen ökonomischen Dominanz zu sichern und eine rigide Segregation von palästinensischer und jüdischer Bevölkerung durchzusetzen.«[370]

Die Mauer als Instrument der Annexion und Vertreibung

Längerfristig sind etwa 280.000 Palästinenser – fast 10 % der Bevölkerung der Westbank –, die durch die Apartheid-Infrastruktur komplett isoliert wurden, von Vertreibung bedroht. Die betroffenen Dörfer liegen in den von Stacheldraht, Mauern und Wachtürmen umgebenen 27 Enklaven innerhalb der drei großen Westbankgettos. Im Niemandsland zwischen Mauer und Grüner Linie leben 7.500 Menschen in Enklaven, die zu »geschlossenen militärischen Zonen« erklärt wurden. Sie benötigen eine spezielle Genehmigung, um weiter in ihren Häusern leben zu können. Sie sind in ihren Dörfer weitgehend eingesperrt und können diese nur durch Tore in der Mauer verlassen, deren Öffnungszeiten begrenzt sind und wo sie jedes Mal aufwendigen Durchsuchungsprozeduren ausgesetzt sind. Manchmal bleiben die Tore auch geschlossen.[371] Wenn die Mauer auf der vorgesehenen Route weitergebaut wird, werden weitere 23.000 Menschen auf diese Weise isoliert. Israel beansprucht bereits das Land von 14 Dörfern, die entweder zwischen Mauer und Grüner Linie liegen oder von drei Seiten von der Mauer umgeben und auf der vierten Seite strengstens kontrolliert werden. Israel betrachtet diese Dörfer, die meist schon vor der Gründung des Staates Israel existierten, als Staatsland und unternimmt alle Anstrengungen, um die über 6.000 Palästinenser, die dort leben, zu vertreiben.[372]

Über 270.000 Palästinenser in 60 Dörfern wurden von drei Seiten eingemauert oder eingezäunt. Durch einen Tunnel oder eine Straße sollen sie eine Verbindung zur Westbank erhalten.[373] Eines dieser Dörfer ist al-Nu'man, das zwischen Jerusalem und Bethlehem liegt. Das Dorf wurde nach der Besetzung der Westbank 1967 administrativ dem Großraum Jerusalem zugeschlagen und annektiert, seine Bewohner erhielten jedoch Westbank-Identitätskarten. Da sich im Großraum Jerusalem nur Palästinenser mit einer Jerusalem-Identitätskarte aufhalten dürfen, wurden

370. Human Sciences Research Council and Governance Programme, Middle East Project, Cape Town University, Occupation, Colonialism, Apartheid? A re-assessment of Israel's practices in the Occupied Palestinian Territories under international law, Mai 2009, S. 275

371. Palestinian Grassroots Anti-Apartheid Wall Campaign, Palestinian towns and villages: Between isolation and expulsion, 27.12.2007, S.7ff. unter: www.stopthewall.org/palestinian-towns-and-villages-between-isolation-and-expulsion

372. Palestinian Grassroots Anti-Apartheid Wall Campaign, Palestinian Towns and Villages: Between Isolation and Expulsion, 27.12.2007, S.26f.

373. OCHA OPT, Fact sheet barrier 2008; Anti-Apartheid Wall Campaign, Between isolation and expulsion

die Bewohner von al-Nu'man dadurch zu Illegalen in ihrem eigenen Dorf.[374] Bis zur Unterzeichnung der Oslo-Abkommen schien das aber keine Rolle zu spielen. Erst danach begann Israel mit einer systematischen Kampagne zur Vertreibung der Dorfbevölkerung. Die Restriktionen für den Häuserbau wurden verschärft, den Kindern des Dorfes wurde 1996 der Besuch ihrer Schule in Jerusalem verboten, weil sie ohne einen Jerusalem-Ausweis zu deren Besuch nicht befugt seien. Die Wasserleitungen des Dorfes wurden immer wieder von israelischen Bulldozern zerstört, sodass es tagelang ohne Wasser blieb. 2003 erhielten die Dorfbewohner Besuch von einem Beauftragten der israelischen Regierung, der ihnen mitteilte, dass diese beabsichtige, die Zone, die zwischen dem von der Autonomiebehörde verwalteten Territorium und Jerusalem liege, zu unbewohntem Gebiet zu machen. Er riet den Dorfbewohnern, al-Nu'man zu verlassen und drohte mit der Kappung der Wasser- und Stromversorgung, sodass das Dorf zu einem »Baum ohne Wasser« würde.[375] Trotz dieses Drucks sind über 200 der etwa 300 Dorfbewohner geblieben und führen einen zähen Kampf ums Überleben und das Bleiben auf ihrem Land. Jamal Der'awi beschreibt ihre Lage in wenigen Worten: »Wir sind zu den Flüchtlingen des 21. Jahrhunderts geworden und das Leben der Menschen steht auf dem Spiel. Es geht nicht um Sicherheit, sondern vielmehr darum, eine Atmosphäre für einen stillen Transfer zu schaffen, eine Situation zu schaffen, in der wir selbst zu dem Schluss kommen, dass unser Leben nicht lebbar ist. Wir werden die Nakba nicht zweimal erleben. (...) Wir bleiben hier, wir gehen hier nicht weg.«[376]

Durch den Bau der Sperranlage hat Israel seit 2003 den Druck auf die Dorfbevölkerung, ihr Land zu verlassen, potenziert. Das Dorf ist von drei Seiten eingezäunt worden, sein Land beschlagnahmt. Die Verbindungsstraße zu Jerusalem wurde blockiert und der einzige Zugang zur Westbank ist ein Checkpoint in der Mauer. Die Soldaten am Checkpoint haben eine Liste mit den Namen der 220 Dorfbewohner und lassen nur diese hinein, keine Freunde oder Verwandten. Kommerzielle Aktivitäten sind innerhalb des Dorfes verboten und die Soldaten legen willkürlich Mengenbegrenzungen für die Nahrungsmittel und Gebrauchsgüter fest, die ins Dorf hineingebracht werden dürfen. Trotz der beharrlichen Weigerung der Bewohner, das Dorf zu verlassen, stirbt dieses einen langsamen Tod. Da die Dorfbewohner keine Ehepartner von außerhalb ins Dorf bringen dürfen, sind junge Leute gezwungen, es zu verlassen, wenn sie heiraten wollen.[377]

---

374. Stop-the-wall-campaign, a.a.O., S. 28ff.; Ecumenial Accompaniment Programme in Palestine & Israel (EAPPI), Silent Displacement in the West Bank, June 2009 unter: www.eappi.org/fileadmin/eappi/files/resources/publications/Silently_Displaced_p1-48.pdf, S. 24ff.

375. Careccia, Grazia; Reynolds, John J., Al-Nu'man village. A case study in indirect forcible transfer, Al-Haq Ramallah, November 2006

376. Palestinian Grassroots Anti-Apartheid Wall Campaign, Palestinian Towns and Villages: Between Isolation and Expulsion, S. 3

377. Davis, Brandon, Neither in nor out: Jerusalem village on the seam, Ma'an News 6.7.2012 unter: www.maannews.net/eng/ViewsDetail.aspx?ID=499662; siehe auch youtube, com, Al-Nu'man village,

Die Mauer als Instrument der ökonomischen Kriegsführung

Die Mauer und die sie ergänzende Apartheid-Infrastrukur sind eine Form der ökonomischen Kriegsführung. Die Hauptwaffe Israels ist der Raub der Ressourcen. Im Nordabschnitt der Mauer um die Städte Qalqiliya, Tulkarem und Jenin herum hat die in diesem Gebiet lebende Bevölkerung von etwa 500.000 Menschen durch die Mauer 60 % ihres besten Agrarlandes verloren. Die Stadt Qalqiliya wurde von drei Seiten mit einer acht Meter hohen Mauer umgeben, mit nur einem Ein- und Ausgang für ihre 48.000 Bewohner, der von der israelischen Armee kontrolliert wird. Im Zuge des Mauerbaus wurden 15 % des kommunalen Landes der Stadt sowie 50 % ihres Agrarlandes enteignet. Das hat nicht nur für die Bewohner Qalqiliyas und der umliegenden Dörfer katastrophale Folgen, sondern weit darüber hinaus, da Qalqiliya »der Fruchtkorb« der Westbank und von zentraler Bedeutung für die Selbstversorgung der Palästinenser mit Gemüse, Obst und Oliven war. Qalqiliya liegt außerdem auf dem westlichen Aquifer (Grundwasserreservoir), der 51 % der Wasserressourcen der Westbank speist.[378] Derart ihrer Lebensgrundlagen und Bewegungsfreiheit beraubt, sind die Stadtbewohner einem rapiden Prozess der Verelendung ausgesetzt. Die Arbeitslosigkeit in Qalqiliya beträgt etwa 70 % und mindestens 10 % der Bevölkerung haben die Stadt bereits verlassen. Das benachbarte Tulkarem verlor infolge des Mauerbaus 58 % seines Ackerlandes, die ebenfalls im Norden der Westbank gelegene Gegend um Jenin etwa 50 %.[379] Dieser Enteignungsprozess betrifft mehr oder weniger stark alle palästinensischen Städte und Dörfer, die allesamt, wenn nicht durch die Mauer, so durch Siedlungen, Siedlerstraßen und Militärstützpunkte umzingelt sind und denen in den letzten 10 Jahren der größte Teil ihres Landes geraubt wurde. Die Bewohner des Distrikts Bethlehem beispielsweise haben nur noch Zugang zu 13 % ihres Landes. Beit Jala, die Nachbarstadt Bethlehems, das durch jews-only-Straßen größtenteils von Bethlehem getrennt wurde, verlor 50 % ihres Landes.[380]

In vielen Fällen trennt die Mauer palästinensische Bauern von ihrem Land. Sie leben auf der einen Seite und ihr Land liegt auf der anderen Seite der Mauer. Sie benötigen eine Sondergenehmigung, um ein Tor in der Mauer durchqueren und ihr Land bearbeiten zu können. Davon betroffen sind Bauern von 150

hochgeladen von alhaqhr am 22.3.2011

378. Centre on Housing Rights (COHRE)/BADIL Resource Center for Palestinian Residency and Refugee Rights, Ruling Palestine. A history of the legally sactioned Jewish-Israeli seizure of land and housing in Palestine, May 2005, S. 145f. unter: www.ochaopt.org/document/opt_prot_COHRE-seizure_of_land_and_housing_in_Palestine_may_2005.pdf

379. Ayoub, Hasan, Die Apartheidmauer, Juli 2005 unter: www.ag-friedensforschung.de/regionenIsrael/mauer-ayoub.html

380. OCHA, Shrinking Space: Urban contraction and rural fragmentation in the Bethlehem Governorate, Special Focus May 2009, S. 4, S. 6 unter: reliefweb.int/sites/reliefweb.int/files/resources/42B25A3AF31D6342492575AF00211BB6-Full_Repor.pdf

palästinensischen Gemeinschaften.[381] Die israelische Armee hat diese Abhängigkeit der Bauern, ihrem gewohnheitsmäßigen Umgang mit der einheimischen Bevölkerung entsprechend, in eine demütigende und von Willkür geprägte Prozedur verwandelt. Das israelische Verteidigungsministerium versicherte zwar auf seiner Webseite, dass es den freien Zugang der Bauern zu ihrem Land gewährleisten würde, aber die Realität sieht anders aus: weniger als 20 % der betroffenen Bauern bekamen bis Juli 2008 eine »Besuchserlaubnis« für ihr eigenes Land.[382] Während der Olivenernte 2011 wurden 42 % der Anträge aus »Sicherheitsgründen« oder wegen »mangelnder Verbindung zum Land« abgelehnt.[383] Selbst wenn eine solche Erlaubnis erteilt wird, ist sie oft nicht für die richtigen Leute – die älteren Familienmitglieder bekommen die Erlaubnis zur Feldarbeit, während die jüngeren zuhause bleiben müssen. Die Begründungen für die Ablehnung eines Passierscheins sind bisweilen grotesk. Zum Beispiel wird kein Passierschein erteilt, wenn der derjenige, auf dessen Namen die Landeigentumsdokumente ausgestellt sind, verstorben ist. Seine Familie und Erben werden nicht berücksichtigt.[384]

Prinzipiell erfolgt der Zugang zum palästinensischen Agrarland durch 80 Tore in der Mauer, die mehrheitlich nur während der Olivenernte geöffnet werden.[385] Die ungleichmäßige Platzierung der Tore und die eingeschränkten Öffnungszeiten begrenzen die Zeit, die für die landwirtschaftliche Arbeit zur Verfügung steht. Palästinenser dürfen die Tore nur zu Fuß durchqueren. Manchmal bleiben die Tore ganz geschlossen. Immer wieder versuchen palästinensische Bauern, deren Land hinter der Mauer liegt, durch Sit-ins die Öffnung der Tore zu erreichen. Für viele Familien ist das Land die einzige Einkommensquelle.[386]

Da die Armee den Bauern während der Olivenernte vielfach den Zugang zu ihrem Land verwehrt, werden diese um ihr Einkommen gebracht. Die Apartheid-Infrastruktur schränkt nicht nur die Möglichkeit der palästinensischen Bauern ein, ihr Land zu bearbeiten und ihre Ernten einzubringen, sondern auch die Möglichkeit, ihre landwirtschaftlichen Erzeugnisse zu verkaufen. Die Olivenindustrie, die je nach Ernte 15-19 % des jährlichen landwirtschaftlichen Einkommens der Westbank ausmacht, wurde durch die Entwurzelung Zehntausender Bäume, die Hinderung der Bauern an der Ernte und dem Verkauf der Früchte nachhaltig geschädigt. Es wird Jahre dauern, bis die Schäden an Land und Eigentum, die der Mauerbau

381. OCHA OPT, The humanitarian impact of the barrier, July 2012, a.a.O.
382. OCHA OPT, The humanitarian impact of the barrier Juli 2008 Update No. 8; Updated August 2008, S. 6 unter: www.ochaopt.org/documents/Barrier_Report_July_2008.pdf
383. OCHA, The humanitarian impact of the barrier, 2012, a.a.O.
384. OCHA, The humantitarian impact of the barrier 2008, a.a.O.; Naylor, Hugh, Barrier seperates Palestinian farmers from their land, The National 29.12.2010 unter:www.thenational.ae/news/world/middle-east/barrier-separates-palestinian-farmers-from-their-land
385. OCHA OPT, The humanitarian impact of the barrier, July 2012, a.a.O.
386. Palestinian Grassroots Anti-Apartheid Wall Campaign, Tulkarem: Sit-in at the gate of Wadi al-Rasha, 18.8.2010 unter: http://stopthewall.org/latestnews/2343.shtml

angerichtet hat, behoben sein werden. Nahezu eine Million Olivenbäume werden, der britischen NGO Oxfam zufolge, nach Fertigstellung der Mauer in der Zone zwischen Mauer und Grüner Linie liegen.[387] Viele Tausend weitere Olivenbäume sind für die palästinensischen Bauern unzugänglich, weil in ihrer Nähe israelische Siedlungen gebaut wurden, deren Umgebung von Palästinensern nicht betreten werden darf. Immer wieder weitet die israelische Armee die für Palästinenser verbotenen Zonen in der Nähe der Mauer oder kolonialer Siedlungen aus.

Ein Angriff auf die Oliven ist zugleich ein Angriff auf die palästinensische Kultur und Identität. »Die Frucht des Olivenbaumes ist zutiefst symbolisch für die palästinensische Bevölkerung; es ist ihre beliebteste und beständigste Feldfrucht. Der Olivenbaum ist historisch, kulturell und sogar spirituell mit dem Land Palästina verbunden, denn die Olive wird im Koran und in der Bibel als gesegnete Frucht erwähnt. Olivenbäume können Hunderte von Jahren leben und mehrere Generationen von Familien kümmern sich um denselben Baum. Sie sind ein bleibender Teil des Erbes vieler Palästinenser und schaffen eine spezielle Verbindung zwischen der Bevölkerung und ihrem Land.«[388]

Traditionelle Wirtschaftsräume und Handelszentren wurden durch die Apartheidstruktur zerstört. In Qalqiliya, al-Khalil/Hebron, und den an Jerusalem angrenzenden Städten ist das einstmals pulsierende kommerzielle Leben zum Erliegen gekommen. Die Einschränkung der Bewegungsfreiheit infolge der Apartheidstruktur war laut der Weltbank ein wesentlicher Faktor für das Absinken des palästinensischen GDP um 60 % zwischen 1999 und 2008.[389] Der Anteil der Landwirtschaft hat sich zwischen 1995 und 2011 von 12 % auf 5,5 % halbiert.[390] Israel zerstört darüber hinaus systematisch die einheimischen Sektoren der Wirtschaft. 2011 verbot die israelische Militärverwaltung das weitere Betreiben palästinensischer Steinbrüche bei Bethlehem und begann mit der Zerstörung der Holzkohleproduktion in Jenin und Umgebung.[391] Touristenströme werden systematisch an den palästinensischen touristischen Hauptattraktionen Bethlehem und Jericho vorbei in die Siedlungen geleitet, um auch diese Einnahmequelle auszutrocknen. Jeder zweite Palästinenser

387. Oxfam, The road to olive farming. Challenges to developing the economy of olive oil in the West Bank, Oxford October 2010

388. Chehata, Hanan, A harvest of tears: Palestinian agriculture continues to suffer as a result of ruthless Israeli policies, 19.10.2011unter: www.middleeastmonitor.org.uk/reports/by-dr-hanan-chehata/2959-a-harvest-of-tears-palestinian-agriculture-continues-to-suffer-as-a-result-of-ruthless-israeli-policies

389. Human Rights Watch, Separate and Unequal, 19.12.2010, S. 14 unter: hrw.org/sites/default/files/reports/iopt1210webwcover_0.pdf

390. UN News centre, Long-term Palestinian economic prospects worsen, despite recent growth – UN report 5.9.2012 unter: www.un.org/apps/news/story.asp?NewsID=42800&Cr=Palesine&1=UEi9HyJaTHp

391. Parrhesia, Circarre; Steele, David, Palestinian quarry ordered to close due to settler action, IMEMC 15.2.2011 unter: www.imemc.org/article/60644; Ma'an News agency, 10 wood-coal workshops demolished in Jenin, Ma'an 22.6.2011 unter: www.maannews.net/eng/ViewDetails.aspx?ID=398867

lebt in Armut und in einigen Teilen der Westbank besteht – ähnlich wie im Gazastreifen – eine humanitäre Dauerkrise.

Der Südafrikaner Ronnie Kasrils zeigte sich schockiert über das Tempo der kolonialen Enteignung und fand, dass der Vergleich mit der südafrikanischen Apartheid der Situation in Palästina nicht ausreichend gerecht wird: »Ja, es gibt ungeheure Parallelen zur Apartheid, aber das Problem mit Vergleichen ist, dass sie eigentlich vom palästinensischen Kontext ablenken. (...) Wir müssen nach einer anderen Definition suchen. Was mir einfiel, ist Enteignung, koloniale Enteignung. Der größte Teil der kolonialen Enteignungen fand über Jahrhunderte durch Siedler und gewaltsame Vertreibungen statt. In Südafrika war das ein Prozess über 300 Jahre. Hier ist es innerhalb von 50 Jahren passiert; 1948, 1967 und in der Gegenwart in Form eines hochgradigen Militarismus in der Westbank und Gaza, der zur Mauer geführt hat, die ich nicht als Sicherheitsmauer ansehe, sondern als Enteignungsmauer.«[392]

Auch die israelische Soziologin Alina Korn weist auf die Unterschiede zwischen dem südafrikanischen Modell der Bantustans und dem israelischen Modell der palästinensischen Enklaven hin: »Anders als die Bantustans, die vom südafrikanischen Apartheidregime entwickelt wurden, um die einheimische Bevölkerung abzusondern, während ihre Arbeitskraft ausgebeutet wird, scheinen die palästinensischen Enklaven dem klassischen Getto zu ähneln. Sie sind kleiner, zersplitterter und sie dienen als Behälter zur Aufbewahrung einer überflüssigen Bevölkerung. Ihre Bewohner sind gefangen hinter Stacheldraht, Zäunen, Gräben und Mauern. Sie sind verarmt, es fehlt ihnen Infrastruktur, sie sind von öffentlichen Dienstleistungen und Ressourcen wie landwirtschaftlich nutzbaren Flächen, Wasser, Arbeitsplätzen und medizinischen Zentren abgeschnitten. Die palästinensischen Gettos sind dazu bestimmt, die [1967 besetzten] Gebiete unter israelischer Kontrolle zu halten, ohne für die Existenz der nicht-jüdischen Bevölkerung zu sorgen. Anders als die Bantustans, die es den weißen Siedlern ermöglichten, die einheimische Bevölkerung zu dominieren, während diese abgesondert blieb, wurde das israelische Passierschein-Regime eingeführt, als Israel der billigen palästinensischen Arbeitskraft den Rücken zukehrte.«[393]

Alina Korn zufolge führt die israelische Gettoisierungspolitik zu einer »Zerstörung der politischen und bürgerlichen Organisation und zur Auflösung des natürlichen und nationalen Gefüges der palästinensischen Gesellschaft«. Aufgrund der weitgehenden Isolation der palästinensischen Gettos voneinander, können diese, anders als die afro-amerikanischen Gettos in den USA der 1960er und 1970er Jahre, nicht einmal in geschützte Zonen und starke Basen, aus denen heraus eine Form der Gegenmacht entwickelt werden kann, verwandelt werden. Die israelische Gettoisierungspolitik »trennt Distrikte von anderen Distrikten, Vorstädte von

392. McGreal, Brothers in arms, a.a.O.

393. Korn, Alina, The Ghettoization of the Palestinians in: Lentin, Ronit (Hg), Thinking Palestine, London/New York 2008, S. 122

Städten, Dörfer von städtischen Zentren und landwirtschaftlichen Nutzflächen. Sie zersplittert die Bevölkerung, löst Menschen aus ihrer vertrauten Umgebung heraus und hindert Gemeinschaften, die in jedem Aspekt ihres Lebens miteinander verbunden sind, daran, diese Verbindungen aufrechtzuerhalten. Die natürliche Entwicklung großer Regionen wird verhindert und sie sind zu Ruin und Auszehrung verdammt.«[394]

Der israelische Antizionist Yitzak Laor sieht in der israelischen Gettoisierungspolitik die letzte Phase eines langen kolonialen Krieges zur Zerstörung der einheimischen palästinensischen Gesellschaft: »Israel betreibt einen langen Vernichtungskrieg gegen die palästinensische Gesellschaft. Das Ziel ist, die palästinensische Nation zu zerstören und sie in vormoderne Gruppierungen, die auf dem Stamm, dem Klan und der Enklave basieren, zurückzutreiben. Das ist die letzte Phase der zionistischen kolonialen Mission, die in unzugänglichen Townships, Lagern, Dörfern, Distrikten kulminiert, die alle eingemauert oder eingezäunt werden, wo eine mächtige Armee patrouilliert, die in Ermangelung eines richtigen militärischen Ziels, tatsächlich eine über-ausgerüstete Polizei ist, die F16, Apaches, Panzer, Artillerie, Kommandoeinheiten und Hightech-Überwachung zu ihrer Verfügung hat.«[395]

Die israelische Politik hat zur Folge, dass große Teile der palästinensischen Bevölkerung heute für ihr Überleben wesentlich auf Gelder aus dem Ausland und humanitäre Hilfen angewiesen ist. Viele Palästinenser sehen keine andere Möglichkeit, als das Land zu verlassen, um ein Auskommen zu finden und ihre Familien finanziell zu unterstützen, in ihrem Beruf zu arbeiten oder einfach, um der israelischen Gewalt zu entgehen.

Die Zahl palästinensischer Auswanderer ist in den vergangenen Jahren angestiegen und es waren vor allem Akademiker, junge Leute und ehemalige Gefangene, die das Land verließen oder sich darum bemühten. Die USA und Kanada unterstützen die israelische Politik der indirekten ethnischen Säuberung, indem sie Palästinensern Erleichterungen bei der Einreise gewähren.[396] Diese Entwicklung entspricht dem israelischen Kalkül, die Zahl der Palästinenser möglichst zu reduzieren. Bereits zwischen 1967 und 1994 vertrieb Israel durch bürokratische Maßnahmen mehr als 400.000 Palästinenser aus der Westbank.[397] Seit 2000 hat es die Familienzusammenführung in der Westbank weitgehend ausgesetzt, sodass Ehepartner und Familienmitglieder nicht mehr dorthin ziehen können. Die israe-

---

394. Korn, a.a.O. S. 123
395. Laor, Yitzhak, London Review of Books, Vol.31 No.2, 29.1.2009, S. 5-6, Responses to the War in Gaza unter: www.lrb.co.uk/v31/n02/gaza-writers/Responses-to-the-war-in-gaza
396. Aljazeera.net (Arabisch), Qalaq min tanami hijra al-filisttiniin, 18.4.2010
397. Eldar, Akiva, Israel admits it covertly canceled residency status of 140.000 Palestinians, Haaretz 11.5.2011 unter: www.haaretz.com/print-edition/news/israel-admits-it-covertly-canceled-residency-status-of-140.000-palestinians-1.360935; Human Rights Watch, Israel: End restrictions on Palestinian residency, 5.2.2012 unter: www.hrw.org/news/2012/02/05/israel-end-restrictions-palestinian residency

lische Menschenrechtsorganisation B'Tselem schätzt, dass 640.000 Palästinenser in der Westbank und dem Gazastreifen einen Elternteil, Bruder oder Schwester, Kind oder Ehegatten haben, dessen Eintrag ins Bevölkerungsregister Israel verweigert.[398] 2010 wurde die Militärorder 1650 erlassen, die die Deportation von Palästinensern, die sich ohne die von Israel geforderten Genehmigungen in der Westbank aufhalten, vorsieht.[399]

398. Human Rights Watch, a.a.O.; siehe auch Levy, Gideon, Twilight Zone/Seperation anxiety, Haaretz 1.7.2011 unter: www.haaretz.com/weekend/magazine/twilight-zone-separation-anxiety-1.370698
399. Hass, Amira, IDF order will enable mass deportation from West Bank, Haaretz 10.4.2010; Andoni, Lamis, Jordan is not Palestine, Aljazeera, 4.7.2010

Die ethnische Säuberung des Jordantals

»Die Existenz der palästinensischen Bevölkerung im Jordantal ist eine Form des Widerstands, denn Israel wurde als Staat auf einer großen Lüge aufgebaut: ein Land ohne Volk für ein Volk ohne Land. Im Jordantal haben sie versucht dies [diese Lüge zu einer Realität] zu machen, indem sie vollendete Tatsachen schaffen und die Palästinenser von ihrem Land, aus ihren Dörfern vertreiben. Zu existieren heißt im Jordantal, Widerstand zu leisten. Die Menschen, die es bewerkstelligen, unter diesem gewaltigen Druck der Besatzung bis jetzt im Jordantal zu bleiben – ich denke, das ist eine Form des Widerstands. Auf dem Land zu bleiben, ist eines der erfolgreichsten Dinge.« (Fathy Khdirat, Jordan Valley Solidarity Campaign)[400]

Israel betreibt überall in Zone C in Vorbereitung der Annexion eine Politik der ethnischen Säuberung. Im Jordantal, das zu 87 % zur Zone C gehört und faktisch bereits annektiert wurde, ist diese besonders weit fortgeschritten. Ursprünglich plante Israel eine Mauer um das Jordantal, um es dadurch von der Westbank zu trennen und dem israelischen Staatsgebiet einzuverleiben. Nach heftiger internationaler Kritik und einem Urteil des israelischen Obersten Gerichtshofs nahm die Regierung jedoch Abstand von dem Vorhaben. Seither bedient sich Israel subtilerer, aber deswegen nicht weniger wirkungsvoller Maßnahmen, um sein Ziel zu erreichen. Die »eiserne Mauer« wurde durch eine »gläserne Mauer« ersetzt.

Anfang 2006 gab Israel die Isolation des Jordantals von der Westbank bekannt und gliederte es aus den Endstatusverhandlungen mit der Autonomiebehörde aus. Die israelische Menschenrechtsorganisation B'Tselem machte im Februar desselben Jahres darauf aufmerksam, dass das israelische Militär zwischen dem »Territorium von Judäa und Samaria« (d. h. die Westbank) und dem Jordantal unterscheidet, »was darauf hinweist, dass Israel die beiden Gebiete nicht als eine territoriale Einheit ansieht«.[401] Vier israelische Checkpoints kontrollieren den Zugang zum Jordantal. Palästinenser aus der Westbank dürfen ohne spezielle Genehmigung mit Privatfahrzeugen nicht hinein. Sie brauchen für einen Besuch im Jordantal dieselben Genehmigungen wir für einen Besuch in Israel.[402] Das gilt auch für diejenigen Palästinenser, die zwar nicht im Jordantal leben, dort aber Land besitzen. Dorthin

400. Kestler, D'Amours, Jilian, In the Jordan Valley, existence is resistance, Aljazeera 29.7.2011
401. B'Tselem 13.2.2006, Israel has de facto annexed the Jordan Valley unter: www.btselem.org/settlements/20060213_annexation_of_the_Jordan_Valley; White, Ben, Jordan valley is a microcosm of Israel's colonisation, The Guardian 17.10.2010 unter: www.guardian.co.uk/commentisfree/2010/aug/17/jordan-valley-microcosm-israel-colonisation
402. McGreal, Chris, Israel excludes Palestinians from fertile Valley, The Guardian 14.2.2006 unter: www.guardian.co.uk/world/2006/feb/14/israel

umziehen können sie nicht, da Israel jeden, der keine Jordantal-Identitätskarte besitzt, daran hindert, dort zu leben und Adressänderungen im Jordantal seit 2000 grundsätzlich verweigert.

Bereits im Allon-Plan wurde die Annexion des Jordantals als strategische Notwendigkeit bezeichnet. Seit 1967 bestehen alle israelischen Regierungen auf der Unverzichtbarkeit der permanenten Kontrolle des Jordantals für die Sicherheit des Staates. Im Mai 2011 legte Ministerpräsident Netanjahu in einer Rede vor dem US-Kongress dar: »Israel wird das Jordantal niemals aufgeben. Israel wird in einem Friedensabkommen mit den Palästinensern niemals einem Abzug aus dem Jordantal zustimmen. Es ist vital – absolut vital –, dass Israel eine langfristige Präsenz entlang des Jordanflusses unterhält.«[403]

Auch die jüdisch-israelische Bevölkerung ist davon überzeugt, dass das Jordantal zu Israel gehöre. Einer Umfrage der israelischen Menschenrechtsorganisation ACRI von 2011 zufolge weiß fast zwei Drittel der israelischen Bevölkerung nicht, dass das Jordantal besetztes Gebiet ist und mehr als 80 % glauben, dass jüdische Israelis dort die Bevölkerungsmehrheit stellen.[404]

Das Jordantal ist ein Ort der Superlative: nirgendwo sonst sind Landraub und Vertreibung der palästinensischen Bevölkerung so weit fortgeschritten und nirgendwo sonst werden die einheimischen Ressourcen so intensiv ausgebeutet wie dort. Im Jordantal, das mit seinen über 1.600 km^2 fast 30 % der Westbank ausmacht, leben heute etwa 60.000 Palästinenser, während es 1967 noch schätzungsweise 200.000 bis 320.000 gewesen waren. Die Bewohner der drei Flüchtlingslager wurden nach der Besetzung von der israelischen Armee nach Jordanien vertrieben, das Dorf Jiftlik zerstört und ländliche Gemeinden entvölkert. Das Jordantal hat während und nach dem Krieg von 1967 einen so großen Teil seiner Bevölkerung verloren wie kein anderes Gebiet der Westbank. Die Rückkehr der Vertriebenen wurde wie 1948 durch Schüsse auf »Infiltratoren« verhindert, Landbesitzer auf schwarze Listen gesetzt, damit sie nicht in die Westbank zurückkehren können und den Bewohnern des Jordantals bis 1994 massenweise Residenzrechte entzogen. 60 % des Gebiets wurden zur geschlossenen militärischen Zone erklärt, zu der Palästinenser keinen Zugang haben.[405]

Die reichen Ressourcen des Jordantals wurden von Israel fast vollständig beschlagnahmt und werden von israelischen Konzernen und Siedlungen ausgebeutet. Im Jordantal gibt es 37 offizielle zionistische Siedlungen, in denen etwa 9.500

---

403. Epshtain, Itay, The Judaization of Palestine: 2011 Displacement trends, The Israeli commitee against house demolitions (ICAHD) 12.1.2012 unter:www.icahd.org/node/275

404. Association of Civil Rights in Israel (ACRI), Average Israelis, how much do you know about the Jordan Valley, 13.6.2011 unter: www.acri.co.il/2011/06/13/average-jewish-israelis-how-much-do-you-know-about-the-jordan-valley/

405. Melon, Mercedes, The Forcible Transfer of the Palestinian People from the Jordan Valley, al-Majdal issue 49, Spring-Summer 2012 unter: www.badil.org/en/al-majdal/item/1766-art6; Masalha, A Land without a People, a.a.O., S. 84ff.

Siedler leben.[406] Das Jordantal ist aufgrund seiner reichen Ressourcen und hervorragenden klimatischen Bedingungen das landwirtschaftlich produktivste Gebiet der Westbank. Da dort die Erträge 4 bis 10 Mal höher sind als anderswo, hat Israel es zu einem Zentrum seiner exportorientierten Agrarproduktion gemacht. Die dort produzierten Agrarerzeugnisse werden mit den Erzeugnissen anderer Regionen vermischt und unter dem Label »Made in Israel« exportiert.[407]

Die zionistischen Siedlungen liegen vor allem in der Mitte des Jordantals und im Norden, einige aber auch im Süden. Sie sind an Straßen angebunden, die nach Tel Aviv und Jerusalem führen. Während die bebaute Fläche der Siedlungen nur 15 % ausmacht, kontrollieren diese jedoch riesige Flächen an Land. Diese Fläche hat sich in den 1990er Jahren um 45 % vergrößert. Auf jeden Siedler kommen durchschnittlich 3,5 Hektar Land, aber in den vergangenen Jahren wurden Schritte eingeleitet, um die Fläche pro Siedler – wie im Naqab – auf 8 Hektar zu erhöhen. Zwischen 2003 und 2005 investierte die israelische Regierung ca. 100 Millionen Euro in Projekte im Jordantal, um die Siedlerbevölkerung dort bis 2008 zu verdoppeln, was allerdings wie im Naqab gescheitert ist. Im Mai 2006 wurden die Jurisdiktions-Grenzen mehrerer Siedlungen per Militärorder ausgeweitet.[408] Im Sommer 2011 gab Israel einen weiteren Plan zur Beschlagnahmung von Land und der Erhöhung der Anzahl der Siedler im Jordantal bekannt.[409] Jede neue Siedlerfamilie im Jordantal bekommt ein Haus, einen Langzeitkredit über 15.000 Euro, sieben Hektar Land, kostenlose Gesundheitsversorgung, einen Nachlass von 75 % auf Strom und öffentliche Verkehrsmittel sowie eine unbegrenzte Menge an Wasser. Aufgrund der Vergünstigungen und finanziellen Zuwendungen der israelischen Regierung und US-amerikanischer zionistischer Organisationen sowie der Ausbeutung der Ressourcen der einheimischen Bevölkerung leben die Siedler im Jordantal im Wohlstand. Die Arbeitslosigkeit ist dort mit 6,5 % niedriger als in Israel und das Durchschnittseinkommen um 10 % höher.[410]

406. OCHA OPT, Humanitarian Fact Sheet on the Jordan Valley and the Dead Sea Area, Februar 2012 unter: www.ochaopt.org/documents(ocha_opt_jordan_valley_factSheet_february_2012_english.pdf
407. HRW, Separate and Unequal, a.a.O., S. 69; MA'AN Development Center, Eye on the Jordan Valley; medico international (Deutschland) und andere, Handel gegen den Frieden: Wie Europa zur Erhaltung illegaler israelischer Siedlungen beiträgt, 2012, S. 21ff. unter: www.medico.de/media/bericht-handel-gegen-frieden-wie-europa-zur-erhalt.pdf
408. PLO Negotiation Affairs Department (PLO-NAD), The Jordan Valley: A Microcosm of the Israeli Occupation, Factsheet Dezember 2011, S. 5 unter: www.alzaytouna.net/english/selections/2012/Jordan_Valley_Israel_2_12.pdf
409. Kestler-D'Amours, Jilian, In the Jordan Valley, existence ist resistance, a.a.O; Murphy, Kevin, Israel plans to double settlement area in Jordan Valley, IMEMC 1.7.2011 unter: www.imemc.org/article/61585
410. MA'AN Development Center &Jordan Valley Popular Commitees, Bankrolling Colonialism. How US Zionist organizations in the Jordan Valley are undermining a future Palestinian State, 2010, S. 8f. unter: www.maan-ctr.org/pdfs/settlement.pdf

Katastrophale Lebensbedingungen der Palästinenser

Der Raub der einheimischen Ressourcen durch den zionistischen Siedlerkolonialismus bedeutet Elend für die palästinensische Bevölkerung. Während die Siedler in komfortablen Häusern mit Swimmingpools leben, die jenen in den reichen US-Vorstädten nachgebildet zu sein scheinen, lebt die einheimische Bevölkerung in Baracken unterhalb des Existenzminimums, teilweise sogar unter ähnlichen Bedingungen wie die Menschen in den Flüchtlingslagern des Kongo oder des Sudans. Die Bevölkerung des Jordantals setzt sich aus Bauern und Beduinen zusammen. Sie lebt in 44 Ortschaften, deren bebautes Gebiet etwa 20 km^2 beträgt. 17 Ortschaften haben eine primär nomadische Bevölkerung und 27 eine primär bäuerliche. Die palästinensische Bevölkerung des Jordantals lebt zu 76 % in der Enklave Jericho, die unter der Kontrolle der Autonomiebehörde steht, in den Dörfern der Jiftlik-Region und dem Norden.[411] Ein Viertel der Bevölkerung lebt in Zone C, darunter etwa 7.900 Beduinen und Hirten.[412]

Die Palästinenser in Zone C sind härteren Lebensbedingungen ausgesetzt als die Menschen im belagerten Gazastreifen. Aufgrund von Landraub und Wasserentzug ist ihre Existenz äußerst prekär. Viele Familien haben keinen Zugang zu sauberem Trinkwasser und Elektrizität. Israelische Restriktionen bei der landwirtschaftlichen Nutzung des Bodens und Wasserentzug haben dazu geführt, dass sich die einheimische Bevölkerung in diesem Gebiet nicht mehr ausreichend ernähren kann und viele Kinder aufgrund dessen erkrankt sind. 60 % der Familien leben unterhalb der Armutsgrenze.

Nach einer Studie des Welternährungsprogramms aus dem Jahr 2009 ist die Ernährung von 18 % der Bevölkerung im Distrikt Jericho und von 33 % im Distrikt Tubas nicht gesichert.[413] Die bekannte britische NGO »Save the Children« untersuchte 2009 die Lebensbedingungen in Zone C und stellte fest, dass 79 % der Gemeinden sich nicht ausreichend ernähren können – im Gazastreifen sind es im Vergleich dazu 61 %. 84 % der Familien sind für ihr Überleben von humanitärer Unterstützung abhängig. 44 % der Kinder in Zone C leiden an Diarrhö, der weltweit häufigsten Todesursache von Kindern unter fünf Jahren. 15 % der Kinder unter fünf Jahren sind untergewichtig. Mehr Kinder als im Gazastreifen weisen darüber hinaus ein verkümmertes Wachstum auf.[414] Nur 8 % der Palästinenser im Jordantal

411. PLO Negatiations Affairs Department, The Jordan Valley, a.a.O., S. 2
412. OCHA OPT, Humanitarian Fact Sheet on the Jordan Valley, a.a.O.
413. MA'AN Development Center & Jordan Valley Popular Commitees, Eye on the Jordan Valley, 2010, S. 21 unter: www.maan-ctr.org/pdfs/Eyeon_theJVReportFinal.pdf
414. Save the Children, Children in West Bank facing worse conditions than in Gaza unter: reliefweb.int/report/occupied-palestinian-territory/children-west-bank-facing-worse-conditions-gaza; Save the Children UK, Life on Edge: The Struggle to survive and the Impact of Forced Displacement in High Risk Areas of Occupied Palestinian Territory, Jerusalem October 2009; Aljazeera, West Bank poverty »worse than Gaza«, 30.6.2010 unter: www.aljazeera.com/news/middleeast/2010/06/2010062916845576597.html

haben Zugang zu medizinischer Versorgung.[415]

Die Palästinenser im Jordantal kämpfen um das reine Überleben. Die extrem restriktive Politik Israels hat dazu geführt, dass Palästinenser nur noch zu 6 % des Landes im Jordantal Zugang haben. Dadurch wurde nicht nur ihre Landwirtschaft weitgehend zerstört, auch die Viehhaltung ist zu einem Problem geworden. Die Palästinenser können ihre Tiere kaum noch weiden, da immer größere Flächen ihres Weidelands beschlagnahmt werden. Außerdem stehlen ihnen Siedler regelmäßig die Tiere und Soldaten verhängen aus haarsträubenden Anlässen hohe Bußgelder. Die israelische Gruppe Checkpoint Watch berichtete z. B., dass ein Schäfer umgerechnet 136 Euro Bußgeld zahlen sollte, weil sich seine Ziege auf »unmarkiertem Gebiet« bewegt hatte. Da die einheimische Bevölkerung im Jordantal unter extremer Armut leidet, sind derartige Bußgelder eine große Belastung. Widersprüche und Klagen dagegen sind ebenso wirkungslos wie Anzeigen gegen die kontinuierlichen Übergriffe der Siedler.

Rechtsanwalt Neven Khdirat von der palästinensischen Menschenrechtsorganisation Al-Haq beschreibt die Situation wie folgt: »Wir haben Hunderte von anhängigen Fällen, aber davon kommen nur 4 bis 5 % vor Gericht, und dann kollabieren sie oft aus lächerlichen Gründen. Letzte Woche wurde über einen Mann aus dem Dorf al-Malik wegen eines Verkehrsdelikts ein Bußgeld von 420 Euro verhängt. Als wir das vor ein israelisches Gericht brachten, bekam der Mann keine Erlaubnis, zu seiner Anhörung zu kommen. Als ein Siedler das Tier eines Bauern tötete, wurde der Bauer wegen Aufhetzung verhaftet.«[416]

Immer wieder hindern Israels Soldaten die einheimische Bevölkerung daran, ihre Ernten einzubringen oder zerstören diese.[417] Sie beschlagnahmen Traktoren und konfiszieren Vieh.[418] Anfang Juni 2012 berichteten Bewohner im Norden des Jordantals, dass die israelische Armee dazu übergegangen sei, große Flächen von Weideland in Brand zu stecken.[419] Viele Palästinenser – auch Kinder - müssen sich, um überleben zu können, als Billiglöhner in den israelischen Siedlungen verdingen, wo sie nicht mehr als zehn Euro pro Tag verdienen.[420]

415. Ma'an Development Center, Parallel Realities: Israeli Settlements and Palestinian Communities in the Jordan Valley, 2012, S. 34 unter: www.maan-ctr.org/pdfs/FSReport/Settlement/content.pdf

416. Palestine Monitor Report, How to make a population disappear 17.5.2010, unter: jordanvalleysolidarity.org/index.php/our-partners/international-solidarity/44-english-ca tegories/reports/reports2010/186-how-to-make-a-population-disappear

417. Ma'an News Agency, Official, Israeli troops block villagers from crops, 4.5.2011 unter: www.maannews.net/eng/ViewDetails.aspx?ID=384103

418. Ma'an News Agency, Village council: Israel confiscating livestock in Tubas 11.8.2012 unter: www.maannews.net/eng/ViewDetails.aspx?ID=511782; Ma'an News Agency, Governor: Israeli forces confiscate livestock in Jordan Valley 23.9.2012 unter: www.maannews.net/eng/ViewDetails.aspx?ID=522534; International Solidarity Movement, Tractors confiscated in Al Jiftlik, Jordan Valley 29.3.2011, unter: http://palsolidarity.org/2011/03/17276

419. News from the Jordan Valley, The IOF set fire to Jordan Valley natural area, 9.6.2012 unter: www.jordanvalleyssolidarity.org/index.php?option=com_content=article&id=443

420. MA'AN Development Center, Eye on the Jordan Valley, S. 19f.

Die einheimische Bevölkerung leidet außerdem darunter, dass Israel die Reparatur von so grundlegender Infrastruktur wie Häuser, Schulen, Abwassersystem und Straßen verweigert, sodass diese in einem sehr schlechten Zustand sind. Zwischen Januar 2000 und September 2007 wurden 94 % aller Anträge auf Baugenehmigungen in Zone C abgelehnt.[421] Über den notwendigerweise ohne Genehmigung errichteten Bauten, darunter Wohnhäuser, Schulen, Straßen, Brunnen und Ställe hängt das Damoklesschwert der jederzeit möglichen Zerstörung durch die israelische Armee. Viele dieser Bauten wurden in den vergangenen Jahren ein oder mehrmals zerstört, von ihren Bewohnern jedoch wieder aufgebaut. Der Bau fester Häuser ist prinzipiell verboten, sodass die Menschen – wie vielerorts im Naqab – in barackenartigen Gebäuden leben müssen. Teilweise ist auch genau vorgeschrieben, welches Material verwendet werden darf und welches nicht. Wird etwa ein Stall aus Metall gebaut, statt wie vorgeschrieben aus Holz, wird er zerstört. Nicht nur für die Errichtung von Behausungen ist eine Genehmigung erforderlich, ebenso für den Bau von Latrinen oder landwirtschaftlich genutzten Gebäuden, für den Anschluss an die Wasser- oder Stromversorgung, für die Vermarktung der landwirtschaftlichen Erzeugnisse in anderen Orten, für den Straßenverkauf, für den Kauf eines mobilen Wassertanks, für das Weiden der Schafe und Ziegen, für den Kauf von Dünger und Viehfutter, für den Brunnenbau oder das Auffangen von Regenwasser, für die Arbeit in einer israelischen Siedlung, für einen Familienbesuch außerhalb der unmittelbaren Umgebung. Genehmigungen werden fast nie erteilt.[422]

Um seine prekäre demografische Balance durch die Annexion des Jordantals nicht weiter zu gefährden, hat Israel in den vergangenen Jahren die systematische Vertreibung der einheimischen Bevölkerung intensiviert. Die wichtigsten Mittel dazu sind: Häuserzerstörungen, Wasserentzug, die Deklarierung großer Flächen palästinensischen Landes zu militärischen Übungsplätzen oder Naturreservaten und die Terrorisierung der palästinensischen Bevölkerung durch Siedler und Soldaten.

---

421. Save the children UK, Forced Displacement in the Occupied Palestinian Territory. Briefing Paper October 2009 unter: Save the Children_BriefingpaperOct09.pdf, S. 5

422. Brighton Tubas Friendship and Solidarity Group, Settlement Expansion and ethnic cleansing in Palestine. A Jordan Valley Case Study, June 2009 unter: www.brightonpalestine.org/sites/default/files/images/pdfs/Settlement expansion and ethnic cleansing in Palestine Jordan Valley case study bw.pdf; zu den Lebensbedingungen im Jordantal siehe auch Human Rights Watch, Separate and Unequal, a.a.O., S. 65ff.; Hinrichs, Beate, Für Israel gibt es kein Jiftlik. Palästinenserdorf in der Westbank trotzt der Besatzung, Deutschlandradio 6.8.2011 unter: www.dradio.de/dlf/sendungen/einewelt/1522741

Häuserzerstörungen

Im Jordantal vergeht keine Woche ohne Zerstörung von Häusern oder Infrastruktur. In den vergangenen drei Jahren hat Israel die Zerstörung palästinensischer Häuser verstärkt. Davon betroffen ist die gesamte Zone C, wo nur auf 1 % des Landes, das größtenteils schon bebaut ist, von Palästinensern gebaut werden darf. Im Gegensatz dazu fördert der Staat in den israelischen Siedlungen, die in Zone C 70 % des Landes kontrollieren, eine intensive Bautätigkeit und Expansion.[423] Im Juli 2010 berichtete die Tageszeitung Haaretz, dass das Verteidigungsministerium, die Ziviladministration, die für die Zerstörungsoperationen in der Westbank zuständig ist, angewiesen hat, intensiver gegen die in Zone C errichteten »illegalen« Bauten vorzugehen.[424] Wegen seiner strategischen Bedeutung ist das Jordantal einer der israelischen Schwerpunkte der Häuserzerstörungspolitik. Dort wurden seit 2006 mehr Häuser zerstört als irgendwo sonst in der Westbank. 2011 waren es über 200 Bauten – 40 % aller Häuserzerstörungen in der Westbank. Dadurch wurden 430 Palästinenser obdachlos und der Lebensunterhalt von weiteren 1.200 Menschen geschädigt.[425]

B'Tselem zufolge ist Israels Motiv für die Häuserzerstörungen im Jordantal »nicht gegründet auf militärische Sicherheitsbedürfnisse, sondern politisch: die de facto Annexion des Jordantals«. Luisa Morgantini, die ehemalige Vizepräsidentin des europäischen Parlaments, kommentierte: »Ein Gebiet, das heute von seinen Einwohnern gesäubert wird, lässt sich morgen leichter annektieren.«[426] Jeff Halper vom Israelischen Komitee gegen die Häuserzerstörungen (ICAHD) stellt einen Zusammenhang zwischen der israelischen Politik innerhalb der Grünen Linie und in den 1967 besetzten Gebieten her: »Die Politik des Abrisses von Häusern in den 1967 besetzten Gebieten ist nichts anderes als eine Fortführung der 1948 begonnenen«, so Halper. »Der Zweck ist, PalästinenserInnen in kleine Enklaven im Land zu zwingen und ihnen letztlich das Leben so schwer zu machen, dass sie weggehen.«[427]

Viele Familien leben schon seit Hunderten von Jahren im Jordantal, andere sind Binnenflüchtlinge, darunter Familien, die 1948 aus dem Naqab/Negev, 1967 aus anderen Teilen der Westbank oder in den 1990er Jahren von Siedlern aus den südlichen Hebron-Bergen vertrieben worden waren. Die Erfahrung der

423. OCHA OPT, Sharp increase in demolitions and displacement in the West Bank, Update July 2010 unter: www.ochaopt.org/documents/ocha_opt_demolitions_update_july_2010_english.pdf
424. Levison, Chaim, Civil Administration told to crack down on illegal Arab structures, Haaretz, 19.7.2010
425. OCHA OPT, Humanitarian Fact Sheet on the Jordan Valley, a.a.O.; Melon, a.a.O.; MA'AN Development Center, Demolitions in the Jordan Valley, Spotlight 4, 2012 unter: www.maan-ctr.org/pdfs/FSReport/JVEN.pdf
426. White, Jordan Valley, a.a.O.; Malini, Barbara, Morgantini on silent expulsion in Jordan Valley, Ma'an News Agency 14.8.2010 unter: www.maannews.net/eng/ViewDetails.aspx?ID=307999
427. Ökumenisches Begleitprogramm in Palästina und Israel (EAPPI), Situationsbericht 2010, No.5: Eine neue Welle der Zerstörung, August 2010 unter: eappi.org/de/materialien/factsheets.html?no_cache=1&id=34510&id=223168&sechash=ef26069e

Vertreibung bestärkt die meisten von ihnen darin, sich nicht noch einmal vertreiben zu lassen. Über 30 % der Familien, die in Zone C des Jordantals leben, sind seit 2000 mindestens einmal vertrieben worden und viele Familien haben ihre zerstörten Ortschaften mindestens vier Mal wieder aufgebaut.[428]

Häuserzerstörungen haben für die betroffenen Familien und Gemeinden gravierende Folgen: »Die Zerstörung von Häusern und Quellen des Lebensunterhalts hat verheerende unmittelbare und längerfristige Folgen für palästinensische Familien und Gemeinden, von denen viele bereits unterhalb der Armutsgrenze leben und als solche zu den verletzlichsten Menschen in den besetzten palästinensischen Gebieten gehören. Zusätzlich dazu, dass die Familie ihres hauptsächlichen Vermögens und der Quelle der physischen und ökonomischen Sicherheit beraubt wird, führen Häuserzerstörungen zu einer signifikanten Verschlechterung der Lebensbedingungen, einer Zunahme von Armut und langfristiger Instabilität sowie zu eingeschränktem Zugang zu grundlegenden Dienstleistungen wie Bildung, Gesundheitsversorgung sowie Wasser und Abwasserentsorgung. Die Folgen können besonders für Kinder verheerend sein und posttraumatische Belastungsstörungen (PTSD), Depression, Angst und verminderte schulische Leistungen einschließen.«[429]

Wasserentzug

Die stärkste Waffe der Kolonialmacht gegen die einheimische Bevölkerung ist die Kontrolle des Wassers. Während die Siedler über Wasser im Überfluss verfügen, leiden die Palästinenser unter einem ernsten Wassermangel. Eine der ersten Militärverordnungen, die der zuständige militärische Verantwortliche im Jordantal erließ, war, den Palästinensern zu verbieten, die Wasserressourcen ohne Genehmigung zu nutzen. Das Wasser des Jordanflusses wird ausschließlich für die Versorgung der jüdisch-israelischen Bevölkerung genutzt, Palästinenser haben keinen Zugriff darauf. Während es vor der Besatzung 209 Brunnen im Jordantal gab, die den Palästinensern zur Verfügung standen, sind es jetzt noch 89.[430] Nur 37 % der Palästinenser im Jordantal haben direkten Zugang zu Wasser, nur 2 % zu einer Abwasserentsorgung.[431] Der israelische Wasserkonzern Mekorot kontrolliert das Wasser des Jordantals, wo ein Drittel der Wasserressourcen der Westbank liegen, fast vollständig. Durch seine Praxis, 200 Meter tief nach Wasser zu graben, sowie

428. Save the Children, Fact Sheet Jordan Valley October 2009 unter: www.savethechildren.org.uk/sites/default/files/docs/English_Jordan_VAlley_Fact_Sheet_and_Citations.pdf; Malini, a.a.O.
429. OCHA OPT, Sharp increase in demolition and displacement in the Westbank, Update July 2010, 31.7.2010 unter: unispal.un.org/UNISPAL.NSF/0/0F67564EF77670EA852577
430. B'Tselem, Dispossession and Exploitation: Israel's Policy in the Jordan Valley and Northern Dead Sea, May 2011, S. 32 unter: www.btselem.org/sites/default/files/201105_dispossession_and_exploitation_eng.pdf
431. MA'AN Development Center, Parallel Realities, a.a.O. S.25

die kontinuierliche Übernutzung der Ressourcen, hat Mekorot die Austrocknung eines Teils der palästinensischen Brunnen verursacht.[432] Quellen, die auf palästinensischem Land liegen, wurden zum Eigentum des Staates Israel erklärt und beschlagnahmt oder zum Versiegen gebracht. Die Auja-Quelle zum Beispiel, die die größte der Region und von zentraler Bedeutung für die lokale Landwirtschaft war, ist mittlerweile ausgetrocknet, da Israel direkt daneben Brunnen gebaut und deren Wasser umgeleitet hat. Dadurch wurden mehrere Hundert Hektar palästinensischen Agrarlands in Wüste verwandelt. Die Austrocknung des al-Auja-Gebiets hat zum Verschwinden der »Abu-Namleh«-Bananensorte geführt, die in ganz Palästina für ihr besonderes Aroma bekannt war. Auch das Tote Meer ist durch die extreme Übernutzung der Wasserressourcen von Austrocknung bedroht.[433]

Im Gegensatz zur einheimischen Bevölkerung werden die 9.500 kolonialen Siedler im Jordantal reichlich mit subventioniertem Wasser versorgt. Diese Siedler haben den wohl höchsten Wasserverbrauch des Landes. Jüdische Israelis verbrauchen landesweit pro Tag und Kopf durchschnittlich 300 Liter Wasser, Palästinenser nur durchschnittlich 70 Liter. Im Jordantal nützen die Siedler durchschnittlich 487 Liter pro Tag und Kopf nur für den Haushaltsgebrauch, im Norden des Toten Meers sind es sogar durchschnittlich 727 Liter. Wenn der Wasserverbrauch in der Landwirtschaft hinzugezählt wird, erhöht sich die Menge des pro Tag und Kopf verbrauchten Wassers auf 1.312 Liter.[434] Die 9.500 Siedler im Jordantal konsumieren insgesamt ein Viertel jener Wassermenge, die die 2,6 Millionen in der Westbank lebenden Palästinenser zusammen verbrauchen.[435]

Die Palästinenser im Jordantal bekommen nur einen Bruchteil des Wasser, das die zionistischen Siedler konsumieren. In Zbeidat sind es zum Beispiel 81 Liter pro Tag und Kopf, in al-Auja 82 Liter, in Ras al-Auja 30 Liter und in al-Hadidiya 20 Liter.[436] Zudem muss das benötigte Wasser oftmals mit Traktoren aus weit entfernt liegenden Orten geholt werden. Nicht immer werden die Palästinenser dabei von der israelischen Armee durch die Checkpoints gelassen. Manchmal werden die Wassertanks mitsamt der sie ziehenden Traktoren beschlagnahmt und nur gegen hohe Bußgelder und die schriftliche Versicherung des Besitzers, dass er das Gebiet verlässt, wieder freigegeben. »Über Generationen haben wir Löcher in den Boden gegraben, in denen wir genügend Wasser für sechs Monate auffingen, um Menschen und Tiere zu tränken und Feldfrüchte zu wässern«, sagt Abu Sakri aus dem Dorf al-Hadidiya. »Jetzt sind unsere Brunnen verschlossen worden und wir sind gezwungen, Wasser aus einem 35 km entfernten Ort hierher zu bringen. (...)

432. Human Rights Watch, Separate and Equal, a.a.O., S. 71-78
433. MA'AN Development Center & Jordan Valley Popular Commitees, Eye on the Jordan Valley, a.a.O., S.2 5
434. MA'AN Development Center, Parallel Realities, a.a.O. S. 19
435. Human Rights Watch, Separate and Unequal, a.a.O., S. 18
436. MA'AN Development Center, Parallel realities, a.a.O., S. 19

Man braucht keine Gewehre, um Menschen zu töten. Uns unsere Brunnen nicht benutzen zu lassen, ist genau so effektiv.«[437] In vielen Gemeinden des Jordantals hat die Armee die Pipelines, die die Bewohner über Jahre mit Genehmigung der israelischen Verwaltung mit Wasser versorgt hatten, zerstört. Genehmigungen zur Errichtung von Auffangbecken für Regenwasser werden nicht erteilt und wenn sie trotzdem errichtet werden, beschlagnahmt oder zerstört.[438] Auch Wasserpumpen werden monatelang beschlagnahmt. Unter diesen Umständen kann der tägliche Wasserbedarf der Bevölkerung nicht mehr gedeckt werden. In einigen Gebieten stehen den Palästinensern weniger als 20 Liter pro Tag und Kopf zur Verfügung. Palästinenser zahlen überdies ein Vielfaches des Preises, der jüdischen Israelis berechnet wird. Die Weltbank vergleicht den Zugang zu Wasser in Zone C mit den Bedingungen der Flüchtlingslager im Kongo oder dem Sudan: »Mit einem Wasserverbrauch von 10 Liter pro Kopf und Tag in einigen Gebieten, haben einige Gemeinden der Westbank, vor allem in Zone C, einen Zugang zu Wasser, der vergleichbar ist mit dem von Flüchtlingslagern im Kongo oder dem Sudan.«[439]

Israel hat seine Politik, den palästinensischen Dörfern das Wasser zu entziehen, in den vergangenen Jahren verschärft. Zwischen 2009 und 2011 wurden 44 Zisternen und Regenwasserauffangbecken in Zone C zerstört, 20 davon zwischen Januar und Juli 2011. Davon betroffen waren 13.602 Palästinenser, von denen 127 (darunter 104 Kinder) durch die Aktionen vertrieben wurden. Dem UN-Büro zur Koordinierung humanitärer Angelegenheiten (OCHA) zufolge fand die Mehrzahl dieser Zerstörungen in Gebieten statt, die entweder zuvor zu geschlossenen militärischen Gebieten erklärt worden waren oder in der Nähe von zionistischen Siedlungen liegen.[440]

Überall in Zone C vervollständigen die Siedler die staatliche Austrocknung, indem sie Quellen und Brunnen beschlagnahmen, zu religiösen Heiligtümern, familiären Gedenkstätten oder touristischen Attraktionen erklären und der palästinensischen Bevölkerung den Zugang dazu verweigern. Bis März 2012 haben sie 30 Quellen an sich gebracht und 26 weitere sind massiv bedroht.[441]

---

437. Palestine Monitor Report, How to make a population disappear, a.a.O.
438. Levy, Gideon, Water Torture, Haaretz 8.7.2012 unter: www.haaretz.com/opinion/water-torture-1.449448
439. EWASH Advocacy Task Force Fact Sheet 5, Access to Water, Sanitation and Hygiene in Area C, März 2010 unter: ewash.org/files/library/5Factsheet5-AccesstoWASHinAreaC.pdf
440. Diakonia, Israel's Administrative Destruction of Cisterns in Area C of the West Bank. Legal Brief September 2011, S. 2f. unter: www.diakonia.se/documents/public/Hl/IHlanalysis/Diakonia_Cisterns_Legal_Brief_28092011_LOW.pdf; siehe auch Fact Sheet 11 EWASH Advocacy Task Force, Demolition and Destruction of Water, Sanitation & Hygiene (WASH) Infrastructure in the Occupied Palestinian Territory (OPT) unter: www.ewash.org/files/library/factsheet 11 -demolition.pdf
441. OCHA, The humanitarian impact of the take-over of Palestinian water springs by Israeli settlers, March 2012 unter: www.ochaopt.org/documents/ocha_opt_springs_factsheet_march_2012_english.pdf; Abdalla, Jihan; UN: Settlers grab Palestinian water springs, Ma'an News Agency 19.3.2012 unter: www.maannews.net/eng/ViewDetails.aspx?ID=469383; Rinat, Zafrir, Settlers make water sources a tourist site and bar Palestinians from entering, Haaretz 22.11.2010

Militärische Übungsplätze und Naturreservate

Die israelischen Methoden des Landraubs werden seit 1967 am exzessivsten im Jordantal angewendet: 53 % der Fläche wurden zu Staatsland erklärt (15,4 % in der Westbank), 56 % zu Schieß- oder militärischen Trainingsplätzen (13 % in der Westbank), 20 % sind als israelische Naturreservate ausgewiesen (5,6 % in der Westbank), 15 % gehören zu den Kommunalverwaltungen der Siedlungen (3,4 % in der Westbank) und 86 % stehen unter der Jurisdiktion der Regionalräte der Siedlungen. Weitere 7 % des Landes sind seit dem Wye-River-Memorandum von 1998 als palästinensische Naturreservate ausgewiesen, sodass insgesamt 94 % des Jordantals der palästinensischen Nutzung entzogen sind.[442]

Die Kategorisierung von Land als Naturreservate und militärische Übungsplätze ist, wie die Erfahrung von Jahrzehnten gezeigt hat, größtenteils als eine Art Zwischennutzung zu verstehen, bevor das Land an zionistische Siedler übergeben wird. Seit 1967 ist das mit zahlreichen militärischen Übungsplätzen geschehen. Alle palästinensischen Dörfer in der Region sind von Siedlungen oder/und Militärstützpunkten umzingelt. Militärische Übungsplätze wurden strategisch als Pufferzonen zwischen den Siedlern und der einheimischen Bevölkerung angelegt. Die Schießplätze richten sich speziell gegen die von Viehwirtschaft lebenden Dörfer, die dieses Land als Weidefläche nutzen oder sogar innerhalb der Schießplätze liegen. Die Schießplätze sind überall: vor den Zelten der Beduinen und entlang der Straßen. Immer wieder werden Palästinenser und ihre Tiere aufgrund dessen verletzt oder getötet. Der spätere Bürgermeister des Dorfes al-Aqaba, das zwischen zwei Militärbasen liegt, wurde zum Beispiel im Alter von 17 Jahren aus einem Übungsplatz heraus so schwer verletzt, dass er heute im Rollstuhl sitzt. Neben dem Terror, den die Präsenz ständig trainierender und schießender Soldaten in der unmittelbaren Nachbarschaft ausübt, waren die massive Einschränkung der Bewegungsfreiheit und Häuserzerstörungen der Grund dafür, dass 85 % der Bewohner das Dorf zwischen 1967 und 2006 verließen.[443]

3.400 Palästinenser leben in geschlossen militärischen Zonen und sind von akuter Vertreibung bedroht.[444] Die fünf Dörfer al-Farisiye, al-Malih, al-Ras al-ahmar, Khirbet Humsa und al-Hudidiya wurden direkt zu Schießplätzen erklärt.

Al-Farisiye wurde vor über 50 Jahren auf Land errichtet, das von einem Landbesitzer im nahe gelegenen Tubas gepachtet worden war. Die Bewohner des Dorfes wurden im Zensus, der bald nach der Besetzung stattfand, nicht erfasst und das

442. Es gibt in dieser Klassifizierung des Landes Überschneidungen. Ein bestimmtes Gebiet kann z.B. gleichzeitig als Schießplatz und als unter die Jurisdiktion der Regionalräte der Siedlungen fallend deklariert sein. Siehe: B'Tselem, Dispossession and Exploitation, a.a.O., S. 26; OCHA OPT, Humanitarian Fact Sheet on the Jordan Valley, a.a.O.

443. PLO-NAD, The Jordan Valley, a.a.O., S. 6

444. OCHA OPT, Humanitarian fact sheet on the Jordan Valley, a.a.O.

Gebiet zur »geschlossenen militärischen Zone« erklärt. Die Eigentumsrechte seiner Bewohner wurden nicht anerkannt und ihnen eine Aufenthaltsgenehmigung verweigert. Die Dorfbevölkerung weigerte sich jedoch, es zu verlassen. Neben dem Entzug von Wasser, aufgrund dessen die Bewohner das Dorf Anfang des Jahres 2010 vorübergehend hatten verlassen müssen, deklarierte Israel in jüngster Zeit das Gebiet als Schießplatz zur Legitimierung der Vertreibung der Bewohnern. 2009 brachte die israelische Armee am Eingang von al-Farisiye ein Schild an, auf dem das Gebiet zum Schießplatz erklärt wurde. Eine solche Bekanntmachung war stets der Auftakt zur Räumung palästinensischer Dörfer unter dem Vorwand, dass das militärische Training eine ernste Gefahr für sie darstelle. Einen Kilometer von al-Farisiye entfernt liegt die Siedlung Rotem und zwei Kilometer entfernt die Siedlung Mehola, die 1979 auf dem Land von al-Farisiye errichtet wurde. Das Land auf dem al-Farisiye liegt, wurde bereits dem Regionalrat der Siedler im Jordantal zugesprochen. Im Juli 2010 wurde al-Farisiye weitgehend zerstört und dadurch 113 Menschen, darunter 52 Kinder, obdachlos. Anfang August zerstörte die Armee auch die 27 Zelte, die diesen als Notunterkünfte gedient hatten.[445] Das Dorf wurde wieder aufgebaut, 2011 erneut in Teilen und 2012 vollständig zerstört. Jedes Mal wurde es wieder aufgebaut.

Schleichende ethnische Säuberung in Zone C

Der Prozess der schleichenden ethnischen Säuberung findet in der gesamten Zone C statt, die 62 % der Westbank umfasst. Etwa 400 Ortschaften liegen ganz oder teilweise in Zone C. Das bebaute Gebiet von 271 Gemeinschaften liegt zu über 50 % in Zone C, bei vielen von ihnen vollständig. In Zone C lebt etwa 5 % der palästinensischen Bevölkerung, schätzungsweise 150.000 Menschen, darunter viele kleine, Viehhaltung betreibende Gemeinschaften in den abgelegenen östlichen und südlichen Hügeln der Westbank. OCHA zählt sie zu den ärmsten und verletzlichsten Teilen der palästinensischen Bevölkerung.[446]

Eine OCHA-Studie von 2011 kommt zu dem Schluss, dass die israelische Siedlungspolitik, Häuserzerstörungen und andere Maßnahmen Beispiele eines »klaren Verdrängungsmusters« sind, und dass Palästinenser ihre Häuser und Gemeinschaften verlassen müssen, um ihre Grundbedürfnisse zu erfüllen.[447] Zwischen 2000

445. Human Rights Watch, New Peak in Arbitrary Razing of Palestinian Houses, 19.8.2010 unter: www.hrw.org/en/news/2010/08/19/israel-new-peak-arbitrary-razing-palestinian-homes; HRW, Separate and Unequal. a.a.O., S.67; Hass, Amira, IDF destroys West Bank village after declaring it military zone, Haaretz 21.7.2010

446. OCHA OPT, Area C Humanitarian Response Plan Fact Sheet, August 2010 unter: www.ochaopt.org/documents/ocha_opt_area_C_humanitarian_response_plan_fact_sheet_2010_09_03_english.pdf; siehe auch www.scribd.com/doc/99171728/Area-C-in-British-Parliamentary-Debate

447. OCHA OPT Displacement and Insecurity in Area C of the West Bank, Special Focus 2011, S.20 unter: www.ochaopt.org/documents/ocha_opt_area_c_report_august_2011_english.pdf

und 2009 wurde mehr als ein Drittel der Bevölkerung in Zone C dauerhaft oder vorübergehend vertrieben. 2011 stammte ein Drittel derjenigen, die innerhalb der Westbank aus ihren Häusern vertrieben wurden, aus dem Jordantal, darunter 60 % Kinder.[448]

Die Lage verschärft sich kontinuierlich. Die Zahl der von Häuserzerstörungen betroffenen Palästinenser ist, dem UN-Sonderberichterstatter für Menschenrechte in den 1967 besetzten palästinensischen Gebieten Richard Falk zufolge, seit 2010 um 87 % gestiegen. Allein in der ersten Hälfte des Jahres 2012 wurden 330 bauliche Strukturen (Wohnhäuser, Ställe, Wasserzisternen und Straßen) zerstört. Davon waren insgesamt 2.100 Palästinenser betroffen und 536 von ihnen wurden dadurch obdachlos, die Hälfte davon Kinder. Falk hob den Fall der Familie von Salim und Arabiya Shawamreh hervor, deren Haus, in dem sie mit ihren sieben Kindern leben, in den letzten 14 Jahren fünfmal zerstört wurde.[449] Unter Beteiligung israelischer und internationaler Aktivisten baute das Israelische Komitee gegen Häuserzerstörung (ICAHD) das Haus in Anata im Juli 2012 wieder auf.[450]

Der schleichende Charakter der ethnischen Säuberung in Zone C macht diese jedoch tendenziell unsichtbar. Es gibt keine Massenvertreibungen, kein großes militärisches Aufgebot, das die Palästinenser vor sich hertreibt und auf Lkws verlädt, keine Massaker wie 1948. Dass Vertreibung auch ohne diese dramatischen Szenen vor sich gehen kann, haben Gadi Algazi und Azmi Bdeir in einem Artikel in der israelischen Tageszeitung »Haaretz« betont: »Transfer ist nicht notwendigerweise ein dramatischer Moment, ein Moment, in dem Menschen vertrieben werden und aus ihren Städten oder Dörfern fliehen. Er ist nicht notwendigerweise eine geplante und gut organisierte Bewegung mit Bussen und Lastwagen voller Menschen wie 1967 in Qalqiliya. Transfer ist ein tiefer gehender Prozess, ein schleichender Prozess, der der Sicht entzogen ist. Er wird nicht auf Film festgehalten, kaum dokumentiert und findet vor unseren Augen statt. Jeder, der auf einen dramatischen Moment wartet, läuft Gefahr, ihn zu verpassen, während er geschieht.«[451]

Richard Falk, bezeichnet die israelische Politik in Teilen der Westbank als Politik der ethnischen Säuberung: »Die Anzeichen mehren sich, dass längerfristig betrachtet das allgemeine Muster der Kombination der erzwungenen Ausweisungen von Palästinensern [aus einem Gebiet] heraus und dem von der Regierung unterstützten freiwilligen Transfer israelischer Siedler [in ein Gebiet] hinein die systematische Politik Israels widerspiegelt, die Voraussetzungen für eine allumfassende Enteignung der Palästinenser und die Etablierung permanenter Kontrolle über die

448. S. 5; Melon, a.a.O.

449. Israeli Demolitions: »Number of Palestinians affected has increased by 87 % - UN Special Rapporteur, Genf 27.6.2012 unter: www.ohchr.org/NewsEvents/Pages/DisplayNews.aspx?NewsID=12296&LangID=E

450. Activestills, Photo Essay, West Bank home demolished by Israel is rebuilt, +972 Magazine 17.7.2012 unter: 972mag.com/photo-essay-volunteer-celebrate-rebuilding-of-home-repeatedy-destroyed-by-israel/51217/

451. Algazi, Gadi; Bdeir, Azmi, Transfer's real nightmare, Haaretz 15.11.2002 unter: www.haaretz.com/transfer-s-real-nightmare-1.28323

seit 1967 besetzten Gebiete zu schaffen. Nach einem Bericht der Vereinten Nationen wird erzwungener Bevölkerungstransfer oder ethnische Säuberung definiert als die ›systematische, erzwungene und vorsätzliche (...) Bewegung einer Bevölkerung in ein Gebiet hinein oder aus einem Gebiet heraus (...) mit der Folge oder in der Absicht, die demografische Zusammensetzung eines Territoriums zu ändern, (...) besonders, wenn diese Ideologie oder Politik die Dominanz einer bestimmten Gruppe geltend macht‹.«[452] Richard Falk sagte das zwar in Bezug auf Jerusalem, aber es trifft ebenso sehr auf das Jordantal zu.

Im internationalen Recht gilt nicht nur direkte Vertreibung mittels militärischer Gewalt als erzwungener Bevölkerungstransfer, sondern auch indirekte Vertreibung durch die Schaffung katastrophaler Lebensbedingungen. Artikel 49 der Genfer Konvention untersagt alle Formen des erzwungenen Transfers. Einzig aus Gründen der Sicherheit darf eine Bevölkerung vorübergehend aus besetzten Gebieten entfernt werden, muss aber nach der Beendigung der Feindseligkeiten zu ihren Häusern zurückgebracht werden.[453] Das Römische Statut des Internationalen Gerichtshofs definiert in Artikel 7 »Deportation oder erzwungenen Bevölkerungstransfer« als Verbrechen gegen die Menschlichkeit und »ungesetzliche Deportation oder Transfer« in Artikel 8 als Kriegsverbrechen. In Artikel 8 (2)(b)(viii) des Römischen Statuts wird erwähnt, dass der Transfer direkt oder indirekt erfolgen kann.[454] Der Internationale Strafgerichtshof für das ehemalige Jugoslawien (ICTY) definiert erzwungenen Transfer wie folgt: »Erzwungener Transfer ist die Bewegung von Individuen unter Zwang von ihrem Wohnort zu einem Ort, den sie nicht gewählt haben.«[455] Die Berufungskammer des ICTY befand, dass erzwungener Transfer nicht auf physische Gewalt begrenzt werden sollte, sondern dass auch andere Faktoren eine Handlung zur unfreiwilligen machen können, zum Beispiel, wenn ein Vorteil aus Zwangsumständen gezogen wird. Im Urteil zum Krajišnik-Prozess heißt es: »Serbische Kommunalbehörden und serbische Truppen schufen für Muslime und Kroaten ›harte Lebensbedingungen‹, die es ihnen praktisch unmöglich machten, in ihren Gemeinden zu bleiben.«[456] Das Tribunal kam zu dem Schluss, dass es den serbischen Behörden durch Hausdurchsuchungen, Verhaftungen und physische Drangsalierung sowie die Unterbrechung von Wasser, Elektrizität und Telefonverbindungen gelang, harte Lebensbedingungen zu schaffen, wodurch viele

452. Report of Special Rapporteur to the Human Rights Council on Occupied Palestinian Territories 2011, unter: http://richardfalk.wordpress.com/2011/02/14/report-of-special-rapporteur-to-the-un-human-rights-council-on-occupied-palestinian-territories/
453. Melon, a.a.O.
454. Römisches Statut, a.a.O. S. 1399f.
455. Human Rights Watch, Separate and Unequal, a.a.O., S. 149
456. The Prosecutor v. Momčilo Krajišnik, Case No. IT-00-39-T, Trial Chamber I, Judgement, 27 September 2006, S. 111

Muslime und Kroaten dazu bewegt wurden, ihre Häuser zu verlassen. Das Tribunal wertete das als erzwungenen Transfer.[457]

Die geschilderte Politik trifft zweifellos auch auf den Staat Israel zu. Die Anklage Israels vor einem internationalen Gericht setzt allerdings eine grundlegende Veränderung der internationalen Kräfteverhältnisse voraus.

457. Careccia, Grazia; Reynolds, John, J.; Al-Nu'man Village. A case study of indirect forcible transfer, Al-Haq, Ramallah November 2006, S. 23f.; siehe auch Badil Resource Center for Palestinian Residency and Refugee Rights, Israeli Settlement Policy amounts to forced population transfer 6.7.2012, written statement to UN Human Rights Council twentieth session, item no.7, 18.6.-6.7.2012 unter: www.scribd.com/doc/99462801/Israeli-settlement-policy-amounts-to-forced-population-transfer; Schechla, Joseph; Prohibition, Persecution and Impunity for the Crime of Population Transfer, al-Majdal issue 49, Spring-Summer 2012

Die Funktion der Siedler: Landraub und Terrorisierung der einheimischen Bevölkerung

»Nun, meine Freunde, wir sollten ein Netz von Bauern-Kolonien über das Land spannen, das wir erwerben wollen. Wenn man ein Netz spannt, so schlägt man erst an den Stellen Haken ein, zwischen denen das Netz entstehen soll. Dann spannt man zwischen diese Haken feste Stricke, dann knüpft man zwischen den Stricken starke Fäden und stellt derart ein grobes Maschenwerk her, das man dann nach Bedarf durch das Dazwischenwirken feinerer Maschen ausgestaltet, Genauso haben wir, meine ich, vorzugehen.« (Franz Oppenheimer auf dem VI. Zionistischen Weltkongress 1902)[458]

»Auf diese Weise wird das Land zu einem Palimpsest, in dem jeder Akt des Bauens auch dessen Gegenteil ist, ein Akt des Krieges: Straßen vergrößern die Distanz zwischen Menschen; der Bau von Häusern führt zu Übervölkerung; Wasserleitungen zu verlegen, schafft Wasserknappheit. Alle Aspekte der menschlichen Existenz werden in Waffen verwandelt. Sogar das Abwasser, das die Siedlung produziert, ist eine Waffe gegen palästinensische Städte im Tal. Jedes Merkmal der Landschaft erscheint doppelt, mit einem Pluszeichen in der jüdischen Ökologie und einem Minuszeichen in der palästinensischen.« (Gabriel Ash)[459]

Das zähe Festhalten der Palästinenser an ihrem Land und ihren Rechten, die Beharrlichkeit und Standhaftigkeit, mit der sie allen Widrigkeiten trotzen und Probleme überwinden, erschwert Israel die ethnische Säuberung. Trotz geografischer und ökonomischer Strangulierung und der täglichen Schikanen durch die israelische Armee hält die Bevölkerung größtenteils an ihrem Land fest. Daher nimmt seit einigen Jahren die systematische Terrorisierung der palästinensischen Bevölkerung durch zionistische Siedler kontinuierlich zu. Internationale Menschenrechtsorganisationen betrachten den Terror der Siedler mittlerweile als die größte Bedrohung palästinensischen Lebens und Eigentums.

Das UN-Büro zur Koordinierung humanitärer Angelegenheiten (OCHA), das seit 2006 Daten über gewalttätige Übergriffe von Siedlern sammelt, verzeichnet ein stetiges Ansteigen der Siedlergewalt. 2011 stiegen die Angriffe der Siedler im

458. Metzger, J.; Orth, M.; Sterzing, C., Das ist unser Land, Bonrnheim.-Merten, 1980, S. 28
459. Ash, Settlements: a user guide, a.a.O., S. 3

Vergleich zu 2010 um 32 % an, im Vergleich zu 2009 sogar um 144 %. Mittlerweile wird fast jeden Tag ein Palästinenser in Folge der Siedlergewalt verletzt.[460]

Das »Palestine Center« in Washington D.C. verzeichnete zwischen September 2004 und Dezember 2011 mehr als 3.700 Siedlerangriffe auf Palästinenser und zwischen 2007 und 2011 einen Anstieg der Siedlergewalt um 315 %, während die Gewalt von palästinensischer Seite in der Westbank im selben Zeitraum um 95 % zurückging.[461] OCHA zufolge sind 80 Gemeinschaften in der Westbank mit einer Gesamtbevölkerung von 250.000 Palästinensern durch Siedlergewalt verwundbar, davon leben 76.000 Menschen »unter einem hohem Risiko«.[462]

Die Gewalt der Siedler hat die Kolonisierung der 1967 besetzten Gebiete von Anfang an begleitet und seitdem mehrere Eskalationsstufen erlebt: nach der Unterzeichnung der Oslo-Abkommen 1993, nach dem Beginn der zweiten Intifada 2000 und nach dem Abzug der Siedler aus dem Gazastreifen 2005. Das Phänomen hat seine Ursache in der von allen politischen Fraktionen getragenen Eretz-Israel-Rhetorik und Dämonisierung der Palästinenser, in der allgemeinen Zuspitzung der zionistisch-arabischen Auseinandersetzung und schließlich im Wesen des Siedlerkolonialismus selbst. Aus vergleichenden Studien geht hervor, dass Siedler immer dann den Terror gegen die einheimische Bevölkerung eskalieren, wenn sie befürchten, dass der Status quo sich ändert oder die einheimische Befreiungsbewegung siegt.[463]

Kolonialismusforscher betonen, dass der Siedlerkolonialismus eine Struktur ist, kein einmaliges Ereignis.[464] Er ist auch ein dynamischer Prozess. In siedlerkolonialistischen Staaten verlor die einheimische Bevölkerung den größten Teil ihres Landes nicht durch militärische Gewalt, sondern durch stets weiter vorrückenden Siedlungsbau.[465] Die Siedlungen sind koloniale Waffen im Krieg gegen die einheimische Bevölkerung. Bezeichnenderweise haben viele der Begriffe, die im Neuhebräischen für Siedlungen verwendet werden, eine militärische Konnotation: »Seit seinen Anfängen benutzt der Zionismus einen militärischen Begriff für die allgemeine Strategie, Siedlungen zu bauen: ›die Eroberung des Landes‹, Kibosh ha'adma. Als Teil einer militärischen Kampagne folgen Siedlungen in der Westbank einem expliziten Angriffsplan mit klaren Zielen und Mitteln, die in offen zugänglichen Dokumenten – dem Alon-Plan, dem Drobless-Plan, dem Scharon-Plan, dem

---

460. 2011 wurden drei Palästinenser von Siedlern getötet und 183 verletzt. Außerdem wurde ein Palästinenser in Auseinandersetzungen zwischen Siedlern und Palästinensern von der israelischen Armee getötet und 125 verletzt: OCHA OPT, Israeli settler violence in the West Bank, November 2011,unter: www.ochaopt.org/documents/ocha_opt_settler_violence_Factsheet_October_2011_english.pdf

461. Munayyer, Yousef, When Settlers Attack, The Palestine Center, Washington D.C., 2012; siehe unter: www.jerusalemfund.org/ht/a/GetDocumentAction/i/32678

462. OCHA OPT, Israeli settler violence in the West Bank, November 2011, a.a.O., S.15f.

463. Mitchell, a.a.O., S. 153

464. Wolfe, a.a.O., S. 390; siehe auch: Wolfe, Patrick,, Structure and Event: Settler Colonialism, Time and the Question of Genocide in: Moses, Dirk A. (Hg), Empire, Colony, Genocide. Conquest, Occupation, and Subaltern Resistance in World History, New York/Oxford 2008, S. 102-132

465. Cape Town Report, a.a.O. S. 47

100.000-Plan etc. – geschrieben stehen.« erklärt Gabriel Ash vom »Internationalen Jüdischen Antizionistischen Netzwerk« und fügt hinzu: »Eine weitere Begriffsgruppe, die Siedlungen im Hebräischen beschreibt, kommt aus der Militärterminologie: Ausguck (lookout), Außenposten – Mitzpe, Ma'akhaz, He'akhzut etc.«

Jede Siedlung hat ein spezifisches Ziel. Manche Siedlungen zielen auf die Einkreisung palästinensischer Dörfer und Städte, andere auf die Wasserressourcen und wieder andere auf die Unterbrechung der territorialen Kontinuität der Westbank: »Siedlungen können eine strategische Position besetzen, wie zum Beispiel einen Hügel, eine freie Schusslinie auf eine Straße, einen Brunnen; Siedlungen können die Spuren eines zerstörten palästinensischen Dorfes verbergen; sie können in den Außenbezirken einer palästinensischen Stadt platziert sein, um eine potenzielle urbane Entwicklung zu blockieren oder am Rand eines palästinensischen Dorfes, um auf dessen landwirtschaftliche Felder zu zielen; viele Siedlungen zielen auf das Grundwasserreservoir.«[466]

Es gehört zum Wesen des Siedlerkolonialismus, dass die Verdrängung der einheimischen Bevölkerung durch Siedlungsbau so lange nicht aufhört, bis die Siedler das gesamte Land unter ihre Kontrolle gebracht haben oder die einheimische Bevölkerung ihnen durch Widerstand Grenzen zu setzen vermag. Je kleiner das Territorium wird, um das noch gekämpft wird, desto erbitterter wird die Auseinandersetzung. In Palästina wird noch um etwa 15 % des historischen Landes gekämpft. Die Auseinandersetzung konzentriert sich im Wesentlichen auf die Westbank, findet aber auch im Naqab sowie in den alten palästinensischen Städten statt: Jerusalem/al-Quds, Hebron/al-Khalil, Jaffa und Akka.

Die Frontier-Siedlungen sind die vordersten Grenzposten des ethnisierenden Staates und es liegt in der Natur der Sache, dass die Konfrontation dort am heftigsten ist, wo einheimische Bevölkerung und Siedler unmittelbar aufeinandertreffen. Je mehr Siedler sich in dem Gebiet aufhalten, desto mehr Zusammenstöße gibt es. Die Zunahme der Siedlergewalt in den letzten Jahren korrespondiert mit dem Anwachsen der Siedlerbevölkerung. Allein seit dem Amtsantritt Netanjahus 2009 ist diese laut israelischem Innenministerium um 18 % angewachsen.[467]

Der Siedlerkolonialismus ist ein komplexes System, in dem exterritoriale Organisationen, kolonialer Staatsapparat und autonome Siedlergruppen zusammenarbeiten, um langfristig die vollständige Ersetzung der einheimischen Bevölkerung durch die Siedlerbevölkerung zu erreichen. Auch in Israel gibt es ein arbeitsteiliges System, das aus drei Komponenten besteht: dem Staatsapparat, den parastaatlichen zionistischen Organisationen wie der Jewish Agency und der Zionistischen Weltorganisation (WZO) sowie der radikalen Siedlerbewegung. Die WZO und die ihr angeschlossenen Organisationen und die Siedlerbewegung sind zwar mit

466. Ash, Settlements: A User Guide, a.a.O., S. 2

467. Teibel, Amy, Settler population surges 18 % under Netanyahu, Times of Israel 10.7.2012, unter: www.timesofisrael.com/settler-population-surges-18-under-netanyahu

dem israelischen Staat verbunden, diesem gegenüber jedoch relativ autonom. Sie hatten in der Vergangenheit oftmals weitgehendere territoriale Ziele als die jeweils regierende zionistische Fraktion und setzten diese meist auch durch. Welche Vorteile die relative Autonomie hat, zeigte sich während des Oslo-Prozesses, als Israel Rücksichten auf die USA nehmen musste und die Siedlungen nicht so expandieren konnte, wie es wollte. Die Siedlerbewegung und die Siedlungsabteilung der WZO übernahmen die fortgesetzte Expansion, mit der der Staatsapparat nichts zu tun zu haben vorgab, die er aber nach Kräften unterstützte. Die Siedlerbewegung hat bis jetzt – mit Unterstützung der Siedlungsabteilung der WZO – mehr als 100 »wilde« Siedlungen in der Westbank errichtet, die von der israelischen Regierung als unautorisierte Außenposten bezeichnet werden. Trotz vermeintlicher Illegalität werden diese Siedlungen an die israelische Infrastruktur angeschlossen, von der Armee geschützt und erhalten Gelder und andere Unterstützung von Ministerien und Behörden.[468] Die Außenposten werden nach strategischen Gesichtspunkten meist in der Nähe von »Muttersiedlungen« errichtet, sodass sie deren Zugriff auf palästinensisches Land erweitern und die geografische und ökonomische Strangulierung der palästinensischen Bevölkerung verstärken. Die Außenposten sind so platziert, dass sie zukünftig ausgebaut und zu großen Siedlungsblöcken zusammengefasst werden können.[469] Die Tatsache, dass zunehmend auch in Zone B, die teilweise unter palästinensischer Kontrolle steht, Außenposten errichtet werden, deutet darauf hin, dass die Siedler beabsichtigen, diese zumindest teilweise »zurückzuerobern«.

Israel konnte durch die Arbeitsteilung nach außen das Bild eines Staates, der mit den Palästinensern Friedensverhandlungen führt, aufrechterhalten, während nach innen die Terrorisierung der palästinensischen Bevölkerung und die Zerstörung ihrer Lebensgrundlagen ständig zunahm. Indem die Siedler bis heute diese Aufgabe größtenteils übernehmen, kann der israelische Staat seine Hände in Unschuld waschen. Die enge Zusammenarbeit zwischen Siedlern, Teilen des Staatsapparats und Militär sowie ihre politische Unterstützung und Förderung durch israelische Politiker und Parteien ist vielfach dokumentiert.[470]

Dem Kolonialismusforscher Patrick Wolfe zufolge ist die Arbeitsteilung zwischen kolonialem Staat und Siedlern in den Grenzregionen typisch für den Siedlerkolonialismus. Es waren historisch betrachtet auch in anderen Siedlerkolonien vorwiegend unabhängige Siedlergruppen, die die Grenzen des Siedlerstaates aus eigener Initiative noch vorne verrückten. »Eher als etwas Separates vom oder Konträres zum kolonialen Staat, bilden die mörderischen Aktivitäten des Frontier-Racket

468. HRW, Separate and Unequal, a.a.O., S. 30ff.; S. 45ff.

469. International Crisis Group (ICG), Israel's Religious Right and the Question of Settlements, Middle East Report No 89, 20.7.2009 unter: www.crisisgroup.org/~/media/Files/Middle East North Africa/89_israels_religious_right_and_the_question_of_settlements.pdf

470. The Sasson Report about illegal outposts, März 2005 unter: www.mideastweb.org/sassonreport.htm; Report on Settlement in East Jerusalem, Oktober 1993, bekannt als Klugman-Report; Hasson, Nir, Full Haaratz expose/How the state helped right-wing groups settle East Jerusalem, Haaretz 7.11.2010

sein hauptsächliches Mittel der Expansion. Diese ereigneten sich hinter der ›abgeschirmten‹ Grenze und die irregulären Aktionen wurden, sobald der Staub sich gelegt hatte, normalisiert und die Grenzen der weißen Siedlung ausgeweitet. Charakteristischerweise äußern Angehörige des Staatsapparats Bedauern über die Gesetzlosigkeit dieses Prozesses, während sie sich seiner Unvermeidbarkeit fügen.«[471]

In der Geschichte der kolonialen Siedlung in den 1967 besetzten Gebieten waren es oftmals unautorisierte Siedler, die neue Siedlungsprojekte initiierten. Sie erhielten von Anfang an staatliche Unterstützung und wurden, von einigen Ausnahmen abgesehen, nachträglich legalisiert. Als 1968 die ersten Siedler ein Haus in der palästinensischen Altstadt von al-Khalil/Hebron besetzten, erhielten sie von Yigal Allon drei Uzi-Maschinenpistolen, damit sie sich gegen die einheimische Bevölkerung »verteidigen« können.[472] Seit Mitte der 1990er Jahre hat sich eine militante Siedlerbewegung formiert, die ohne staatliche Genehmigung palästinensisches Land raubt. »Die Landnahme ist Ausdruck eines größeren Kampfes«, sagt Menachim Klein von der Bar-Ilan-Universität. »Die Siedler wollen, dass das jüdische Volk das Land besitzt und die arabische/palästinensische Präsenz verringern.«[473]

Darin unterscheiden sich die Siedler nicht von der Mehrheit der jüdisch-israelischen Bevölkerung und fast dem gesamten politischen Spektrum, die weder die historische Präsenz der Palästinenser noch ihre politischen und nationalen Rechte anerkennen und auf einem aus der Bibel abgeleiteten jüdischen Anspruch auf das Land bestehen. Das Jerusalem-Programm der Zionistischen Weltorganisation (WZO) von 2004 nennt die »Besiedlung des Landes als Ausdruck des praktischen Zionismus« eine der Grundlagen des Zionismus.[474]

Die kolonialen Siedlungen verkörpern somit den Zionismus in Reinform. Und der Siedler in den Grenzregionen der Westbank und des Naqab ist der Zionist par exellence. Er setzt die gewaltsame Aneignung des Landes und die Vertreibung der einheimischen Bevölkerung, die mit der zionistischen Kolonisierung vor 130 Jahren begann, fort. Die Siedler agieren als verlängerter Arm des israelischen Staates. Sie sind die Stoßtrupps der Kolonisierung, die die zionistischen Maximalziele auch dann weiter durchsetzen, wenn sich der Staat Israel wegen außenpolitischer Erfordernisse vordergründig zurückhalten muss. Die unautorisierten Außenposten sind die konsequente Umsetzung der israelischen Strategie, die Annexion von Zone C voranzutreiben und durch die fortlaufende Verringerung der palästinensischen Präsenz die bestmöglichen Bedingungen dafür zu schaffen. Ende März 2012 wurde bekannt, dass die israelische Regierung in ihren internen Planungen den Bau neuer Siedlungen in 10 % der Westbank plant, größtenteils auf der palästinensischen Seite

471. Wolfe, a.a.O., S. 392
472. Aronson, a.a.O., S. 17
473. IRIN, Concerns about Rising Violence in West Bank, 28.2.2011 unter: www.irinnews.org/Report/92050/Analysis-Concerns-over-rising-violence-in-the-West-Bank
474. Cape Town Study, a.a.O. S. 160

der Mauer. Im Frühjahr 2012 ist die israelische Regierung zu einer teilweisen Legalisierung der Außenposten übergegangen.[475] Im Juli desselben Jahres lieferte eine von Netanjahu eingesetzte Kommission den Schein einer juristischen Legitimierung dafür. Der Siedlungsbau hatte in den vergangenen Jahren immer wieder zu Verstimmungen zwischen Israel und den USA bzw. der EU geführt. Jetzt scheint das politische Klima es zuzulassen, dass der Schein nicht länger gewahrt werden muss.

Das gesamte Siedler-Spektrum beteiligt sich an Angriffen auf die palästinensische Zivilbevölkerung, aber überwiegend geht die Gewalt von religiösen Siedlungen aus. Religiöse Zionisten machen den Kern der militanten Siedlerbewegung in der Westbank aus, wo sie 80 % der mindestens 70.000 Siedler, die östlich der Mauer leben, stellen.[476]

Religiös-zionistische Rabbiner rufen regelmäßig zur ethnischen Säuberung und manchmal auch direkt oder indirekt zum Völkermord auf. Der Chefrabbiner von Kiriyat Arba und Vorsitzende der Rabbinerrates von Yesha, dem Siedlerrat, in dem sich alle Siedlungen zusammengeschlossen haben, Dov Lior, sagte zum Beispiel: »Wir müssen das Land von den Arabern säubern und sie ansiedeln, wo sie hergekommen sind, wenn nötig, indem wir zahlen. Sonst werden wir niemals Frieden in unserem Land genießen.«[477] Viele Siedler verehren den Propheten Josua, von dem die Bibel berichtet, er habe mit seinen Trompeten die Mauern von Jericho zum Einsturz gebracht und im Anschluss daran alle Bewohner der Stadt massakriert. Regelmäßig pilgern sie unter dem Schutz der Armee zur Grabstätte eines muslimischen Scheikhs in Kifl Haris im Norden der Westbank, das sie zum Grab Josuas erklärt haben. Der Vorsitzende des Shomron-Regionalrats der Siedler, Gershon Mesika, forderte bei einem dieser Besuche unter der Anwesenheit eines Ministers und mehrerer Abgeordneter, dass die israelische Führung sich ein Beispiel an Josua nehmen solle: »Schneidet jedem die Hand ab, der diese gegen einen Juden erhebt. Unsere Führer müssen von Josuas Stärke und entschiedener Vorgehensweise lernen.«[478] Die Siedler sind überzeugt davon, dass Gott ihnen das Land gegeben habe und jedes Mittel recht ist, um diesen Glauben Realität werden zu lassen.

Die durch die Apartheidstruktur geschaffene Isolierung palästinensischer Dörfer in der Westbank und die garantierte Straflosigkeit der Siedler bieten ideale Bedingungen für Angriffe auf die einheimische Zivilbevölkerung. Die Angriffe

475. IRIN, Humanitarian News and Analysis, Analysis: Israeli government challenges the law to embrace illegal settler outposts, 14.5.2012 unter; www.irinnews.org/Reprt/95445/Anylysis-Israeli-governmet_challenges-the-law-to-embrache-illegal-settler-outposts; Rudoren, Jodi, Israel retroactively legalizes 3 West Bank Settlements; The New York Times 24.4.2012 unter: www.nytimes.com/2012/04/25/world/middleeast/israel-legalizes-3-west-bank-settlements.html

476. ICG, a.a.O., S. 1

477. ICG, a.a.O., S. 27

478. Altman, Yair, Thousands visit tomb of Joshua, Ynet 29.11.2004 unter:www.ynetnews.com/articles/0,7340,L-4062160,00.html; Ma'an News Agency, Religious Jews make midnight pilgrimage into occupied village, 17.12.2010 unter: www.maannews.net/eng/ViewDetails.aspx?ID=342875

konzentrieren sich auf die Zonen B und C, die unter israelischer Sicherheitskontrolle stehen. Zwei Drittel aller Siedlungen in der Westbank waren in den vergangenen Jahren daran beteiligt. Die Hälfte aller Angriffe ging allerdings von nur sieben Siedlungen aus, vor allem von Yitzhar und Keddumin in der Nähe von Nablus sowie von Kiriyat Arba bei al-Khalil/Hebron. Geografische Zentren des Siedlerterrors sind die in Zone C gelegenen Gebiete um Nablus im Norden der Westbank und um al-Khalil/Hebron in deren Süden, wo 2008 allein 21 % bzw. 42 % aller Angriffe stattfanden.[479] Besonders betroffen ist das unter israelischer Kontrolle stehende H2-Gebiet in der Altstadt von al-Khalil, wo 500 zionistische Siedler unter 35.000 Palästinensern leben. In der Stadt al-Khalil ereigneten sich 2011 60 % aller Angriffe im gleichnamigen Distrikt, die restlichen 40 % in den umliegenden Dörfern.[480]

Seit 2010 jedoch hat sich der Schwerpunkt des Siedlerterrors von al-Khalil/Hebron nach Nablus verlagert. Im Distrikt Nablus richtet sich die Gewalt der Siedler, anders als in al-Khalil, nicht gegen die Stadtbewohner, sondern gegen die Dörfer in der Region. Auch in Ostjerusalem hat die Siedlergewalt zugenommen. 2011 war Jerusalem nach Nablus der Ort mit den häufigsten Siedlerangriffen.[481]

Die Angriffe bestehen zu drei Vierteln aus Steinwürfen (32 %), Brandstiftungen (11 %), Zerstörung von Eigentum (11 %), körperlichen Angriffen (12 %), Schüssen (5 %) und Angriffen mit Fahrzeugen (4 %). Das restliche Viertel setzt sich im Wesentlichen aus Entführungen, Belästigungen und der Besetzung von Häusern und Land zusammen.[482]

Ein Phänomen, das seit einigen Jahren kontinuierlich zunimmt, ist organisiert in Gruppen ausgeübte Gewalt. Solche Gruppen bestehen manchmal aus über 100 Siedlern, die mit Stöcken und Steinen bewaffnet auf Palästinenser losgehen. Auch Kinder unter zwölf Jahren unternehmen, ermutigt von ihren Eltern, Angriffe, besonders in der Altstadt von al-Khalil/Hebron.[483]

Die Gewalt der Siedler richtet sich sowohl gegen Menschen wie gegen Land und Sachen. OCHA hat festgestellt, dass Siedler meist die schwächeren Teile der palästinensischen Bevölkerung angreifen: Kinder, Frauen und ältere Männer. Das jüngste Opfer der Siedlergewalt war acht Jahre alt, das älteste 95. Frauen, Kinder und Männer über 70 Jahren machen die Hälfte aller von Siedlern verletzten Palästinenser aus.[484] Im August 2011 wurde zum Beispiel der zehnjährige Bassam Had-

479. OCHA OPT, Unprotected: Israeli Settler Violence against Palestinian Civilians and their Property, East Jerusalem 2008, S. 4f.

480. Munayyer, a.a.O., S. 3

481. OCHA OPT West Bank – Settler violence incidents in 2011, April 2012 unter: www.ochaopt.org/documents/ocha_opt_settler_violence_map_april_2012_english.pdf

482. Munayyer, a.a.O., S. 5f.

483. OCHA OPT, Unprotected, a.a.O., S. S.9f., S. 13

484. OCHA OPT, a.a.O., S. 3, S. 6; siehe auch Alternative News, Settlers chase Palestinian children in South Hebron Hills third time in week, Alternative Information Center 31.7.2012 unter: www.alternativenews.org/english/index.php/news/west-bank-and-settlers-violence/4943-settlers-chase-palestinian-children-in-south-hebron-hills-third-time-in-week

lin in der Nähe von Ramallah von einem Dutzend Siedler, die maskiert und mit Eisenstangen bewaffnet waren, halb tot geschlagen.[485]

Die Palästinenser werden meist während ihrer täglichen Verrichtungen angegriffen: Kinder auf dem Schulweg, Frauen auf dem Weg zum Markt, Bauern während der Feldarbeit oder Hirten, die mit ihren Herden unterwegs sind. In der südlichen Region von al-Khalil können Kinder aus mehreren Ortschaften die Grundschule des Dorfes al-Tuweini nur unter dem Schutz internationaler Beobachter besuchen, da ihr Schulweg an einer Siedlung vorbeiführt, von der aus sie regelmäßig angegriffen werden. Die Beobachter können die Kinder jedoch nicht begleiten, sondern sie nur auf dem Weg beobachten, da die Siedler ihnen nicht gestatten, an ihrer Siedlung vorüberzugehen. Daher kommt es trotz der internationalen Beobachter weiterhin zu Angriffen. Mehrere Kinder und einige Beobachter haben bereits Verletzungen davon getragen.[486] Manchmal überfallen die Siedler auch Dörfer, stecken Autos in Brand, überfahren Palästinenser in gezielten Attacken, fällen Strommasten, hetzen Wildschweine auf palästinensische Frauen und Kinder, greifen die örtlichen Moscheen an oder schänden Gräber.[487] In der Nähe von Nablus bastelten Siedler in Nachahmung der Hamas Raketen und schossen sie auf palästinensische Dörfer ab.[488]

Angriffe auf die Lebensgrundlagen der einheimischen Bevölkerung

Häufig gibt es Angriffe auf das Land selbst. Durch die strategische Besetzung von Hügeln in der Nähe der Muttersiedlung können die Siedler die im Tal liegenden, einheimischen Dörfern kontrollieren und terrorisieren, indem sie ihren Bewohnern Zugang zu ihren Feldern verwehren oder ihre landwirtschaftlichen Erzeugnisse zerstören. Beinahe täglich werden Felder in Brand gesteckt und Bäume zerstört oder beschädigt, im Jahr 2011 alleine über 10.000, größtenteils Olivenbäume. Während der Erntezeit werden die reifen Oliven oft von Siedlern gestohlen, bevor

485. Bannoura, Saed, Israeli settler gang beats 10-year old Palestinian boy with iron bars, IMEMC News 21.8.2011unter: www.imemc.org/article/61864; siehe auch Defense for Children International – Palestine Section, Settler and Soldier Violence unter: www.dci-palestine.org/theme/settler-violence

486. Kristof, Nicholas D., The Two Sides of a Barbed Wire Fence, The New York Times 30.6.2010 unter: www.nytimes.com/2010/07/01/opinion/01kristof.html

487. International Solidarity Movement (ISM), Woman flees harvest to escape violent settlers and wild boars, 20.10.2011unter: http://palsolidarity.org/2011/10/woman-flees-harvest- to-escape-violent-settlers-and-wild-boars; Munayyer, Yousef, Settler attacks on wheels, October 2010 unter: blog.thejerusalemfund.org/2010/10/settler-attacks-on-wheels.html; Alternative News, Settlers attack Palestinian homes in northern West Bank Nablus district, AIC 15.7.2012 unter: www.alternative.news.org/english/index.php/new/news-updates/4769-settlers-attack-palestinian-homes-in-nothern-west-bank-nablus-district.html

488. Karmi, Omar, Rocket attacks spark tension, The National 9.7.2008 unter: www.thenational.ae/news/world/middle-east/rocket-attacks-spark-tension

die Palästinenser sie ernten können. Diese Angriffe »untergraben in signifikanter Weise den Lebensunterhalt von Hunderten von Familien«.[489] Während der Olivenernte im Herbst nehmen die Angriffe ein solches Ausmaß an, dass diese vielerorts nur noch unter dem relativen Schutz ausländischer Aktivisten möglich ist. Von den 97 Angriffen auf Olivenbäume, die zwischen 2005 und 2010 dokumentiert werden konnten, wurde, der israelischen NGO Yesh Din zufolge, kein einziger gerichtlich verfolgt. Nach Einschätzung der britischen NGO Oxfam kosteten die von Siedlern an Olivenbäumen verursachten Schäden die palästinensischen Bauern 2011 mindestens 385.000 Euro. »Das Verbrennen eines Olivenbaums ist wie das Verbrennen des Bankkontos eines Bauern«, sagte Oxfam-Direktor Jeremy Hobbs. »Über 100.000 palästinensische Familien sind von dem Geld abhängig, das sie in der Erntesaison verdienen. Besonders, weil dies eine schlechte Ernte ist, zählt jede Olive.«[490] Der Krieg der Siedler gegen die Olivenbäume vervollständigt den des israelischen Staates.

In vielen Fällen werden die Bauern von den Siedlern daran gehindert, ihr Land zu betreten oder Zugangsstraßen zu Dörfern blockiert und diese dadurch von der Umgebung abgeschnitten.[491] Die Siedler stehlen oder töten auch die Nutztiere der Bauern, indem sie Ställe in Brand setzen oder die Tiere abschlachten.[492] Zu den permanenten Angriffen auf die Lebensgrundlagen der einheimischen Bevölkerung gehört ebenfalls, dass zahlreiche zionistische Siedlungen, die z. T. mehrere Zehntausend Einwohner und Fabriken haben, ihre ungeklärten Abwässer auf palästinensisches Land leiten. Dadurch werden Felder zerstört, Tiere getötet, das Grundwasser verseucht und die Dorfbewohner durch ständigen Gestank belästigt.[493] Außerdem vergiften die Siedler palästinensische Felder immer wieder mit chemischen Substanzen.[494]

Häufig sind auch Besetzungen palästinensischen Landes. In einigen Fällen rücken die Siedler mit Bulldozern an, um die palästinensischen Felder zu planieren, auf deren Fläche sie dann Fertighäuser aufstellen und das Land als ihr Eigentum beanspruchen. Im Verwaltungsbezirk Salfit zum Beispiel, wo es bereits mehr

489. OCHA OPT 2012, a.a.O., Ma'an News Agency, CPT: Settlers torch Palestinian olive grove, 28.5.2011 unter: www.maannews.net/eng/ViewDetails.aspx?ID=391716

490. Ma'an News Agency, Oxfam: Settlers cost farmers over $500.000 this harvest, 20.10.2011 unter: www.maannews.net/eng/ViewDetails.aspx?ID=430878

491. OCHA OPT, Unprotected, a.a.O., S. 8; Ma'an News Agency, Armed settlers bar farmers from land, 22.11.2010 unter: www.maannews.net/eng/ViewDetails.aspx?ID=334822

492. Ma'an News Agency, Farmer: Settlers burned my sheep alive 18.12.2010 unter: www.maannews.net/eng/ViewDetails.aspx?ID=343201

493. Frykberg, Mel, Settler sewage ruins Palestinian Crops, drinking water, IPS 28.4.2010 unter: www.ipsnews.net/2010/04/mideast-settler-sewage-ruins-palestinian-crops-drinking-water/; Middle East Monitor, West Bank settler waste... a disaster ravaging farms and generations, 20.7.2010 unter: www.middleeastmonitor.com/news/middle-east/1326-west-bank-settler-waste-a-diseaster-ravaging-farms-and generations

494. Amnesty International, Israel/Occupied Territories: Israeli authorities must put an immediate end to settler violence, 24.5.2005 unter: http://news.amnesty.org/index/ENGMD150992004

zionistische Siedlungen als einheimische Dörfer und Städte gibt, walzten Siedler im Oktober 2010 das gesamte Agrarland zwischen den Dörfern Isaka und Yasuf platt, um einen Außenposten zu erweitern. Unmittelbar nach der Zerstörung der Felder bauten sie dort vier mobile Häuser auf.[495] Eine andere Methode des Landraubs ist es, palästinensisches Land einfach einzuzäunen und dort irgendetwas anzubauen. In Jiftlik im Jordantal rissen Siedler das Haus eines Palästinensers ein und errichteten auf seinem Land ein Gewächshaus. Da sie bewaffnet waren, konnte er, nach eigener Aussage, nichts dagegen tun.[496] Oftmals erklären israelische Soldaten das derart von Siedlern angeeignete Land dann zu »umstrittenem Land« und »geschlossenem militärischem Gebiet« und verbieten den palästinensischen Eigentümern, es weiterhin zu betreten. Auch wenn israelische Gerichte den palästinensischen Landeigentümern recht geben, ist das keine Garantie dafür, dass die israelische Armee deren Recht auch gegen die fortgesetzten Aggressionen der Siedler durchsetzt.[497] In anderen Fällen sind es die Soldaten, die die palästinensischen Eigentumstitel anerkennen, während die israelische Justiz sich auf die Seite der Siedler stellt. Im Januar 2011 erkannte ein israelisches Gericht die Ansprüche eines Siedlers aus Shiloh bei Nablus auf das Land eines Palästinensers aus dem Dorf Krayon an, obwohl dieser keine Beweise dafür vorlegen konnte. Er behauptete einfach, das Land bereits seit 1980 zu bearbeiten. Nach einem alten osmanischen Gesetz, das noch immer in Kraft ist, wird eine Person, die Land, das keinen eindeutigen Eigentümer hat, länger als ein Jahrzehnt bearbeitet, als dessen Eigentümer anerkannt. Der palästinensische Eigentümer des Landes konnte zwar nachweisen, dass er kontinuierlich Grundsteuern für das Land gezahlt hatte, aber der Richter fand die Behauptungen des Siedlers gewichtiger als die Dokumente des einheimischen Bauern.[498]

Der israelische Staatsapparat duldet die Angriffe der Siedler nicht nur, sondern fördert sie direkt und indirekt. Anzeigen von Palästinensern gegen Siedler werden zu 90 % nicht verfolgt.[499] Siedlergewalt wird weder bestraft noch unterbunden. Im Gegenteil: Die Armee greift in der Regel aufseiten der Siedler ein und setzt das Werk fort, das diese begonnen haben. Wenn Siedler versuchen, Palästinenser von ihrem Land zu vertreiben, unterstützt sie diese, indem sie mit Gewalt gegen die Palästinenser und ihre israelischen und internationalen Unterstützer vorgeht.[500]

---

495. Bronstein, Martin, Siedler zerstören weite Flächen palästinensischer Felder, PNN 12.10.2011 unter: http://german.pnn.ps/index2.php?option=com_content&task=view&id=624
496. Brighton Tubas Friendship and Solidarity Group, a.a.O., S. 6
497. Aschermann, Arik, Palestinians win access to lands, but soldiers undermine law, Occupation Magazine 24.6.2011 unter: www.kibush.co.il/show_file.asp?num=47339; Beinin, Joel, A Day in the Wilderness of Judea; Jadaliyya 26.12.2010
498. Levinson, Chaim, Court rules settler, not Palestinian, can work field, Haaretz 5.1.2011 unter: www.haarezt.com/print-edition/news/court-rules-settler-not-Palestinian.can-work-field-1.335264
499. Yesh Din, Law Enforcement upon Israeli Civilians in the West Bank, Tel Aviv March 2012 unter: www.yesh-din.org/userfiles/file/datasheets/LawEnforcement=datasheet_Eng_March_2012_Final.pdf
500. Rahat, Dolev, Israeli Army cooperates with Settlers in attacks on Palestinians, AIC 21.3.2011unter: www.alterntivenews.org/ebg/index.php/news/west-bank-and-settlers-violence/3429-israeli-army-cooperates-

Oftmals hindern Soldaten, die in vielen Fällen selbst Siedler sind, palästinensische Bauern daran, zerstörte Olivenhaine durch neue Pflanzungen zu ersetzen.[501]

Palästinenser befürchten, dass der koloniale Staat die zerstörten Felder und Olivenhaine unter dem Vorwand, dass sie nicht bearbeitet würden, zu »Staatsland« erklärt, um sie dann den Siedlern zu übergeben. Die palästinensischen Bauern führen sowohl mit juristischen Mitteln wie mit Methoden des zivilen Ungehorsams einen zähen Kampf gegen diese besonders perfide Variante des Landraubs. Unterstützt werden sie dabei von internationalen und jüdisch-israelischen Aktivisten.[502] Auch wenn Siedler auf Palästinenser schießen, greift die Armee oft nicht ein, wie ein im Mai 2012 von B'Tselem veröffentlichter Videoclip zeigt.[503]

Seit 2008 gibt es die »price-tag(Preisschild)-Kampagne« der Siedlerbewegung, die die einheimische Bevölkerung für jedes noch so geringfügige Vorgehen gegen ihre Außenposten bestraft. Umfragen zeigen, dass diese Kampagne von 46 % der jüdisch-israelischen Bevölkerung unterstützt wird.[504] Von kritischen Israelis wird die damit einhergehende Eskalation der Siedlergewalt hingegen als Terror bezeichnet: »Eine Infrastruktur jüdischen Terrors wird in der Westbank geschaffen. Mit der Politik, die sie als ›price tag‹ titulieren, haben die Siedler das erklärte Ziel, als Antwort auf jede wahrgenommene verbale oder physische Bedrohung einer Siedlung oder eines Außenpostens unschuldige Palästinenser anzugreifen. Das ist lediglich die anekdotische und unverblümte extreme Spitze dieser Infrastruktur. Das oberste Ziel der Siedler, die diese Politik praktizieren, ist es, sich durch Einschüchterung und systematische Gesetzesübertretungen mehr und mehr Land anzueignen. Das fügt wiederum dem Lebensunterhalt, dem Eigentum und dem Wohlergehen von Zehntausenden von Palästinensern Schaden zu.«[505]

Andere vergleichen die Siedlerbanden mit den paramilitärischen Einheiten lateinamerikanischer Großgrundbesitzer: »Bewaffnet, subventioniert und organisiert, mischen sie die Bewohner der Dörfer systematisch auf – den paramilitärischen Einheiten sehr ähnlich, die von Großgrundbesitzern in Lateinamerika benutzt werden, um die Bauern zu terrorisieren. Sie stehen über dem Gesetz.«[506]

---

with-settlers-in-attacks-on-palestinians.html

501. Harel, Amos, Army publication:Settlers heavily overrepresented among IDF commanders, Haaretz 29.9.2010 unter: www.haaretz.com/print-edition/news/army-publication-settlers-heavily-overpresented-among-idf-commanders-1.316271

502. Palestine Monitor, Replanting the Saffa Valley, 6.10.2010 unter: www.palestinemonitor.org/spip/spip.php?article 1558

503. Sydow, Christoph, Siedler schießen auf Palästinenser – Militär schaut zu, Der Spiegel online, 22.5.2012 unter: www.spiegel.de/politik/Ausland/westjordanland-israelische-siedler-schiessen-auf-palaestinenser-a-834446.html

504. Ynet, Poll: 46 % in favor of »price tag«, 28.3.2011 unter: ynetnews.com/articles/0,7349L-4048450,00.html

505. Etkes, Dror; Maor, Roi, An infrastructure of Jewish terror, Haaretz 11.9.2009 unter: www.haaretz.com/print-edition/opinion/an-infrastructure-of-jewish-terror-1.8071

506. Algazi; Bdeir, a.a.O.

Die indigene Wissenschaftlerin Waziyawatin aus den USA, die Palästina besuchte, sieht in den Angriffen der zionistischen Siedler und der gezielten Zerstörung der Lebensgrundlagen der einheimischen Bevölkerung eine Wiederholung der Geschichte der indigenen Bevölkerung Nordamerikas.[507]

Der von zionistischen Siedlern praktizierte Terror gegen die einheimische Bevölkerung stimmt überein mit dem Ziel des israelischen Staates, die verbliebenen Palästinenser mittelfristig aus Zone C zu vertreiben. Kritiker der Siedlungspolitik schrieben 2009 in der Tageszeitung »Haaretz«: »Im Gegensatz zu dem Eindruck, der in Israel durch Medienberichte erzeugt wird, sind dies keine isolierten, unverbundenen Ereignisse, die nur in der Umgebung von Siedlungen mit einem besonders radikalen oder extremistischen Ruf geschehen. Das ist vielmehr eine gut koordinierte Kampagne, die sich gleichzeitig in der ganzen Westbank entfaltet, von Hebron im Süden bis Nablus im Norden. Wenn man sich die Karte der Orte anschaut, wo solche Ereignisse stattgefunden haben, dann wird die Gesamtstrategie klar: die verbliebenen Palästinenser aus Zone C (wie sie in den Oslo-Abkommen definiert wurde) zu entfernen, die die 60 % der Westbank ausmachen, die unter voller israelischer Verantwortung stehen.«[508]

Jessica Montell von »B'Tselem« drückte es noch pointierter aus: »Gewalt – als ein Mittel, Siedlungen zu vergrößern, indem Palästinenser vertrieben werden – ist eine sehr reale Sache.«[509] In den vergangenen Jahren sind den Siedlern an einigen Orten kollektive Vertreibungen durch systematischen Terror gegen die Zivilbevölkerung gelungen: im Dorf Yanoun in der Nablusregion, in Massafer Yatta in den südlichen al-Khalil-Bergen und in der Altstadt von al-Khalil/Hebron. Yanoun wurden nach konstantem Terror der Siedler aus Yitzhar und Bracha 2002 von seinen Bewohnern verlassen. Sie kehrten jedoch wenig später mit der Unterstützung internationaler Solidaritätsaktivisten zurück, die seitdem eine ständige Präsenz in dem Dorf unterhalten. Im Gebiet von Massafer Yatta in den südlichen al-Khalil-Bergen verließen, OCHA zufolge, zwischen 1998 und 2002 75 Familien (837 Menschen) elf Ortschaften, die in der Nähe zionistischer Siedlungen liegen. Die Siedler hatten sich in ihren Kampagnen auf diejenigen Bewohner konzentriert, die sich am hartnäckigsten weigerten, das Gebiet zu verlassen. Zu den Methoden, die die Siedler dabei anwendeten, gehörte unter anderem, Hunde auf Frauen und Kinder zu hetzen und Nutztiere zu vergiften. Durch die Vertreibung haben die meisten Familien ihre Lebensgrundlagen verloren und sind verarmt. Die Hälfte von ihnen

507. Waziyawatin, Malice enough in their hearts and courage enough in ours: reflections on US Indigenous und Palestinian experiences under occupation, Settler colonial studies journal Vol. 2 No.1 (2012)
508. Etkes, Dror; Maor, Roi, An infrastructure of Jewish terror, Haaretz 11.9.2009 unter: www.haaretz.com/print-edition/opinion/an-infrastructure-of-jewish-terror-1.8071
509. Frenkel, Sheera, Report: Violence against Palestinians by Jewish Settlers rising. McClatchy Newspaper 11.7.2012 unter: www.mcclatchydc.com/2012/07/11/v-print/155813/report-violence-against-palestinians.html

ist nun von humanitären Hilfen abhängig.[510] 2011 wurden, dem UN-Büro zur Koordinierung humanitärer Angelegenheiten (OCHA) zufolge, innerhalb der Zone C 139 Palästinenser durch Siedlergewalt vertrieben. Einige von ihnen wanderten in die Zonen A und B ab.[511]

Die Dunkelziffer ist jedoch wesentlich höher. In den meisten Fällen ist es eine Kombination aus Landraub und Siedlergewalt, die die Menschen zum Verlassen der Dörfer zwingt. Abdullah Tawfiq, der Bürgermeister des Dorfes Jalud in der Region Nablus, schätzt, dass seit 2001 etwa 500 Bewohner in größere Städte abgewandert und 600 zurückgeblieben sind. Jalud wird von den beiden Siedlungen Shilo und Eli sowie sechs Außenposten umzingelt. Die Außenposten haben Jalud nahezu 70% seiner landwirtschaftlichen Flächen geraubt und dadurch zu einer Arbeitslosigkeit von etwa 50% geführt. Hinzu kommen regelmäßige Siedlerangriffe. So wurde dem 16-jährigen Wael Toubasy im Februar 2011 von Siedlern in den Magen geschossen, als er mit seinem Bruder von der Arbeit im Olivenhain der Familie zurückkehrte.[512]

Zum Beispiel Burin

Das Dorf Burin bei Nablus ist eines der Dörfer, auf die die Siedler ihre Angriffe konzentrieren, um die Bewohner zu vertreiben. Burin wurde im Oslo II-Abkommen fast vollständig der israelisch kontrollierten Zone C zugeschlagen. Dort leben etwa 4.000 Menschen in einem Tal, das von zionistischen Siedlungen auf den umliegenden Hügeln eingekreist wird: Yitzhar, Har Bracha und deren Außenposten. Die Bewohner dieser Kolonien sind national-religiöse Siedler, die für ihren extremen Rassismus und ihre Gewalttätigkeit berüchtigt sind. Die »price-tag-Kampagne« nahm in der Siedlung Yitzhar ihren Anfang und die dortige Yeshiva wird von dem Extremisten Jitzchak Shapira geleitet, der in der Tradition des rassistischen Rabbi Kook steht, welcher einst Gush Emunin inspirierte. Die Bewohner von Burin sind Bauern, die von der Kultivierung ihrer Olivenbäume leben. Sie sind in den vergangenen Jahren mit einer kontinuierlichen Zunahme von Angriffen konfrontiert. Hunderte ihrer Olivenbäume wurden zerstört. »Die Siedler werden radikaler, da sie stärker werden«, sagt einer der Bewohner. »Ihre Zahl wächst und sie sind besser bewaffnet. Normalerweise kommen Gruppen von 25 Siedlern (...), viele mit Gewehren. Siedler steigen auf der Hauptstraße aus ihren Autos, beschimpfen uns und schießen auf uns. Die Soldaten kommen und verteidigen die Siedler. (...) Es gibt zwei Möglichkeiten – entweder wegzurennen und die Oliven zu verlassen

510. OCHA OPT, Unprotected a.a.O., S. 6; HRW, Separate and Unequal, a.a.O., S. 102ff.
511. OCHA OPT, Fact Sheet October 2011, a.a.O.
512. IRIN, Concerns over Rising Violence in West Bank, a.a.O.

oder zu bleiben. Wenn wir können, erschrecken wir sie oder jagen sie davon.«[513]

Ganz besonders im Visier haben die Siedler das Haus von Hanan Nasser Sufyan, das am äußersten Rand des Dorfes auf einem kleinen Hügel ganz in der Nähe der Siedlung Yitzhar liegt. Gelänge es den Siedlern, diese Familie zu vertreiben, könnten sie sich auf einen Schlag auch das gesamte umliegende Land aneignen. Um Ayman Sufyan lebt allein mit ihren neun Kindern, da ihr Mann vor elf Jahren bei einem heftigen Siedlerangriff einen Herzinfarkt erlitt und starb. Siedler hatten das Haus angezündet, während die gesamte Familie sich darin aufhielt.

Nach wie vor kommen die Siedler mehrmals die Woche und werfen Molotowcocktails auf das Haus, erstechen Schafe und Ziegen der Familie oder stehlen landwirtschaftliche Arbeitsgeräte. Infolge der Belagerung durch die Siedler ist die Familie in eine relative soziale Isolation geraten. Auch tagsüber geht sie kaum aus dem Haus und Freunde und Verwandte kommen sie wegen der ständigen Bedrohung durch die Siedler kaum besuchen. Dennoch weigert sie sich, das Haus zu verlassen. »Sie (die Siedler) greifen mein Haus jeden Tag an, um mich dazu zu zwingen, es zu verlassen«, sagte Um Ayman Sufan gegenüber Journalisten, »egal was sie tun, ich werde mein Haus nicht verlassen. Ich werde hier sterben.«[514]

In Burin macht die Armee gemeinsame Sache mit den Siedlern. Armee und Siedler wechseln sich bei den Überfällen auf das Dorf ab oder begehen sie gemeinsam. Eine Aktivistin der internationalen Solidaritätsbewegung, die sich zur Unterstützung der einheimischen Bevölkerung in Burin aufhielt, dokumentierte die Überfälle von israelischen Soldaten und Siedlern zwischen 22. Februar und 13. März 2012.

22. Februar 14 Uhr: Soldaten dringen in das Dorf ein.

28. Februar 15 Uhr: Siedler und Soldaten dringen in das Dorf ein und greifen es an.

3. März 16 Uhr: Siedler und Soldaten greifen das Dorf an.

6. März 19 Uhr: Soldaten dringen ins Dorf ein.

9. März 16 Uhr 30: Siedler und Soldaten kommen ins Dorf und greifen es an.

13. März 16 Uhr 30: Siedler und Soldaten greifen das Dorf an.[515]

---

513. Lorber, Ben, Harvesting Olives as a statement of resistance, The Electronic Intifada 24.10.2011 unter: electronicintifada.net/content/harvesting-olives-statement-resistance/10514; UN OCHA, Unprotected, a.a.O., S. 9

514. Bernama Media, West Bank »Mistress of the Hill« challenges Jewish Settlers, Yahoo News Malaysia 30.3.2011 unter: my.news.yahoo.com/west-bank-mistress-hill-challenges-jewish-settlers-20110330-060105-568.html

515. International Solidarity Movement, Mapping a pattern of Israeli violence in Burin, 14.3.2012 unter: palsolidarity.org/2012/03/mapping-a-pattern-of-israeli-violence-in-burin/; siehe auch Popular Struggle Coordination Commitee; Settlers attack Burin followed by military incursion, 2.10.2011 unter: popular.struggle.org/content/settlers-attack-burin-followed-military-incursion

Das Beispiel Hebron/al-Khalil

In der Stadt al-Khalil/Hebron im Süden der Westbank ist die Zusammenarbeit zwischen Staat und Siedlerbewegung zur Vertreibung der Palästinenser besonders offensichtlich. Durch die strikte Separationspolitik Israels, die der Aufteilung der Stadt in zwei Zonen in einem Abkommen mit der Autonomiebehörde 1997 folgte, wurden große Teile der Altstadt für Palästinenser unzugänglich gemacht. Die Altstadt, wo etwa 500 radikalzionistische Siedler unter dem Schutz der israelischen Armee unter 35.000 einheimischen Palästinensern leben, verblieb als H2-Zone unter der Kontrolle Israels. Die israelische Politik im Zentrum von Hebron wurde bereits 2002 von einem Angehörigen des Verteidigungsestablishments als »ein permanenter Prozess der Enteignung von Arabern zur Vergrößerung des jüdischen Territoriums« bezeichnet.[516] Die Siedlerstützpunkte in der Stadt sind Zentren der Gewalt und des Rassismus. Da Siedler und einheimische Bevölkerung sich in den dicht besiedelten palästinensischen Städten auf engstem Raum tagtäglich begegnen, ist die Siedlergewalt dort besonders heftig. Die einheimischen Bewohner werden von diesen Siedlern tagtäglich terrorisiert. Die Siedler, die die oberen Stockwerke vieler Häuser besetzt halten, werfen Müll, Flaschen und Steine auf die Wohnungen und Läden darunter, wogegen die Palästinenser sich mit Netzen und Zäunen zu schützen versuchen. Angriffe auf palästinensische Menschen, Wohnhäuser und Schulen ereignen sich beinahe jeden Tag.[517]

Manchmal überschreitet die Gewalt das übliche Ausmaß und geht in ein Pogrom über. Als die israelische Polizei im November 2008 in der H2-Zone von al-Khalil auf gerichtliche Anweisung ein von Siedlern besetztes palästinensisches Haus räumte, kam es zu pogromartigen Angriffen der Siedler auf die einheimische Bevölkerung, ohne dass Polizei und Militär eingriffen. Wohnhäuser, Moscheen, Olivenhaine und Autos wurden in Brand gesteckt, Friedhöfe geschändet und 103 Palästinenser durch Schusswaffen oder Steine verletzt. In einem Fall konnte nur das beherzte Eingreifen anwesender israelischer Journalisten Schlimmeres in einem von Siedlern überfallenen palästinensischen Haus verhindern. Der ehemalige Ministerpräsident Ehud Olmert bezeichnete die Aktionen der Siedler als Pogrome und kündigte an, gegen die Täter vorgehen zu wollen. Gegen Zeev Braude aus Kiriyat Araba, der dabei gefilmt worden war, wie er auf drei Palästinenser schoss, wurde zunächst tatsächlich Anklage erhoben. Nach einer Intervention des Verteidigungsministeriums jedoch zog das Büro des Staatsanwalts die Anklage zurück.[518]

516. B'Tselem/ACRI; Ghost Town. Israel's Separation Policy and Forced Eviction of Palestinians from the Center of Hebron, May 2007, S.6 unter: www-btselem.org/download/200705_hebron_eng.pdf
517. Jaradat, Ahmad; Mancini, Emma, Settler Aggression against Palestinian Children in Hebron, Alternative Information Center, 13.4.2011 unter: www.alternativenews.org/english/index.php/topics/hebron352
518. International Crisis Group, a.a.O., S. 29, S.32; BBC News, Olmert condems settler »pogrom«, 12.7.2008 unter: http://news.bbc.co.uk/go/pr/fr/-/2/hi/middle_east/7770384.stm; Issacharoff, Avi, Analysis/ Hebron Settlers riots were out and out pogroms, Haaretz 12.7.2008

Die israelische Armee nutzt die Präsenz der Siedler in palästinensischen Bevölkerungszentren, um der einheimischen Bevölkerung zusätzliche Restriktionen aufzuerlegen. Wenn z. B. die Siedler in der Altstadt von al-Khalil aufmarschieren, wird die palästinensische Bevölkerung unter Ausgangssperre gestellt. Selbst blutige Gewaltakte der Siedler werden zum Vorwand genommen, um die Lebensbedingungen der Palästinenser zu verschlechtern. Als der radikalzionistische Siedler Baruch Goldstein aus der berüchtigten Siedlung Kiriyat Arba 1994 in der Ibrahimi-Moschee 29 Palästinenser während des Gebets niederschoss und über 100 weitere verletzte, reagierte die Armee darauf mit der Schließung der Schuhada-Straße, dem kommerziellen Zentrum der Altstadt. Zum »Schutz« der Siedler schränkt die Armee die Bewegungsfreiheit der Palästinenser in diesem Gebiet immer weiter ein. Diese dürfen bestimmte Straßen nicht benutzen und in einigen Fällen ihre Häuser nicht durch die Haustür verlassen, da die direkt vor ihrer Haustür liegende Straße für den jews-only-Gebrauch reserviert ist. Die Kombination von staatlicher Politik und Überfällen der zionistischen Siedlerbewegung hat zur Folge, dass die Altstadt bis 2007 von mehr als 40 % ihrer Bewohner verlassen wurde. Es gibt ganze Straßenzüge, die – von einzelnen palästinensischen Familien abgesehen, die verbarrikadiert wie in einer Festung leben – ausgestorben sind. Auch 77 % der Geschäfte stehen leer.[519] Die Altstadt al-Khalils, das einstige kommerzielle Zentrum der Westbank, ist zu einer Geisterstadt geworden.

Die garantierte Straflosigkeit für Angriffe auf die einheimische Bevölkerung hat außerdem dazu geführt, dass glühende Zionisten aus dem Ausland zu Besuch nach Palästina kommen, um dort »die Sau rauszulassen«. Besonders beliebt ist die Stadt al-Khalil/Hebron, die bekannt dafür ist. Die Aussicht, die in ihren Häusern oder kleinen Enklaven eingesperrten, belagerten und weitgehend wehrlosen Palästinenser angreifen zu können, scheint auf jenen Menschentypus, den Adorno einst als »autoritären Charakter« bezeichnete, einen großen Reiz auszuüben. Ein israelischer Soldat, der zum Schutz einer solchen Gruppe abgestellt war, beschreibt seine Erfahrungen folgendermaßen: »An diesem Morgen kam eine ziemlich große Gruppe in Hebron an, etwa 15 Juden aus Frankreich. Das waren alles religiöse Juden. Sie waren in guter Stimmung, hatten wirklich eine tolle Zeit und ich verbrachte meine gesamte Schicht damit, dieser Gruppe von Juden zu folgen und zu versuchen, sie davon abzuhalten, die Stadt zu zerstören. Sie liefen einfach herum, hoben jeden Stein, den sie sahen, auf und begannen, ihn in die Fenster der Araber zu werfen. Sie warfen alles um, woran sie vorbeikamen. Es gibt da keine Horrorgeschichte: sie haben keinen Araber gefangen und getötet oder so etwas, aber was mich nervte, war, dass jemand ihnen vielleicht erzählt hatte, dass es einen Platz auf der Welt gibt, wo ein Jude all seine Wut auf Araber herauslassen und einfach alles tun kann. In eine palästinensische Stadt kommen und tun, was er will und die Soldaten werden

519. B'Tselem/ACRI, Ghost Town, a.a.O., S. 14

immer da sein, um ihn zu decken. Denn das war mein Job: sie zu beschützen und sicher zu stellen, dass ihnen nichts geschieht.«[520]

Offen bleibt die Frage, was geschieht, wenn die Palästinenser sich weiterhin weigern, zu gehen. Ein Rabbiner kündigte für diesen Fall im israelischen Fernsehen bereits an, dass diese einen Preis dafür zahlen würden, wenn sie nicht »freiwillig« gingen. Was damit gemeint sein könnte, hat der Oppositionelle Uri Avnery erklärt: »Kahane hat öffentlich gepredigt, was viele und vielleicht die meisten Siedler im Privaten sagen: Dass Gott uns nicht nur dieses Land versprochen hat, sondern uns auch (im Buch Josua) befohlen hat, die nicht-jüdischen Einwohner auszulöschen. Sie haben hier keinen Platz. Wenn sie nicht durch Terror dazu gebracht werden können, von selbst zu gehen (›freiwilliger Transfer‹), müssen sie vernichtet werden.«[521]

520. Laor, Yitzhak, In Hebron in: London Review of Books Vol. 26, No. 14, 22.7.2004, S. 32-33
521. zitiert nach Cook, Blood and Religion, a.a.O., S. 178

Ethnische Säuberung und Zerstörung der historischen Stadt in al-Quds/Jerusalem

»Bekommen wir jemals Jerusalem, und kann ich zu der Zeit noch etwas bewirken, so würde ich es zunächst reinigen. Alles was nicht Heiligtum ist, ließe ich räumen, würde Arbeiterwohnungen außerhalb der Stadt errichten, die Schmutznester leeren, niederreißen, die nicht heiligen Trümmer verbrennen und die Basare anderswohin verlegen. Dann unter möglichster Beibehaltung des alten Baustils eine komfortable, ventilierte, kanalisierte neue Stadt um die Heiligtümer herum errichten.« (Theodor Herzl)[522]

In Jerusalem lassen sich die Methoden, Ideologie und Ziele der zionistischen Bewegung wie unter einem Brennglas studieren. Dort zeigt sich die Arbeitsteilung zwischen Staatsapparat und Siedlerbewegung sowie die Instrumentalisierung religiöser Mythen besonders deutlich. An al-Quds/Jerusalem lässt sich zeigen, wie eine Kolonialmacht die Präsenz und Geschichte der einheimischen Bevölkerung systematisch zum Verschwinden zu bringen versucht, indem sie die Menschen vertreibt und die Spuren ihrer langen Geschichte, die das Aussehen und den Charakter der Stadt geprägt haben, zu zerstören versucht. In Jerusalem zeigen sich Israels große und kleine Apartheid in aller Deutlichkeit, wie auch, dass die israelische Apartheid nicht das Ende des Weges ist, sondern lediglich eine Interimsphase, eine Zwischenlösung, die so lange gültig ist, bis das eigentliche Ziel erreicht werden kann: die Vertreibung der einheimischen palästinensischen Bevölkerung.

Obgleich der UN-Teilungsplan vom November 1947 vorsah, die Stadt als »corpus seperatum« unter internationale Verwaltung zu stellen, eroberte Israel 1948 über 80 % der Stadt, vertrieb die einheimische Bevölkerung aus acht Stadtvierteln und 39 umliegenden Dörfern und verleibte sie seinem Staatsgebiet ein.[523] Durch die Eroberung des arabischen Ostteils der Stadt wurde die völkerrechtswidrige Besetzung der Stadt 1967 vervollständigt. Um Zugriff auf möglichst viel palästinensisches Land zu bekommen, wurden die Grenzen Jerusalems bis weit in die Westbank hinein ausgedehnt. Die Fläche Ostjerusalems, die unter jordanischer Herrschaft 6 km² betragen hatte, wurde durch Annexion auf 70 km² vergrößert. 28 palästinensische Dörfer wurden dem Großraum Jerusalem angeschlossen.[524] Da-

522. Herzl, Theodor, 31.10.1898, Briefe und Tagebücher, Zweiter Band, Berlin 1983, S. 680f.
523. Pappe, Ilan, Die ethnische Säuberung Palästinas, a.a.O.; Dumper, Mick, The Politics of Jerusalem, New York 1997, S. 65ff.; Krystall, Nathan, The De-Arabization of West-Jerusalem 1947-50, Journal of Palestine Studies Vol. 27, No. 2, Winter 1998, S. 5-22
524. OCHA OPT, East Jerusalem., Key Humanitarian Concerns. Special Focus March 2011, unter: www.ocha.opt/documents/Ocha_opt_jerussalem_report_2011_03_23_full_english.pdf, S. 8

durch verdreifachte sich der Umfang der Stadt und Jerusalem wurde zur flächenmäßig größten Stadt des Staates Israel. Direkt nach der Besetzung wurden israelische Gesetze und Verwaltungsstruktur auf die Stadt übertragen. 1980 wurde sie per Gesetz zur »ewigen und unteilbaren Hauptstadt Israels« erklärt.[525] Jerusalem war damit de facto, aber nicht de jure annektiert.[526]

Die israelische Politik zielt auf nicht weniger als den demografischen und architektonischen Umbau Jerusalems, um diese arabische Stadt in eine jüdisch-israelische zu verwandeln. Unmittelbar nach der Besetzung wurde mit der Veränderung des Stadtbildes und der Vertreibung der Palästinenser begonnen. 135 Häuser des aus dem 12. Jahrhundert stammenden Maghariba-Viertel wurden zerstört und seine 650 Bewohner vertrieben, um eine riesige Plaza vor der Buraq-Mauer/Klagemauer zu schaffen.[527] Im April 1968 wurden unter Anwendung der »Public Purposes Ordinance« im südöstlichen Teil der Altstadt 11,6 Hektar enteignet, um das historische jüdische Viertel wiederaufzubauen. Obwohl dort vor dem Krieg von 1948 nur 100 Häuser im Besitz von Juden gewesen waren, wurden über 700 Gebäude beschlagnahmt. 6.000 Palästinenser verloren dadurch ihre Wohnungen und 700 ihre Arbeitsplätze in den dort ansässigen Betrieben.[528]

Eine von Premierministerin Golda Meir eingesetzte interministerielle Kommission bestimmte 1973, dass es von vitaler Bedeutung für die Zukunft Jerusalems sei, dass der palästinensische Bevölkerungsanteil von damals 26,5 % künftig nicht anwachsen dürfe. Die israelische Regierung begann zielstrebig an der Veränderung der demografischen Struktur der Stadt zu arbeiten, indem sie die Lebens- und Entwicklungsmöglichkeiten der Palästinenser strengen Restriktionen unterwarf und sich auf die Ansiedlung jüdischer Israelis in der Stadt konzentrierte.[529] Diese Politik war gemessen an ihrem Ziel wenig erfolgreich, da die 280.000 Palästinenser in der Stadt heute 37 % der Bevölkerung stellen. Jerusalem hat insgesamt etwa 790.000 EinwohnerInnen, wovon im besetzten Ostteil der Stadt einschließlich der eingemeindeten palästinensischen Dörfer 480.000 Menschen leben, unter ihnen 200.000 Siedler in neu errichteten jews-only-Siedlungen. Der neue Masterplan zur Stadtentwicklung Jerusalems, »Jerusalem 2020«, der nach mehreren Veränderungen 2010 verabschiedet wurde, legt daher einen Schwerpunkt auf die Reduzierung des palästinensischen Bevölkerungsanteils durch verschiedene Maßnahmen. Angesichts des aktuellen demografischen Trends, der, wenn er ungebrochen anhält,

---

525. Dumper, The Politics of Jerusalem since 1967, a.a.O., S. 38ff.; Aruri, Naseer H., Misrepresenting Jerusalem in: Akash, Munir; Moughrabi Fouad, The Open Veins of Jerusalem, Massachusetts 2005, S. 127ff.
526. vgl. Lustick, Ian, Yerushalayim and al-Quds: Political Catechism and Political Realities, Journal of Palestine Studies Vol. 30, no.1, Autumn 2000, S. 5-21
527. Abu El-Haj, Nadja, Facts on the Ground. Archeological Practice and Territorial Self-Fashioning in Israeli Society, Chicago 2001, S. 165f.
528. Dumper, The Politics of Jerusalem since 1967, a.a.O., S. 174f.
529. MA'AN Development Center, Means of Displacement, Charting Israel's Colonisation of East Jerusalem, Februar 2010, S. 8f., siehe unter: www.maan-ctr.org/pdfs/JerusalemReport4Web.pdf

bis 2020 zum Anwachsen der arabischen Bevölkerung auf mindestens 40 % und dem Rückgang der jüdisch-israelischen auf 60 % führen wird, kommt dem eine besondere Dringlichkeit zu.[530]

Landraub, Siedlungsbau und Häuserzerstörungen

Durch vier Siedlungsringe in und um Jerusalem herum wird die einheimische Bevölkerung Stück für Stück verdrängt und durch die Siedlerbevölkerung ersetzt. Der erste Ring verläuft außerhalb der Grenzen des Großraums Jerusalem und umgibt diesen, während der zweite Ring entlang dessen Grenzen verläuft. Der dritte Siedlungsring umgibt die arabische Altstadt und der vierte befindet sich schließlich in der Altstadt selbst. Von den äußeren Grenzen des Großraums Jerusalem ausgehend bewegten sich die Siedlungen immer näher ans Zentrum heran. Die erste zionistische Siedlung wurde 1968 in den Außenbezirken Ostjerusalems errichtet. Zwölf Siedlungen wurden wie ein Ring um Jerusalem herum gebaut, um die Stadt von der Westbank zu trennen. In den 1990er Jahren wurde die Siedlungsaktivität in und zwischen den arabischen Wohnvierteln verstärkt, um diese voneinander und von ihrem Zentrum – der Altstadt – zu trennen. Siedlungen inmitten palästinensischer Wohnviertel gibt es mittlerweile in Silwan (Ir David), Ras al-'Amud (Ma'ale Zeitim und Ma'ale David), At-Tur (Beit Orot), Abu Dis (Kidmat Zion), Scheikh Jarrah (Nahelat Shimon) und Jabal Mukaber (Nof Zion und Be'emuna). Auch in der Altstadt breiten sich die Siedler seit einigen Jahren immer mehr und immer aggressiver aus.[531]

2005 beschloss die israelische Regierung ergänzend dazu, die arabische Altstadt – das Herz Jerusalems – mit einem Gürtel von neun Nationalparks zu umgeben. Diese Parks werden auf den Flächen palästinensischer Wohnviertel angelegt und verwandeln die gesamte Umgebung der Altstadt in einen ideologischen Touristenpark, der fast ausschließlich auf jüdische Stätten und jüdische Touristen fokussiert ist.[532] Der Staat Israel und die Stadtverwaltung von Jerusalem haben zusammen etwa 124 Millionen Euro für die Entwicklung von Tourismus und Archäologie im sogenannten »Heiligen Becken« – den arabischen Stadtvierteln, die die Altstadt umgeben – bereitgestellt.[533] Uri Bank von der Moledet-Partei formulierte das Ziel

530. Eccumenical Accompaniment Programme in Palestine & Israel (EAPPI), Silently Displaced in the West Bank, June 2009 unter: www.eappi.org/fileadmin/eappi/files/resources/publications/Silently_Displaced_p1-48.pdf; Tafakji, Khalil, Jerusalem: A Displacement Master Plan, al-Majdal Issue 39/40 (Autumn 2008/Winter 2009), S. 38-43

531. www.btselem.org/Jerusalem/settler_enclaves; EU Heads of Mission Report Jerusalem 2011 unter: www.thecepr.org/images/stories/pdf/eu homs jerusalem 2011.pdf; MA'AN Development Center, Means of Displacement. a.a.O.; Ir Amin, Israeli Settlement in Palestinian Communities in East Jerusalem, Snapshot August 2009 unter: eng.ir.amin.org.il/_Uploads/dbsAttachedFiles/NewSettlementsEng.pdf

532. Ofran, Hagit, Invisible settlements in Jerusalem, Palestine-Israel Journal Vol.17 No.12 2011

533. Mizrachi, Yonathan, Between Holiness and Propaganda. Archeology and political claims over the Old City of Jerusalem, Jerusalem December 2011, S. 4

der israelischen Strategie wie folgt: »Wir unterbrechen die arabische Kontinuität und ihren Anspruch auf Ostjerusalem, indem wir isolierte Inseln jüdischer Präsenz in Gebiete mit arabischer Bevölkerung setzen (…) Unser Ziel ist letztendlich jüdische Kontinuität in ganz Jerusalem.«[534]

Wie überall in der Westbank hat Israel auch in Ostjerusalem nach den Oslo-Abkommen den Siedlungsbau verstärkt und die Zahl der Siedler erhöht. 80 % aller Westbank-Siedler leben in einem Umkreis von 25 km um Jerusalem herum.[535] In den Siedlungen dürfen nur jüdische Israelis oder Ausländer Land pachten oder ihren Wohnsitz nehmen. Daniel Seidemann von der israelischen Organisation Ir Amin weist auf diese Besonderheit hin: »Die außergewöhnliche Situation besteht darin, dass ein Palästinenser, dessen Land für den Bau der (jüdischen) Siedlung Har Homa (in den Außenbezirken Jerusalems) enteignet wurde, dort kein Land pachten kann, während ein Jude aus Paris oder London, der nicht einmal Staatsbürger sein muss, dies darf.«[536]

Es wird eine völlig neue Geografie über die bestehende gelegt. Dazu gehört auch, eine Verbindung der zionistischen Siedlungskerne innerhalb der Stadt zu den Siedlungen in deren Außenbezirken sowie zu den Siedlungen in der Westbank herzustellen. Zu diesem Zweck wird eine vierspurige Ringautobahn um Jerusalem herum gebaut und ein Straßenbahnnetz im Ostteil geschaffen, die der palästinensischen Bevölkerung weiteres Land rauben und sie in unzusammenhängende und stets kleiner werdende Enklaven zusammendrängen. Die Siedler hingegen dehnen ihren Radius immer weiter aus. Im Juli 2010 wurde z.B. eine große palästinensische Familie, die über 70 Jahre in ihrem Haus in der Altstadt gelebt hatte, von der Polizei delogiert, damit Siedler es übernehmen können. Im November desselben Jahres übernahm eine Siedlerorganisation nach der gewaltsamen Räumung mehrerer einheimischer Familien zwei Häuser in den palästinensischen Vierteln Jabal al-Mukaber und al-Tur.[537] Im April 2012 warfen Siedler mit Unterstützung der Polizei zwei palästinensische Familien aus ihren Häusern in Beit Hanina und besetzten sie. Beit Hanina ist eine kleine Stadt zwischen Jerusalem und Ramallah, die administrativ zum Großraum Jerusalem gehört, in der es bisher aber keine Siedlungsaktivitäten gegeben hatte.[538]

Bis 2008 konfiszierte Israel von den insgesamt 70 km² der Stadt mehr als

534. Lynfield, Ben, Settler vie for East Jerusalem, The Christian Science Monitor 12.12.2003, unter: www.csmonitor.com/2003/1212/p06s01-wome.html
535. MA'An Development Center, Means of Displacement, a.a.O:, S. 4
536. Cook, Jonathan, The Reality of Israel's »Open« Jerusalem, Counterpunch 23.7.2009; deutsche Übersetzung unter: http://zmag.de/artikel/israel-die-realitaet-eines-offenen-jerusalem
537. Report of the Special Rapporteur to the UN Human Rights Council on Occupied Palestinian Territories 14.2.2011 unter: richardfalk.wordpress.com/2011/02/14/report-of-special-rapporteur-to-the-un-human-rights-council-on-occupied-palestinian-territories/
538. Nieuwhof, Adri, First forced eviction of Palestinian family in Jerusalem's Beit Hanina to make way for Jewish settlers, The Electronic Intifada 23.4.2012 unter: electronicintifada.net/blogs/adri-niewhof/first-forced-eviction-palestinian-family-jerusalem-beit-hanina-mak-way-jewish

24 km^2 für jews-only-Siedlungsbau.[539] In den Jahren danach sind weitere Quadratkilometer hinzugekommen. Die etwa 280.000 Palästinenser, die in Jerusalem leben, haben nur noch 13 % der Gesamtfläche der Stadt zur Verfügung. 35 % der Fläche wurden bereits für den Siedlungsbau enteignet, 30 % werden als ungeplante Gebiete und 22 % als »Grüne Zonen« klassifiziert, in denen keine Bebauung erlaubt ist.[540] Allerdings gilt das erfahrungsgemäß nur so lange, bis jews-only-Siedlungen und die dazu gehörende Infrastruktur für diese Flächen geplant werden. Die Siedlung Har Homa in Jabal Abu Ghneim zum Beispiel wurde auf Gebiet gebaut, das als »Grüne Zone« klassifiziert war. Sobald der Bau einer Siedlung geplant war, wurde sie neu klassifiziert. Diese Verfahrensweise ist üblich, wird aber nie angewendet, um Palästinensern das Bauen in »Grünen Zonen« zu erlauben, obwohl viele dieser Zonen auf palästinensischem Privatland liegen.[541]

Durch eine restriktive Wohnbaupolitik versucht Israel, die Palästinenser am natürlichen Wachstum zu hindern. Zwischen 1967 und 2001 baute es 50.000 Wohneinheiten für jüdische Israelis und keine einzige für Palästinenser.[542] Seit 1967 haben die Palästinenser jährlich nur durchschnittlich 400 Baubewilligungen bekommen, obwohl jedes Jahr 1.500 benötigt werden.[543] Diese Genehmigungen kosten ein Vermögen und sind auch für Anbauten und Reparaturen erforderlich. Viele Palästinenser bauen notgedrungen ohne Genehmigung, was Israel die Möglichkeit gibt, diese Häuser als illegal zu bezeichnen und zu zerstören. Mindestens 32 % aller Häuser sind ohne Genehmigung gebaut, sodass das Damoklesschwert der Zerstörung über mindestens 86.500 Palästinensern schwebt.[544] Zwischen 2000 und 2009 wurden 730 palästinensische Gebäude zerstört und Tausende von Zerstörungsbefehlen ausgehändigt, die Zerstörung aber noch nicht ausgeführt.[545] 2008 gab es nur 18 Baugenehmigungen, während gleichzeitig 90 Gebäude zerstört wurden, die höchste Anzahl im Zeitraum zwischen 2005 und 2008.[546] Infolge der israelischen Politik leiden die Palästinenser unter extremer Wohnungsnot und Übervölkerung. Sie haben durchschnittlich nur halb so viel Wohnraum zur Verfügung wie jüdische Israelis. Jeff Halper vom Israelischen Komitee gegen die Häuserzerstörungen (ICAHD) zufolge hat Israel die Wohnungsnot absichtlich herbeigeführt: »Selbst unter Zugrundelegung israelischer Zahlen fehlen in Ostjerusalem 25.000 Wohneinheiten, um die minimalsten Bedürfnisse der Palästinenser zu befriedigen. (...)

539. Adalah Position Paper on the Privatization of the Lands of the Settlements on the Golan Hights and East Jerusalem in: Adalah's Newsletter, Volume 63, August 2009
540. OCHA OPT, East Jerusalem, Key Humanitarian Concerns, a.a.O., S. 29
541. MA'AN Development Center, Means of Displacement,a.a.O., S. 64
542. Ershied, Sami, Voices from Jerusalem: What is behind Jerusalem's first Master Plan since 1967?, Huffington Post, 29.6.2009unter: www.huffingtonpost.com/ir-amin/what-is-behind-jerusalems_b_222101.html
543. OCHA OPT, East Jerusalem, Key Humanitarian Concerns, a.a.O., S. 30
544. OCHA OPT, East Jerusalem, Key Humanitarian Concerns, a.a.O., S. 36
545. HRW, Separate and Unequal, a.a.O. S. 12; EAPPI, Silently Displaced, a.a.O.
546. Save the Children UK, Forced Displacement in the Occupied Palestinian Territory, a.a.O., S. 6

Das Land wäre vorhanden, doch Israel will eine gravierende Wohnungsknappheit für die Palästinenser.«[547] Dadurch sollen sie gezwungen werden, in die Westbank zu ziehen, wodurch sie ihr Aufenthaltsrecht in Jerusalem verlieren würden. »Die Zerstörungen sind Teil einer Politik, die das natürliche Wachstum palästinensischer Gemeinschaften in und um Jerusalem herum stoppen soll, um die maximale Menge an Land für die Nutzung durch jüdische Siedler freizumachen. (...) Die Zerstörungen erhöhen den Druck auf die Palästinenser, in die Westbank zu ziehen, sodass sie ihre Aufenthaltsrechte in der Stadt verlieren.«[548]

Der neue Masterplan für Jerusalem, der erste seit 50 Jahren, sieht zwar vor, dass bis 2030 13.500 neue Wohnungen für die palästinensische Bevölkerung gebaut werden sollen. Benötigt würden in diesem Zeitraum aber 90.000 Wohnungen. Außerdem sollen sie in den Randgebieten der Stadt errichtet werden und ihr Bau nicht vor 2030 beginnen, während die Häuserzerstörungen in der Gegenwart stetig intensiviert werden. Angesichts der jetzt schon bestehenden Wohnungsknappheit macht diese Planung deutlich, dass die israelische Regierung nicht beabsichtigt, ihre Politik der Strangulierung palästinensischer Wohngebiete zu ändern. Der israelischen NGO Ir Amin zufolge ist der Masterplan nicht diktiert »von ehrlicher Sorge um die Bedürfnisse von einem Drittel der Bevölkerung, sondern von Israels Interesse, strategische Gebiete zu kontrollieren und die dortigen Palästinenser zu vertreiben.«[549]

Apartheid in al-Quds/Jerusalem

Obwohl Jerusalem de facto annektiert wurde, sind die dort lebenden Palästinenser keine israelischen Staatsbürger. Sie haben lediglich ein Aufenthaltsrecht in der Stadt und spezielle Jerusalem-Identitätskarten. Ausgeschlossen wurden allerdings diejenigen Stadtbewohner, die sich zum Zeitpunkt der Volkszählung, die kurz nach der Besetzung durchgeführt wurde, außerhalb der Stadt aufhielten. Sie wurden nicht erfasst und durften nicht zurückkehren. Der Aufenthaltsstatus in al-Quds ist für alle Palästinenser prekär, da er jederzeit vom Innenministerium ohne Angabe von Gründen widerrufen werden kann. Die Aufenthaltsberechtigung wird immer nur befristet erteilt und muss regelmäßig erneuert werden, wozu unter anderem nachgewiesen werden muss, dass die Steuern und Stromrechnungen bezahlt wurden. Sie wird auch nicht automatisch, sondern nur unter gewissen Bedingungen auf Kinder übertragen, die nur einen Elternteil mit einer Jerusalem-ID haben. Es

547. Cook, Israel: Die Realität eines »offenen« Jerusalem, a.a.O.
548. Cook, Jonathan, The struggle against Jerusalem's quiet ethnic cleansing, The Electronic Intifada 1.8.2008 unter: electronicintifada.net/content/struggle-against-jerusalems-quiet-ethnic-cleansing/7648
549. Kühner, Claudia, Masterplan gegen Palästina: Ostjerusalem soll jüdischer werden, Tagesanzeiger (Schweiz) 21.8.2010 unter: www.tagesanzeiger.ch/ausland/naher-osten-und-afrika/Masterplan-gegen-Palaestina-Ostjerusalem-soll-juedischer-werden/story/10617962

wird geschätzt, dass 10.000 palästinensische Kinder »illegal« in der Stadt leben.[550] Es ist nicht einmal sicher, dass Kinder, bei denen beide Elternteile Jerusalem-Identitätskarten besitzen, ein Aufenthaltsrecht bekommen. Dem 21-järigen Amir S. zum Beispiel wird es seit seiner Geburt verweigert, weil die Wehen seiner Mutter während eines Besuchs im benachbarten Ramallah eingesetzt hatten und er dort geboren wurde. Seine gesamte Familie wohnt mit den erforderlichen Identitätskarten in Jerusalem, während er gezwungen ist, als Illegaler zu leben.[551] Ehepartner, die keine Jerusalemer Identitätskarte haben, bekommen nur in Ausnahmefällen eine Aufenthaltsberechtigung, sodass Ehen zwischen Palästinensern aus Jerusalem/al-Quds und der Westbank oder dem Gazastreifen faktisch unmöglich sind, da es keinen Ort gibt, wo sie zusammen leben können. »Israel behandelt die palästinensischen Bewohner Ostjerusalems als Immigranten, die wegen der Wohltätigkeit der Behörden in ihren Häusern leben und nicht, weil es ihr Recht ist«, sagt B'Tselem über die Lage der Palästinenser. »Die Behörden betreiben diese Politik, obwohl diese Palästinenser in Jerusalem geboren wurden und leben und kein anderes Zuhause haben. Diese Palästinenser als Ausländer zu behandeln, ist erstaunlich, da es Israel war, das 1967 in Ostjerusalem eingedrungen ist.«[552]

Mitte der 1990er Jahre hat Israel die Lage verschärft, indem es ein Verfahren zur Feststellung des Lebensmittelpunkts der palästinensischen Stadtbewohner einführte, nach dem jeder, der außerhalb Jerusalems arbeitet oder wohnt, seine Aufenthaltsberechtigung verliert.[553] Viele Palästinenser wurden durch die Lebensmittelpunkt-Politik gezwungen, ihre Arbeitsplätze und Wohnungen in benachbarten Städten aufzugeben und nach al-Quds zurückzukehren, um nicht ihre Aufenthaltsberechtigung zu verlieren. Das hat die ohnehin in der Stadt herrschende Arbeitslosigkeit und Wohnungsnot verschärft. In den vergangenen Jahren hat Israel so vielen Palästinensern wie nie zuvor das Aufenthaltsrecht entzogen. Seit 1967 waren davon 14.084 Palästinenser betroffen. Die Hälfte dieser faktischen Vertreibungen erfolgte seit 2006. Allein 2008 wurde 4.577 Palästinensern das Aufenthaltsrecht in Jerusalem entzogen.[554] Die neueste Vertreibungsmethode ist die Ausbürgerung von Palästinensern aufgrund ihrer politischen Positionen. Im Juli 2010 entzog Israel vier gewählten Mitgliedern des palästinensischen Parlaments ihr Aufenthaltsrecht, nachdem diese sich geweigert hatten, sich von der Hamas zu distanzieren. Einer

550. OCHA, East Jerusalem, Key Humanitarian Concerns, a.a.O:, S. 12ff.; Kestler-D'Amours, Jilian, Jerusalem baby denied right by Israeli apartheid, The Electronic Intifada, 22.6.2011 unter: electronicintifada.net/content/jerusalem-baby-denied-rights-israeli-apartheid/10099

551. Hasson, Nir, East Jerusalem man, denied residency by Israel, effectively prisoner in own house, Haaretz 24.4.2012 unter: www.haaretz.com/news/national/east-jerusalem-man-denied-residency-by-israel-effectively-prisoner-in-own-home-1.426249

552. McGreal, Worlds Apart, a.a.O., S. 6

553. Centre on Housing Rights (COHRE)/BADIL, Ruling Palestine, a.a.O., S. 129f.

554. ACRI, Policies of neglect in East Jerusalem: The Policies that created 78 % Poverty Rates and a Fragile Job Market, May 2012, S. 9, unter: www.acri.org.il/wp-content/uploads/2012/05/The-Poverty-Policy-in-East-Jerusalem_ACRI_May-2012_ENG.pdf

von ihnen wurde noch im Dezember desselben Jahres deportiert. Der UN-Sonderberichterstatter für Menschenrechte in den besetzten palästinensischen Gebieten, Richard Falk, sieht darin einen gefährlichen Präzedenzfall, der auch gegen andere Palästinenser in der Stadt zur Anwendung gebracht werden könnte. Besonders beunruhigend fand er, dass der erzwungene Transfer mit der mangelnden Loyalität der Betroffenen gegenüber dem Staat Israel begündet wurde.[555]

Israel verstößt mit dieser Politik sowohl gegen die Menschenrechtscharta als auch gegen die Anti-Apartheidkonvention der UNO. Zu den inhumanen Handlungen, die zur Aufrechterhaltung der Herrschaft einer Ethnie über eine andere begangen werden, zählt auch die Einschränkung der Bewegungs- und Residenzfreiheit sowie die Verletzung des Rechts, sein Land verlassen und dorthin zurückkehren zu können.

Im Jerusalem-Bericht der EU von 2009 wird festgestellt, dass die Palästinenser diskriminiert werden und aus einer Studie des britischen Think Tanks »Chatham House« geht hervor, dass die israelische Planung dort auf ungleichem Zugang zu Ressourcen und Segregation basiert.[556] Obwohl Palästinenser dieselben Steuern zahlen wie jüdische Israelis steht Ostjerusalem, wo 37 % der Gesamtbevölkerung der Stadt leben, weniger als 9 % des Budgets zur Verfügung. Während für jeden jüdischen Israeli durchschnittlich 1.190 Euro ausgegeben werden, sind es für jeden Palästinenser nur 260 Euro.[557] Das hat einen dramatischen Verfall der Infrastruktur und gravierende Defizite vor allem im Bildungsbereich zur Folge. Aus einer gemeinsamen Studie von Ir Amin und ACRI vom August 2010 geht hervor, dass über 1.000 Klassenzimmer fehlen und im Schuljahr 2009 nur 39 gebaut wurden. Die Stadtverwaltung von Jerusalem baut so gut wie keine Schulen für die arabischen Kinder, sondern mietet ungeeignete Gebäude für sie an, in denen die Räume klein und oftmals unbelüftbar sind. Zudem gibt es in diesen Gebäuden keine Büchereien, Labore, Spielplätze, Lehrerzimmer oder vollwertig ausgestattete Klassenzimmer. Für einen palästinensischen Schüler wird mit 115 Euro nur etwa ein Viertel der Summe ausgegeben, die für einen jüdisch-israelischen Schüler zur Verfügung steht (ca. 500 Euro). Für viele palästinensische Kinder ist der Schulbesuch aufgrund der Mauer und der Checkpoints eine tägliche Strapaze. Ein Kind aus dem Flüchtlingslager Shu'fat in den Außenbezirken Jerusalems braucht für den Schulweg, auf dem zwei Checkpoints liegen, vier Stunden. Die Benutzung der öffentlichen Verkehrsmittel für diesen Weg kostet eine Familie etwa 105 Euro im Monat. Aufgrund der schwierigen Situation in den staatlichen Schulen besucht mittlerweile die Hälfte

555. Report of the Special Rapporteur to the UN Human Rights Council, a.a.O.

556. McCarthy, Rory, Israel annexing East Jerusalem, says EU, The Guardian 7.3.2009 unter: www.guardian.co.uk/world/2009/mar/07/israel-palestine-eu-report-jerusalem; Dumper, Mick; Pullan, Wendy, Jerusalem: The Cost of Failure, Chatham House briefing paper Februar 2010, S. 8, unter: www.chathamhouse.org/sites/default/files/public/Research/Middle East/bp0210jerusalem.pdf

557. Vidal, Dominique; Rekacewicz, Philippe, Die demografische Bereinigung Jerusalems, Le Monde diplomatique (deutsche Ausgabe) Nr. 8197, 9.2.2007, S. 12-13

der palästinensischen Kinder in der Stadt private oder inoffizielle Schulen. Neben christlichen Kirchen, islamischen Organisationen und der UNRWA, die für die Ausbildung der Kinder in den Flüchtlingslagern zuständig ist, bieten einige profitorientierte Institutionen Alternativen zum offiziellen Schulsystem. Die Mehrheit der palästinensischen Familien kann sich das jedoch finanziell nicht leisten. 8 % der palästinensischen Kinder besuchen Schulen, die von islamischen Organisationen betrieben werden und 6 % besuchen die Schule überhaupt nicht. Das ist den katastrophalen Zuständen im arabischen Bildungssektor ebenso geschuldet wie der großen Armut in der Stadt, die viele Kinder zum Arbeiten zwingt, zum Beispiel als Straßenverkäufer an den Kreuzungen Jerusalems. Die Abbrecherquote unter palästinensischen Schülern in Jerusalem beträgt 50 %, verglichen mit 11,8 % unter jüdisch-israelischen.[558]

Der EU-Bericht spricht von einer allgemeinen »strategischen Vernachlässigung« Ostjerusalems, wo es die grundlegendsten staatlichen Dienstleistungen wie Müllentsorgung, Instandhaltung von Straßen oder Straßenbeleuchtung entweder gar nicht oder nur sporadisch gibt. Es fehlen über 50 km Abwasserrohre, sodass die ungeklärten Abwässer in die Straßen fließen und auf die Dauer die Gesundheit der Bevölkerung gefährden. 160.000 Palästinenser in der Stadt sind nicht an die kommunale Wasserversorgung angeschlossen. Für die 280.000 Palästinenser im arabischen Ostjerusalem gibt es nur sieben Postämter, während es für die 300.000 jüdischen Israelis in Westjerusalem 50 sind. Die israelische Politik hat zur Folge, dass Teile Ostjerusalems verslumen.[559] Hinzu kommt, dass Israel nicht nur politische, sondern auch wirtschaftliche, kulturelle und soziale Aktivitäten der Palästinenser extrem einschränkt. Der Bau der Mauer hat die Lage der Palästinenser nochmals verschlechtert. Durch Jerusalem zieht sie sich über eine Länge von 142 km, trennt den östlichen Teil der Stadt von der Westbank und verläuft streckenweise durch palästinensische Wohngebiete hindurch. Sie hat die Funktion, palästinensische Wohngebiete mit einer hohen Bevölkerungsdichte wie das Flüchtlingslager Schu'fat aus dem Großraum Jerusalem auszuschließen und so die Anzahl der dort lebenden Palästinenser zu verringern. Betroffen sind etwa 90.000 Palästinenser, die trotz Jerusalem-Identitätskarten künftig in einem Niemandsland zwischen Jerusalem und der Westbank leben werden.[560] Der ehemalige UN-Sonderberichterstatter

558. Sherwood, Harriet, Palestinian children in East Jerusalem face classroom shortage, says report, The Guardian 24.8.2010 unter: www.guardian.co.uk/world/2010/aug/24/palestinians-east-jerusalem-education; siehe auch ACRI; Ir Amin, Failed Grade. Palestinian Education System in East Jerusalem 2010, August 2010 unter: www.ir-am_amin.org.il/Eng/_Uploads/dbsAttachedFiles/FailedGrade.pdf; ACRI Ir Amin, Failed Grade. Palestinian Education System in East Jerusalem2010. August 2010 unter: www.ir-amin.org.il/Engl/_Uploads/dbsAttachedFiles/FailedGrade.pdf

559. Chatham House, The Cost of Failure, a.a.O., S. 8; Aljazeera, Poverty widespread in East Jerusalem, 10.5.2010; Guarnieri, Mya, Israel's »street apartheid«, Aljazeera 10.7.2010 unter: http://english.aljazeera.net/focus/2010/07/201007101335494763.html

560. ACRI, Policies of Neglect, a.a.O., S. 3.; Issacharoff, Avi; Harel, Amos, MESS Report/Palestinian villagers trapped by permanent red light, Haaretz 24.5.2010 unter: www.haaretz.com/print-edition/news/

für Menschenrechte in den besetzten palästinensischen Gebieten, John Dugard, bezeichnete die Mauer 2007 daher als »eine Ausübung von sozialer Manipulation, die dazu bestimmt ist, die Judaisierung Jerusalems durch die Reduzierung der Anzahl der Palästinenser in der Stadt zu erreichen.«[561]

Die Mauer erschwert den Zugang der Bevölkerung der Westbank zu den sechs Krankenhäusern und der Universität der Stadt sowie zu den christlichen und muslimischen heiligen Stätten, die sich überwiegend in Jerusalem befinden. Durch den Mauerbau wurde der Wirtschaftskreislauf zwischen Jerusalem und der Westbank zerstört. Dass Palästinenser aus der Westbank Jerusalem nur noch mit Sondergenehmigungen besuchen können, hat zu massiven Umsatzeinbrüchen bei den arabischen Geschäftsleuten der Stadt geführt. Nicht einmal zum Freitagsgebet, das viele Gläubige in der Vergangenheit für anschließende Einkäufe genutzt hatten, dürfen Palästinenser aus der Westbank in die Stadt. Da das Hotel- und Restaurantgewerbe mit 25 % derjenige Sektor ist, in dem die meisten palästinensischen Arbeitskräfte beschäftigt sind, verschärft das Ausbleiben der Besucher von außerhalb die ohnehin schon bedrückende Armut und Arbeitslosigkeit unter der einheimischen Bevölkerung. Seit 1999 haben mehr als 5.000 palästinensische Betriebe der Stadt geschlossen. Das einzige Industriegebiet Ostjerusalems ist von Zerstörung bedroht, da die Stadtverwaltung es als »Wohnfläche« klassifiziert und bereits zahlreiche Zerstörungsbefehle für Werkstätten ausgestellt hat.[562] Nach Angaben der israelischen Menschenrechtsorganisation ACRI leben 78 % der Palästinenser – und 84 % der palästinensischen Kinder – in Jerusalem unterhalb der Armutsgrenze.[563] Auch die palästinensischen Krankenhäuser und andere soziale Einrichtungen in der Stadt sind in eine finanzielle Krise geraten. ACRI beschreibt die Lage der Stadt folgendermaßen: »Aufgrund der Checkpoints und der Anforderung, dass Palästinenser aus der Westbank Genehmigungen von der Armee brauchen, um in die Stadt hineinzukommen, hat sich Ostjerusalem von einer zentralen urbanen Drehscheibe, die Dienstleistungen und Gelegenheiten für große Teile der Westbank zur Verfügung stellte, in eine Grenzstadt mit extrem begrenztem Zugang entwickelt.«[564]

---

mess-report-palestinian-villagers-trapped-by-permanent-red-light-1.291803

561. Civic Coalition for Jerusalem, Submission to the UN Universal Periodic Review, Third session of the UPR Working Group, Dec 1-12 2008, Category: Situation in or in relation to specific territories - Jerusalem, S. 3

562. ACRI, Policies of Neglect, a.a.O., S. 5f.

563. ACRI, Policies of Neglect, a.a.O., S. 1

564. ACRI, Policies of neglect, a.a.O., S. 3f.; zuden ökonomischen Folgen der Mauer seihe auch Hever, a.a.O., S. 103-136

Die Erfindung des jüdischen Jerusalems

Um den zionistischen Anspruch auf al-Quds/Jerusalem zu unterstreichen, wird der Stadt eine überragende politische, historische und religiöse Bedeutung verliehen. Der israelische Oberrabbiner der Aschkenazim, Yona Metzger, erklärte 2008, dass Muslime kein Recht auf Jerusalem hätten, weil sie bereits Mekka und Medina besäßen und dass die Stadt zu Israel gehöre.[565] Der israelische Ministerpräsident Benjamin Netanjahu sagte im März 2010 während eines Besuches in den USA: »Das jüdische Volk hat Jerusalem vor 3.000 Jahren gebaut und das jüdische Volk baut Jerusalem heute.«[566]

Wie alle Siedlergesellschaften der Vergangenheit versucht auch die zionistische, sich zu indigenisieren, sich als einheimische auszugeben. Das ist zur Legitimation des kolonialen Projekts und für den inneren Frieden der Siedler notwendig. Neben der Terra-nullius-Rhetorik haben sich Kolonialstaaten stets der Verfälschung der Geschichte bedient. Die französischen Siedler in Algerien sahen sich als Nachkommen der Römer, unter deren Herrschaft das Land einst gestanden hatte. Die Geschichte des Landes wurde reduziert auf die römische Episode der algerischen Geschichte, christliche Bischöfe, europäische Expeditionen und schließlich die französische Herrschaft. Die arabisch-islamische Phase der Geschichte des Landes wurde komplett ausgeklammert, da nach dem Geschichtsverständnis der Siedler mit der Ankunft der Araber das dunkle Zeitalter angebrochen war. Erst die Ankunft der französischen Siedler 1830 markierte in ihren Augen den Wiedereintritt des Landes in die Geschichte, die mit den Römern aufgehört hatte. Auf diese Weise konnten die ausländischen Kolonialisten zu den eigentlich Einheimischen und die realen Einheimischen zu den eigentlich Fremden gemacht werden.[567]

Der Staat Israel geht in Palästina ganz ähnlich vor. Das zeigt sich ganz besonders deutlich in Jerusalem. Die israelische Darstellung der Geschichte der Stadt konzentriert sich auf die Perioden des Königreichs Juda (6.-10. Jahrhundert v. u. Z.) und des Zweiten Tempels (1.-2. Jahrhundert v. u. Z.). Beide zusammen machen in der Gesamtgeschichte der Stadt von mindestens 7.000 Jahren zusammen höchstens 500 Jahre aus. Anhand von Ausgrabungen lässt sich nachweisen, dass die Stadt seit 5000 vor unserer Zeit kontinuierlich besiedelt ist. In der Bronzezeit (3100 bis 1100 v. u. Z.) blühte dort die kanaanitische Kultur. Ausgrabungen haben eine kanaanitische Siedlung aus der frühen Bronzezeit (2600 v.u.Z.) und eine von einer Mauer umgebene städtische Siedlung aus der Mittleren Bronzezeit (1800 v. u. Z.) zutage

---

565. Vilan, Avshalom; Stroun, Maurice, The rabbi lights the fuse, Haaretz 18.2.2008 unter: www.haaretz.com/print-edition/opinion/the-rabbi-lughts-the-fuse-1.239528

566. Landler, Mark, Netanyahu takes hard line on Jerusalem Housing, The New York Times 22.3.2010 unter: www.nytimes.com/2010/03/23/world/middleeast/23diplo.html

567. Prochaska, David, Making Algeria French. Colonialism in Bône, 1870-1920, Cambrigde 2002, S. 230ff, S. 247ff.

gefördert. Der älteste Name der Stadt war »Urusalem« und ging auf einen kanaanitisch-amoritischen Gott zurück. In der späten Bronzezeit (1400 v. u. Z.) wurde die Stadt »Jebus« genannt und weiterhin von den Kanaanitern bewohnt, die in der Bibel Jebusiter genannt werden.[568] Eroberer kamen und gingen, darunter Assyrer, Babylonier, Perser, Griechen, Römer, Byzantiner, Araber und europäische Kreuzritter. Juden waren seit der Entstehung ihrer Religion ebenso wie Christen immer in der Stadt präsent, aber sie waren weder die einzige noch die hegemoniale Bevölkerungsgruppe. Jerusalem war im Gegenteil, wie Edward Said betont, über viele Jahrtausende eine multikulturelle Stadt: »Was immer es auch sonst sein mag, das historische Palästina war ein übergangsloses Amalgam von Kulturen und Religionen, die wie Mitglieder derselben Familie dasselbe Stück Land besetzten, auf dem alles mit allem verschränkt wurde. Aber so mächtig und, meiner Meinung nach, so sozial abweisend ist die zionistische Vision, dass sie das Land, die Vergangenheit und die lebendige Aktualität miteinander verbundener Kulturen und Traditionen beschlagnahmt hat, um zu trennen, herauszuschneiden und einseitig ein Territorium und einen Platz in Besitz zu nehmen, von dem sie behauptet, dass er ihr allein gehöre. Hier ist Jerusalem wieder ein exzellentes Beispiel für das, was ich meine. Es hat eine aufgezeichnete Geschichte von etwa 10.000 Jahren, in denen eine fast unvorstellbare Reihe von Eroberern, Einwohnern und koexistierenden Traditionen ihre Präsenz aufrechterhielten, in manchen Zeiten harmonisch, in anderen prekär. Es wäre extrem schwer jetzt zu sagen (...), dass der vorherrschende Einfluss in der Stadt über den gesamten Zeitraum jüdisch war. Gewiss hat es in den letzten 3.000 Jahren eine jüdische Präsenz gegeben und für eine kurze Periode vor und kurze Zeit nach dem Beginn der christlichen Ära gab es ein jüdisches Königreich mit seiner Hauptstadt Jerusalem. Aber es hat eine längere und kontinuierlichere muslimische Präsenz gegeben und sicher auch eine sehr dichte christliche. All das nichtig zu machen, indem gesagt wird, dass nur die Juden ein Recht auf exklusive Souveränität in der Stadt hätten, ist meiner Ansicht nach eine vorsätzliche und unsensible Tat, die die Enteignung aller anderen zur Folge hat.«[569]

Durch eine Mischung aus Fakten, die auf politisch motivierten, ideologisch eingefärbten und selektiv durchgeführten Ausgrabungen basieren, und Mythen wird eine Geschichte der Stadt konstruiert, die mit der zionistischen Ideologie übereinstimmt. Im Besucherzentrum der Ausgrabungsstätte »City of David« in Silwan erfahren die Besucher, dass es keine andere Geschichte der Stadt als die jüdische gebe. Es wird ein 3D-Film präsentiert, aus dem hervorgeht, dass die Geschichte mit der Zerstörung des jüdischen Tempels im Jahr 70 geendet und erst

568. Emek Shaveh, Archeology in the Shadow of Conflict, Jerusalem o..J., S. 4, S. 42f.; Aruri, Naseer H., Misrepresenting Jerusalem in: Akash, Munir; Moughrabi, Fouad (Hg), The Open Veins of Jerusalem, Massachusetts, S. 114ff.

569. Said, Edward, Edward Said's lost essay on Jerusalem: The Current Status of Jerusalem, 1995, reprinted in: Jerusalem Quarterly, Spring 2011, Volume 45, S.63

1882 mit der Ansiedlung von jemenitischen Juden in Silwan wieder begonnen habe.[570] Der offizielle Touristenführer für Jerusalem, den das israelische Tourismusministerium in seinem Büro in der Altstadt ausgibt, erwähnt nur wenige christliche und noch weniger muslimische Stätten. Die al-Aqsa-Moschee – immerhin eine der ältesten Moscheen der Welt und das drittwichtigste Heiligtum des Islam – taucht in dem Führer gar nicht auf. Das Haram asch-scharif-Gelände, auf dem sie liegt, wird stattdessen als Tempelberg, Har Habait und Mount Moriah aufgeführt. Die neuen illegalen Siedlungen in der Altstadt werden als touristische Attraktionen ausgewiesen, während die bedeutendste Kirche aus byzantischer Zeit, die aus dem 6. Jahrhundert stammt und im jüdischen Viertel liegt, unzugänglich ist und gezielt dem Verfall preisgegeben wird. [571]

Die Imagination und Konstruktion eines jüdischen Jerusalem basiert im Wesentlichen auf der Bibel, die gleichsam als Geschichts- und Grundbuch sowie als Wegweiser für archäologische Grabungen betrachtet wird. Während seriöse israelische Archäologen mittlerweile nachgewiesen haben, dass die biblischen Geschichten durch archäologische Funde nicht verifizierbar sind und es für die Zeit der im Alten Testament geschilderten Könige David und Salomon keine Spuren in Jerusalem gibt, orientieren sich die israelischen Staatsapparate und zionistischen Siedlerorganisationen weiterhin an den Thesen der biblischen Archäologie des 19. Jahrhunderts.[572] Benjamin Beit-Hallahmi zufolge ist die Historisierung der Bibel ein nationales israelisches Projekt: »Die Historisierung der Bibel ist in Israel eine nationale Unternehmung, die von Hunderten von Wissenschaftlern an allen Universitäten ausgeführt wird. Der Ausgangspunkt ist die biblische Chronologie; dann werden die (begrenzte) Evidenz und (reichlich) Spekulationen entsprechend arrangiert. Das Verteidigungsministerium hat sogar eine vollständige Chronologie der biblischen Ereignisse veröffentlicht, mit exakten Daten für die Erschaffung der Welt, die Tötung Abels und den Exodus aus Ägypten.«[573]

Nach den Erkenntnissen seriöser Altertumswissenschaftler wie Ze'ev Herzog und Israel Finkelstein hat es jedoch nie einen Exodus nach Ägypten gegeben und auch keine militärische Eroberung des Landes Kanaan. Das in der Bibel als Regionalmacht beschriebene Königtum von David und Salomon war bestenfalls ein kleines Stammeskönigtum. Das für kurze Zeit bestehende Israel war in Wirklichkeit eher heidnisch als jüdisch und Jerusalem nicht sein spirituelles Zentrum. Die alten Israeliten waren selbst Kanaaniter, wahrscheinlich Hirten in den Bergregionen, die sich wegen religiöser Differenzen abspalteten. Erkenntnisse, die die biblischen

570. MA'AN Development Center, Means of Displacement, a.a.O., S. 47

571. MA'AN Development Center, Means of Displacement, a.a.O., S. 35; Mizrachi, Yonathan, Between Holiness and Propaganda, a.a.O., S. 8f.

572. Finkelstein, Israel; Silbermann, Neil Asher, David and Solomon. In Search of the Bible's Sacred Kings and the Roots of Western Tradition, New York 2006; Emek, Shaveh, a.a.O.; zur Problematik der biblischen Archäologie siehe Whitelam, a.a.O.

573. Beit-Hallahmi, a.a.O.; S. 119

Geschichten anzweifeln, werden jedoch massiv angefeindet, da sie, wie Ze'ev Herzog bemerkte, wahrgenommen werden »als Versuch ›unser historisches Recht auf das Land‹ zu untergraben und als Zerrüttung des Mythos von der Nation, die das alte Königreich Israel erneuert.« Der ehemalige Justizminister und Gründer der dezidiert säkularen Shinui-Partei, Tommy Lapid, bestätigte das: »Der Versuch, zu beweisen, dass die Bibel falsch ist, ist in der Tat ein Versuch, zu beweisen, dass der Zionismus falsch ist und dass Israel falsch ist.«[574]

In Anlehnung an die Thesen und Methoden der biblischen Archäologie des 19. Jahrhunderts werden in der arabischen Altstadt riesige Tunnel gegraben, die das imaginierte biblische Jerusalem wiederherstellen sollen. Diese werden so unprofessionell oder nachlässig durchgeführt, dass sie bereits zum Einsturz mehrere Gebäude und zur Zerstörung einiger Straßen geführt haben und die Statik der al-Aqsa-Moschee gefährden. Das Tunnelsystem besteht aus alten Straßen, Höhlen und Kanälen, deren Zuordnung zur jüdischen Periode vielfach manipulativ ist. »Zedekias Höhle« unterhalb des muslimischen Viertels in der Altstadt zum Beispiel – eine der größten und labyrintischsten Höhlen der Stadt – reicht bis ins 2. Jahrtausend vor unserer Zeit (Kanaanitische Periode) zurück und wurde mehrere Tausend Jahre unter verschiedenen Herrschern als unterirdischer Steinbruch genutzt, auch in der jüdischen Periode der Stadt. Durch die Namensgebung »Zedekias Höhle« wird die Höhle ausschließlich mit der jüdischen Geschichte verbunden und ihre Benutzung zeitlich auf die jüdische Periode reduziert. Das wird dann bei Führungen weiter ausgeschmückt, indem behauptet wird, aus diesem Steinbruch seien die Steine für den jüdischen Tempel gebrochen worden, wofür es keine Beweise gibt.[575] Auch das unterhalb des arabischen Stadtteils Silwan gelegene und bereits im 19. Jahrhundert entdeckte unterirdische Wasserversorgungssystem aus kanaanitischer Zeit, dessen Benutzung sich bis in die Zeit des Königtums Juda (8. Jahrhundert v. u. Z.) fortsetzte, wird auf ähnliche Weise in das zionistische Narrativ vom »jüdischen Jerusalem« eingeflochten.[576]

Durch die Tunnel wird eine gigantische unterirdische Stadt geschaffen, eine Parallelwelt zum realen arabischen al-Quds, die stattdessen »das wahre Jerusalem« verkörpern soll: »Der Rundgang soll ein Besuchserlebnis in einem parallelen, imaginierten Jerusalem zwischen den Überresten der beiden Perioden des Königreichs Juda und des Zweiten Tempels schaffen. Diese beiden Perioden werden im israelischen Narrativ als die wichtigsten Perioden für die Herausbildung der israelischen Identität und die Bindung des jüdischen Volkes an das Land bezeichnet. Das Ende (oder der Anfang) des Weges in der Nähe der Klagemauer-Plaza betont die enge Verbindung zwischen Untergrund-Jerusalem und dem Tempelberg, dem heiligsten Ort der Juden. Der Version zufolge, die in der Öffentlichkeit vermarktet wird,

574. Cook, Disappearing Palestine, a.a.O., S. 15ff.
575. Mizrachi, Between Holiness and Propaganda, a.a.O., S. 13
576. Mizrachi, Between Holiness and Propaganda, a.a.O., S. 36ff.

brachten die Ausgrabungen im Dorf Silwan einen Pool, eine Straße und ein Abwassersystem zutage, die alle auf das erste Jahrhundert vor unserer Zeit datiert werden (Zweiter Tempel-Periode), und mehr nicht. Diese Strukturen erlauben dem Besucher die Erfahrung der Pilgerfahrt zum Tempel in all seiner Herrlichkeit wieder zu erleben und sie gleichzeitig auch seine Zerstörung fühlbar machen. (...) Darüber hinaus dient die Geschichte, die über die Tunnel erzählt wird, auch als Mittel zur Legitimierung israelischer Siedlung im palästinensischen Dorf Silwan und dem muslimischen Viertel der Altstadt. Die Tunnel schaffen eine jüdisch-israelitische Stadt im Untergrund, die diejenigen, die das Sagen haben, nämlich die israelischen Siedler, in Einwohner verwandelt und die Machtlosen, nämlich die palästinensischen Einwohner, in eine vorübergehende Präsenz.«[577]

Archäologie als Mittel der Vertreibung: Silwan

Silwan, wo 55.000 Palästinenser und etwa 400 zionistische Siedler leben, gilt als der älteste Teil von al-Quds/Jerusalem. Dort eigneten sich Siedler bereits in den 1990er Jahren 40 Häuser an. In Silwan soll sich der biblischen Archäologie zufolge die Stadt König Davids befunden haben. Die radikalzionistische Siedlerorganisation »Elad« (hebräisches Akronym für »City of David«) kehrt dort im Auftrag der staatlichen Behörde zum Schutz der Natur und der öffentlichen Parks (Israel Nature and Public Parks Protection Authority) und in Zusammenarbeit mit der Stadtverwaltung und dem Tourismusministerium das Unterste zuoberst, um Belege für die Anwesenheit Davids zu finden. »Elad« besteht seit 1986 und war mit dem ausdrücklichen Ziel, Juden in Silwan anzusiedeln, gegründet worden. Im Viertel Wadi Hilweh, wo etwa 5.500 Menschen leben, hat die Behörde alle Grünflächen in schwer bewachte Ausgrabungsstätten verwandelt und auf einigen von ihnen bereits jews-only-Häuser errichtet. Die Stadtverwaltung entschied, dass Teile Wadi Hilwehs einem biblischen Themenpark – dem König-David-Park – nebst angeschlossener jüdischer Siedlung weichen müssen.[578] 2005 wurden auch für 88 Häuser im angrenzenden Bustan-Viertel Räumungsbefehle ausgestellt. Dort soll sich der Garten König Davids befunden haben und ein Nationalpark angelegt werden. Aufgrund internationalen Drucks wurden die Räumungen bisher jedoch nur zu einem geringen Teil ausgeführt. Insgesamt sind 65 % der Häuser Silwans von Zerstörungsbefehlen betroffen.[579]

577. Mizrachi, Between Holiness and Propaganda, a.a.O., S. 39f.
578. Wadi Hilweh Information Center, The Story behind the Tourist Site, Jerusalem, o.J., siehe unter: silwanic.net/docs/WadiHilwehENG.pdf; Pullan, Wndy; Gwiazda, Maximilian, »City of David«: Urban Design and Frontier Heritage, Jerusalem Quarterly, Autumn 2009 Issue 39, S. 33f.; Beinin, Joel, Contesting Past and Present at Silwan, Middle East Report Online 17.9.2010 unter: www.merip.org/mero/mero091710.html;
579. Palestine News Network, »The demolish and we rebuilt. This is our life.«, 30.7.2012 unter: english.pnn.ps/index.php/non-violence/2321-they-demolish-and-we-rebuilt-this-is-our-life; Kestler-D'Amours,

Bei den Grabungen wurden bisher keine Belege für den Mythos von der Stadt König Davids gefunden.[580] Je magerer die historischen Belege sind, desto blühender ist die Fantasie. In den Tunneln unterhalb des Viertels gibt die Organisation »Elad« bei ihren Führungen ein byzantisches Taufbecken schon mal als Becken aus, in das der Prophet Jeremias geworfen worden sei.[581] Siedler, Politiker und Bürokraten schildern ihre Mythen in den leuchtendsten Farben. Die »City of David« ist »Elad« zufolge »der Punkt, wo alles anfing«. Stephen Miller von der Stadtverwaltung geht noch weiter: »Das Gebiet der Stadt Davids ist der Ursprung Jerusalems und seiner Geschichte, seit Tausenden von Jahren. Hier wurde das Hohelied geschrieben, es ist eine Gegend, in der König Salomon lebte und die einmal der schönste Garten der Welt gewesen sein soll. Es ist ein Gebiet, das seit Zeiten König Davids ein Erholungsgebiet war – und das am nächsten zum Tempelberg liegt.«[582]

»Elad« baut in Wadi Hilweh Häuser in neo-biblischem Stil, die denjenigen gleichen, die im Film der Organisation »Where it all began ... and still continues« gezeigt werden. So wird der Eindruck erweckt, die zionistische Siedlung in Silwan sei die direkte Fortsetzung der jüdischen Besiedlung des Orts zu biblischen Zeiten.[583] Die »City of David«, die von der kritischen israelischen Archäologengruppe »Emek Shaveh« als »biblisches Disneyland« bezeichnet wird, hat sich indessen zu einem wahren Magnet für Touristen entwickelt.[584] Auch israelische Schulkinder und Soldaten werden in offiziellen Programmen regelmäßig dorthin geführt, um die Bindung an die Stadt und ihr zionistisches falsches Bewusstsein zu stärken.[585] Die EU hat in ihrem Jerusalembericht von 2009 festgestellt, dass die Archäologie in Jerusalem ein ideologisches Instrument des nationalen und religiösen Kampfes ist und in einer Weise betrieben wird, die die Identität und den Charakter der Stadt bedrohen.[586] Neve Gordon und Yigal Bronner weisen auf die zentrale Bedeutung der Archäologie zur Legitimation des Zionismus hin: »In Israel (...) wurde sie benutzt, um die jüdische und biblische Vergangenheit des Landes zu unterstreichen und den Zionismus von traditionelleren kolonialen Unternehmungen zu unterscheiden. Der Zionismus hat sich schließlich immer als eine Rückkehr in das ursprünglich jüdische Heimatland dargestellt und nicht als Eroberung fremden Landes.«[587] Die beiden kritischen Israelis sehen die Ausgrabungen in Silwan

Jilian, Israeli bill to give settler group authority in Silwan, The Electronic Intifada 5.5.2011

580. Mizrachi, Yonathan, Where is King David's Garden?, 27.7.2010 unter; silwanic.net/?p=4087; Finkelstein, David and Salomon, a.a.O.; Emek Shaveh, a.a.O., S. 10

581. Ir Amin, Shady Dealings in Silwan, May 2009. S. 27f. unter: eng.ir-amin.org.il/_Uploads/dbsAttachedFiles/Silwanreporteng.pdf

582. Fejjeri, Sandra, Abrißbefehl für mehr als 100 Häuser in einem der palästinensischen Viertel Jerusalems, 30.5.2009 unter: www.dradio.de/dlf/sendungen/einewelt/974027

583. Pullan; Gwiazda, a.a.O., S. 33f.

584. Emek Shaveh, a.a.O., S. 22

585. Ofran, Hagit, Invisible settlements in Jerusalem, Palestine-Israel Journal Vol. 17, No. 12/2011

586. Wikinews, Israel »illegally annexing« East Jerusalem, EU reports, 4.12.2009

587. Bronner; Gordon, Digging for trouble, a.a.O.

als Teil einer konzertierten Kampagne, um die Palästinenser aus ihren Häusern zu vertreiben. Die Bewohner von Silwan haben sich in einem Komitee organisiert und führen einen zähen Kampf gegen ihre Vertreibung und widerstehen der zunehmenden Siedlergewalt, der sie ausgesetzt sind. Unterstützt werden sie dabei von israelischen und internationalen Aktivisten und Wissenschaftlern, zu deren prominentesten Vertreterinnen Judith Butler gehört, die eine Einstellung der israelischen Projekte in Silwan fordern.

Archäologie und reale oder erfundene historische Stätten werden auch in der Westbank in zunehmendem Maße zur Vertreibung der einheimischen Bevölkerung eingesetzt. Das Dorf Susiya bei al-Khalil zum Beispiel, das seit 1983 von einer gleichnamigen zionistischen Siedlung bedrängt wird, soll zerstört und durch einen archäologischen Park ersetzt werden, da in der Nähe Überreste einer Synagoge gefunden wurden. Die Bewohner weigern sich jedoch, ihr Dorf zu verlassen und bauen es nach jeder Zerstörung wieder auf.[588]

Die Zerstörung des arabischen al-Quds/Jerusalems

Während eine imaginierte jüdische Geschichte in die Realität projiziert wird, werden die Spuren der arabischen Geschichte der Stadt ausgelöscht. Seit 1967 wurden immer wieder Bauwerke zerstört oder gezielt dem Verfall preisgegeben.[589] Der Angriff auf die arabische Identität der Stadt wird seit den 1990er Jahren kontinuierlich intensiviert. Während ein kleiner jüdischer Friedhof im palästinensischen Stadtviertel Mount of Olives aufwendig restauriert und zur touristischen Attraktion ausgebaut wird, wurde der größte und älteste muslimische Friedhof der Stadt zerstört. Der Maman-Allah-Friedhof (besser bekannt in seiner verballhornten Form Mamilla) an der Grenze zwischen West- und Ostjerusalem war von herausragender kulturgeschichtlicher Bedeutung. Der Tradition zufolge sollen dort Gefährten des Propheten Muhammad, die bei der Eroberung Jerusalems von den Byzantinern 638 fielen, begraben sein. Da die Stadt in den folgenden Jahrhunderten ein Zentrum muslimischer Pilgerfahrten und Studien war, liegen dort neben Stadtbewohnern auch große arabische Gelehrte und Mystiker. Zu den historisch belegten Toten auf dem Friedhof gehören die Soldaten und Kommandanten von Salah ad-Dins Heer, das die Stadt 1187 von den Kreuzrittern befreite. Der Friedhof wurde bis zur Gründung des Staates Israel 1948 kontinuierlich benutzt und von der muslimischen Waqf-Behörde verwaltet. Die britische Mandatsregierung hielt den Friedhof für so bedeutend, dass sie ihn zu einer Altertumsstätte erklärte. Israel hingegen zerstörte diesen einzigartigen historischen Ort bereits in

588. O'Neill. Sean, New excavation site in West Bank village has Palestinians on edge, +972 magazine (17.6.2011 unter: 972mag.com/new-excavation-site-in-west-bank-village-has-palestinians-on-edge/
589. Cook, Jonathan, Israeli eradication of History: Disappearing mosques, al-Akhbar 9.7.2012 unter: english.al-akhbar.com/node/9554

den 1960er Jahren zu großen Teilen und ersetzte ihn durch Parkplätze und einen »Unabhängigkeitspark«. Der verbliebene Rest des Friedhofs wurde 2011 zerstört, um an seiner Stelle unter anderem ein »Museum für Toleranz« zu errichten, das von der »Simon-Wiesenthal-Stiftung« in den USA finanziert wird. Der ehemalige Direktor der Israelischen Altertumsbehörde für Jerusalem, Gideon Suleimani, der eine archäologische Vermessung des Friedhofs durchgeführt hatte, bezeichnete dies als »archäologisches Verbrechen«.[590] 84 Archäologen aus aller Welt protestierten gegen das unwissenschaftliche und respektlose Vorgehen bei der Entfernung der Überreste der Toten.[591] Die indigene Wissenschaftlerin Waziyawatin, die Parallelen zwischen den Erfahrungen der Palästinenser und der indigenen Bevölkerung in den USA sieht, führt diese Missachtung der Toten auf eine tief verwurzelte koloniale Mentalität zurück: »Die andauernde Entweihung indigener Begräbnisstätten, einschließlich des Mamilla-Friedhofs in Westjerusalem, spiegelt eine tief sitzende kolonialistische Mentalität wider, die unterworfene Völker als fundamental minderwertig ansieht, die der grundlegendsten Würden, die anderen Menschen zugestanden werden, unwürdig sind.«[592]

Die al-Aqsa-Moschee wiederum ist durch massive unterirdische Grabungen gefährdet. Gegenwärtig gibt es auf dem Haram asch-scharif mehrere Dutzend Ausgrabungsstätten. Hinzu kommt das zunehmende Eindringen religiös-zionistischer Gruppen auf das Gelände. Diese wollen die al-Aqsa-Moschee zerstören und an ihrer Stelle den dritten Tempel errichten. Auch israelische Abgeordnete rufen dazu auf. Regelmäßig machen religiöse Zionisten unter massivem Polizeischutz Begehungen des Heiligtums, was in der Regel zu Zusammenstößen mit Palästinensern führt. Viele Palästinenser befürchten, dass Israel beabsichtigt, die al-Aqsa-Moschee künftig in ähnlicher Weise zu teilen wie die Ibrahimi-Moschee in al-Khalil/Hebron. Das ist angesichts der israelischen Praxis, Stätten, die den drei monotheistischen Religionen gleichermaßen heilig sind, zu enteignen, und in exklusiv jüdische zu verwandeln, wie es bereits mit Rahels Grab in Bethlehem geschehen ist, eine reale Bedrohung. Gegenüber der al-Aqsa-Moschee wurde im Frühjahr 2009 die Hurva-Synagoge eingeweiht und der Bau weiterer Synagogen ist vorgesehen. Dadurch wird der historische Charakter der Altstadt verändert. Hinzu kommt eine Vielzahl von neuen touristischen und archäologischen Projekten. Al-Quds/

590. Khalidi, Rashid, Human Dignity in Jerusalem, Jadaliyya 5.7.2011, updated version of the Edward Said lecture given at the British Museum on May 31, 2011 unter: www.jadaliyya.com/pages/index/2052/human-dignity-in-jerusalem; Khalidi, Asem, The Mamilla Cemetry. A Buried History, Jerusalem Quarterly Spring 2009 Issue 37, S. 104-109 unter: www.jerusalemquarterly.org/ViewArticle.aspx?id=297

591. Ma'an News Agency, Archeologists protest removal of Muslim graves, 27.10.2011unter: www.maannews.net/eng/ViewDetails.aspx?ID=431920

592. Schwarz, Sylvia, The Destruction of the Mamilla Cemetry: Desecration of a Sacred Site, OpEdnews 9.6.2010 unter: www.opednews.com/articles/The-destruction-of-the-Mam-by-Sylvia-Schwarz-100906-17.html

Jerusalem wird überzogen mit israelischen Flaggen und jüdischen religiösen Symbolen, die Straßennamen werden hebräisiert.

Israel hat jedoch seit Jahren das Problem, dass mehr Israelis die Stadt verlassen als zuziehen. Jerusalem ist unter säkularen Israelis aufgrund der vorherrschend ultraorthodoxen oder religiös-zionistischen Bevölkerung und der Armut eine der unbeliebtesten Städte des Landes. Da alle Ressourcen in die Judaisierung des besetzten Ostteils fließen, verslumen Teile Westjerusalems.[593] Auch 2011 verließen mehr jüdische Israelis die Stadt (18.000) als zuzogen (10.500).[594]

Israelischer Staatsapparat und zionistische Siedlerorganisationen: mafiöse Strukturen und kriminelle Methoden

Der israelische Staatsapparat und die radikalzionistische Siedlerbewegung arbeiten bei der Vertreibung der Palästinenser und der Konstruktion Jerusalems als »jüdisches Erbe« eng zusammen. Ihr gemeinsamer Angriff auf die arabischen Wohngebiete begann in den 1980er Jahren. Die Siedlerorganisation »Ateret Cohanim« errichtete 1983 im muslimischen Viertel der arabischen Altstadt eine Yeshiva (Religionsschule) und Ariel Scharon eignete sich 1987 nicht weit davon entfernt ein Appartement in einem palästinensischen Wohnhaus an. In dieser Zeit wurden neue Siedlerorganisationen gegründet und die Enteignung palästinensischer Häuser »mit militärischer Präzision« geplant und vorbereitet. Die beiden Siedlerorganisationen »Elad« und »Ateret Cohanim« spielen seitdem eine Hauptrolle bei der Umsetzung der israelischen Politik. »Elad« wurde 1986 von David Be'eri, dem ehemaligen Angehörigen einer israelischen Spezialeinheit mit dem Ziel der Judaisierung Jerusalems gegründet. In Kooperation mit den relevanten staatlichen Stellen gelang es Be'eri in den 1980er Jahren, auf mehrere palästinensische Häuser das »Gesetz über das Eigentum der Abwesenden (Absentee Property Law)« anwenden zu lassen, um diese in den Besitz von »Elad« zu bringen. Israelische Gerichte untersagten jedoch – für einige Jahre – die Anwendung dieses Gesetzes auf Ostjerusalem und erklärten sowohl den konkreten Ablauf der Enteignung der Palästinenser nach diesem Gesetz wie auch die Modalitäten der Übertragung der dadurch erworbenen staatlichen Besitzrechte auf »Elad« für unstatthaft, ohne dass dies Folgen für die enteigneten Palästinenser gehabt hätte. Eine israelische Untersuchungskommission deckte auf, dass diesen Transaktionen mafiöse Verstrickungen zwischen Staatsapparat und Siedlerorganisationen zugrunde lagen. Weitere Untersuchungen wurden jedoch auf Anweisung des Nationalen Sicherheitsrats eingestellt, da sie die Sicherheit des Staates gefährden könnten. Nachdem die Aneignung weiterer palästinensischer Häuser

593. Chatham House, a.a.O., S. 10

594. Efraim, Omri, Jerusalem Day: Youngsters discuss hardships, advantages, Ynet 20.5.2012, unter: www.ynetnews.com/articles/0,7340,L-4231293,00.html

durch die Anwendung des »Absentee Property Law« einige Jahre lang nicht möglich war, verlegte sich das aus Siedlerorganisationen und Teilen des Staatsapparats bestehende Netzwerk zur Judaisierung Jerusalems darauf, sich Häuser anzueignen, die vor 1948 vorgeblich in jüdischem Besitz gewesen waren und Häuser tatsächlich oder vorgeblich von ihren palästinensischen Eigentümern zu kaufen.

In beiden Fällen wurden mit massiven Fälschungen und kriminellen Methoden gearbeitet. Zum Beispiel trugen Kaufverträge die posthumen Unterschriften von Verstorbenen. Palästinenser, auf deren Häuser es »Elad« abgesehen hatten, wurden bespitzelt, erpresst und in mindestens einem Fall dadurch unter Druck gesetzt, dass die Jerusalemer Polizeibehörden ein Strafverfahren eröffneten, dessen Einstellung für den Fall versprochen wurde, dass der gewünschte Hausverkauf stattfinde. Die Voreingenommenheit der israelischen Justiz zugunsten der Siedler und die Protektion staatlicher Stellen gewährleisteten, dass die Siedler damit durchkamen, statt vor Gericht gestellt zu werden.[595]

Das »Absentee Property Law«, dessen Anwendung nur für kurze Zeit ausgesetzt wurde, ist nach wie vor eine der effektivsten Waffen zur Enteignung der einheimischen Bevölkerung. Dieses Gesetz von 1950, das 1967 auf Jerusalem ausgeweitet wurde, erlaubt die Beschlagnahmung palästinensischen Besitzes, wenn sich sein Eigentümer während der Eroberung der Stadt auf »feindlichem Territorium« – zum Beispiel in der Westbank oder in Jordanien – aufgehalten hatte. Um das nachzuweisen, reicht es aus, dass ein beliebiger »Zeuge« eine Erklärung dieses Inhalts unterschreibt. Da der ans Finanzministerium angeschlossene Treuhänder, der das Eigentum der »Abwesenden« verwaltet, die Eigentümer nicht informieren muss, wenn sie zu »Abwesenden« erklärt werden, erfahren diese in der Regel erst davon, wenn die Räumungstrupps vor der Tür stehen.[596] Anfang der 1990er Jahre wurde bekannt, dass der Jüdische Nationalfonds (JNF) und andere Organisationen einheimische Kollaborateure dafür bezahlen, dass sie die vorübergehende »Abwesenheit« palästinensischer Hauseigentümer »bezeugen«. Eine offizielle Untersuchung des Klugman-Komitees brachte zutage, dass der staatliche Treuhänder diese »Zeugnisse« nicht überprüfte, sondern direkt zur Beschlagnahmung des Eigentums überging, welches dann an Siedlerorganisationen weitergegeben wurde. In Silwan war dies das hauptsächliche Mittel von »Elad«, sich palästinensisches Eigentum anzueignen.[597]

1991 besetzte »Elad« in Silwan mit Unterstützung des Staatsapparats und unter Beteiligung von Likud-Abgeordneten die ersten der auf derart dubiose Weise in ihren Besitz gekommenen palästinensischen Häuser. 1997 wurden »Elad« von

595. Ir Amin, Shady Dealings in Silwan, a.a.O., S. 11-19
596. MA'AN Development Center, Means of Displacement, a.a.O., S. 62f.
597. Hasson, Nir, The Palestinian taxi driver who's crucial to Jewish settlement in East Jerusalem, Haaretz 11.5.2012 unter: www.haaretz.com/news/diplomacy-defense/the-palestinian-taxt-driver-who-s-crucial-to-jewish-settlement-in-east-jerusalem-1.429579

staatlicher Seite die archäologischen Ausgrabungen im Wadi Hilweh von Silwan übertragen, vom Obersten Gerichtshof wieder entzogen und 2001 unter der Regierung von Ariel Scharon erneut übertragen. Seitdem hat die Organisation die Zuständigkeit für weitere archäologische und historische Stätten übertragen bekommen. Der JNF hat ihr alles Land, das er in Wadi Hilweh kontrolliert, übergeben – zwei Drittel der Gesamtfläche. »Elad« wird von der Stadtverwaltung und verschiedenen staatlichen Stellen an den Planungen für Jerusalem beteiligt. »Elad« fungiert als verlängerter Arm der israelischen Regierung, ohne jedoch den für die Regierung zumindest theoretisch geltenden Mechanismen demokratischer Kontrolle und Transparenz unterworfen zu sein. Auch andere Siedlerorganisationen, wie »Ateret Cohanim«, die offen für die Zerstörung der al-Aqsa-Moschee eintritt und Privatpersonen wie der US-Millionär Irving Moskovitz werden bei der Aneignung palästinensischen Eigentums von staatlicher Seite protegiert. Der offene Verstoß nicht nur gegen internationales Recht, sondern auch gegen israelische Gesetze ist ein Merkmal des Kolonisierungsprozesses in al-Quds/Jerusalem. In den 1990er Jahren bauten Siedler von »Ateret Cohanim« ohne Genehmigung und unter Verstoß gegen alle geltenden baurechtlichen Bestimmungen ein siebenstöckiges Haus im palästinensischen Wohnviertel Silwan. »Beit Yonatan« dominiert wegen seiner Höhe die gesamte Umgebung und wurde zur Unterstreichung des zionistischen kolonialen Anspruchs auf das Gebiet mit einer gigantischen israelischen Flagge behängt. Obwohl israelische Gerichte nach jahrelangen juristischen Auseinandersetzungen entschieden, dass das Haus geräumt und versiegelt werden müsse, ist nichts dergleichen geschehen, da sowohl Bürgermeister Nir Barakat wie auch Innenminister Eli Yishai ihre schützenden Hände über die Siedler halten.[598] Das zeigt sehr deutlich die selektive Anwendung der Gesetze in Israel. Während Palästinenser mit einer erbarmungslosen Politik der Häuserzerstörungen und hohen Bußgeldern konfrontiert sind, wenn sie ohne Genehmigung bauen, können die Siedler dank der Protektion staatlicher Stellen unbedenklich Gesetze brechen, ohne Sanktionen befürchten zu müssen.

Zweierlei Recht wird auch hinsichtlich der Eigentumsverhältnisse vor der Staatsgründung Israels angewendet. Während ehemaliges – tatsächliches oder behauptetes – jüdisches Eigentum im Ostteil der Stadt zurückübertragen wird, ist die Rückerstattung des Eigentums an Palästinenser, die 1948 aus dem Westteil der Stadt vertrieben wurden, gesetzlich ausgeschlossen. Während damals nur etwa 2.000 Juden den Ostteil der Stadt verließen, waren es fast 30.000 Palästinenser, die aus dem Westteil vertrieben wurden, sodass das unrechtmäßig angeeignete palästinensische Eigentum wesentlich größer ist als das jüdische.[599] Viele der vertrie-

598. Ir Amin, Shady Dealings in Silwam, S. 10
599. Eldar, Akiva, The absentee from 6 Molcho St., Haaretz 23.7.2010 unter: www.haaretz.com/weekend/week-s-end/the-absentee-from-6-molcho-st-1.303640; Abdelrazak, Adnan, The Palestinian Immovable Property in West Jerusalem, Arab Studies Society Jerusalem 2002

benen Palästinenser ließen sich in Ostjerusalem nieder und werden nun aufgrund der ungleichen »Rückerstattungspolitik« erneut vertrieben. Im palästinensischen Stadtteil Scheikh Jarrah zum Beispiel erhebt eine Siedlerorganisation Anspruch auf 28 Häuser, die zu osmanischer Zeit in jüdischem Besitz gewesen sein sollen. In mindestens einem Fall stellte sich der vorgelegte angebliche Kaufvertrag jedoch bestenfalls als Mietvertrag heraus. Die 28 Häuser wurden von der UNRWA 1956 auf Land gebaut, das die jordanische Regierung, die Ostjerusalem damals kontrollierte, zur Verfügung gestellt hatte, um palästinensischen Flüchtlingen aus dem Westteil der Stadt eine Unterkunft zu verschaffen. Die Häuser sollten ihnen nach einem gewissen Zeitraum übereignet werden und sie im Gegenzug ihren Status als registrierte Flüchtlinge verlieren. Israelische Gerichte erkannten nach langen juristischen Auseinandersetzungen die Ansprüche der Siedler an und im November wurde 2008 das erste der 28 Häuser geräumt, im August 2009 zwei weitere.[600] Dem Journalisten Gideon Levy zufolge zeigte diese Entscheidung »den wahren Zustand der Rechtsstaatlichkeit in Israel: rassistisch und mit zweierlei Maß messend, mit separaten Rechtssystemen für Juden und Araber«. Die Richter hätten durch ihr Urteil die Apartheid amtlich gemacht und gezeigt: »Eigentumsrechte gibt es nur für Juden.«[601] Eine der Betroffenen, Um Kamal al-Kurd, deren Ehemann kurz nach der Räumung im November 2008 einen Herzinfarkt erlitt und verstarb, schlug ihr Zelt, in dem sie monatelang lebte, vorübergehend vor dem ehemaligen Haus ihrer Familie im Westjerusalemer Stadtteil Talbiye auf, um auf die himmelschreiende Ungerechtigkeit israelischer Politik hinzuweisen und ihr Recht auf Rückkehr einzufordern. Die beteiligte Siedlerorganisation verkaufte ihre Ansprüche an eine Investmentgruppe, die beabsichtigt, auf dem Areal nach dem Abriss der Häuser 200 jews-only-Wohneinheiten zu bauen. Dadurch sind nach Einschätzung von OCHA 300 Palästinenser von Vertreibung bedroht.[602] Weitere Siedlungsprojekte in Scheikh Jarrah sind geplant oder befinden sich bereits im Bau, darunter das Hauptquartier der Siedlerorganisation Amana und der Glassman-Campus, ein internationales Konferenzzentrum, das nach einer reichen kanadischen Familie benannt ist. Auch durch diese Projekte sind mehrere Hundert Palästinenser von Vertreibung bedroht. [603]

600. MA'AN Development Center, Means of displacement, a.a.O., S. 55f.; OCHA, East Jerusalem, Key Humanitarian Concerns, a.a.O.; S. 56f.; EAPPI, a.a.O., S. 38ff.

601. Levy, Gideon, From Sheickh Jarrah to Sheikh Munis, Haaretz 6.8.2009, unter: www.haaretz.com/print-edition/opinion/from-sheikh-jarrah-to-sheikh-munis-1.28185

602. OCHA OPT, The Case of Sheikh Jarrah, Updated Version, October 2010 unter: www.ochaort.org/documents/ocha_opt-sheikh_jarrah_factsheet_2010_11_english.pdf; Wokoeck, Ursula, Zwangsräumungen für palästinensische Bewohner und weitere Bauprojekte für die jüdische Bevölkerung in Ost-Jerusalem, Heinrich Böll Stiftung Israel 20.3.2009; Ecumenial Accompaniment Programme in Palestine & Israel (EAPPI), Silent Displacement in the Westbank, Juni 2009 unter: www.eappi.org/fileadmin/eappi/files/resources/publications/Silently_Displaced_p1-48.pdf, S. 37f.

603. OCHA OPT, The Case of Sheikh Jarrah, a.a.O; Ir Amin, Evictions and settlement plans in Sheikh Jarrah: The case of Shimon Hatzadik, 25.Juni 2009 unter: www.ir-amin.org.il/eng/_Uploads/dbsAttachedFiles/

Die »Hebronisierung« Jerusalems

Die Präsenz der Siedler schränkt den öffentlichen Raum der Palästinenser ein. Viele Flächen, die zuvor der Allgemeinheit zur Verfügung standen, wurden von Siedlern übernommen. Wie in al-Khalil/Hebron wird die Bewegungsfreiheit der einheimischen Bevölkerung von der Armee »zum Schutz« der Siedler eingeschränkt. Wenn beispielsweise die Siedler im Wadi Hilweh in Silwan eines ihrer überaus zahlreichen privaten oder religiösen Feste feiern, verweigern israelische Sicherheitskräfte Palästinensern den Zugang zu dem Gebiet – auch Anwohnern. Der britische Think Tank »Chatham House« kommt zu dem Schluss, dass in Jerusalem ein Prozess der Zusammendrängung der einheimischen Bevölkerung in ethnischen Enklaven im Gange ist: »Palästinenser werden zunehmend auf bestimmte geografische Gebiete beschränkt, in ihrer Mobilität und der Artikulation ihrer Interessen eingeschränkt. Das Einpferchen von palästinensischen Wohngebieten in Enklaven ist bereits evident.«[604]

Die Übergriffe der Siedler häufen sich und beginnen so bedrohliche Züge anzunehmen wie in der für ihre Siedlergewalt berüchtigten Altstadt von al-Khalil. Die Siedler sind entweder bewaffnet oder werden von schwer bewaffneten Sicherheitsleuten begleitet, für die der israelische Staat jährlich ca. elf Millionen Euro ausgibt. Bewohnern zufolge führen sie sich auf wie Herren über Leben und Tod. Die Siedler und ihre Wachleute greifen sowohl Erwachsene als auch Kinder an. So wurde der neunjährige Anas Sa'ad Ash-Shaloudi Ende August 2010 von fünf Siedlern der Organisation Ataret Cohanim in der Altstadt von Jerusalem auf dem Weg zum Haus seines Onkels verprügelt.[605] Im September 2010 wurde der Palästinenser Samer Sarhan von einem Wachmann der Siedler in Silwan erschossen.[606] Neben körperlicher Gewalt wenden die Siedler auch Methoden des Psychoterrors an, zu denen unter anderem der intensive Einsatz von Überwachungskameras gehört. In den von Siedlern heimgesuchten Vierteln wurden Hunderte von Kameras angebracht, die eine terrorisierende Wirkung auf die einheimische Bevölkerung haben. Die Siedler bringen diese Kameras z. B. direkt gegenüber der Eingangstür eines palästinensischen Wohnhauses an und filmen, wer ein- und ausgeht oder sie filmen direkt ins Wohnzimmer einer Familie hinein.[607]

Zwischen Januar und August 2010 stellten palästinensische Bewohner der Stadt bei der Polizei etwa 800 Anzeigen gegen Siedler. Die einzige Reaktion der Polizei

SheikhJarrahEngnew.pdf

604. Dumper; Pullan, Jerusalem: The Cost of Failure, a.a.O., S. 12

605. Ma'an News Agency, Jerusalem settlers assault 9 year old, parents say unter: www.maannews.net/eng/viewDetails.aspx?ID=310971

606. Ma'an News Agency, Palestinian killed in Silwan shooting attack 22.9.2010 unter: www.maannews.net/eng/ViewDetails.aspx?ID=316860

607. Watad, Muhammad Muhsin, Al—Mustatawtanun silah did falastini al-Quds, Aljazeera (arabisch) 8.9.2010

war jedoch, gegen diejenigen vorzugehen, die diese Anzeigen gestellt hatten. Die garantierte Straflosigkeit trägt zur Zunahme der Siedlergewalt gegen die einheimische Bevölkerung bei. Die Palästinenser sind parallel dazu auch den Übergriffen des staatlichen Repressionsapparats ausgesetzt. Dieser konzentriert sich vorwiegend auf Kinder und Jugendliche, die, unter Verstoß gegen geltendes israelisches Recht, zu nächtlicher Stunde aus ihren Häuser geholt, verhört und tagelang im Gefängnis festgehalten werden.[608]

Der britische Think Tank »Chatham House« warnt vor einer »Hebronisierung« Jerusalems und der Vertreibung der palästinensischen Bevölkerung: »Die Hebronisierung Jerusalems beinhaltet eine Mischung aus Exklusion, der Aufgabe von Nachbarschaften und einem ›warehousing‹ der palästinensischen Einwohner. Ohne einen ernsten Bruch mit gegenwärtigen Trends mag die physische Entfernung der palästinensischen Bevölkerung aus den zentralen Teilen Jerusalems nicht mehr so unvorstellbar sein wie vor zehn Jahren.«[609] »Chatham House« sieht in der von der Stadtverwaltung festgelegten Bevölkerungsratio von 2:1, den Häuserzerstörungen, der Beschlagnahmung von Land und Jerusalem-Identitätskarten sowie der exklusiv auf jüdisch-israelische Interessen abgestimmten Raumplanung Maßnahmen zur systematischen Vertreibung der palästinensischen Bevölkerung aus großen Teilen der Stadt: »Zusammengenommen erzählen die Zahlen eine alarmierende Geschichte, die der Möglichkeit, dass der nächste Schritt Entfernung und Vertreibung ist, Glaubwürdigkeit verleihen. Nicht die gesamten 15 % der palästinensischen Bewohner Jerusalems, die (seit 2000) durch Häuserzerstörungen obdachlos geworden sind, haben die Stadt verlassen, aber es ist klar, dass eine schrittweise Vertreibung stattfindet.« Auch der Goldstone-Report von 2009 spricht in Bezug auf Jerusalem von einem »stillen Transfer« der palästinensischen Bevölkerung.[610]

---

608. HRW, Separate and Unequal, a.a.O., S, 142f.; Cook, Jonathan, Israel's war on children, Counterpunch 13.12.2010 unter: www.counterpunch.org/2010/12/13/israel-s-war-on-children/
609. Dumper; Pullan, a.a.O., S.14
610. Human Rights Council, 12. Session, Agenda item 7,15.9.2009: Human Rights in Palestine and other occupied Arab territories. Report of the United Nations Fact Finding Mission on the Gaza Conflict (Goldstone-Report), S. 431f. unter: unispal.un.org/pdfs/AHRC1248.pdf

Die Blockade des Gazastreifens und die Genozid-Debatte

»In Gaza ist alles anders. In Gaza ersetzen israelische F16 die Vögel. In Gaza schlafen wir mit dem kontinuierlichen Summen der beständig da seienden Drohnen. Wir wachen auf, um festzustellen, dass es keinen Strom gibt. In Gaza sind Explosionen der Sonnenschein und der Geruch von Asche ist der Duft der Stadt.«[611]

»Vieles hängt von der internationalen Reaktion ab. Als Israel von jeder Verantwortung für die ethnische Säuberung 1948 freigesprochen wurde, hat es diese Politik zu einem legitimen Instrument seiner nationalen Sicherheitsagenda gemacht. Wenn die gegenwärtige Eskalation und Anwendung genozidaler Politik von der Welt toleriert würde, dann würde sich sich ausweiten und noch drastischer eingeschlagen werden.«[612]

Während die zionistische Politik in der Westbank auf die Zusammentreibung der einheimischen Bevölkerung in eng begrenzte ethnische Enklaven zielt, verkörpert der Gazastreifen die Phase danach. Dort lebt die Bevölkerung bereits in einer hermetisch abgeriegelten ethnischen Enklave, von der aus keine Vertreibung möglich ist.[613] Daher nimmt der zionistische Siedlerkolonialismus dort die Gestalt einer Hungerblockade gegen die einheimische Bevölkerung an, die von einem permanenten »kleinen Krieg« begleitet wird. Diese Politik hat katastrophalen Folgen für die Bevölkerung und wird von einigen Wissenschaftlern, Menschenrechtsaktivisten und Journalisten als schleichender Völkermord bezeichnet.

Flüchtlinge und Kämpfer

Der 360 km² umfassende Gazastreifen ist mit seiner Bevölkerung von 1,65 Millionen Menschen eines der am dichtesten besiedelten Gebiete der Welt. Dort leben durchschnittlich 4.140 Menschen auf einen Quadratkilometer. Die Bevölkerung des Streifens besteht zu zwei Dritteln aus Flüchtlingen, den Opfern der ethnischen Säuberung von 1948 und ihren Nachkommen. Sie leben unter elenden Bedingungen in den acht Flüchtlingslagern des Streifens: Jabalia, Schati, Maghazi, Bureij, Deir

611. Elkhuzundar, Nader, To my unborn children, Mondoweiss13.3.2012 unter: mondoweiss.net/2012/03/to-my-unborn-children.html
612. Pappe, Ilan, Genocide in Gaza, The Electronic Intifada, 2.9.2006 unter:electronicintifada.net/content/genocide-in-gaza/6397
613. Vgl. Pappe, Ilan, The mega prison of Palestine, The Electronic Intifada 4.3.2008, unter: electronicintifada.net/content/mega-prison-palestine/7399

al-Balah, Nusairat, Khan Yunis und Rafah. Im Flüchtlingslager Jabalia leben 74.000 Menschen auf einem Quadratkilometer, verglichen mit 25.000 in Manhattan.[614]

Die Flüchtlinge kommen aus 247 Dörfern innerhalb der Grünen Linie, deren Bevölkerung von zionistischen Truppen vollständig vertrieben wurde. Diese Dörfer sind bis heute ihr Bezugspunkt. Jedes Kind im Flüchtlingslager antwortet auf die Frage, woher es kommt, mit dem Namen des Dorfes, aus dem seine Großeltern oder Urgroßeltern stammen. Die Flüchtlinge bestehen darauf, zurückzukehren: »Dies ist nicht unser Ort. Unsere Häuser sind in Haifa, Akka und Majdal (das heutige Aschkelon). Wir haben ein Haus und Orangenplantagen in Asdod. Mein Großvater hat mir davon erzählt. Wie können wir das jemals vergessen? Sie [die Zionisten] sagen, dass sie nach 3.000 Jahren zu ihren Häusern [zurück] gekommen sind. Und was ist mit uns? Wir haben das Recht, nach 50 Jahren zurückzukehren und unsere Kinder nach 100 Jahren.«[615]

Obgleich der Gazastreifen nur ein Prozent der Fläche des historischen Palästinas ausmacht, leben dort heute mehr Palästinenser als 1948 im gesamten Land gelebt hatten.[616] Diese Bevölkerungsstruktur macht den Gazastreifen nicht nur zu einem besonders armen Gebiet, sondern auch zu einer Hochburg des Widerstands. Seit jeher hatten dort die radikalsten Teile des palästinensischen Widerstands ihre stärkste Basis – in den 1970er Jahren die linke PFLP und später der Islamische Jihad und die Hamas. Die Lebensbedingungen im Gazastreifen und die von der israelischen Armee ausgeübte Gewalt waren immer härter als in der Westbank. Allerdings stieß die israelische Armee in Gaza auch auf sehr starken Widerstand, wodurch sich seine Bevölkerung in der arabischen Welt den Ruf besonderer Standhaftigkeit erworben hat. Für Israel war das Gebiet immer ein Albtraum. Während der ersten Intifada sprach Ministerpräsident Rabin öffentlich den Wunsch aus, der Streifen möge im Meer versinken.[617] Schimon Peres äußerte sich in ähnlicher Weise. In dem Bestreben, die Bevölkerung des Streifens möglichst loszuwerden, begann Israel bereits während des Krieges gegen den Irak 1991 mit dessen Abriegelung. Bei der Aushandlung der Oslo-Abkommen bestand Israel darauf, sich als erstes des Gazastreifens zu entledigen und ihn der neu gegründeten palästinensischen Autonomiebehörde zu übergeben. Nach der Unterzeichnung der Oslo-Abkommen wurde das Gebiet durch einen Hochsicherheitszaun von Israel abgetrennt und seine Bewohner, die zu einem großen Teil als Billiglöhner in Israel gearbeitet hatten, nach und nach aus der israelischen Ökonomie entfernt. Die palästinensischen Arbeitskräfte wurden durch neu importierte asiatische und afrikanische ersetzt und

614. Roy, Sara, »A Dubai on the Mediterranean«, London Review of Books Vo. 27, No. 21, 3.11.2005 unter: www.lrb.co.uk/v27/n21/sara-roy/a-dubai-on-the-mediterranean

615. Lagerquist, Peter; Hill, Tom, Après Nous, Nous: Covering the Colonial Retreat, Merip Report, 19.5.2005, S. 6 unter: www.merip.org/mero/mero051905.html

616. Abu Sitta, Salman, Vorwort in: Baroud, Ramzy, My Father was a Freedom Fighter. Gaza' s Untold Story, London/New York 2010, S. xii

617. Cook, Blood and Religion, a.a.O., S. 101

viele Familien des Streifens, für die Lohnarbeit in Israel die einzige Einkommensquelle gewesen war, verelendeten. Die Abriegelung wurde in den folgenden Jahren aus verschiedenen Anlässen immer wieder verstärkt und hatte primär das Ziel, den Streifen von der Westbank zu trennen.[618]

Aus demografischen Gründen evakuierte Israel 2005 die zionistischen Siedlungen und verlegte seine Armee an die Grenze des Streifens. Israel beabsichtigte, durch die formale Abtrennung des Gebiets dem drohenden Verlust der jüdischen Bevölkerungsmehrheit auf dem Boden des historischen Palästinas zuvorzukommen. Gaza hat mit durchschnittlich 5,5 bis 6 Kindern pro Frau die höchste Geburtenrate der Region und die Bevölkerung wächst jedes Jahr zwischen 3 % und 5 %. 80 % der Bevölkerung sind unter 50 Jahren und 50 % jünger als 15 Jahre.[619] Ministerpräsident Ariel Scharon erklärte im August 2005: »Wir können nicht für immer an Gaza festhalten. Mehr als eine Million Palästinenser leben dort und verdoppeln ihre Anzahl mit jeder Generation.«[620]

Obwohl Israel das »Disengagement« als endgültigen Abzug aus dem Gazastreifen ausgibt, ist es faktisch Besatzungsmacht geblieben. Es kontrolliert nach wie vor die Grenzen, den Luftraum, das vor Gaza liegende Meer und das Bevölkerungsregister. Israelische Politiker und Strategen haben wiederholt den Wunsch geäußert, die Lösung der von Israel in Gaza geschaffenen Probleme Ägypten aufzubürden, entweder, indem es Land für dessen Bevölkerung abtreten oder die Aufsicht darüber übernehmen soll.[621] Der Geograf Arnon Soffer, einer der Väter des »Disengagements«, deutete im Mai 2004 in einem Interview mit der »Jerusalem Post« die Möglichkeit eines »Transfers« der Bevölkerung nach Ägypten an. Auf die Frage des Journalisten nach einem beabsichtigten »freiwilligen Transfer« antwortete er: »Ja. Und Gaza wird eine solche Katastrophe sein, dass es unsere Kapazitäten übersteigen wird, zu helfen. Es wird in großem Umfang internationale Hilfe geben müssen. Die USA werden Druck auf Ägypten ausüben müssen, Land abzutreten.«[622] Das war schon zur Zeit des Mubarak-Regimes unrealistisch und ist nun nach dessen Sturz angesichts des starken Antizionismus in der ägyptischen Bevölkerung sowie des andauernden revolutionären Prozess in der arabischen Welt vollends ausgeschlossen. Alternativ dazu würde Israel die Kontrolle des Gazastreifens durch die

618. Hass, Amira, Gaza's separation from the West Bank is Israel's geratest triumph, The Daily Star, Beirut 27.4.2009 unter: www.dailystar.com.lb/Opinion/Commentary/Apr/27/Gazas-separation-from-the-West-Bank-is-Israels_great-triumph.ashx#axzz296bPwvvr; Guarnieri, Mya, The blockade of gaza began long before Hamas came to power,+972 magazine 29.6.2011 unter: 972mag.com/the-blocakde-on-gaza-began-long-before-hamas-came-to-power
619. Roy, »A Dubai on the Mediterranean«, a.a.O.
620. Cook, Blood and Religion, a.a.O., S. 104
621. Medzini, Ronen, WikiLeaks: Liebermann wanted Egypt to give land to Gaza, Ynet 26.8.2011
622. Gaza orgs: Silence is complicity, The electronic intifada, 15.1.2009, unter: electronicintifada.net/content/gaza-orgs silence-is-complicity/917

Stationierung von EU-Truppen gerne internationalisieren, aber auch diese Option hat wenig Aussicht auf Erfolg.[623]

Vom »Disengagement« zur »Operation Gegossenes Blei«

In der Zwischenzeit – solange bis es eine Möglichkeit gefunden hat, die Bevölkerung des Streifens loszuwerden – setzt Israel auf eine Strategie des Aushungerns und des permanenten Krieges. Obgleich der Gazastreifen seit dem Beginn der zweiten Intifada im Herbst 2000 einem außerordentlich hohen Maß an israelischer Militärgewalt ausgesetzt war, wird diese noch von der Brutalität der israelischen Kriegsführung seit dem »Disengagement« 2005 übertroffen. Israel eskalierte bereits in dessen Vorfeld den Krieg gegen die Bevölkerung, einerseits, um zu beweisen, dass die Räumung der Siedlungen und der Abzug der Armee kein Zeichen von Schwäche sei und andererseits, um die Bedingungen zu schaffen, die es zur Umsetzung des Projekts für nötig hielt. Nach der Bekanntgabe des »Disengagement«-Plans 2004 erhöhte die israelische Armee die Anzahl ihrer Einfälle und verschärfte die kollektive Bestrafung der Bevölkerung durch die massenhafte Zerstörung von Häusern, die Tötung von Menschen, Ausgangssperren und die gezielte Ermordung politischer und militärischer Führungskader. Im Frühjahr 2004 ermordete Israel einen Teil der Hamas-Führung im Gazastreifen, einschließlich des Gründers der Organisation, Scheikh Ahmad Yassin, und seines Nachfolgers in der Führungsspitze, Abdel-Aziz Rantissi. Dadurch wollte es verhindern, dass die Organisation nach dem israelischen »Abzug« die Macht übernehmen kann.

Nach dem »Abzug«, der im August und September 2005 erfolgte, wurde die Abriegelung des Streifens verschärft und seine Bevölkerung Opfer einer stetig eskalierenden Terrorisierung. Israel reduzierte die Menge an Gütern, die es in den Streifen hinein ließ, drastisch. Schon 2006 hätten ohne UN-Hilfen 59 % der Bevölkerung gehungert. Die Evakuierung der Siedlungen war die Voraussetzung für die Verschärfung der Abriegelung und die Verwandlung des Gebiets in eine free-fire-zone. Die israelische Armee beschießt den Streifen kontinuierlich von der Grenze aus und macht immer wieder Einfälle, unter anderem, um Agrarflächen im Grenzgebiet zu zerstören.

In den ersten Monaten nach dem »Disengagement« bediente sich Israel zur Terrorisierung der Bevölkerung auch der Erzeugung von Überschallknallen durch Kampfflugzeuge. Israel begann damit im Herbst 2005 und setzte es wochenlang fort, bevor die UNO zur Einstellung drängte. Im Juni 2006 nahm Israel die

623. Andoni, Lamis, Making Gaza a »European Ghetto«, Aljazeera 1.8.2010; Heller, Jeffrey, Israeli minister proposes Gaza articficial island, Reuters 30.3.2011, unter: www.reuters.com/article/2011/03/30/us-palestastians-israel-island-idUSTRE72T29Y20110330

Terrorisierung der Bevölkerung mittels Überschnallknall für einige Zeit wieder auf.[624] Der Psychoterror durch Überschallknalle wurde in der Folgezeit durch das regelmäßige Dröhnen israelischer Kampfflugzeuge und das kontinuierliche Surren der Drohnen am Himmel von Gaza ersetzt.[625] Da die israelische Luftwaffe immer wieder Luftangriffe unternimmt – zwischen »Disengagement« und November 2006 waren es 550[626] – ist für die Bevölkerung nicht auszumachen, ob das Auftauchen von Kampfflugzeugen das unmittelbare Bevorstehen von Tod und Zerstörung oder »nur« physischen Schmerz bedeutet. Die kontinuierlichen Militäroperationen sollen die Bevölkerung durch permanente Gewalt zur Unterwerfung zwingen. Arnon Soffer offenbarte die Logik, die der israelischen Gewalt zugrunde liegt, in dem bereits erwähnten Interview 2004, in dem er drohte: Falls eine einzige Rakete über den Zaun gefeuert wird, »werden wir als Antwort zehn feuern. Frauen und Kinder werden getötet und Häuser zerstört werden. Nach dem fünften Zwischenfall dieser Art werden palästinensische Mütter es ihren Ehemännern nicht erlauben, Qassams [Geschosse] abzuschießen, weil sie wissen werden, was sie erwartet.«[627]

Nach der Verhängung der Blockade folgte die typisch koloniale Dialektik von Widerstand und militärischer Strafaktion mit fortwährender Eskalation. Die Bevölkerung des Gazastreifens fügte sich der Blockade nicht und weigerte sich, unbemerkt vor sich hinzuvegetieren. Die Polizeistaatsstrukturen, die in der Westbank unter Anleitung von US-Beratern aufgebaut worden waren, um den Widerstand gegen Israel schon im Keim zu ersticken, hatten in Gaza nicht etabliert werden können. Angesichts der hermetischen Abriegelung blieb zum Ausdruck von Widerstand jedoch einzig der Abschuss selbst gebauter Geschosse auf israelisches Staatsgebiet, die bis zum Krieg 2008/2009 nur relativ geringe Zerstörungskraft besaßen.

Anfang 2006 verschärfte sich die Lage, als die Hamas aufgrund der Frustration über die Politik der Autonomiebehörde und die Desillusionierung vieler Palästinenser über den Oslo-Prozess die Wahlen in den 1967 besetzten Gebieten gewann. Israel verhängte daraufhin mit Unterstützung seiner westlichen und arabischen Verbündeten eine Blockade. Das ganze Jahr 2006 war geprägt von fortgesetzten und fortwährend eskalierenden israelischen Angriffen. Eine militärische Operation folgte auf die andere: Zwischen März und Mai 2006 feuerte die israelische

624. Ein Betroffener schildert die Wirkung des Überschallknalls wie folgt: »Einem Überschallknall ausgesetzt zu sein, ist eine sehr qualvolle Erfahrung. Über den direkten Schock der Explosion hinaus gibt es eine durch die Vibration ausgelöste physische Empfindung und einen vorübergehenden Verlust der Orientierung. Das Donnern kommt von oben und anders als Artilleriefeuer oder ein Raketeneinschlag, die aufgrund der Richtung des Sounds lokalisiert werden können, wickelt es sich um eine Person herum, so als ob er genau in der Mitte wäre«, Karmi, Omar, Gaza in the Vise, Merip Reports, 1.7.2006 unter: www.merip.org/mero/mero071106.html

625. vgl. Bartlett, Eva, Festive psychological torture in Gaza, 19.8.2012 unter: ingaza.wordpress.com/2012/08/20/festive-psychological-torture-in-gaza/

626. Goldstone-Report, a.a.O., S. 59

627. Zitiert nach Abunimah, Ali, A defeated policy, not a defeated people, The Electronic Intifada 7.3.2008 unter: electronicintifada.net/content/defeated-policy-not-defeated-people/7406

Armee 5.100 Artilleriegranaten auf den Streifen ab. Als die Kämpfer verschiedener Widerstandsorganisationen im Juni 2006 mehrere an der Grenze stationierte israelische Soldaten töteten und einen von ihnen gefangen nahmen, eskalierte Israel den Krieg. Die »Operation Sommerregen« und die »Operation Herbstwolken«, die darauf folgten und fast nahtlos ineinander übergingen, dauerten vom 25. Juni bis zum 15. November 2006. In ihrem Verlauf wurden 434 Palästinenser getötet und so grundlegende Infrastruktur wie das einzige Kraftwerk des Gazastreifens zerstört. Im Jahr 2007 wurden bei israelischen Militäroperationen 290 Palästinenser getötet, unter anderem bei der »Operation Warmer Winter«.[628]

Parallel dazu initiierte und finanzierte das US-Außenministerium als Reaktion auf den Wahlsieg der Hamas Destabilisierungsmaßnahmen, die vom Sicherheitsapparat der Autonomiebehörde durchgeführt und von Jordanien und Ägypten logistisch unterstützt wurden.[629] Dadurch sollte die gewählte Hamas-Regierung entweder gestürzt oder zur Unterwerfung unter die drei israelischen Bedingungen gezwungen werden: Anerkennung Israels, Anerkennung des Oslo-Abkommens und seiner Folge-Abkommen sowie die Distanzierung von Gewalt. Das aus USA, EU, UNO und Russland bestehende Nahostquartett übernahm diese Forderungen und machte ihre Erfüllung zur Voraussetzung für Verhandlungen mit der Hamas-Regierung. Dabei hatte die Hamas bereits unmittelbar nach ihrem Wahlsieg wiederholt signalisiert, dass sie zu einer de facto – wenn auch nicht de jure – Anerkennung Israels und zu einer Zwei-Staaten-Lösung bereit sei.[630] Aber nicht die Bereitschaft zu Zugeständnissen und Kompromissen wurde gefordert, sondern bedingungslose Unterwerfung. Angesichts dieser harten Haltung blieb der Hamas nichts anderes übrig, als an der Option des bewaffneten Widerstands festzuhalten. Im Sommer 2007 gelang es der Hamas, einem Putschversuch des Sicherheitsapparats zuvor zu kommen und diesen nach heftigen Kämpfen aus dem Gazastreifen hinauszuwerfen.[631] In der Westbank hingegen war der Putsch erfolgreich und seitdem regiert dort wieder die alte Führungsclique der al-Fatah, die von den westlichen Staaten als legitime Regierung anerkannt wird. Im Sommer 2007 erklärte Israel

628. www.badil.org/en/component/K2/item/1364-Excessive and indiscriminate use of force; United Nations General Assembly, Report of the Special Rapporteur on the situation of human rights in the Palestinian territories occupied since 1967, John Dugard, Human Rights Council Forth Session Item 2 on the provisional Agenda A/HRC/4/17 29.1.2007 unter: www.arabhumanrights.org/publications/countries/palestine/rapporteurs/a-hrc-4-17-07e.pdf

629. Massad, Joseph, Pinochet in Palestine, The Electronic Initifada 11.11.2006 unter: electronicintifada.net/content/pinochet-palestine/6525; Rose, David, The Gaza Bombshell, Vanity Fair 2008, unter: www.vanityfair.com/politics/features/2008/04/gaza200804; Olsen, Norman H.; Olsen, Matthew N., An inside story of how the US magnified Palestinian suffering, The Christian Science Monitor 12.1.2009 unter: www.csmonitor.com/Commentary/Opinion/2009/0112/p09s01-coop.html

630. Cook, Jonathan, Israel out to bring Gaza to its knees, The National 17.11.2008; Baumgarten, Helga, Hamas. Der politische Islam in Palästina, München 2006, S. 185f.

631. Abunimah, Ali, A setback for the Bush doctrine in Gaza, The Electronic Initfada 14.6.2007 unter: electronicintifada.net/content/setback-bush-doctrine-gaza/7006

den Gazastreifen zu »feindlichem Territorium« und begann, die Blockade in eine Hungerblockade zu verwandeln. Der Berater des ehemaligen Ministerpräsidenten Scharon, Dov Weisglass, beschrieb die Hungerblockade als »Diät« für die Palästinenser, bei der diese nicht verhungern, aber sicherlich dünner werden würden.[632] Seitdem wird nur genau die Menge an Nahrungsmitteln – präzise berechnet von israelischen Experten – in das Gebiet gelassen, die erforderlich ist, um die Bevölkerung vor dem Verhungern zu bewahren.[633] Alles, was darüber hinausgeht und für die Aufrechterhaltung des Lebens ebenfalls notwendig wäre – Schulhefte, Stifte, Druckerpatronen, Musikinstrumente, Ersatzteile für Maschinen, Gewürze, Schokolade –, ist nicht erlaubt.[634] Wie aus drei US-Botschaftsdepeschen hervorgeht, die von Wikileaks veröffentlicht wurden, erklärten Vertreter der israelischen Regierung den US-Diplomaten 2008, dass die Wirtschaft im Gazastreifen »am Rande des Zusammenbruchs gehalten« werden sollte, ohne sie »ganz über die Kante zu stoßen«. Israel wolle, dass die Wirtschaft des Streifens »auf dem niedrigst möglichen Niveau funktioniere, sodass eine humanitäre Krise gerade noch vermieden werden könne.«[635]

»Operation Gegossenes Blei« 2008/2009

Da die Blockade und der sie begleitende low-intensity-Krieg nicht das gewünschte Ergebnis brachten, eskalierte Israel Ende 2008/Anfang 2009 den Krieg gegen Bevölkerung des Gazastreifens. Neben der Ersetzung der Hamas-Regierung durch die servile Autonomiebehörde unter der Führung von Mahmoud Abbas sollte dieser Krieg die 2006 im zweiten Libanonkrieg verloren gegangene Abschreckungsmacht Israels wiederherstellen sowie die Bevölkerung für ihren fortgesetzten hartnäckigen Widerstand bestrafen.[636] In diesem Krieg, der der brutalste aller bislang von Israel geführten Kriege war, wurden innerhalb von 22 Tagen über 1.400 Palästinenser getötet und über 5.500 verletzt, überwiegend Zivilbevölkerung, darunter ein Drit-

632. Levy, Gideon, As the Hamas team laughs, Znet 22.2.2006, unter: www.zcommunications.org/as-the-Hamas-team-laughs-by-Gideon-Levy; Hass, Amira, Why won't Israel allow Gazans to import coriander, Haaretz 7.5.2010

633. Cook, Jonathan, Blockade »eased« as Gaza starves more slowly, The Electronic Initfada 28.6.2010 unter: electronicintifada.net/content/blockade-eased-as-gaza-starves-more-slowly/8894; Hass, Amira, 2.278 calories per person: How Israel makes sure Gaza didn't starve, Haaretz 17.10.2012 unter: www.haaretz.com/news/diplomacy-defense/2-279-calories-per-person-how-israel-made-sure-gaza-didn-t-starve.premium-1.470419

634. Hass, Amira, Israel bans books, music and clothes from entering Gaza, Haaretz 17.5.2009 unter: www.haaretz.com/print-edition/news/amira-hass-israel-bans-books-music-and-clothes-from-entering-gaza-1.276147

635. Der Standard, Israel hält Gaza am Rande des Zusammenbruchs, 5.1.2011 unter: http://derstandard.at/1293370052467/Wilileaks-israel-haelt-gaza-am-rande-des-zusammenbruchs

636. Wild, Petra, Angriff auf terroristische Ziele oder Terrorisierung der Bevölkerung?, Telepolis 6.1.2009 unter: www.heise.de/bin/tp/issue/r4/dl-artikel2.cgi?artikelnr=2947; Rabbani, Mouin, Birth Pangs of a New Palestine, Middle East Research and Information Project, 7.1.2009 unter: www.merip.org/mero/mero010709

tel Kinder. Im Vergleich dazu waren während des Krieges gegen den Libanon 2006 innerhalb von 33 Tagen 1.200 Menschen, ebenfalls vorwiegend Zivilbevölkerung, getötet worden. In beiden Ländern hinterließ das israelische Militär aufgrund der breitflächigen Zerstörung von Wohngebieten und Infrastruktur dieselbe Spur der materiellen Verwüstung. In Gaza wurden 3.354 Wohnhäuser vollständig und 11.112 Häuser teilweise zerstört sowie die gesamte ökonomische Struktur und ein großer Teil der Infrastruktur, darunter Mehl-, Textil- und Zementfabriken, Agrarland, Hühner- und Fischfarmen, Schulen, Krankenhäuser und Moscheen. Im Bericht der UNO-Untersuchungskommission unter Leitung des südafrikanischen Juristen Richard Goldstone wurde das als »Angriff auf die Grundlagen des zivilen Lebens in Gaza« bezeichnet.[637] Der Goldstone-Report und die Berichte palästinensischer, israelischer und internationaler Menschenrechtsorganisationen zeigen, dass Israel während des Krieges zahlreiche Kriegsverbrechen begangen hat. Dazu zählen unter anderem der Einsatz unverhältnismäßiger Gewalt, die Verwendung von menschlichen Schutzschildern, der Beschuss von Krankenwägen, Krankenhäusern und UN-Gebäuden, die gezielte Tötung von Zivilisten und die gezielte Zerstörung der Infrastruktur.[638] Die massenhafte Tötung von Zivilisten war indessen kein »Kollateralschaden«, sondern beabsichtigt. Israel orientierte sich in seiner Kriegsführung an der »Dahiye-Doktrin«, deren Namen auf den gleichnamigen Stadtteil Beiruts zurückgeht, der während des Krieges 2006 von der israelischen Luftwaffe weitgehend zerstört worden war. Generalmajor Gabi Eisenkot hatte diese Doktrin im Oktober 2008 in einem Interview mit der Tageszeitung »Yediot Ahronot« vorgestellt: »Was im Dahiye-Viertel von Beirut geschehen ist, wird in jedem Dorf geschehen, von dem aus Schüsse auf Israel gefeuert werden. Wir werden unverhältnismäßige Gewalt gegen es einsetzen und gewaltige Zerstörung verursachen. Aus unserer Position sind dies keine zivilen Dörfer, sondern Militärbasen.«[639] In einem fast zeitgleich erschienenem Artikel betonte auch der Reserveoffizier Gabriel Siboni den Einsatz unverhältnismäßiger Gewalt: »Bei einem Ausbruch von Feindseligkeiten wird es notwendig sein, dass die IDF sofort, entschlossen und mit einer Gewalt handelt, die in keinem Verhältnis steht zu den Aktionen des Feindes und der Gefahr, die er darstellt. Solch eine Antwort zielt darauf, zu bestrafen und in einem Ausmaß Schaden zu verursachen, der lange und teure Wiederaufbaupro-

637. Human Rights Council, 12.session, Agenda item 7 15.9.2009: Human Rights in Palestine and other occupied Arab territories. Report of the United Nations Fact Finding Mission on the Gaza Conflict (Goldstone-Report) unter: unispal.un.org/pdfs/AHRC1248.pdf, S.253ff.

638. vgl. Amnesty International, Israel/Gaza. Operation »Cast Lead«: 22 Days of Death and Destruction, 2009 unter: www.amnesty.org/en/library/asset/MDE15/015/2009/en/8f2983-9a74-4853-860f-0563725e633a-mde150152009en.pdf; Sainath, Radhika, The crimes we witnessed in Gaza, The Electronic Initifada 20.3.2009, unter: electronicintifada.net/content/crimes-we-witnessed-gaza/8145

639. The Public Commitee against Torture in Israel (PCATI), Special Report: November 2009, No Second Thoughts. The Changes in the Israeli Defense Forces' Combat Doctrine in Light of »Operation Cast Lead«, Jerusalem 2009, S. 20 unter: www.stoptorture.org.il/files/no second thoughts_ENG_WEB.pdf

zesse erfordern wird.«[640] Yoav Galant, der militärische Verantwortliche für Israels Süden, verkündete am ersten Tag der Offensive, dass Gaza um Jahrzehnte zurückgebombt werden solle.[641]

Die israelischen Luftangriffe begannen am 27. Dezember 2008 um 11.30 Uhr, genau zu der Zeit, in der die Kinder des Gazastreifens in großer Zahl auf den Straßen sind, entweder, weil der Schulunterricht beginnt, oder weil er gerade zu Ende ist. Wegen der Übervölkerung des Streifens findet der Schulunterricht in zwei Schichten statt, die zwischen 11 Uhr und 11.30 Uhr wechseln.[642] Im Verlauf des Krieges wurden dicht besiedelte Wohngebiete bombardiert, Schüler und spielende Kinder durch gezielte Drohnenangriffe getötet, Kinder vor den Augen ihrer Eltern und Frauen, die mit einer weißen Fahne versuchten, Wohnhäuser unter Beschuss zu verlassen, von israelischen Soldaten erschossen. Zu den größten Kriegsverbrechen, die Israel während des Krieges beging, zählen der Beschuss einer UN-Flüchtlingsunterkunft in Jabalia, bei dem über 40 Menschen getötet und 55 verletzt wurden sowie das Massaker an der Familie Samouni in az-Zeitoun bei Gazastadt.[643]

Nach dem Beginn der Bodenoperationen am 4. Januar 2009 befahlen israelischen Soldaten den Mitgliedern dieser Großfamilie, die sich auf mehrere Häuser verteilte, in das Wohnhaus von Wa'el Samouni zu gehen. Dort wurden etwa 100 Menschen versammelt, größtenteils Frauen und Kinder. Es gab kaum Nahrung, kein Wasser und keine Milch für die Babys. Das Haus war von israelischen Soldaten umgeben und wurde am nächsten Tag beschossen, wodurch 21 Menschen getötet und 19 verletzt wurden – größtenteils Frauen und Kinder. Die Untersuchungsergebnisse des Goldstone-Kommission zeigen, dass dieser Beschuss absichtlich erfolgte: »Alles weist darauf hin, dass die israelischen Truppen wussten, dass etwa 100 Zivilisten in dem Haus waren. Tatsächlich hatte die Familie um die Erlaubnis gebeten, das Gebiet in Richtung eines sichereren Platzes zu verlassen, wurde aber angewiesen, in Wa'el Samounis Haus zu bleiben. Das Haus muss unter konstanter Beobachtung von israelischen Soldaten gewesen sein, die zu dieser Zeit die vollständige Kontrolle über das Gebiet hatten.«

Als ein Teil der Familie das Haus nach dessen Beschuss verließ, wollte sie ein israelischer Soldat mit den Worten »Geht zurück zum Tod« daran hindern. Die Samounis schlugen sich dennoch bis Gazastadt durch und informierten die Krankenhäuser. Das palästinensische und internationale Rote Kreuz baten das israelische Militär daraufhin darum, die Verwundeten in dem Haus bergen zu können. Vergeblich. Erst am 7. Januar erhielten sie die Erlaubnis dazu. Durch diese

640. The Public Commitee against Torture in Israel (PCATI), a.a.O., S. 21
641. Cook, Jonathan, Israel's Doctrine of destruction, Counterpunch 20.1.2009 unter: www.counterpunch.org/2009/01/20/israel-s-doctrine-of-destruction/
642. Rabbani, Birth Pangs of a New Palestine, a.a.O.
643. Editorial, No shelter, The Guardian 7.1.2009 unter: www.guardian.co.uk/commentisfree/2009/jan/07/jabalya-bombing-gaza-israel

Verzögerung starb mindestens einer der Verletzten, verschlimmerten sich die Verwundungen der anderen und vertiefte sich das Trauma bei einigen Opfern, vor allem bei Kindern.[644]

Israel setzte weißen Phosphor und Pfeilmunition ein, deren Anwendung in Wohngebieten unzulässig ist, sowie neue, unbekannte Waffen mit verheerenden Wirkungen für die Zivilbevölkerung.[645] Seit Kriegsende ist die Zahl der mit Missbildungen geborenen Kinder spürbar angestiegen.[646] Der für den Krieg verantwortliche Befehlshaber, Yoav Galant, gab in einer Rede an der Bar-Ilan-Universität im Nachhinein zu, dass das israelische Militär den Krieg genutzt hatte, um neue Waffen zu testen. Er bezeichnete Gaza als »ideale Trainingszone«, da es dort keinen starken Gegner gebe, der Israel größere Verluste beibringen könne.[647] Der 22 Tage andauernde Krieg war mit seiner absoluten Ungleichheit der Mittel ein typischer Kolonialkrieg. In der Kolonialismus- und Genozidforschung werden Asymmetrie und Entgrenzung als typische Merkmale kolonialer Kriege behandelt. Die Essenz des kolonialen Krieges ist die Tötung von Zivilisten. Daher ist es kein Zufall, dass vor dem Zweiten Weltkrieg breitflächige Bombardements der Zivilbevölkerung aus der Luft einzig in den Kolonien praktiziert wurden. Israelische Politiker und Militärs haben die koloniale Ratio, die dem Krieg zugrunde lag, in ihren Stellungnahmen offen ausgedrückt. Der damalige Innenminister Meir Sheetritt beispielsweise sagte in einem Interview während des Krieges, als er damit konfrontiert wurde, dass Israel der Bevölkerung des Streifens 100 Mal höhere Verluste zufüge als der Widerstand Israel: »Das ist die Idee hinter der Operation.«[648] Der stellvertretende Ministerpräsident Eli Yishai sprach am 6.1.2009 davon, dass es möglich sein sollte, »Gaza zu zerstören, sodass sie verstehen werden, sich nicht mit uns anzulegen«. Weiter meinte er: »Es ist eine großartige Gelegenheit, Tausende von Häusern all der Terroristen zu zerstören, sodass sie zweimal darüber nachdenken werden, be-

644. Goldstone-Report, a.a.O., S. 199-209; Al Haq, The plight of the Al-Samouni family: in their own voices unter: www.alhaq.org/printnews.php?id=416

645. IPPNW Factsheet: Weißer Phosphor. Eine Bombe und ihre medizinischen Folgen, Januar 2009 unter: www.ippnw.de/commonFiles/pdfs/Frieden/Weisserphosphor_neu.pdf; Human Rights Watch (HRW), Rain of Fire. Israel's unlawful use of White Phosphorus in Gaza, 25.3.2009 unter: www.hrw.org/reports/2009/03/25/rain-fire-0; Whitaker, Raymond, »Tungsten bombs« leave Israel's victims with mystery wounds, The Independent 18.1.2009 unter: www.independent.co.uk/news/world/middle-east/tungsten-bombs-leave-israels-victims-with-mystery-wounds-1418910.html; Amnesty International, Israeli army used flechettes against Gaza civilians, 27.1.2009 unter: www.amnesty.org/en/news-and-updates/news/iraeli-army-used-flechettes-against-gaza-civilians-20090127

646. Naim, Awny u.a., Birth Defects in Gaza: Prevalence, Types, Familiarity and Correlation with Environmental Factors, Journal of Environmental Research and Public Health 2012 9(5) 1732-1747 unter: ijerph.09-0173.pdf; Al-Naami, Saleh, Total Racism, total war, Al-Ahram Weekly 24-30 December 2009, Issue No.978 unter: weekly.ahram.org.eg/2009/978/re82.htm

647. Al-Naami, Saleh, Israeli Army: We use Gaza military operation to test new weapons, Al-Ahram Weekly 4.5.2011 unter: english.ahram.org.eg/NewsContent/2/8/11384/World/Region/Israeli-Army-we-use-gaza-to-tes.aspx; siehe auch Klein, Naomi, Gaza: Not just a prison, a laboratory unter: www.commondreams.org/archive/2007/06/15/1901

648. Amnesty International, Israel/Gaza, Operation Cast Lead, a.a.O., S. 8

vor sie Raketen abfeuern.« Kurz nach Beendigung der militärischen Operationen schlug er vor: »Selbst wenn die Raketen auf freie Flächen oder ins Meer fallen, sollten wir ihre Infrastruktur angreifen und für jede Rakete, die abgefeuert wird, 100 Häuser zerstören.«[649] Trotz der Brutalität des Krieges vermochte Israel nicht, seine Ziele zu erreichen. Es gelingt ihm nicht mehr, taktische militärische Siege in politische Gewinne umzuwandeln, denn »eine Dissonanz zwischen militärischen Errungenschaften und politischem Erfolg ist ein dauerhaftes Merkmal kolonialer Kriegsführung.«[650]

Die Folgen von Blockade und Krieg

Die seit 2005 anhaltende Blockade hat zu einer humanitären Dauerkrise im Gazastreifen geführt. Der Weltbank zufolge erlebten die Palästinenser bereits im Jahr 2005 die bis dahin schlimmste ökonomische Krise ihrer jüngeren Geschichte. Schon im April 2006 lebten 79 % der Bevölkerung des Gazastreifens in Armut, während es im Jahr 2000 weniger als 30 % gewesen waren. Begleitet wird die ökonomische Krise von einer sozialen. Das hohe Bevölkerungswachstum in Gaza erfordert einen ständigen Ausbau der Kapazitäten, aber die ist unter den gegebenen Bedingungen nicht möglich. Aus einer Studie der Harvard-Universität von 2004 geht hervor, dass die Anzahl der Lehrer im Verhältnis zur Anzahl der Schüler zwischen 1997 und 2004 um 30 % fiel. Infolge dessen haben Klassen in Regierungsschulen 80 Schüler und in UNRWA-Schulen 40 Schüler.[651] OCHA zufolge arbeiten 85 % der Schulen in Doppelschichten.[652]

Nach dem Krieg 2008/2009 wurde die Blockade zunächst verschärft, bevor internationale Proteste infolge des blutigen israelischen Überfalls auf die Gaza-Hilfsflotte im Mai 2010 zu einer geringfügigen Lockerung führten. Der Wiederaufbau des über weite Strecken in Trümmern liegenden Gebietes wird nach wie vor von Israel verhindert. An dieser Politik beteiligen sich auch die USA, die EU und das auch nach dem sogenannten »arabischen Frühling« von den USA abhängige Ägypten, das die Blockade von der anderen Seite der Grenze vervollständigt. Im Sommer 2012 unternahm auch das »neue Ägypten« im Anschluss an den Besuch der US-Außenministerin Hillary Clinton in Kairo eine großangelegte Offensive zur Zerstörung des Tunnelsystems an der Grenze. Während der letzten größeren israelischen Militäroffensive gegen Gaza im November 2012 lockerte es allerdings

649. Goldstone-Report, a.a.O., S. 332
650. Veracini, a.a.O., S. 57; Morrow, Adam; al-Omrani, Khaled Moussa, Hamas' political victory, The Electronic Intifada 4.2.2009 unter: electronicintifada.net/content/hamas-political-victory/8042
651. Roy, »A Dubai on the Mediterranean« a.a.O.; Roy, Sara, The Economy of Gaza, Znet 9.10.2006 unter: www.zcommunications.org/the-economy-of-gaza-by-sara-roy
652. OCHA, Five years of blockade: The humanitarian situation in the Gaza Strip, June 2012 unter:ochaopt.org/documents/ocha_opt_gaza_blockade_factsheet_june_2012_english.pdf

die Blockade und der ägyptische Ministerpräsident stattete dem Streifen neben zahlreichen ägyptischen Bürgern einen Solidaritätsbesuch ab.

Auch 2012, drei Jahre nach der »Operation Gegossenes Blei«, sind Tausende von Palästinensern immer noch obdachlos und leben unter beengten Verhältnissen bei Verwandten oder provisorisch in Zelten oder Containern, da die für den Wiederaufbau notwendigen Materialien wie Zement und Glas nur in geringen Mengen eingeführt werden dürfen. Baumaterial ist zwar dank der Tunnelwirtschaft, die das Überleben der Bevölkerung garantiert, auf dem Schwarzmarkt erhältlich, aber zu so hohen Preisen, dass sie die verelendete Bevölkerung des Gazastreifens nicht aufzubringen vermag. Die Blockade und der Krieg haben die Ökonomie des Streifens zerstört. Die Bevölkerung lebt größtenteils im Elend und ist zu 80 % von Nahrungsmittelhilfen abhängig. Die meisten Bewohner des Gazastreifens haben keinen Zugang zu sauberem Trinkwasser und nur stundenweise Strom.[653] Viele Menschen sind notgedrungen zur Benutzung von Stromgeneratoren übergegangen, die einen Höllenlärm machen und deren Verwendung nicht ohne Risiken ist. Allein im Jahr 2009 starben 75 Palästinenser an Kohlenmonoxidvergiftung oder daran, dass die Generatoren wegen Übernutzung Feuer fingen oder explodierten.[654] Der UN-Sonderberichterstatter Richard Falk beschrieb die Lage 2011 wie folgt: »Dem jüngsten Bericht von 25 Nichtregierungsorganisationen zufolge benötigt Gaza 670.000 Lastwagenladungen an Baumaterial für den Wiederaufbau nach dem israelischen Angriff im Januar 2009. Die israelischen Behörden haben jedoch seit der ›Lockerung‹ der Einschränkungen im Juni 2010 nur durchschnittlich 715 Lastwagenladungen im Monat genehmigt. Bei dieser Geschwindigkeit wird es 78 Jahre dauern, Gaza wiederaufzubauen, mit einem Fertigstellungsdatum 2088. Es ist auch zu beachten, dass 53 % des Gesamtimports Nahrungsmittel waren, im Vergleich mit 20 % vor der Blockade, was die Verringerung des über Nahrungsmittel hinausgehenden Bedarfs für zivile Normalität nahelegt. Es hat auch seit Anfang 2010 keine Erhöhung des industriellen Treibstoffs gegeben. Als Resultat dessen liegen die verfügbaren Strommengen 40 % unter dem geschätzten täglichen Bedarf von 280 MW. Tägliche Stromausfälle von bis zu 12 Stunden haben negative Auswirkungen auf so essenzielle Dienstleistungen wie Wasserversorgung, Abwasserbehandlung, Abwasserbeseitigung und medizinische Einrichtungen. 20 % der Bevölkerung von Gaza bekommen nur jeden fünften Tag (für 6-8 Stunden) Wasser, 50 % nur jeden vierten Tag und die restlichen 30 % jeden zweiten Tag. Im September 2010 teilte die (...) UNRWA mit, dass sie aufgrund der fortgesetzten Blockade nicht imstande ist, dem Einschulungsbedarf von 40.000 Schulkindern in Gaza zu entsprechen.

653. Roy, Sara, The Peril of Forgetting Gaza, The Harvard Crimson 2.6.2009 unter: www.thecrimson.com/printerfriendly.aspx?ref=52834; Kamat, Anjali, Land of Ruins: A Special Report on Gaza's Economy, Democracy Now! 6.4.2009 unter: www.democracynow.org/2009/4/6/land_of_ruins_a_special_report

654. Munayyer, Yousef, The Gaza Siege: A Fact Sheet, Palestine center Brief No.203, 3.6.2009 unter: www.jerusalemfund.org/hat/display/ContentsDetails/i/13264/pid/2254

Diese Fakten zeigen die Fortdauer und den unrechtmäßigen Charakter der Blockade, die sowohl eine unrechtmäßige Kollektivstrafe ist, die die Dimension eines Verbrechens gegen die Menschlichkeit annimmt, als auch eine Verweigerung der materiellen Bedürfnisse einer Zivilbevölkerung unter Besatzung unter Verstoß gegen das internationale humanitäre Recht.«[655]

Die Arbeitslosigkeit beträgt 34 %, unter jungen Leuten über 50 %.[656] Vor der Blockade waren 20 % der Arbeitskräfte im Gazastreifen im industriellen Sektor beschäftigt. Ein Jahr nach Beginn der Blockade waren bereits 61 % aller Fabriken geschlossen und 38 % hatten die Produktion reduziert. In einem Bericht der WHO von 2010 heißt es: »Im Gazastreifen ist die Privatwirtschaft infolge der Blockade praktisch zum Erliegen gekommen. Fast alle (98 %) Industriebetriebe wurden eingestellt. Der Bausektor, der vor September 2000 15 % aller Jobs schuf, ist effektiv zum Stillstand gekommen. Nur 258 industrielle Einrichtungen sind 2009 in Gaza in Betrieb im Vergleich zu über 2.400 im Jahr 2006.«[657]

Aufgrund der Restriktionen exportiert der Streifen nur noch 3 % der Güter, die er vor der Verschärfung der Blockade im Sommer 2007 exportiert hatte.[658] Die Blumenfarmer des Streifens, die für den Weltmarkt produzieren, sind wegen Exportbehinderungen durch Israel hoch verschuldet. Etwa 100.000 Palästinenser, die zuvor in der Privatwirtschaft gearbeitet hatten, arbeiten jetzt entweder für die Hamas-Regierung oder in der Tunnelwirtschaft. Letztere bietet zwar unzähligen Palästinensern ein Auskommen, ist aber mit Gefahren für Leib und Leben verbunden, da Israel und Ägypten immer wieder Angriffe auf die Tunnel unternehmen. Die Tunnelwirtschaft hat außerdem zur Herausbildung einer Klasse von Nouveaux Riches geführt und korrumpiert – so befürchten einige Palästinenser – die Gesellschaft.

Israel verhindert jede Möglichkeit, Mangelernährung und Armut zu mindern. Palästinensische Bauern und Fischer werden systematisch an der Erzeugung und Beschaffung von Nahrung gehindert. Seit 2000 hat Israel in stets wachsendem Maße den Zugang zum Agrarland im Grenzgebiet und den vor Gaza gelegenen Gewässern reduziert. Fischer dürfen nur noch in einem Radius von 4,5 km vor der Küste fischen. Einem Bericht der UN-Organisation OCHA von Juni 2012 zufolge verhindert die israelische Armee den Zugang zu 35 % des Territoriums des Gazastreifens teilweise oder vollständig sowie zu 85 % des maritimen Territoriums,

655. Report of the Special Rapporteur to the UN Human Rights Council on Occupied Palestinian Territories, 14.2.2011 unter: richardfalk.wordpress.com/2011/02/14/report-of-special-rapporteur-to-the-un-human-rights-council-on-occupied-palestinian-territories/

656. OCHA, Five years of Blockade: The humanitarian situation in the Gaza Strip, June 2012 unter: ochaopt.org/documentation/ocha_opt_gaza_blocakde_factsheet_june_2012_english.pdf

657. (»In the Gaza Strip, private enterprise is practically at a standstill as a consequence of the blockade. Almost all (98 %) industrial operations have been shut down. The construction sector which before September 2000 provided 15 % of all jobs, has effectively halted. Only 258 industrial establishements in Gaza were operational in 2009 compared with over 2400 in 2006«)., Munayyer, a.a.O.

658. OCHA, Five years of Blockade: The Humanitarian situation in the Gaza Strip, june 2012 unter: ochaopt.org/documents/ocha_opt_gaza_blockade_factsheet_june_2012_endlish.pdf

auf das die Palästinenser gemäß der Oslo-Abkommen ein Anrecht haben. [659] Die israelische Armee verwendet zur Durchsetzung der Zugangsverbote scharfe Munition. Seit dem Ende der »Operation Gegossenes Blei« im Januar 2009 wurden im Grenzgebiet Dutzende von Palästinensern getötet und Hunderte verletzt. Die Armee hat in den »verbotenen Zonen« Agrarland eingeebnet und persönliches Eigentum zerstört, um die Palästinenser daran zu hindern, es zu betreten. Die Bauern trotzen der Kolonialmacht und bearbeiten ihre Felder – oftmals unter dem relativen Schutz internationaler Aktivisten – auch unter Feuer. Die betroffenen Bauern haben durch die israelische Politik zwei Drittel ihres Einkommens, einige Familien sogar ihr gesamtes Einkommen verloren. Fischer, die mit ihren Booten auf das Meer hinausfahren, werden immer wieder von der israelischen Marine beschossen und/oder festgenommen.

Die Blockade des Gazastreifens ist jedoch nicht nur eine Frage von Gütern und materieller Entbehrungen. Der Entzug der Bewegungsfreiheit und die psychischen Beeinträchtigungen sind ebenso bedeutend. Die Blockade hat die medizinische Behandlung von Tausenden schwer kranken Palästinensern außerhalb des Streifens verhindert. Über 500 Menschen sind infolgedessen bereits gestorben. Familien haben seit Jahren nicht die Möglichkeit, ihre Familienangehörigen in der Westbank und innerhalb der Grünen Linie zu besuchen oder von diesen besucht zu werden. Außerdem hat die Blockade Tausenden von jungen Palästinenserinnen und Palästinensern ihre Ausbildungsmöglichkeiten und beruflichen Chancen genommen, da sie nicht mehr an den Universitäten der Westbank studieren und nur in Ausnahmefällen Stipendien aus dem Ausland annehmen können. Blockade und Krieg haben ernste Auswirkungen auf die physische und psychische Gesundheit der Bevölkerung.[660]

Die Armut im Gazastreifen hat zu einer weitverbreiteten Mangelernährung und daraus folgenden gesundheitlichen Problemen geführt, von denen Kinder besonders betroffen sind. Aufgrund der Blockade hat sich die Qualität der konsumierten Nahrungsmittel verschlechtert und die Ernährungsgewohnheiten haben sich verändert – statt frischen Produkten und Fleisch werden jetzt stärker kalorienreiche billige Lebensmittel verzehrt. Die »Palästinensische Gesellschaft für Medizinische Hilfe« (PMRS) hat in einer Studie im Juni 2010 festgestellt, dass 52 % der Kinder an Anämie und einem ernsten Mangel an Phosphor, Kalzium und Zink leiden und eine signifikante Anzahl von Kindern von Infektionen der Atemwegsorgane betroffen ist. Aus der Studie geht auch hervor, dass die Zahl der Kinder, die

659. OCHA, Five years of Blockade, a.a.O.; siehe auch Palestinian Centre for Human Rights (PCHR), Occupied lives: Fishing in troubled waters, 25.7.2012, unter: www.pchrgaza.org/portal/en/index.php?option=com_content&view=article&id=8668:occupiedlives-fishing-in-troubled-waters&catid=65:narratives-under-siege

660. Guarnieri, Mya, Trapped in Gaza, Aljazeera 31.7.2010, unter: www.aljazeera.com/focus/2010/07/201073112911966549.html

arbeiten müssen, um ihre Familien finanziell zu unterstützen, zugenommen hat.[661] Dem norwegischen Arzt Mads Gilbert zufolge, der während des Krieges im Schifa-Hospital in Gaza-Stadt arbeitete, ist die Zahl der Kinder, die ein unterentwickeltes Wachstum aufweisen, sprunghaft angestiegen. 2006 waren 13,5 % der Kinder davon betroffen und 2009 31,4 % aller Kinder unter zwei Jahren. Die Verkümmerung des Wachstums aufgrund von lang andauernder Mangelernährung schädigt auch die Entwicklung des Gehirns und die Lernfähigkeit.[662]

In einem UN-Bericht von 2012 wird festgehalten, dass kontaminiertes Wasser eine ernsthafte Gefahr für die Gesundheit der Bevölkerung darstellt. Da die zerstörten Kläranlagen aufgrund der Blockade nicht repariert und wegen der Stromausfälle nicht regulär betrieben werden können, fließen jeden Tag 90 Millionen ungeklärte oder nur partiell geklärte Abwässer ins Meer und teilweise auch ins Grundwasserreservoir. Die Wasserressourcen werden aufgrund der Umstände chronisch übernutzt, sodass der Grundwasserspiegel gefallen ist und Meerwasser eindringen kann. Die aus dem Meer und der Landwirtschaft ins Grundwasser einsickernden Nitrate führen zu einer schleichenden Vergiftung der Bevölkerung. Der Nitratgehalt des Wassers beträgt durchschnittlich 100-150 mg und in einigen Gebieten bis zu 500 mg pro Liter (internationaler Grenzwert: 50 mg pro Liter). 90-95 % des Trinkwassers im Gazastreifen sind kontaminiert und zum Trinken ungeeignet. Die Milch der Kühe ist ebenfalls kontaminiert und die Qualität von Obst und Gemüse hat sich verschlechtert. 83 % aller Haushalte kaufen entsalztes Wasser, wofür sie etwa ein Drittel ihres Einkommens ausgeben müssen. Aber auch dieses Wasser ist nicht sauber und wer dazu zu arm ist, bleibt auf private und landwirtschaftliche Brunnen angewiesen, die hochgradig verschmutzt sind. Infolgedessen leidet ein Teil der Bevölkerung unter Erkrankungen der Atemwege, Haut- und Augenkrankheiten sowie an Gastroenteritis. Die UNICEF führte 2010 26 % aller Erkrankungen in Gaza auf mangelnde Wasserqualität zurück. Es wird auch angenommen, dass die Nitratkontamination des Grundwassers die Ursache für das »Blue-Baby-Syndrom« ist.

Das Grundwasserreservoir an der Küste, das die Hauptquelle zur Versorgung mit Trinkwasser ist, könnte wegen der Übernutzung bis 2016 unbrauchbar und bis 2020 sogar irreversibel zerstört sein, wenn nicht Gegenmaßnahmen ergriffen werden. Da die Bevölkerung bis 2020 um weitere 500.000 auf schätzungsweise 2,13 Millionen anwachsen wird, ist absehbar, dass Ressourcen und Infrastruktur in dem jetzt schon völlig übervölkerten, belagerten Gebiet diesem Druck nicht mehr standhalten können. Bis 2020 werden zum Beispiel 440 neue Schulen und

661. Bannoura, Saed, PMRS: 52 % of Gaza children suffer from malnutrition, IMEMC 30.6.2010 unter: www.imemc.org/article/59031

662. Kishawi, Sami, »Every third child in Gaza stunted by hunger«: Interview with renowned doctor Mads Gilbert, The Electronic Intifada 7.6.2012 unter: electronicintifada.net/content/every-third-child-gaza-stunted-hunger-interview-renomned-doctor-mads-gilbert/11363

mindestens 1.000 zusätzliche Ärzte gebraucht, was unter den Bedingungen der Blockade nicht zu gewährleisten ist. Die UN schätzt, dass Gaza, wenn der Trend weiter anhält wie bisher, bis 2020 »unbewohnbar« sein könnte.[663]

Hinzu kommt ein hoher Grad an Traumatisierung bei der Bevölkerung. Besonders betroffen sind die Kinder, von denen viele bereits 2006 – ausgelöst durch die Überschallknalle – Anzeichen von Traumatisierung zeigten. Sie wurden zu Bettnässern, verloren den Appetit und wurden krank, ängstlich oder hyperaktiv. Schwangere Frauen hatten Früh- und Fehlgeburten. Abu Tawahina vom »Gaza Community Health Programme« bezeichnete die Bevölkerung des Gazastreifens schon im Sommer 2006 als zutiefst traumatisiert: »Wir akkumulieren das Trauma. Ihr sprecht von post-traumatischen Belastungsstörungen, aber wir erleben nie den ›Post‹-Teil, nur das Trauma und es geht weiter. Jetzt spricht jeder über die Überschallknalle. Davor sprachen sie über die Gehälter. Auch ohne die Überschallknalle, die Granaten und die Bomben ist das Leben in Gaza voller Stress. Die Menschen können nicht frei nach Gaza hinein und aus Gaza heraus. Einige Familien sind in verschiedene Teile der Welt verstreut worden. All diese Dinge haben eine negative Wirkung auf die psychische Gesundheit.«[664]

Psychologen des »Gaza Community Mental Health Programmes« (GCMHP) schätzen, dass 13 % der Bevölkerung an post-traumatischen Belastungsstörungen (PTSD) leiden. Diese drücken sich unter anderem in großer Angst, Flashbacks und Schlafstörungen aus. Die Traumatisierung wird oft über körperliche Symptome ausgedrückt, v. a. in Form von Kopf- und Nackenschmerzen. Die Einnahme von Schmerz- und Beruhigungsmittel ist seit dem Ende des Krieges sprunghaft in die Höhe geschossen. Dr. Hasan Zeyada vom GCMHP zufolge sind unter Kindern und Erwachsenen Hyperaktivität und die Tendenz zu aggressivem Verhalten angestiegen.[665] Die UNRWA attestierte 2010 56,6 % der Kinder ein moderates und 10,6 % ein schweres Trauma. Sie schätzte die Verbreitung von post-traumatischen Belastungsstörungen auf 45 % ein.[666] Der Stress und die Frustration aufgrund von Arbeitslosigkeit, Armut und Blockade haben zu einer Zunahme von Gewalt gegen Frauen und Kinder geführt. Diese erreichte während des Krieges 2008/09 einen Höhepunkt. Auch die Zahl der Scheidungen ist angestiegen, während das Heiratsalter für Mädchen aufgrund der Armut gesunken ist.[667] Ohne das hohe politische

663. B'Tselem, 23.August 2010: Water supplied in Gaza unfit for drinking; Israel prevents entry of materials needed to repair system unter: www.btselem.org/English/gaza_strip/20100823_gaza_water_crisis; OCHA, Five years of Blockade, a.a.O.; United Nations, Gaza in 2020: A livable place? A report by the United Nations Country Team in the occupied Palestinian territory, August 2012. S.3, S. 11-15, unter: reliefweb.int/sites/reliefweb.int/files/resources/104094048-Gaza-in-2020-A-livable-place.pdf
664. Karmi, Omar, Gaza in the Vise, Merip Reports 11.7.2006 unter: www.merip.org/mero/mero071106
665. Guarnieri, Mya, Trapped in Gaza, a.a.O.
666. UNRWA, Emergency Appeal 2011, December 2010 unter:www.unrwa.org/userfiles/2010121464938.pdf
667. Guarnieri, Trapped in Gaza, a.a.O.

Bewusstsein der palästinensischen Bevölkerung, in der sogar schon Kinder eine außergewöhnliche politische Reife haben, den ausgeprägten sozialen Zusammenhalt und die Solidarität untereinander sowie die tiefe Bindung an das Land, hätte die Blockade- und Kriegspolitik sicher zu noch größeren Zerrüttungen geführt. Darüber hinaus stärken die Hilfskonvois, die fortlaufend in Europa, Asien und Afrika organisiert werden, die kontinuierliche Präsenz internationaler Aktivisten, weltweite Solidaritätsaktionen sowie die vielfache Bezugnahme der arabischen aufständischen Bevölkerung auf Palästina Standhaftigkeit und Kampfgeist der Bevölkerung von Gaza.

Der Einsatz militärischer Gewalt gegen die Bevölkerung des Gazastreifens hat indessen seit dem Ende der »Operation Gegossenes Blei« im Januar 2009 nicht aufgehört. Der kontinuierliche Beschuss von der Grenze aus wird von regelmäßigen, oft tagelang anhaltenden Bombardements aus der Luft ergänzt. Im Jahr 2010 tötete das israelische Militär im Gazastreifen 72 Palästinenser und 105 im Jahr 2011.[668] Die relativ geringe Anzahl an Toten sollte über das Ausmaß der dadurch verursachten Zerstörung und die Auswirkungen des permanenten Terrors nicht hinweg täuschen. Die Bevölkerung kann nie zu Ruhe kommen und sich regenerieren. Die mühsam wieder aufgebaute Infrastruktur wird stets wieder zerstört. So bombardierte die israelische Luftwaffe den Streifen im März 2011 10 Tage hintereinander. Dabei wurden 14 Menschen getötet und 48 verletzt, sowie eine Klinik, mehrere Fabriken, ein Lagerhaus und ein Geschäft zerstört.[669] Auch im darauf folgenden Monat beschoss das israelische Militär den Streifen tagelang aus der Luft, von der See und von Land aus. Der Beschuss richtete sich primär gegen Wohngebiete. 23 Menschen wurden getötet und 81 verletzt.[670]

Am 14. November 2012 unternahm dann Israel im Rahmen seines Low-Intensity-Krieges eine neuerliche größere militärische Offensive gegen Gaza. Zwischen 14. und 22. November wurden nach Angaben der Menschenrechtsorganisation Palästinensisches Zentrum für Menschenrechte (PCHR) durch israelische Bombardements 156 Palästinenser getötet – darunter 103 Zivilisten – und 1.000 Menschen verletzt, darunter 971 Zivilisten.[671] Schon in den ersten Tagen der Offensive wurde deutlich, daß die palästinensischen Widerstandsorganisationen ihre militärischen

668. The Palestinian Centre for Human Rights (PCHR), Annual Report 2010, unter: www.pchrgaza.org/files/2011/Summary-2010-eng.pdf2011; B'Tselem Press Release, B'Tselem's annual report on human rights in the Occupied Territories; 21.3.2012 unter: www.btselem.org/press_releases_20120321_2011_annual_report

669. The Palestine Information Center, IOF aggression on Gaza killed 14 and wounded 48 in ten days, 29.3.2011

670. Bannoura, Saed, 23 killed, 81 wounded, by army fire in Gaza, in April, IMEMC 4.5.2011, unter: www.imemc.org/article/61170

671. Palestinian Centre for Human Rights (PCHR), Israeli Offensive on Gaza stopped following 8 days of attacks, Gaza 22.11.2012 unter: www.pchrgaza.org/portal/en/index.ph?option=com-content&view=article&id=9044:israeli-offensive-on-Gaza-stopped-following-8-days-of-attacks-&catid=36:pchrpressreleases&itemid=194

Kapazitäten seit dem Krieg von 2008/2009 verbessert hatten. Die bedeutendste Neuerung war, dass die Organisation Islamischer Jihad über iranische Fajr 5-Raketen verfügte, mit denen sie Vororte von Tel Aviv und eine Siedlung im Großraum Jerusalem beschoss. Damit verschiebt sich das militärische Kräfteverhältnis zugunsten des palästinensischen Widerstands und es ist abzusehen, dass Israel zukünftig einen höheren Preis für den fortgesetzten Krieg gegen Gaza wird zahlen müssen.

Die gegen den Gazastreifen ausgeübte Blockade- und Kriegspolitik ist indessen keine israelische Erfindung, sondern klassische Kolonialpolitik. Durch die Einsperrungs- und Aushungerungspolitik soll die einheimische Bevölkerung geschwächt und mit dem Kampf ums Überleben beschäftigt werden, sodass sie keine Kraft mehr zum Kampf um ihre nationalen und politischen Rechte hat. Lorenzo Veracini vergleicht die israelische Taktik mit dem französischen Vorgehen während des kolonialen Krieges gegen die algerische Befreiungsbewegung: »Ein französischer Aufstandsbekämpfungsversuch hatte ebenfalls systematisch und mit Erfolg versucht, die Aufmerksamkeit der Aufständischen und der Bevölkerung allgemein von der hauptsächlichen Beschäftigung mit nationalen Aspirationen auf eine Realität des Mangels umzulenken und ein Ende des Kampfes mit einer Verbesserung der Lebensbedingungen zu verbinden.«[672]

Welche Folgen der »Arabische Frühling« für Gaza haben wird, ist bei Drucklegung dieses Buches noch nicht abzusehen. Einerseits hat das neue politische Klima in der arabischen Welt dazu geführt, dass die Palästina-Frage wieder ganz oben auf der arabischen Agenda steht. Die Besuche hochrangiger Politiker wie des ägyptischen Ministerpräsidenten und des Emirs von Qatar im Herbst 2012 signalisieren ein Ende der arabischen Isolation und der Blockade.

Gleichzeitig versucht Qatar, das in den Augen vieler republikanisch und laizistisch gesinnter Araber eine Konterrevolution in der arabischen Welt anführt, durch viel Geld und Diplomatie die Hamas von der »Achse des Widerstands« – Iran, Syrien, Hizbollah – zu trennen und auf ihre Befriedung hinzuwirken. Ein Anzeichen für ein Gelingen dieser Strategie ist die Verlegung des Hauptquartiers der Hamas von Syrien nach Qatar.

Diese Politik könnte zur Folge haben, dass die Hamas im Gazastreifen zukünftig eine ähnliche Rolle spielen wird wie die Autonomiebehörde in der Westbank. Das kann jedoch nur gelingen, wenn Israel den permanenten Krieg gegen den Gazastreifen einstellt.«[673]

672. Veracini, a.a.O., S. 54
673. vgl. Khrais, Rami, Thank you, Qatar, al-Akhbar 24.10.2012; Al-Amin, Ibrahim, Gaza: The Only Cure for the Occupation is Resistance, al-Akhbar 19.11.2012

Die Genozid-Debatte

Die extreme Mangelsituation im Gazastreifen führt dazu, dass fortwährend Menschen sterben und sich der physische und psychische Zustand der Bevölkerung fortlaufend verschlechtert. Die israelische Politik, die Bevölkerung in strengstens kontrollierte, voneinander abgeschnittene ethnische Enklaven einzusperren, zielt darauf, den sozialen und politischen Zusammenhang der einheimischen Bevölkerung zu zerstören. Oren Yiftachel bezeichnet Israel als »Gefängniswärter-Staat« und weist darauf hin, dass das kollektive Einsperren einer Bevölkerung zu den klassischen Methoden kolonialer Herrschaft gehört. Diese wird immer dann praktiziert, wenn eigentlich eine ethnische Säuberung angestrebt wird, diese jedoch nicht in Form von Massenvertreibungen möglich ist.[674] Der kritische Soziologe Baruch Kimmerling bezeichnete die israelische Politik bereits 2003 als Politizid – als eine Politik, die darauf abzielt, die Palästinenser als politische und soziale Einheit zu zerstören. Über die Ziele und Methoden des Politizids schrieb er: »Politizid ist ein Prozess, dessen letztendliches Ziel es ist, die Perspektiven eines bestimmten Volkes auf legitime Selbstbestimmung und Souveränität in einem Land, das sie als ihr Heimatland ansehen, zu zerstören. (...) Politizid beinhaltet eine Mischung aus kriegerischen, politischen, sozialen und psychologischen Maßnahmen. Die gebräuchlichsten Techniken in diesem Prozess sind die Enteignung und Kolonisierung von Land, Einschränkung der Bewegungsfreiheit (Ausgangssperren, Abriegelungen, Straßensperren), Mord, örtlich begrenzte Massaker, Massenverhaftungen, Spaltung oder Eliminierung der Führung und Elitegruppen, die Behinderung von Bildung und schulischer Ausbildung, physische Zerstörung von öffentlichen Institutionen und Infrastruktur, Wohnhäusern und privatem Eigentum, Aushungerung, soziale und politische Isolation, Umerziehung, und partielle oder – falls realisierbar – vollständige ethnische Säuberung, obwohl diese sich möglicherweise nicht als eine einzelne dramatische Aktion ereignet. Das Ziel der meisten dieser Praktiken ist, das Leben so unerträglich zu machen, dass die größtmögliche Anzahl der rivalisierenden Bevölkerung (rival population), insbesondere ihre Elite und Mittelschicht, das Land ›freiwillig‹ verlassen.«[675]

Jonathan Cook hat darauf hingewiesen, dass der von Kimmerling eingeführte Begriff des Politizids dem von Raphael Lemkin entwickelten Begriff des Genozids inhaltlich sehr nahekommt. Dieser hatte Genozid wie folgt definiert: »Allgemein gesprochen bedeutet Genozid nicht notwendigerweise die unmittelbare Zerstörung einer Nation, außer wenn diese durch Massentötungen aller Angehörigen einer Nation ausgeführt wird. Es ist vielmehr beabsichtigt, einen koordinierten

674. Yiftachel, Oren, The Jailer State, newmatilda 12.1.2009, unter: newmatilda.com/2009/01/12/jailer-state
675. Kimmerling, Baruch, From Barak to the Road Map, New Left Review 23, September-October 2003; siehe auch Kimmerling, Baruch, Politizid. Ariel Scharons Krieg gegen das palästinensische Volk, München 2003

Plan von verschiedenen Aktionen zu bezeichnen, die auf die Zerstörung der essenziellen Grundlagen einer nationalen Gruppe zielen mit der Absicht, diese Gruppe selbst zu vernichten. Die Ziele eines solchen Planes wären die Desintegration der politischen und sozialen Institutionen, der Kultur, der Sprache, des Nationalgefühls, der Religion und der ökonomischen Existenz von nationalen Gruppen und die Zerstörung der persönlichen Sicherheit, Freiheit, Gesundheit, Würde und sogar des Lebens der Individuen, die solchen Gruppen angehören.«[676] Nach der 1948 von der UNO verabschiedeten »Konvention zur Verhinderung und Bestrafung von Völkermord« beinhaltet dieser jede der folgenden Handlungen, die in der Absicht begangen werden, eine nationale, ethnische oder religiöse Gruppe ganz oder teilweise zu zerstören:

a. die Tötung von Angehörigen dieser Gruppe;
b. das Erzeugen von schweren körperlichen oder psychischen Schäden bei Mitgliedern der Gruppe;
c. die Auferlegung von Lebensbedingungen, die die teilweise oder vollständige physische Zerstörung der Gruppe herbeiführen;
d. Maßnahmen zur Verhinderung von Geburten innerhalb der Gruppe;
e. den gewaltsamen Transfer von Kindern aus der Gruppe in eine andere Gruppe.[677]

Der UN-Sonderberichterstatter für Menschenrechte in den palästinensischen besetzten Gebieten, Richard Falk, und der israelische Historiker Ilan Pappe gehören zu den bekanntesten Warnern vor einer auf Völkermord abzielenden Politik Israels im Gazastreifen. Ilan Pappe bezeichnete die Blockade des Gazastreifens bereits 2006 als genozidale Politik. Die israelische Regierung sei darin gescheitert, die Bevölkerung von Gaza in ein hermetisch abgeriegeltes Getto sperren zu können, ohne dass das zu Widerstand führt. Pappe zufolge sieht die israelische Führung die Bevölkerung des Streifens als besonders gefährlich an und betreibt ihr gegenüber eine Politik der Eliminierung: »Die Führung, vor allem die Armee, betrachtet es [Gaza] als ein Gefängnis mit der gefährlichsten Insassengemeinschaft, die auf die eine oder andere Art eliminiert werden muss.«[678] Richard Falk nannte die Hungerblockade 2007 einen »Holocaust-am-Enstehen«: »Ist es eine unverantwortliche Übertreibung, die Behandlung der Palästinenser mit dieser kriminellen Nazi-Akte kollektiver Gräueltaten zu assoziieren? Ich denke nicht. Die jüngsten Entwicklungen in Gaza sind besonders beunruhigend, weil sie so deutlich eine bewusste Absicht auf der Seite Israels und seiner Verbündeten ausdrücken, eine

676. zitiert nach Cook, Disappearing Palestine, a.a.O., S. 133
677. United Nations General Assembly, Convention on the Prevention and Punishment of the Crime of Genocide, New York 9 December 1948 unter: www.hrweb.org/hegal/genocide.html
678. Pappe, Ilan, Genocide in Gaza, The Electronic Intifada 2.9.2006

ganze menschliche Gemeinschaft lebensbedrohlichen Bedingungen von äußerster Grausamkeit zu unterwerfen. Der Vorschlag, dass dieses Verhaltensmuster ein Holocaust-am-Entstehen sei, stellt vielmehr einen verzweifelten Appell an die Regierungen der Welt und die Weltöffentlichkeit dar, dringend zu handeln, um zu verhindern, dass die gegenwärtigen genozidalen Tendenzen in einer kollektiven Tragödie kulminieren.«[679]

Die ehemalige UN-Menschenrechtsbeauftragte Mary Robinson zeigte sich nach einem Besuch des Gazastreifen Anfang November 2008 schockiert und nannte es gegenüber der BBC »unvorstellbar«, dass sich die Welt nicht um »die schockierende Verletzung so vieler Menschenrechte« kümmert. Die Folgen der Blockade für die Bevölkerung fasste sie folgendermaßen zusammen: »Ihre gesamte Zivilisation ist zerstört worden. Ich übertreibe nicht.«[680]

Das Verständnis von Genozid wurde in der westlichen Welt über Jahrzehnte primär durch den Holocaust geprägt. Dessen Monstrosität erschwerte es für lange Zeit, andere Völkermorde als solche wahrzunehmen. Erst in den 1990er Jahren begannen Forscher aus siedlerkolonialistischen Staaten, die genozidale Geschichte ihrer eigenen Länder zu untersuchen. Dadurch hat sich der Begriff von Genozid in den vergangenen Jahren gewandelt.[681] Genozidforscher sind zu Ansätzen Raphael Lemkins zurückgekehrt, der sich auf den inneren, untrennbaren Zusammenhang von Kolonialismus und Völkermord konzentriert hatte. Lemkin betrachtete speziell den Siedlerkolonialismus als inhärent genozidal. Für Lemkin war Genozid eine spezielle Form der ausländischen Eroberung und Besatzung, die ihrem Wesen nach notwendigerweise imperialistisch und kolonialistisch war. Der Begriff des Genozids bezeichnet die organisierte Zerstörung einer Bevölkerung durch ein breites Spektrum von sozialen, ökonomischen, politischen und kulturellen Maßnahmen plus physische Gewalt. Genozid zielt in besonderer Weise darauf, die demografische Balance permanent zugunsten der Besatzer zu verändern.[682] Von zentraler Bedeu-

679. (»Is it an irresponsible overstatement to associate the treatment of Palestinians with this criminalized nazi record of collective atrocity? I think not. The recent developments in Gaza are especially disturbing because they express so vividly a deliberate intention on the part of Israel and its allies to subject an entire human community to life-endangering conditions of utmost cruelty. The suggestion that this pattern of conducht is a holocaust-in-the-making represents a rather desperate appeal to the governments of the world and to international opinion to act urgently to prevent these current genocidal tendencies from culminating in a collective tragedy.« Falk, Richard, Slouching toward a Palestinian Holocaust, 29.6.2007 unter: www.transnational.org/AreaMiddleEast/2007/Falk-Palestin...

680. BBC News 4.11.2008, Gaza Residents terribly trapped unter: news.bbc.co.uk/2/hi/middleeast/7708670.stm

681. vgl. Shaw, Martin, The Holocaust, Genocide studies, and politics, 18.8.2010, unter: www.opendemocracy.net/martin-shaw/holocaust-genocide-studies- and-modern-politics; Docker, John, Settler Colonialism as Genocide: Implications for a Strategy of Solidarity with the Palestinians, Konferenz SOAS London 5.12.2004 »Resisting Israeli Apartheid: Strategies and principles« unter: www.monabaker.com/DockerLondonconference.htm

682. Moses , Dirk A. (Hg), Empire, Colony, Genocide: Conquest, Occupation and Subaltern Resistance in World History, New York/Oxford 2008, S. 10

tung war für Lemkin die Zerstörung der Kultur der einheimischen Bevölkerung, die er als Basis des sozialen Zusammenhalts und der gemeinsamen Identität ansah. Daher betrachtete er auch die Zerstörung kultureller Symbole als Genozid. Es gelang ihm jedoch nicht, die kulturelle Dimension des Genozids in der UN-Genozid-Konvention verankern zu lassen. In seinem Buch »Axis Rule of Europe« legte er dar, dass Genozid aus zwei Phasen besteht: »Genozid hat zwei Phasen: die eine, die Zerstörung des nationalen Musters der Unterdrückten; die andere, die Aufzwingung des nationalen Musters des Unterdrückers. Diese Aufzwingung kann wiederum gegenüber der unterdrückten Bevölkerung erfolgen, der erlaubt wird, zu bleiben oder auf dem Territorium nach der Entfernung der Bevölkerung und der Kolonisierung des Gebiets durch die nationale Gruppe des Unterdrückers.«[683]

Diese Beschreibung von Genozid könnte ebenso gut die Beschreibung des Siedlerkolonialismus sein. In der heutigen Kolonialismus- und Genozidforschung wird die Vernichtung der einheimischen Gesellschaft auf die eine oder andere Art – die Spannbreite reicht von Assimilation bis Massenmord – als Essenz des Siedlerkolonialismus angesehen. Patrick Wolfe definiert diesen als »ein inklusives Land-zentriertes Projekt, das eine große Spannbreite von Akteuren, die vom metropolitanen Zentrum bis zu den Grenzlagern reicht, mit dem Ziel koordiniert, einheimische Gesellschaften zu eliminieren.«[684] Während des Krieges 2008/2009 forderten die beiden australischen Genozidforscher John Docker und Ned Curthoys die Anwendung von Artikel II, Punkt C der UN-Genozid-Konvention auf Israel, da es die Intention habe, eine ethnische Gruppe ganz oder teilweise zu zerstören, indem es »der Gruppe absichtlich Lebensbedingungen auferlegt, die dazu bestimmt sind, deren physische Zerstörung in Teilen oder als Ganzes zu bewirken.« Sie führten den Gazakrieg auf den siedlerkolonialistischen Charakter des Staates Israel zurück und stellten ihn in einen historischen Kontext: »Als Wissenschaftler, die auf dem Gebiet der Genozid-Studien und -Forschung die lange Geschichte der europäischen Kolonisierung erforschen, scheint es für uns klar zu sein, dass Israel (...) eine genozidale siedlerkolonialistische Gesellschaft ist, die seit ihrer Gründung 1948 kontinuierlich versucht, die Lebensgrundlagen der einheimischen Palästinenser zu zerstören, ihre Gesundheit, ihre Würde, ihr Einkommen, ihre persönliche Sicherheit, ihren Zugang zu Bildung und ihre politische Organisation, sodass die Palästinenser durch die kolonisierenden zionistischen Siedler ersetzt werden können. (...) Was wir gegenwärtig erleben, ist eine Form der Siederkolonisierung, die an das Australien des 19. Jahrhunderts erinnert, in der eine siedlerkolonialistische ›Logik der Eliminierung‹ (...) Massaker und Sequestrierung (Reservate) kombiniert, um die souveräne Selbstbestimmung einer einheimischen Bevölkerung unmöglich zu machen.«[685]

683. zitiert nach Moses, a.a.O., S. 9
684. Wolfe, a.a.O., S. 393
685. Docker, John; Curthoys, Ned, The Decemeber 2008 Gaza Massacre, 1.1.2009, unter: nclg.org.uk/dismantle-zionism

Dem Genozidforscher Martin Shaw zufolge war die ethnische Säuberung Palästinas 1948 der Beginn eines genozidalen Prozesses, der bis heute andauert und dessen Hauptinstrumente Siedlungsbau und geografische Kontrolle sind: »Diese fortgesetzte Politik kann als die ›schleichende‹ Ausweitung und Konsolidierung des Genozids von 1948 betrachtet werden.«

Israel wird Martin Shaw zufolge so lange keinen Frieden finden, wie es sich nicht der Nakba von 1948, die er als Genozid bezeichnet, stellt: »... (D)ie Konsequenz daraus, dass eine Gesellschaft sich auf Genozid unter diesen Umständen gründet, ist eine Situation von mehr oder weniger permanentem Krieg. Solange Israel den Genozid von 1948 und dessen fortdauerndes Unrecht nicht aufarbeitet, werden seine Führer weiterhin Zuflucht zu brutalen und degenerierten Kriegen nehmen, als eine Methode, um die Palästinenser auf ihrem Platz zu halten. Eine auf diese Weise errichtete Gesellschaft kann weder auf Integrität noch auf Sicherheit hoffen.«[686]

Da der von der UNO festgelegte Begriff des Genozids die nachweisbare Intention der Täter einschließt, ist seine Verwendung im Zusammenhang mit kolonialen Konflikten schwierig. Nicht immer wird die Vernichtung der einheimischen Bevölkerung systematisch geplant und durchgeführt. In vielen Fällen entwickelt sich der Genozid aus der Dynamik des Kampfes zwischen Siedlern und einheimischer Bevölkerung. Der Genozidforscher Benjamin Madley hat das Muster des Frontier-Genozids zwischen 1830 und 1910 untersucht. Demnach gibt es drei Phasen: 1. Aufstand der einheimischen Bevölkerung, 2. genozidale Militärkampagne und 3. Internierung der Bevölkerung in einem »ethnischen Gulag«. Die Hauptursache für die Zuspitzung der Auseinandersetzung zwischen Kolonialisten und Kolonisierten ist immer der Kampf um Land und Ressourcen. Dieser führt, früher oder später, zu Aufständen, da es wegen dem von den Siedlern verursachten kontinuierlichen Schwinden der Ressourcen für die einheimische Bevölkerung immer schwieriger wird, sich zu erhalten. Diese Aufstände können eine genozidale Dynamik in Gang setzen. Die typische Kampfform kolonisierter Bevölkerungen war auch im 19. Jahrhundert der Guerillakrieg, den die europäischen konventionellen Armeen kaum in den Griff zu bekommen vermochten. Da sich die Angriffe der Kolonisierten oftmals gegen Siedler richteten, die den Kolonialstaaten als Zivilisten, den Einheimischen aber als Kolonialisten galten, wurden die westlichen Standards der Kriegsführung im Krieg gegen die einheimischen Bevölkerungen außer Kraft gesetzt. Der Angriff auf (Siedler-)Zivilisten wurde als erneuter Beweis der Barbarei und Bestialität der ohnehin als primitiv und minderwertig betrachteten einheimischen Bevölkerung gewertet, der nicht anders als mit den brutalsten Mitteln beizukommen sei. Im kolonialen Krieg gibt es seit jeher keine Beschränkungen und ist alles erlaubt. Die Suspendierung internationaler Konventionen birgt Bradley

686. Shaw, Martin, Palestine in an International Historical Perspective on Genocide, Holy Land Studies, 9, 1.5.2010 unter: martinshaw.org/2010/06=26/palestine-in-an-international-perspecitve-on-genocide-2/

zufolge die Gefahr des Völkermords in sich. In der Vergangenheit war die Entscheidung, die einheimische Bevölkerung als Ganzes zu liquidieren, oft von der Absicht motiviert, deren Angriffe auf die Siedler und ihren Staat ein für alle Mal zu beenden. Auf genozidale Militärkampagnen folgte die Internierung der einheimischen Bevölkerung in »ethnischen Gulags«. Diese Lager wurden in der Regel nicht mit dem klar formulierten Ziel der Vernichtung errichtet, aber oft genug war das dennoch die Folge. In diesen Lagern wurden die Menschen unter beengten Verhältnissen und katastrophalen hygienischen Bedingungen, ohne ausreichende Nahrung und medizinische Versorgung, teilweise ohne Schutz den Elementen ausgesetzt, gehalten, sodass viele von ihnen starben. Durch die Einsperrung der einheimischen Bevölkerung in Lager konnte der Siedlerstaat zwei Ziele erreichen, die Enteignung der einheimischen Bevölkerung zu Ende bringen und seine genozidale Politik auf relativ versteckte Weise fortführen.[687]

Die israelische Politik gegenüber den Palästinensern enthält durchaus Elemente der von Bradley geschilderten Dynamik. Die Aussagen einflussreicher israelischer Politiker, Militärs und Wissenschaftler scheinen die genozidale Tendenz des zionistischen Siedlerkolonialismus zu bestätigen. Der Geograf und Regierungsberater Arnon Soffer sprach schon vor der »Operation Gegossenes Blei« davon, dass es angesichts des hohen Bevölkerungswachstums im Gazastreifen notwendig sei, die Bevölkerung durch Tötung fortwährend zu reduzieren: »… (W)enn 2,5 Millionen Menschen in einem abgeriegelten Gaza leben, wird das eine humanitäre Katastrophe sein. Diese Leute werden noch größere Tiere werden, als sie es heute mithilfe eines verrückten fundamentalistischen Islams sind. Der Druck an der Grenze wird furchtbar sein. Es wird ein schrecklicher Krieg sein. Wenn wir am Leben bleiben wollen, werden wir töten und töten und töten müssen. Den ganzen Tag, jeden Tag.«[688]

Benzion Netanjahu, der ehemalige Führer der zionistischen Bewegung in den USA und Vater Benjamin Netanjahus, dem großer Einfluss auf seinen Sohn, den Ministerpräsidenten, nachgesagt wird, erklärte 2009 in einem Interview mit der Tageszeitung »Ma'ariv«: »Die Juden und die Araber sind wie zwei Ziegen, die sich auf einer engen Brücke gegenüberstehen. Eine muss in den Fluss springen – aber das beinhaltet die Gefahr des Todes. Die starke Ziege wird die schwächere dazu bringen, zu springen (…) und ich glaube, dass die jüdische Macht siegen wird.«

Frage: »Was bedeutet der Sprung der Araber?«

B.N.: »Dass sie nicht [länger] zum Krieg mit uns imstande sein werden, der den Entzug von Nahrungsmitteln für arabische Städte, die Verhinderung von

687. Madley, Benjamin, Patterns of Frontier Genocide 1830-1910: the Aboriginal Tasmanians, the Yuki of California and the Herero of Namibia, Journal of Genocide Research 6 (2), Juni 2004, S. 167-192

688. zitiert nach: Abunimah, Ali, A defeated policy, not a defeated people, The Electronic Intifada 7.3.2008 unter: electronicintifada.net/content/defeated-policy-not-defeated-people/7406 – Original Interview: Ruthie Blum Leibowitz, It's the geography, stupid, The Jerusalem Post 21.5.2004 ist online nicht mehr aufrufbar

Bildung, die Einstellung der Elektrizität und mehr beinhalten wird. Sie werden nicht imstande sein, zu existieren und von hier wegrennen. Aber es hängt alles von dem Krieg ab und ob wir die Schlachten gegen sie gewinnen.«[689]

Da Israel jederzeit mit der Nachsicht und Rückendeckung seiner imperialistischen Verbündeten rechnen kann, genügt es, wenn es den systematischen Charakter seiner Politik zur Zerstörung der palästinensischen Gesellschaft verschleiert und Massaker nur in wohldosierter Form durchführt, um damit durchzukommen. »Solange israelische Gewalttaten als spontan, unsystematisch und mit Sicherheitsbedürfnissen verbunden dargestellt werden können«, schreibt Jonathan Cook, »wird die internationale Gemeinschaft ein Auge zudrücken, (…) solange Israel sicherstellt, dass Politizid – ein fortgesetzter schleichender Zermürbungskrieg gegen das palästinensische öffentliche und private Leben – nicht zu sehr aussieht wie die weitverbreitete Auffassung von Genozid – Konzentrationslager und Blutbäder –, wird Israel in der Lage sein, seine Politik ungehindert fortzusetzen. (…) Das Endziel jedoch wird, wie Kimmerling warnt, dasselbe sein: das endgültige Verschwinden einer palästinensischen Nation.«[690]

Dass alle siedlerkolonialistischen Projekte inhärent genozidal sind, bedeutet freilich nicht, dass sie in jedem Fall auch erfolgreich sind. Über Erfolg und Misserfolg entscheiden die Dynamik des Kampfes zwischen einheimischer Bevölkerung und Siedlerbevölkerung sowie regionale und internationale Kräfteverhältnisse. Ob das zionistische siedlerkolonialistische Projekt in Palästina längerfristig gesehen Erfolg haben wird, ist fraglich. Ein klassischer aus dem 19. Jahrhundert stammender Siedlerkolonialismus kann im 21. Jahrhundert die typischen Methoden des Jahrhunderts, aus dem er stammt, nicht mehr einsetzen, ohne internationale Proteste von unten hervorzurufen. Das gilt um so mehr in der brisanten und strategisch so wichtigen arabischen Region. »Teil der arabischen Nation mit all ihrer geo-strategischen Bedeutung zu sein, ist einer der grundlegenden Faktoren, der die Palästinenser vor dem Schicksal der indigenen Amerikaner und anderer einheimischer Bevölkerungen bewahrt hat, die in der ›Neuen Welt‹ einem regelrechten Völkermord ausgesetzt waren«, schreibt der Aktivist Omar Barghouthi.[691] Der gegenwärtige revolutionäre Prozess in der arabischen Welt wird Israels Spielraum künftig noch weiter einengen.

689. Derfner, Larry, The late Benzion Netanyahu's appalling views on Arabs, + 972 Magazine 30.4.2012 unter: 972mag.com/the-late-benzion-netanyahu's-appalling-views-on-arabs/44215
690. Cook, Disappearing Palestine, a.a.O:, S. 134
691. Barghouthi, Omar, Re-Imagening Palestine, Znet 29.7.2009, S. 8

Demokratischer säkularer Staat statt Apartheid und ethnischer Säuberung

> *»Der Zionismus wird dem Recht auf Rückkehr niemals einen Platz einräumen, also müssen wir die Idee vergessen, dem Zionismus einen Platz einzuräumen.« (Ghada Karmi)*[692]

»Ein zionistisches Israel ist kein lebensfähiges Langzeitprojekt und israelische Siedlungen, Landkonfiszierung und Trennmauern haben eine Zwei-Staaten-Lösung schon lange unmöglich gemacht«, schrieb der Journalist Nir Rosen im Dezember 2008. »Es kann nur einen Staat im historischen Palästina geben. In den kommenden Jahrzehnten werden die Israelis mit zwei Optionen konfrontiert sein. Werden sie friedlich zu einer gleichberechtigten Gesellschaft übergehen, in der Palästinenser dieselben Rechte bekommen à la Post-Apartheid-Südafrika? Oder werden sie Demokratie weiterhin als Bedrohung ansehen? Wenn ja, dann wird eine der beiden Bevölkerungen gehen müssen. Kolonialismus hat nur funktioniert, wenn die meisten Einheimischen vernichtet wurden. Aber oft, wie im besetzten Algerien, sind es die Siedler, die fliehen. Irgendwann werden die Palästinenser nicht mehr bereit sein, einen Kompromiss zu machen und einen Staat für beide Bevölkerungen anzustreben. Will die Welt sie wirklich weiter radikalisieren?«[693]

Historisch betrachtet gibt es in einem kolonialen Konflikt zwischen einheimischer Bevölkerung und Siedlerbevölkerung nur drei Optionen: 1. der Siedlerstaat begeht einen Genozid an der einheimischen Bevölkerung (USA, Kanada, Neuseeland, Australien), 2. Die einheimische Bevölkerung bringt durch ihren Widerstand die Siedler dazu, das Land zu verlassen (Algerien, Zimbabwe), 3. die Siedlerbevölkerung gibt ihre kolonialen Privilegien gezwungenermaßen auf und die einheimische Bevölkerung akzeptiert ein Zusammenleben mit ihr in einem gemeinsamen demokratischen Staat auf der Basis von gleichen Rechten (Südafrika).[694]

---

692. Cook, Jonathan, Palestinian right of return: history still in the making, The Daily Star 1.4.2004 unter: www.dailystar.co.lb/News/Middle-East/Apr/01/PAlestinian-right-of-return-history-still-in-the-making.ashx#axzz2DH4Z3iT3

693. Rosen, Nir, Gaza: The logic of colonial power, The Guardian 29.12.2008 unter: www.guardian.co.uk/commentisfree/2008/dec/29/gaza-hamas-israel

694. vgl. Abunimah, Ali, Can Palestine be partioned? Taking the discussion back to basics, The Electronic Intifada 20.6.2011 unter: http://electronicintifada.net/blog/ali-abunimah/can-palestine-be-partitioned-taking-discussion-back-to-basics; Rouhana, Nadim, The Colonial Condition: Is Partition Possible in Palestine? unter: http://jadal-mada-research.org/UserFiles/file/Jadal_PDF_2011/jadal10-eng/Analytical-jadal10-final-eng.pdf; siehe auch Veracini, Lorenzo, Settler Colonialism and Decolonisation, Borderlands e-journal Volume 6 Number 2, 2007, unter: www.borderlands.net/vol6no2_2007/veracini_settler.htm

Die Zwei-Staaten-Lösung musste scheitern, weil sie am Kern des Konflikts vorbeiging. Der Oslo-Prozess behandelte nur die Symptome des Konflikts, nicht seine Ursache. Selbst wenn eine Zwei-Staaten-Lösung zustande gekommen wäre, die mehr ist als eine modifizierte Neuauflage des südafrikanischen Bantustan-Modells, so hätte sie doch den Konflikt nicht lösen können. »Wenn das Ziel des Friedensprozesses eine wirkliche Lösung des Konflikts sein soll, dann müssen wir an die Wurzeln des Problems gehen: das zionistische Projekt der Schaffung eines exklusiven Staates für ein Volk auf dem Territorium eines anderen Volkes«, erklärt Ghada Karmi. »Der daraus resultierende Streit wird nur dann ein Ende finden, wenn das Recht der Palästinenser auf Rückkehr und Entschädigung berücksichtigt wird. In einer Situation israelischer Hegemonie ist dies unmöglich. Ein anderer Lösungsansatz, der die Prinzipien der Gerechtigkeit und der fairen Teilhabe über Herrschaft und Unterdrückung stellt, ist erforderlich: eine Ein-Staat-Lösung. In einem solchen Staat müsste kein Siedler gehen und kein Palästinenser unter Besatzung leben. Die Ressourcen könnten geteilt werden und würden nicht einseitig von Israel geplündert. Jerusalem könnte eine Stadt für beide Völker sein. Vor allem aber könnten die vertriebenen Palästinenser endlich nach Hause zurückkehren.«[695]

In dem Maße wie sich das Scheitern der Zwei-Staaten-Lösung in den vergangenen Jahren immer deutlicher abzeichnete, nahmen auch die Debatten über alternative Lösungsmöglichkeiten zu. Seit der blutigen Niederschlagung der zweiten Intifada 2002/2003 diskutieren Palästinenser, antizionistische Israelis und internationale Aktivisten verstärkt die Ein-Staat-Lösung. Diese Debatte wird einerseits aus einem Rückgriff auf die alten Befreiungskonzepte der palästinensischen Befreiungsbewegung gespeist und beinhaltet gleichzeitig etwas ganz Neues. In den 1960er- und 1970er Jahren war der Kampf um die Befreiung Palästinas eine fast ausschließlich palästinensisch-arabische Angelegenheit. Die Handvoll jüdischer Israelis, die sich damit solidarisierte, war eine Größe, die übersehen werden konnte. Die PLO orientierte sich am algerischen Modell des nationalen Befreiungskampfes und die Befreiung Palästinas bedeutete für die meisten Palästinenser die Herstellung des Status quo ante. Das Ziel des Kampfes der PLO war, wie aus ihrer Charta von 1968 hervorgeht, die Errichtung eines demokratischen säkularen Staates auf dem Boden des historischen Palästinas, in dem Juden, Christen und Muslime gleichberechtigt zusammenleben. Als palästinensische Juden anerkannt wurden nur diejenigen, die vor dem Beginn der zionistischen Kolonisierung im Land ansässig gewesen waren. PLO-Funktionäre betonten jedoch, dass das nicht zwangsläufig die Vertreibung der später eingewanderten Israelis bedeute.

Inzwischen hat sich die Situation verändert. Die PLO unterschrieb mit den Oslo-Abkommen ihr eigenes Todesurteil und in der Folgezeit hat sich der

695. Karmi, Ghada, Eine Ein-Staaten-Lösung für Palästinenser und Israelis, The Christian Science Monitor, 30.5.2008, dt. Übersetzung unter www.salam-shalom.org/node/29

Charakter des palästinensischen Befreiungskampfes gewandelt. Die traditionellen politischen Organisationen haben kaum mehr eine Basis in der Bevölkerung und auch die islamischen politischen Organisationen vermochten nicht, eine wirkliche Alternative zu entwickeln.[696] Der Kampf in der Westbank wird nun hauptsächlich von Basisorganisationen geführt, von denen viele erst in der Oslo-Ära entstanden sind und erstmals spielen auch die Palästinenser innerhalb der Grünen Linie eine entscheidende Rolle. Mehr noch, sie sind in vielerlei Hinsicht die Avantgarde des neuen Kampfzyklus. Antizionistische palästinensische Organisationen innerhalb der Grünen Linie waren die ersten, die nach dem Oslo-Desaster öffentlich für die Errichtung eines demokratischen säkularen Staates auf dem Boden des historischen Palästinas eintraten. Sie waren auch die ersten, die auf die Notwendigkeit eines gemeinsamen Kampfes von Palästinensern und antizionistischen Israelis hinwiesen. Neben den Palästinensern innerhalb der Grünen Linie waren es vor allem die gezwungenermaßen im Ausland lebenden vertriebenen Palästinenser – die zweite durch die Oslo-Abkommen ausgeschlossene große Gruppe –, die die Ein-Staat-Debatte initiierten. Die erste Ein-Staat-Gruppe wurde 2002 von einem schweizerisch-palästinensischen Rechtsanwalt gegründet und hatte schon nach kurzer Zeit 200 Mitglieder, darunter die »Rabbis for Peace« mit Sitz in Jerusalem, die ihr im November 2003 beitraten. Ebenfalls 2003 wurde die »al-Awada-Koalition (Die Rückkehr-Koalition)« gegründet, die sich auf ihrer internationalen Konferenz in Toronto für eine Ein-Staat-Lösung aussprach. 2004 bildeten sich über ein Dutzend Ein-Staat-Gruppen, größtenteils in Europa und den USA, aber einige auch in Palästina und Israel. Die Historikerin Virginia Tilley von der Londoner Gruppe veröffentlichte 2005 das erste Buch zum Thema. Die Debatte bezog in der Folgezeit immer mehr Palästinenser und antizionistische oder zionismuskritische Juden innerhalb und außerhalb Israels sowie internationale Aktivisten ein und wurde auch von westlichen und nahöstlichen politischen Kräften und Medien aufgegriffen. So bekannte sich die »Grüne Partei« der USA 2004 auf ihrem Parteitag zu einer Ein-Staat-Lösung, ohne jedoch auf deren Charakter genauer einzugehen. Auch der iranische Präsident Hashemi Rafsanjani rief 2004 zu einer solchen Lösung auf, nachdem der ehemalige libysche Präsident Muammar al-Gaddafi bereits 2003 in seinem »Weißbuch« einen gemeinsamen Staat mit dem Namen »Isratine« vorgeschlagen hatte.[697] In den folgenden Jahren erschienen Hunderte von Artikeln und mehrere Bücher zu dem Thema, darunter 2006 »One Country. A Bold Proposal to End the Israeli-Palestinian Impasse« von Ali Abunimah, einem der Gründer und Betreiber der »Electronic Intifada« und 2007 »Overcoming Zionism. Creating a Single Democratic State in Israel/Palestine« von Joel Kovel. 2007 wurden

696. vgl. Eid, Haidar, Tough questions for Hamas, The Electronic Intifada 2.11.2010, unter: electronicintifada.net/content/tough-questions-hamas/9095

697. Karmi, Ghada, Married to another Man. Israel's Dilemma in Palestine, London/New York 2007, S. 246ff.

die zersplitterten Initiativen und Diskussionen erstmals auf Konferenzen in Madrid und London zusammengeführt und die dort verabschiedete Ein-Staat-Erklärung kann als Gründungsdokument der Bewegung angesehen werden. Im Mai 2008 organisierten auch Palästinenser innerhalb der Grünen Linie in Haifa eine Konferenz über die Ein-Staat-Lösung und das Recht auf Rückkehr, die zur größten gemeinsamen politischen Veranstaltung von Palästinensern und jüdischen Israelis seit der Gründung des Staates Israel wurde. Hauptsächlicher Träger dieser Konferenz war die antizionistische, vorwiegend palästinensische Organisation »Abna al-Balad (Kinder des Landes)«, die seit 1977 für einen demokratischen säkularen Staat auf dem Boden des historischen Palästinas eintritt. Auf der Haifa-Konferenz wurde die Jaffa-Erklärung verabschiedet, die inhaltlich um einiges radikaler ist als die von London und Madrid und das zweite Gründungsdokument der Bewegung darstellt.[698] Zum Durchbruch kam die Ein-Staat-Debatte mit dem israelischen Krieg gegen den Gazastreifen 2008/2009, der das definitive Ende des Oslo-Prozesses markiert. Seit 2009 wurden zahlreiche Konferenzen und Veranstaltungen dazu in den USA, Kanada und Europa sowie im historischen Palästina abgehalten. Auch der arabische Fernsehsender Aljazeera und die linke libanesische Literaturzeitschrift al-Adab griffen das Thema auf. In einer fortlaufenden basisdemokratischen Diskussion nimmt die Ein-Staat-Lösung immer deutlichere Konturen an und der Kreis ihrer Unterstützer wächst stetig. Zu ihren bekanntesten Unterstützern gehören Joseph Massad, Omar Barghouthi, Ali Abunimah, Haidar Eid, Ilan Pappe, Eyal Sivan, Tikva Honig-Parnass, Michael Warschawski, Moshe Machover, Jeff Halper, Sari Makdisi, Susan Abulhawa, Ramzy Baroud, Ghada Karmi, Mazin Qumsiyeh, Karma Nabulsi, Gabriel Pieterberg, Oren Ben-Dor und eine Vielzahl von internationalen Intellektuellen und Aktivisten. Die linken palästinensischen Organisationen PFLP und »Abna al-Balad« treten dafür ebenso ein wie die israelische Organisation »Zochrot« und die libanesische Hizbollah.[699] Die Palästinenser in der Diaspora und die Palästinenser innerhalb der Grünen Linie gehören zu den stärksten Anhängern der Ein-Staat-Lösung. Repräsentative Kräfte der Palästinenser in Israel haben bereits in drei programmatischen Dokumenten ihre Unterstützung für das Projekt »eines Staates für alle seine Bürger« bekundet.[700] Außerdem treten sie für eine gerechte Lösung der Palästina-Frage, einschließlich des Rechts auf Rückkehr ein. Das ist nur umzusetzen im Rahmen einer Ein-Staat-Lösung.

698. Bar, Yoav, The Haifa Conference for the Right of Return and the Secular Democratic State in Palestine. Initial Report 18.7.2008 unter:www.ror1state.org/drupal/?q=en/node/93

699. Abna al-Balad, For a Democratic Palestine, Position Paper 28.7.2004, unter: www.ror1state.org/drupal/?q=en/node/35; Pirker, Werner, »Ein Palästina für zwei Völker.« Gespräch mit Yoav Bar, junge welt 27.3.2010; Youtube.com, Julian Assange's The World Tomorrow: Hassan Nasrallah (E1), veröffentlicht am 17.4.2012 von Russia Today

700. Adalah, The Democratic Constitution, 2007 unter: www.adalah.org/eng/democratic constitution-e.pdf; Mada-Carmel, The Haifa Declaration, 2007 unter: www.mada-research.org/archive/haifaenglish.pdf; The Future Vision, 2006 unter: www.adalah.org/newsletter/eng/dec06/tasawor-mostaqbali.pdf

In den 1967 besetzten Gebieten unterstützen mehr als 70 % der Palästinenser das Projekt eines unitarischen demokratischen säkularen Staates auf dem Boden des historischen Palästinas.[701] Die Ein-Staat-Bewegung entwickelt sich parallel zu und teilweise verflochten mit der internationalen Boykott-, Desinvestment-, Sanktionen (BDS)-Kampagne gegen Israel, die es seit 2005 gibt.[702]

Ein historisches Novum ist, dass sich von Anfang an antizionistische Israelis an der Debatte beteiligten. Dadurch enthalten die entwickelten Ein-Staat-Modelle einen fundamental anderen Charakter als in den 1970er Jahren. Damals waren die kolonialen Siedler und der Siedlerstaat von den Palästinensern als weitgehend identisch angesehen worden. Deswegen waren Kontakte mit jüdischen Israelis, sofern sie nicht dezidierte Antizionisten waren, tabu. Während es noch zur Zeit der ersten Intifada kaum mehr als ein Dutzend antizionistischer oder zionismuskritischer Israelis gab, sind es heute mehrere Tausend. Sie beteiligen sich seit einigen Jahren an den Kämpfen der Palästinenser – sei es an den wöchentlichen Demonstrationen gegen Landraub und Mauerbau in der Westbank oder gegen die ethnische Säuberung des Naqab/Negev und al-Quds/Jerusalems. Dieser gemeinsame Kampf verändert die Beziehungen zwischen Palästinensern und Israelis und ist der beste Weg, um den Boden für das Zusammenleben in einem gemeinsamen demokratischen Staat zu bereiten. Die jüdische Bevölkerung innerhalb und außerhalb Israels ist nicht mehr der monolithische Block, der geschlossen hinter Israel steht, wie es jahrzehntelang der Fall war. Als Ergebnis dieser Veränderungen entwickeln Palästinenser und antizionistische Israelis heute gemeinsam als direkt Betroffene von unten, unter Beteiligung der internationalen Solidaritätsbewegung, in einem basisdemokratischen Prozess Vorstellungen für eine bessere Zukunft für beide Gesellschaften. Erstmals scheint die Möglichkeit eines gemeinsamen demokratischen Staates von jüdischen Israelis und muslimischen, christlichen und drusischen Palästinenser auf. Dadurch könnte Palästina wieder zu dem multireligiösen, multikulturellen und multiethnischen Land werden, das es über Jahrtausende gewesen ist.

Die Vision

Der Ein-Staat-Debatte liegt die Analyse des Zionismus als Siedlerkolonialismus zugrunde. Im Vordergrund steht die Erlangung der Rechte der einheimischen Bevölkerung. Diese Rechte sind in zahlreichen UNO-Resolutionen festgelegt und umfassen das Recht auf Rückkehr und Entschädigung sowie das Recht auf Selbstbestimmung und die Gründung eines unabhängigen Staates. Dem BDS-Aktivisten Omar Barghouthi zufolge kann nur ein demokratischer, säkularer Staat die Rechte aller Teile der zersplitterten einheimischen palästinensischen Bevölkerung

701. Musa, Mahmoud, What state do Palestinians want?, Palestine Chronicle 9.12.2011 unter: palestinechronicle.com/view_article_details.php?id=17102
702. Palestinian Civil Society Call for BDS, 9.7.2005 unter: www.bdsmovement.net

garantieren: »Unter den am häufigsten diskutierten Alternativen zur Lösung der Palästina-Frage zeigt ein demokratischer Staat den klarsten Mechanismus zur Beendigung der dreifachen Ungerechtigkeit auf, unter der die Palästinenser seit der Gründung des Staates Israel auf den Trümmern der palästinensischen Gesellschaft 1948 leiden: Die Besetzung und Kolonisierung von palästinensischem – und anderem arabischen – Territorium durch Israel seit 1967; das System der institutionalisierten und legalisierten rassistischen Diskriminierung oder Apartheid, dem die einheimischen palästinensischen Bürger Israels unterworfen sind, weil sie Nicht-Juden sind und die hartnäckige Verweigerung der von der UNO sanktionierten Rechte der palästinensischen Flüchtlinge, vor allem ihr Recht auf Rückkehr zu ihren Herkunftsorten und Entschädigung.«[703]

Die Umwandlung des Apartheid-Staates Israel in einen demokratischen säkularen Staat würde auch die Rechte der jüdisch-israelischen Bevölkerung wahren und das Zusammenleben von Israelis und Palästinensern auf der Basis von Gerechtigkeit und Gleichheit neu regeln. In seinem Papier »Re-imagening Palestine« legt Omar Barghouthi dar, »dass ein säkularer, demokratischer, unitarischer Staat im Palästina der britischen Mandatszeit die gerechteste und moralisch kohärente Lösung für den 100 Jahre alten kolonialen Konflikt ist, vor allem, weil er die größte Hoffnung auf die Versöhnung des scheinbar Unversöhnlichen bietet – die unveräußerlichen Rechte der einheimischen Palästinenser, besonders das Recht auf Selbstbestimmung und die erworbenen Rechte der kolonialen Siedler, individuell und kollektiv in Frieden und Sicherheit zu leben, nachdem ihnen ihre kolonialen Privilegien entzogen wurden.«[704]

In der »Ein-Staat-Erklärung« von 2007, die von der südafrikanischen Freiheitscharta sowie dem Belfast-Abkommen inspiriert wurde, heißt es: »Das historische Land Palästina gehört allen, die dort leben, und denen, die seit 1948 daraus vertrieben oder exiliert wurden, ohne Ansehen der Religion, ethnischen Zugehörigkeit, nationalen Herkunft oder des gegenwärtigen Staatsbürgerstatus.« Mit der Errichtung eines demokratischen, säkularen Staates soll ein Regierungssystem verwirklicht werden, das gegründet ist auf »die Prinzipien der Gleichheit in zivilen, politischen, sozialen und kulturellen Rechten aller Staatsbürger«.[705]

Betont wird auch der multikulturelle Charakter des künftigen Staates: »Kulturelle Besonderheit und Identität sollten von der Gesellschaft gepflegt und vom Gesetz geschützt und nicht bloß toleriert werden. Palästina war über Jahrhunderte der fruchtbare Treffpunkt verschiedener Zivilisationen und Kulturen und begünstigte Kommunikation, Dialog und Akkulturation zwischen ihnen. Dieses Erbe, unter

703. Barghouthi, Omar, Re-imagening Palestine: Self-determination, Ethical Decolonization and Equality, ZNet 29.7.2009, S.2 unter: www.zcommunications.org/re-imagining-Palestine-by-Omar-Barghouthi
704. Barghouthi, Re-imagening Palestine, a.a.O., S. 1
705. Various Undersigned, The One State Declaration, The Electronic Intifada 29.11.2007, unter: electronicintifada.net/content/one-state-declaration/793

der kulturellen Hegemonie der zionistischen kolonialen Herrschaft fast vergessen, muss wiederbelebt, gepflegt und gefeiert werden, ohne Berücksichtigung einer ungleichen Machtverteilung im neuen Staat. Wir sollten auch nicht vergessen, dass die Hälfte der jüdisch-israelischen Bevölkerung, die Mizrahi-Juden, ihre kulturellen Wurzeln in der arabischen und anderen nahöstlichen Kulturen haben.«[706]

Das Konzept des demokratischen, säkularen Staates zielt darauf, den kolonialen Charakter des gegenwärtigen Staates Israel aufzuheben und den Nationalismus der Kolonisierten und der Kolonialisten gleichermaßen zu transzendieren, um so die Möglichkeit für ein gleichberechtigtes Zusammenleben zu eröffnen. Der Mitbegründer der »Electronic Intifada«, Ali Abunimah, sieht in einem gemeinsamen demokratischen Staat die Möglichkeit, es allen Menschen zu ermöglichen, überall »zu leben und sich am gesamten Land zu erfreuen, während ihre eigene Gemeinschaft bewahrt und ihre besonderen Bedürfnisse berücksichtigt werden. Sie bietet das Potenzial, den Konflikt zu entterritorialisieren und Demografie und Ethnizität als Quelle von politischer Macht und Legitimität zu neutralisieren.«[707] Indem Demokratie und Staatsbürgerrechte über den Nationalismus gestellt werden, verlieren nationale und religiös begründete Ansprüche auf das Land die Bedeutung ebenso wie die Frage, inwieweit diese Ansprüche real oder imaginär sind. Dadurch bekommt die Auseinandersetzung einen anderen Charakter, ohne dass das historische Unrecht an den Palästinensern unter den Tisch gekehrt oder die Entstehung Israels als kolonialer Siedlerstaat negiert wird. Die Palästinenser geben das Bestreben auf, den Status quo ante – das Palästina vor dem Beginn der zionistischen Kolonisierung – wiederherzustellen, und die jüdischen Israelis das koloniale Projekt. Nicht mehr die Rückkehr zur Vergangenheit ist das Ziel, sondern die gerechte Veränderung der durch 130 Jahre Zionismus entstandenen Lage im historischen Palästina. Das heißt, die Präsenz von Palästinensern und jüdischen Israelis wird von beiden Seiten als gegebene Tatsache anerkannt. Letztere sind zwar als koloniale Siedler ins Land gekommen, haben aber kein Mutterland, in das sie zurückkehren können. Nach der Aufhebung der kolonialen Privilegien und der Herstellung der Gerechtigkeit sind die Palästinenser, Omar Barghouthi zufolge, bereit, zu vergeben und eine gemeinsame Zukunft zu akzeptieren.[708]

Die Ein-Staat-Lösung hat das Potenzial, bestehende Risse und Brüche innerhalb der jüdisch-israelischen Gesellschaft zu vertiefen, da sie ein Angebot an diejenigen jüdischen Israelis ist, die weiterhin im Land leben, aber nicht Teil eines Apartheidsystems und mitverantwortlich für Kriegsverbrechen und Verbrechen gegen die Menschlichkeit sein wollen, wie sie während des Kriegs gegen den Gazastreifen begangen wurden. Indem ihnen eine Perspektive in einem demokratischen säkularen Staat angeboten wird, wird es ihnen leichter gemacht, sich vom

706. Barghouthi, Re-imagining Palestine, a.a.O:, S. 6
707. Abunimah, One Country, a.a.O. S. 109
708. Barghouthi, Re-imagening Palestine, a.a.O., S. 2

Zionismus abzuwenden, da sie nicht mehr befürchten müssen, die einzige Alternative dazu sei eine Vertreibung aus dem Land.

Ali Abunimah begründet die neue Herangehensweise der Palästinenser wie folgt: »Die klarste Lehre des Beispiels Südafrika ist, dass die palästinensischen Botschaften und Methoden klar machen müssen, dass sie sich nicht gegen die israelische Bevölkerung richten, sondern gegen ein ungerechtes System, das der einen Bevölkerung ihre Rechte und Würde verweigert und die andere zu zunehmender Isolation, Angst und moralischer Korruption verurteilt. Die Bewegung sollte nicht um den palästinensischen Nationalismus herum gebildet werden, sondern eine Demokratie fordern, die alle Menschen schützen und sie aus dem Gefängnis kommunaler Interessen und Konkurrenz befreien wird. Während sie internationalen Druck gegen das gegenwärtige System aufbauen und einen Preis von denjenigen fordern, die es unterstützen, sollten die Palästinenser eine Vision der Zukunft formulieren, in der Israelis sich selbst sehen können. Während es zweifellos unfair ist, dass die Palästinenser die Last der Beruhigung tragen sollen, da sie die Kosten des Konflikts unverhältnismäßig getragen haben, ist es eine Tatsache, dass die Unterdrückten den Unterdrückern oft einen Weg aus dem Loch, das sie gegraben haben, zeigen müssen. Was die Palästinenser von Südafrika lernen können, ist, dass das Versprechen einer Zukunft der Versöhnung statt der Rache einem ungerechten System die Unterstützung, die es zum Überleben braucht, entziehen kann, denn solche Systeme sind oftmals auf Angst aufgebaut – im Falle Israels und Südafrikas der von Politikern geschürten Angst, zerstört zu werden. Die Lehre für Israelis ist, ihren Feinden zuzuhören anstatt sie zu dämonisieren, was zu einer sicheren Zukunft führen kann, frei von der Last, andere mit Gewalt zu beherrschen. Sie werden die Legitimität und Akzeptanz erlangen, nach der sie sich seit langem sehnen, nicht nur unter Palästinensern, sondern in der weiteren arabischen und muslimischen Welt.«[709]

Umstritten ist, ob der gemeinsame Staat ein binationaler oder unitarischer sein soll. Während Palästinenser größtenteils für einen unitarischen Staat eintreten, favorisieren Israelis tendenziell einen binationalen. Das Projekt eines binationalen Staates geht zurück auf den »weichen zionistischen« Ansatz der Strömung um Martin Buber und Judah Magnus.[710] Ein binationaler Staat in dem Sinne, dass er die Anerkennung der jüdischen Bevölkerung als eigene nationale Gruppe einschließt, wird jedoch heute nicht anders als damals von den Palästinensern abgelehnt, da er eine Fortsetzung des Zionismus, wenn auch in einer milderen Form, bedeutet. Omar Barghouthi erklärt: »Die kolonialen Siedler als gleichberechtigte Staatsbürger und volle Partner beim Aufbau und der Entwicklung einer neuen gemeinsamen Gesellschaft, frei von aller kolonialen Unterjochung und Diskriminierung zu ak-

709. Abunimah, One Country, a.a.O., S. 157f.
710. vgl. Pappe, Ilan, Blueprint for a One-State Movement, Auszug aus: Chomsky, Noam; Pappe, Ilan, Gaza in Crisis: Reflections on Israel's War Against the Palestinians unter: http://truth-out.org/Blueprint-a-one-state-movement65376

zeptieren, wie es das Modell des demokratischen Staats fordert, ist das großmütigste Angebot, das eine einheimische Bevölkerung, die über Jahrzehnte unterdrückt wurde, ihren Unterdrückern machen kann.«[711] Die Anerkennung nationaler Rechte der Siedlerbevölkerung schließt er aus, denn: »Nationale Rechte von jüdischen Siedlern anzuerkennen, kann nichts anderes bedeuten, als ihnen ein Recht auf Selbstbestimmung zuzugestehen.« Das widerspricht jedoch den »Buchstaben, dem Geist und der Absicht des universellen Prinzips der Selbstbestimmung«, das »vorrangig ein Mittel für ›Völker unter kolonialer Fremdherrschaft oder ausländischer Besatzung‹« ist, »um ihre Rechte zu verwirklichen«. Eine derartige Anerkennung, warnt er, »könnte im Extremfall zu Klagen auf Abtrennung oder jüdische nationale Souveränität auf einem Teil des Landes Palästina führen« und würde somit das palästinensische Recht auf Selbstbestimmung verletzen. Barghouthi hebt außerdem den grundlegenden Unterschied zwischen den erworbenen Rechten einer siedlerkolonialistischen Bevölkerung und den unveräußerlichen Rechten der einheimischen Bevölkerung hervor, der durch die Behauptung von nationalen Rechten beider Bevölkerungen nicht verwischt werden dürfe.[712] Auch in Südafrika und in Nordirland beinhalteten die Versuche zur Beseitigung der historischen Ungerechtigkeiten keine Anerkennung der Siedlerbevölkerung als eigener nationaler Gemeinschaft mit einem Recht auf Selbstbestimmung. Es wird letztlich von der weiteren Entwicklung des Kampfes sowie der Veränderung der regionalen und internationalen Kräfteverhältnisse abhängen, welche Gestalt der Staat annehmen wird. Die Tendenz geht jedoch in Richtung eines demokratischen säkularen Einheitsstaates, wie die Dallas-Erklärung von 2010 und die im Internet veröffentlichte Ein-Staat-Erklärung vom Februar 2012 zeigen, die von vielen bekannten Ein-Staat-Aktivisten unterzeichnet wurden.[713]

Ein demokratischer, säkularer Staat setzt die Überwindung des Zionismus voraus. Solange der Zionismus besteht, ist eine Lösung der Palästina-Frage unmöglich. »Solange Israel als ethnischer Staat besteht, wird es gezwungen sein, die Besatzung zu vertiefen und seine Politik der ethnischen Säuberung zu intensivieren, um die Entstehung eines genuinen palästinensischen politischen Einflusses zu verhindern«, schreibt Jonathan Cook. »In Wahrheit sind sowohl eine Ein-Staat- wie eine genuine Zwei-Staaten-Regelung angesichts Israels Entschlossenheit, ein jüdischer Staat zu bleiben, unmöglich. Das Hindernis für eine Lösung ist also (...) der

---

711. Barghouthi, Re-Imagening Palestine, a.a.O., S. 2

712. ebenda; Abunimah, Ali, Reclaiming Self-determination, Al-Shabaka policy brief 27.5.2010 unter: http://al-shabaka-org/policy-brief/politics/reclaining-self-determination, deutsche Übersetzung von Thea Geinitz (Inamo 68, Winter 2011)Abunimah, Wie der »Friedensprozess« Selbstbestimmung ausgehöhlt hat unter: www.bds-kampagne.de/die-bds-kampagne-in-deutschland/artikel/winter-2011-inamo-68-ali-abunimah-wie-der-friedensprozess-selbstbestimmung-ausgehöhlt-hat

713. Dallas-Erklärung vom 24.10.2010 unter: onedemocracy.co.uk/documents/vision-of-the-movement/#more-726; A State of All its Citizens. The One-State Vision and Foundational Principals of a Republic in Historic Palestine unter: www.1not2.org/One_State_Palestine/English.html

Zionismus selbst, die Ideologie ethnischer Überlegenheit, die gegenwärtig die Orthodoxie in Israel ist. Solange Israel ein zionistischer Staat ist, werden seine Führer weder einen Staat noch zwei wirkliche Staaten erlauben. Die Lösung reduziert die Frage daher darauf, wie der Zionismus zu besiegen ist.«[714]

Wenn sich das Kräfteverhältnis so weit verändert hat, dass Israel als ethnischer Staat nicht weiter bestehen kann, wird es einen umfassenden Prozess der Entzionisierung geben müssen. Das bedeutet die Beseitigung aller Apartheidstrukturen, der zionistischen Institutionen und Gesetze und auch die Überwindung der rassistischen zionistischen Ideologie. Michael Warschawski vom »Alternative Information Center« in Jerusalem zufolge ist Entzionisierung gleichbedeutend mit Entkolonisierung: »Friede – oder besser Gerechtigkeit – kann nicht erreicht werden ohne die totale Entkolonisierung (man kann sagen: Entzionisierung) des Staates; sie ist die Voraussetzung für die Verwirklichung der legitimen Rechte der Palästinenser – der Flüchtlinge, derjenigen, die unter militärischer Besatzung leben und der Staatsbürger zweiter Klasse in Israel.«[715] Auch Omar Barghouthi spricht von einem notwendigen Prozess der »ethischen Entkolonisierung« bzw. Entzionisierung.[716]

Die Überwindung des Zionismus und die Versöhnung zwischen beiden Bevölkerungen wird viel Mühe, Geduld und Zeit erfordern. Die Organisation »Zochrot« ging bereits 2008 in einem Papier auf die Prozesse ein, die zur Errichtung der neuen Gesellschaft notwendig sein werden: »Eine neue politische Ordnung ist nicht alles, was nötig ist, um unsere Leben hier zu erneuern. Neue Formen von Beziehungen müssen aufgebaut werden, die auf gegenseitigem Vertrauen zwischen den Menschen basieren – denen, die jetzt hier leben, genauso wie denen, die in der Zukunft ankommen werden. Um eine gesunde Gesellschaft zu schaffen, müssen die seit 60 Jahren offenen und eiternden Wunden geheilt werden. Es muss öffentlicher Raum zur Verfügung gestellt werden, um über Ungerechtigkeit zu sprechen und den Geschichten von Opfern und Tätern zuzuhören. (...) Ein mögliches Modell, das anwendbar sein könnte, ist das der südafrikanischen ›Wahrheits- und Versöhnungskommissionen‹, die vielleicht der erste Versuch waren, zwischen Wahrheit, Verantwortung und Bestrafung für Ungerechtigkeit zu unterscheiden.«[717]

---

714. Cook, Jonathan, If one state is impossible, why is Olmert so afraid of it?, Countercurrents.org 13.3.2008 unter www.countercurrents.org/cook130308.htm

715. Such, Rod, Bookreview: »BDS provides a way to break our collective chains.«, The Electronic Intifada 14.7.2012 unter: electronicintifada.net/content(book-review-bds-provides-way-break-our-collective-chains/11493

716. Barghouthi, Re-Imagening Palestine, a.a.O.

717. Barrows-Friedman, Nora, Tel Aviv conference organizes around the right of return, The Electronic Intifada 14.7.2008 unter: electronicintifada.net/content/tel-aviv-conference-organizes-around-right-return/7611

Das Recht auf Rückkehr

Da das Recht auf Rückkehr die wichtigste Voraussetzung für die Lösung der Palästina-Frage ist, ist es eine der Hauptursachen für die Entstehung der Ein-Staat-Bewegung. Yoav Bar von der Organisation Abna al-Balad erklärt: »Bei der Parole des demokratischen Staates geht es hauptsächlich um die Rückkehr der Flüchtlinge. Das Projekt des demokratischen Staates ist vor allem entstanden, um einen geeigneten politischen und ökonomischen Rahmen für die Umsetzung des Rechts auf Rückkehr zu schaffen. Die Parole ›demokratischer Staat‹ hat also keine Bedeutung ohne das Recht auf Rückkehr der palästinensischen Flüchtlinge an all die Orte, von denen sie vertrieben wurden.«[718]

Auch in der Ein-Staat-Erklärung vom November 2007 wird den Flüchtlingen eine zentrale Rolle zugewiesen: »In der Artikulation der spezifischen Konturen einer solchen Lösung müssen diejenigen, die historisch von der Beschlussfassung ausgeschlossen waren – insbesondere die palästinensische Diaspora und die Palästinenser innerhalb Israels – eine zentrale Rolle spielen.«[719]

Dass heute erstmals eine große Zahl kritischer Juden innerhalb und außerhalb Israels bereit ist, das Recht auf Rückkehr anzuerkennen, ist der entscheidende historische Durchbruch, der die Ein-Staat-Debatte überhaupt erst möglich gemacht hat. Viele jüdische Israelis haben erkannt, dass die Rückkehr der Flüchtlinge auch für sie selbst die einzige Möglichkeit ist, Frieden mit sich zu schließen und ihre Menschlichkeit wiederzuerlangen. Die Nakba hat auch in der jüdisch-israelischen Bevölkerung ihre Spuren hinterlassen, die, um ihr eigenes positives Selbstbild wahren zu können, permanent verdrängen, rationalisieren und sich belügen muss.[720] Diese Verdrängung des Unrechts bringt jedoch stets nur neues Unrecht hervor. Nur ein israelisches Schuldeingeständnis und die Entschädigung der Opfer kann diesen Teufelskreis durchbrechen. Bewusst gewordene Israelis haben die zerstörerische Wirkung der unaufgearbeiteten Geschichte erkannt. In einer Erklärung vom Juni 2004, die unter anderen von Haim Hanegbi und Michael Warschawski verfasst und von mehr als 100 jüdisch-israelischen Intellektuellen und Aktivisten unterzeichnet wurde, wird die Anerkennung des Rechts auf Rückkehr als Voraussetzung für Versöhnung bezeichnet: »Wir sind uns einig in dem Glauben, dass Friede und Versöhnung abhängig sind von Israels Anerkennung seiner Verantwortung für die Ungerechtigkeiten, die der einheimischen Bevölkerung, den Palästinensern, zuge-

718. Bar, Yoav, ‚An al-maf'ul as-siyassi li-sch'aar ‚al-dawla al-dimuqratiya fi falestin' bain al-maschru'a w-asch-scha'aar, al-Adab, Beirut 2009

719. One State Declarataion, a.a.O.

720. Bronstein, Eitan, »Min wayn jaye inti?«, Where the hell do you come from: Repression of the Nakba and post-trauma among Jews in Israel, Zochrot 06/2009 unter: http://zochrot.org/en/content/«min-wayn-jaye-inti«-where-hell-do-you-come-repression-nakba-and-post-trauma-among-jews-isra; Azoulay, Ariella, The governed must be defended: toward a civil political agreement, Zochrot conference June 2008 unter: http://zochrot.org/index.php?id=674

fügt wurden und von der Bereitschaft, sie wieder gut zu machen. Die Anerkennung des Rechts auf Rückkehr folgt aus unseren Prinzipien. Die Beseitigung der fortgesetzten Ungerechtigkeit, die den palästinensischen Flüchtlingen, Generation für Generation, zugefügt wurde, ist eine notwendige Voraussetzung sowohl für die Versöhnung mit dem palästinensischen Volk als auch für die spirituelle Heilung von uns selbst, israelischen Juden. Nur so können wir aufhören, von den Dämonen und Verdammnissen der Vergangenheit geplagt zu werden und uns selbst zuhause fühlen in unserem gemeinsamen Heimatland.«[721]

Über die praktische Umsetzung der Rückkehr der Flüchtlinge gibt es bereits detaillierte Studien. Bemerkenswerterweise haben sich jüdische Israelis nur wenig über das Gebiet hinaus, das während der britischen Mandatszeit von der zionistischen Bewegung erworben wurde, ausgebreitet. Sie konzentrieren sich immer noch in denselben urbanen Zentren an der Küste wie damals (auf weniger als 7 % des Landes). Nach Zahlen von 2010 leben 63 % der jüdischen Israelis auf 7 % und 84 % auf höchstens 17 % – nach israelischen Angaben sogar nur auf 12 % – des israelischen Staatsgebiets. Der Rest des staatlichen Territoriums wird nach offiziellen israelischen Angaben wie folgt genutzt: 27 % militärische Nutzung, 24 % Freiflächen und 37 % sind vakant.[722] Obwohl die Häuser der Flüchtlinge größtenteils zerstört sind, würde eine Rückkehr zu demselben Land und häufig sogar zu demselben Ort stattfinden können, da 90 % der verlassenen Dörfer noch vakant sind. Nach der Rückkehr der Flüchtlinge könnten die Dörfer wieder aufgebaut und die lange vernachlässigten palästinensischen Städte wieder instand gesetzt werden. Mit Ausnahme des Landeszentrums um Tel Aviv herum sowie des Gebiets um Jerusalem wurden relativ wenige zerstörte Dörfer neu bebaut. Die meisten israelischen Siedlungen wurden fernab der Überreste palästinensischer Dörfer errichtet. Wenn der Rückkehrplan des palästinensischen Historikers Salman Abu Sitta umgesetzt würde, gäbe es drei Zonen mit unterschiedlicher Bevölkerungszusammensetzung: Zone A (die Landesmitte um Tel Aviv herum) bliebe wie bisher größtenteils jüdisch, Zone B wäre gemischt und Zone C größtenteils palästinensisch.[723]

Der Prozess der Rückkehr würde, Salman Abu Sitta zufolge, sechs bis acht Jahre in Anspruch nehmen. Er wäre weniger kompliziert als allgemein angenommen, da 90 % der Flüchtlinge entweder in Palästina oder in einem Umkreis von 100 km

721. For Truth and Reconcialiation, For Equality and Partnership (Olga-Dokument) unter: onedemocracy.co.uk/documents/the-orga-document-for-truth-and-reconciliation-for-equality-and-partnership/#-153; siehe auch Zochrot, Statement on the Nakba and the Right of Return. International Nakba Day 15 May 2007 unter: zochrot.org/en/content/statement-nakba-and-right-return

722. Abu Sitta, Salman, The right of return inevitable, Washington Report on Middle East Affairs, Vol. XXIX, No.9, December 2010 unter: www.plands.org/articles/028.html

723. Abu Sitta, Salman, The Implementation of the Right of Return; Palestine-Israel Journal Vol.15 No. 4 & Vol. 16 No.1, 2008/09; ders. The Palestinian Right of Return; The Unfulfilled Human Right, Mediterranean Journal of Human Rights; Faculty of Law, University of Malta, Vol.8 2004 unter: www.plands.org/articles/014.html; ders. The Feasability of the Right of Return, ICJ and CIMEL Paper June 1997 unter: prrn.mcgill.ca/research/papers/abusitta.htm

Entfernung von ihren Ursprungsorten in den arabischen Nachbarländern leben, 50 % sogar in einem Umkreis von 40 km und viele von ihnen können ihre Häuser auf den gegenüberliegenden Hügeln sehen. Abu Sitta räumt aufgrund der extremen Übervölkerung und elenden Lebensbedingungen der Rückkehr der Flüchtlinge aus dem Gazastreifen und dem Libanon die oberste Priorität ein. Die Flüchtlinge in Gaza stammen aus dem südlichen Distrikt Israels, der von Ashdod/Isdud bis Eilat/Um Raschrasch reicht. Der Distrikt hat in seiner Gesamtheit weniger Einwohner als ein einziges Flüchtlingslager in Gaza und eine Bevölkerungsdichte von sechs Personen pro km^2, während es im Gazastreifen 6.000 pro km^2 sind.[724]

Vertreter palästinensischer Flüchtlingsorganisationen sind bereits nach Bosnien und Südafrika gereist, um die dort gemachten Erfahrungen für eine künftige Regelung der Flüchtlingsfrage in Palästina auszuwerten.[725] Die Organisationen »Badil« und »Zochrot« haben Pläne entwickelt, wie die Rückkehr und Wiederansiedlung der Flüchtlinge organisiert werden kann. Es gibt auch bereits Vorstellungen darüber, wie die komplizierten Aspekte der Rückkehr gelöst werden können. Das betrifft vor allem Flüchtlinge, deren Dörfer nach ihrer Zerstörung durch israelische Infrastruktur ersetzt wurden, wie zum Beispiel die Universitäten Tel Aviv und Jerusalem und den Ben-Gurion-Flughafen sowie die Fälle, in denen jüdische Israelis auf ihrem Land und/oder in ihren Häusern leben. Architekten haben bereits Modelle einer post-kolonialen Architektur entworfen.[726] Viele Voraussetzungen für die praktische Umsetzung der Rückkehr der palästinensischen Flüchtlinge und ihrer Nachkommen sind also jetzt schon gegeben.

Die Krise des Zionismus

Gegner der Ein-Staat-Lösung argumentieren hauptsächlich damit, dass die Mehrheit der jüdischen Israelis sie nicht wolle. Das stimmt zwar als Beschreibung des Istzustands, verkennt aber Dynamik und Potenzial des anti-kolonialen Kampfes. Wenn es Siedlerkolonialisten nicht gelingt, die einheimische Bevölkerung weitgehend zu vernichten, sind es am Ende die Einheimischen, die den Ausgang der Auseinandersetzung bestimmen und über das Schicksal der Siedler entscheiden und nicht umgekehrt. Koloniale Siedler halten mehrheitlich an ihren kolonialen Privilegien fest, bis es gar nicht mehr anders geht, als das Land zu verlassen oder einem gemeinsamen demokratischen Staat zuzustimmen. In Südafrika war die Siedlerbevölkerung noch bis kurz vor der Beseitigung des Apartheidregimes 1994 zu über

724. Abu Sitta, Salman, A sacred Right, The Guardian 29.3.2007 unter: www.guardian.co.uk/commentisfree/2007/mar/29/salmanabusitta

725. Barrows-Friedman, Nora, Campaigners strategize refugee return during South Africa visit, The Electronic Initifada 5.6.2012 unter: electronicintifada.net/content/campaigners-strategize-refugee-return-during-south-africa-visit/11366

726. Kestler-D'Amours, Jilian, Exhibition explores mplementing right of return, The Electronic Intifada 24.10.2011 unter: electronicintifada.net/content/exhibition-explores-implementing-right-return/10507

90 % dagegen. Der hartnäckige Kampf der einheimischen Bevölkerung und die internationale Boykottkampagne zwangen sie schließlich zum Umdenken.[727] Historiker wie Ilan Pappe gehen davon aus, dass die internationale Boykottkampagne (BDS) gegen Israel zu ähnlichen Ergebnissen führen wird: »Avnery hat recht, wenn er behauptet, ›es besteht kein Zweifel, dass 99,99 % der jüdischen Israelis wollen, dass der Staat Israel als Staat mit einer robusten jüdischen Mehrheit existiert, egal in welchen Grenzen‹. Eine erfolgreiche Boykottkampagne wird diese Position nicht an einem Tag ändern, aber sie wird eine klare Botschaft an diese Öffentlichkeit senden: Dass diese Positionen rassistisch und im 21. Jahrhundert unakzeptabel sind. Ohne den politischen und kulturellen Sauerstoff, mit dem der Westen Israel versorgt, wäre es für die schweigende Mehrheit dort schwierig, weiterhin zu glauben, dass es möglich ist, in den Augen der Welt ein rassistischer und zugleich ein legitimer Staat zu sein. Sie würden sich entscheiden müssen und hoffentlich werden sie wie De Klerk die richtige Entscheidung treffen.«[728]

Als weitere Voraussetzungen für die Erlangung des demokratischen säkularen Staates sehen Aktivisten eine Reorganisierung des palästinensischen Kampfes, die Wiederbelebung und Demokratisierung der PLO, arabische antiimperialistische Einheit, die Schwächung der USA in der Region und die Entwicklung einer starken internationalen Solidaritätsbewegung an. Die Zeit scheint für sie zu arbeiten. Der Staat Israel steckt in der schlimmsten Krise seiner Geschichte.[729] Diese Krise erstreckt sich auf alle Ebenen: die militärische, die außenpolitische und die innenpolitische. Sie zeigt sich am stärksten im Verlust der jüdischen Bevölkerungsmehrheit, der Unfähigkeit, militärische Siege zu erringen und der immer stärker werdenden internationalen Boykott- und Solidaritätsbewegung.[730] Von entscheidender Bedeutung ist der revolutionäre Prozess in der arabischen Welt, der sich ab Ende 2010 in mehreren Aufständen manifestierte. In einigen Ländern hat er zum Sturz der proimperialistischen Machthaber geführt, in anderen Ländern dauern die Aufstände an. Der Prozess hat zu einer Wiederbelebung des Arabismus geführt und die Palästina-Frage erneut zu einer Priorität der arabischen Bevölkerungen gemacht.

---

727. Abunimah, Ali, Israeli Jews and the One-State solution, The Electronic Intifada 10.11.2009 unter: electronicintifada.net/content/israeli-jews-and-the-one-state-solution/8528

728. Pappe, Ilan, Looking for alterntaives to failure: An answer to Uri Avnery, The Electronic Intifada 25.4.2007unter: electronicintifada.net/content/looking-for-alternatives-failure-answer-uri-avnery/6881

729. Bar, Yoav, The Crisis of Zionism (and) a Perspective for a Palestinian Approach to the Jewish Community in Palestine, Working Paper 27.7.2008 unter: ror1state.org/drupal/?q=en/node/99

730. vgl. Soffer, Arnon, Time is in the Palestinians' favor, bitterlemons 12.1.2004 Edition 2 unter: www.bitterlemons.org/previous/b/120104ed2.html; Abunimah, Ali, Why Israel won't survive, The Electronic Intifada 19.1.2009 unter: electronicintifada.net/content/why-israel-wont-survive/7999; Yassin-Kassab, Robin, The resistance option, The Electronic Intifada 8.2.2009 unter: electronicintifada.net/content/resistence-option/8049; Wolf, Sherry, Civil Rights Icons to Palestine: We're with you, Counterpunch 12-14.10.2012 unter: www.counterpunch.org/2012/10/12/civil-rights-icons-to-palestine-were-with-you; Mearsheimer, John J., Sinking Ship: Israel's bleak future, Pulse Media 29.6.2010 unter: pulsemedia.org/2010/06/sinking-ship-israels-bleak-future

Literaturliste

Bücher und Vorträge

Abed, Shukri, Israeli Arabism: The latest Incarnation of Orientalism, Ontario 1986

Abu El-Haj, Nadja, Facts on the Ground: Archeological Practice and Territorial Self-Fashioning in Israeli Society, Chicago 2001

Abunimah, Ali,One Country. A Bold Proposal to End the Israeli-Palestinian Impasse, New York 2006

Abu-Sa'ad, Isma'el, Forced Sedentarisation, Land Rights and Indigenous Resistance: The Palestinian Bedouin in the Negev, in: Masalha, Nur (Hg), Catastrophe remembered. Palestine, Israel and the Internal Refugees. Essays in Memory of Edward Said, London/New York, 2005

Abu Sitta, Salman, Al-Araqib – All of Palestine, in: JNF eBook Volume 3, January 2011: Ongoing Ethnic Cleansing: Judaizing the Naqab

Adorno, Theodor W., Meinung, Wahn, Gesellschaft, in: Eingriffe. Neun kritische Modelle, Frankfurt/Main 1963, S.147-172

Akash, Munir; Moughrabi, Fuad (Hg), The Open Veins of Jerusalem, Massachusetts 2005

Aronson, Geoffrey, Israel, Palestinians, and the Intifada. Creating Facts on the West Bank, London/New York/Washington D.C. 1990 (2.Auflage)

Atawneh, Ahmad, The Political Discourse of the Israeli Occupation: The Spirit of Orientalism, in: Nasser, Ilham; Berlin, Lawrence; Wong, Shelley; examining Education, Media and Dialogue under Occupation, Bristol/New York/Ontario 2011

Baumgarten, Helga, Der politische Islam in Palästina, München 2006

Baroud, Ramzy, My Father was a Freedom Fighter, Gaza's Untold Story, London 2010

Bar-Tal, Daniel; Teichman, Yona, Stereotypes and Prejudice in Conflict. Representations of Arabs in Israeli Jewish Society; Cambridge 2005

Beinin, Joel; Stein, Rebecca L. (Hg), The Struggle for Sovereignty. Palestine and Israel, 1993-2005, Stanford 2006

Beinin, Joel, The Oslo Process and the Linits of a Pax Americana, in: Beinin, Joel; Stein, Rebecca L. (Hg), The Struggle for Sovereignty. Palestine and Israel, 1993-2005, Stanford 2006

Beit-Hallahmi, Benjamin, Original Sins. Reflections on the History of Zionism and Israel, London 1992

Berry, Mike; Philo, Greg, Israel and Palestine. Competing Histories, London 2006

Bishara, Marwan, Palestine/Israel: Peace or Apartheid, London/New York 2002 (2.Aufl.)

Carter, Jimmy, Palestine. Peace not Apartheid, New York 2006

Champagne, Duane; Abu-Saad, Ismael (Hg), The Future of Indigenous Peoples. Struggles for Survival and Development, UCLA American Indian Studies Center 2003

Cook, Jonathan, Blood and Religion. The Unmasking of the Jewish and Democratic State, London/Ann Arbor 2006

Cook, Jonathan, Disappearing Palestine, London/New York 2008

Cook, Jonathan, Israeli Palestinians: The Unwanted who stayed, in: The Link, Volume 41 Issue 4, October-November 2008

Davis, Uri, Apartheid Israel. Possibilities for the Struggle Within, London/New York/Pretoria 2003

David, Uri, Apartheidstaat Israel. Was kann Israel von Südafrika lernen. Vortrag in Basel, November 2002

Docker, John, Settler Colonialism as Genocide: Implications for a Strategy of Solidartity with the Palestinians, Vortrag auf der Konferenz der School of Oriental and African Studies (SOAS), London 5. Dezember 2004: Resisiting Israeli Apartheid. Strategies and Principles

Dugard, John, Apartheid and Occupation under International Law, Hisham B. Sharabi Memorial Lecture. Edited Transcript of Remarks by Proefessor John Dugard, Transcript No. 311 (20 March 2009), The Palestine Center Washington D.C.

Dumper, Michael, The Politics of Jerusalem since 1967, New York 1997

Emek Shaveh, Archology in the Shadow of Conflict, Jerrusalem o.J.

Eyal, Gil, The Disenchantment of the Orient, Standford/California 2006

Fanon, Frantz, Die Verdammten dieser Erde, Reinbek bei Hamburg 1978

Finkelstein, Israel; Silbermann, Neil Asher, David and Solomon. In Search of the Bible's Sacred Kings and the Western Tradition, New York 2006

Flapan, Simha, The Birth of Israel. Myths and Realities, New York 1987

Flapan, Simha, Zionism and the Palestinians, London/New York 1979

Flores, Alexander; Schölch, Alexander (Hg), Palästinenser in Israel, Frankfurt/New York 1983

Flottau, Heiko, Die Eiserne Mauer, Berlin 2009

Ghanem, As'ad, The Palestinian-Arab Minority in Israel, 1948-2000. A Political Study, New York 2001

Gregory, Derek, The Colonial Present, Malden/Oxford/Carlton 2004

Harttung, Arnold (Hg), Ursprung und Entwicklung des arabisch-israelischen Konflikts und der Palästina-Teilungsplan der Vereinten Nationen, Berlin 1993

Hayeem, Abe, Exclusive Plans, in: Sahibzada, Mortaza (Hg), Introducing the JNF, JNF eBook Volume 1, January 2010

Herzl, Theodor, Briefe und Tagebücher, herausgegeben von Alex Bein, Hermann Greive, Moshe Schaerf, Julius H. Schoeps, Berlin/Frankfurt/M/Wien, zweiter und dritter Band 1983 und 1985

Herzl, Theodor, Der Judenstaat, Leipzig/Wien 1896. Milliaria, Faksimiledrucke zur Dokumentation der Geistesentwicklung, herausgegeben von Hellmut Rosenfeld und Otto Zeller, Osnabrück 1968

Hever, Shir, The Political Economy of Israel's Occupation. Repression beyond Exploitation, London/New York 2010

Hillal, Jamil, Imperialism and Settler Colonialism in West Asia: Israel and the Arab Palestinian Struggle, in: Utafiti, Journal of the Faculty of Arts and Social Science of Dar es Salaam Vol I, No. I 1976, S. 51-70

Honig-Parnass, Tikva, False Prophets of Peace. Liberal Zionism and the Struggle for Palestine, Chicago 2011

Jiryis, Sabri, The Arabs in Israel, New York 1977

Karmi, Ghada, Married to another Man. Israel's Dilemma in Palestine, London/New York 2007

Khalidi, Rashid, Human Dignity in Jerusalem. Edward Said Lecture given at the British Museum on May 31, 2011

Kimmerling, Baruch, Politizid. Ariel Scharons Krieg gegen das palästinensische Volk, München 2003

Kimmerling, Baruch, Zionism and Territory. The Socio-Territorial Dimensions of Zionist Politics, Berkeley 1983

Korn, Alina, The Ghettoization of the Palestinians in: Lentin, Ronit (Hg), Thinking Palestine, London/New York 2008

Kovel, Joel, Overcoming Zionism. Creating a Single Democratic State in Israel/Palestine, London/Toronto 2007

Laor, Yitzak, The Myths of Liberal Zionism, London/New York 2009

Lehn, Walter; Davis, Uri, The Jewish National Fund, London/New York, 1988

Lentin, Ronit(Hg), Thinking Palestine, London/New York 2008

Machover, Moshe, Israelis and Palestinians, Barry Amiel and Norman Melburn Trust Annual Lecture 30 November 2006

Makdisi, Sarre, A racism outside of Language: Israel's Apartheid, in: Pambazuka Issue 473, 11.3.2010

Maoz, Zeev, Defending the Holy Land. A Critical Analysis of Israel's Security and Foreign Policy, Michigan 2009

Masalha, Nur, Imperial Israel and the Palestinians. The Policies of Expansion, London 2000

Masalha, Nur, A Land without a People. Israel, Transfer and the Palestinians 1949-96, London 1997
Masalha, Nur, The Politics of Denial, London 2003
Masalha, Nur, Zionism and the Bible, London/New York 2007
Massad, Joseph A., The Persistence of the Palestinian Question. Essays on Zionism and the Palestinians, London/New York 2006
Memmi, Albert, The Colonizer and the Colonized, Boston 1965
Memmi, Albert, Rassismus, Frankfurt/Main 1992
Metzger, J.; Orth, M.; Sterzing, C, Das ist unser Land. Westbank und Gaza-Streifen unter israelischer Besatzung, Bornheim-Merten 1980
Mitchell, Thomas G., Native vs. Settler. Ethnic Conflict in Israel/Palestine, Northern Ireland and South Afica, Westport/Connecticut/London, 2000
Mizrachi, Yonathan. Between Holiness and Propaganda. Archeology and Policical Claims over the Old City of Jerusalem, Jerusalem Dezember 2011
Moses, Dirk A. (Hg), Empire, Colony, Genocide: Conquest, Occupation and Subaltern Resistance in World History, New York/Oxford 2008
Ophir, Adi; Givoni, Michal; Hanafi, Sari, The Power of Inclusive Exclusion. Anatomy of Israel's Rule in the Occupied Palestinian Territories, New York 2009
Pappe, Ilan, Blueprint for a One-State-Movement: A Troubled History, in: Chomsky, Noam; Pappe, Ilan, Gaza in Crisis: Reflections on Israel's War on the Palestinians, Chicago 2010
Pappe, Ilan, Die ethnische Säuberung Palästinas, Frankfurt/Main 2007
Pappe, Ilan, The Forgotten Palestinians. A History of the Palestinians in Israel, New Haven/London 2011
Patai, Raphael, The Arab Mind, New York 1983 (3.Aufl.)
Prochaska, David, Making Algeria French. Colonialism in Bone, 1870-1920, Cambridge 2002
Ra'ad, Basem L., Hidden Histories. Palestine and the Eastern Mediterranean, London/New York 2010
Rodinson, Maxime, Israel: A colonial settler state?, New York 1973
Sahibzada, Mortaza (Hg), Introducing the JNF, JNF eBook Volume 1, January 2010
Said, Edward, W., Das Ende des Friedenspozesses. Oslo und danach, Berlin 2002
Said, Edward W., Frieden in Nahost ?, Heidlberg 1997
Said, Edward W., Orientalism. Western Concepts of the Orient, London/New York 1995 (2.Aufl.)
Sand, Schlomo, The Invention of the Jewish People, London/New York 2009
Schmidt, Yvonne, Foundations of civil and political Rights in Israel and the occupied territories, Dissertation, Norderstedt 2001
Segev, Tom, The First Israelis, New York 1998,
Shafir, Gershon, Land, Labour nd the Origins of the Israeli-Palestinian Conflict, 1882-1914, Cambridge 1989
Steinert, Irène, Bedouin Land Rights, in: JNF eBook Volume 3, January 2011
Tessler, Mark, A History of the Israeli-Palestinian Conflict, Bloomington/Indiana 2009 (2.Aufl.)
Veracini, Lorenzo, Israel and Settler Society, London 2006
Warschawski, Michael, Mit Höllentempo. Die Krise der israelischen Gesellschaft, Hamburg 2004
White, Ben, Israeli Apartheid. A Beginner's Guide, London/New York 2009
Whitelam, Keith W. The Invention of Ancient Israel. The Silencing of Palestinian History, London/New York 1996
Wolfe, Patrick,, Structure and Event: Settler Colonialism, Time and the Question of Genocide, in: Moses, Dirk A. (Hg), Empire, Colony, Genocide. Conquest, Occupation, and Subaltern Resistance in World History, New York/Oxford 2008
Yacobi, Haim, The Jewish-Arab City. Spatio-politics in a mixed community, London/New York 2009
Yacobi Keller, Uri (Hg), The Economy of Occupation, A Socioeconomic Bulletin, No 23-24, October 2009: Academic Boycott of Israel and the Complicity of Israeli Academic Institutions in Occupation of Palestinian Territories
Yiftachel, Oren, Bedouin Arabs and the Israeli Settler State: Land Politics and Indigenous Resistance in:

Champagne, Duane; Abu-Saad, Ismael (Hg), The Future of Indigenous Peoples. Struggles for Survival and Development, UCLA American Indian Studies Center 2003
Yiftachel, Oren, Ethnocracy: Land and Identity Politics in Israel/Palestine, Philadelphia 2006
Yiftachel, Oren, Ghetto Citizenship, in: Rouhana, N., Sanagh, A., Israel and the Palestinians, Haifa 2009
Zimmerer, Jürgen, Der erste deutsche Genozid. Zum Verhältnis von Kolonialismus und Holocaust, Vortragsmanuskript Kolonialismus und Nationalsozialismus/Die Debatte um (Dis-)Kontinuitäten, Freiburg 7./8. Februar 2008

Berichte und Studien von UNO-Organisationen, Nichtregierungsorganisationen und Studienzentren

Adalah, The Legal Center for Arab Minority Rights in Israel, The Inequality Report. The Palestinian Arab Minority in Israel, Haifa March 2011
Adalah' s Newsletter, Haifa
Addameer Prisoner Support and Human Rights Association, Eyes on Israeli Military Court: A collection of impressions, Ramallah 2012
Alternative Report submitted by the Negev Coexistence Forum for Civil Equality (NCF) to the Commitee on the Elimination of Racial Discrimination on the occasion of the consideration of the 14th to 16th Periodic Reports of Israel. Israel' s Violation of the Convention on the Elimination of All Forms of Racial Discrimination with regard to the Negev Bedouin, submitted 30 January 2012
Amnesty International, Amnesty Team talks to Gaza Survivors, 21.1.2009
Amnesty International, Israel/Gaza. Operation ‚Cast Lead': 22 Days of Death and Destruction, 2009
Amnesty International, Israel/Occupied Territories: Israeli authorities must put an immediate end to settler violence, 24.5.2005
Amnesty International, Israeli Army used Flechettes against Gaza Civilians, 27.1.2009
Amnesty International, Starved of Justice, Palestinian Detainees without trial by Israel, London 2012
Association for Civil Rights in Israel, ACRI's State of Human Rights Report, 2009
Association for Civil Rights in Israel (ACRI), Average Israelis how much do you know about the Jordan Valley, 13.6.2011
Association for Civil Rights in Israel (ACRI), Policies of Neglect in East Jerusalem: The Policies that created 78% Poverty Rates and a Fragile Job Market, May 2012
Association for Civil Rights in Israel; Bimkom, The Regional Council for the Unrecognized Villages in the Negev – RCUV, Principles for Arranging Recognition of Bedouin Villages in the Negev, Policy Brief 2011
Association for Civil Rights in Israel; Ir Amin, Failed Grade. Palestinian Education System in East Jerusalem 2010, August 2010
Al Haq, The Plight of the Samouni Family in their own voices, Ramallah 2009
Arab Association for Human Rights, Behind the Walls: Separation between Arabs and Jews in Mixed Cities in Israel, 16.6.2006
BADIL, Resource Centre for Residency and Refugee Rights, Badil's Written Response to Israel's Third Periodic Report to the UN Human Rights Commitee (CCPR/C/ISR/3), September 2009
BADIL Resource Center for Palestinian Residency and Refugee Rights, Excessive and Indiscriminate Use of Force, Deportattion, Detention and Torture, Bethlehem 2010
BADIL Resource Center for Palestinian Residency and Refugee Rights, Israeli Settlement Policy amounts to Forced Population Transfer, 6.7.2012, written Statement to UN Human Rights Council twentieth Session Item No.7, 18.6-6.7.2012
Bericht des UN-Sonderberichterstatters für die Rechte der indigenen Völker, James Anaya, Israel: Situati-

on of the Unrecognized Bedouin Villages in the Negev Desert, ISR 2/2011, A/HRC/18/35/ Add.1Annex VI
Brighton Tubas Friendship and Solidarity Group, Settlement expansion and ethnic cleansing in Palestine. A Jordan Valley Case Study, June 2009
B'Tselem, By Hook and crook, Israel's Settlement policy in the West Bank, July 2010
B'Tselem, Dispossession and Exploitation: israel's Policy in the Jorddan Valley and Northern Dead Sea, May 2011
B'Tselem, Forbidden Roads: The Discriminatory West Bank Road Regime, August 2004
B'Tselem, Israel has de facto annexed the Jordan Valley, 13.2.2006
B'Tselem, Kept in the Dark. Treatment of Palestinian Detainees in the Petah Tikva Interrogation Facility of the Israeli Security Agency, October 2010
B'Tselem, Land Grab: Israel's settlement Policy in the West Bank, 2002
B'Tselem, Water supplied in Gaza unfit for drinking, Israel prevents entry of materials needed to repair system, 23.8.2010
B'Tselem Press Release, B'Tselems Annual Report on Human Rights in the Occupied Territories, 21.3.2012
B'Tselem/ACRI; Ghost Town. Israel's Separation Policy and Forced Eviction of Palestinians from the Center of Hebron, May 2007
Careccia, Grazia; Reynolds, John J., Al-Nu'man Village: A case study of indirect forcible transfer, al Haq Ramallah November 2006
Centre on Housing Rights (COHRE)/BADIL Resource Center for Palestinian Residency and Refugee Rights, Ruling Palestine. A History of the legally sanctioned Jewish-Israeli Seizure of Land and Housing in Palestine, May 2005
Civic Coalition for Jerusalem, Submission to the UN Universal Periodic Review, Third Session of the UPR Working Group, Dec 1-12 2008, Category: Situation in or in Relation to Specific Territories – Jerusalem
Cook, Jonathan, On the Margins. Annual Review of Human Rights Violations of the Arab Palestinian minority 2005, Arab Association for Human Rights, Nazareth 2006
Defense for Children International – Palestine Section, Bound, Blindfolded and Convicted: Children held in Military Detention, April 2012
Diakonia, Israel's Admnistrative Destruction of Cisterns in Area C of the West Bank. Legal Brief September 2011
Dumper, Mick; Pulann, Wendy, Jerusalem: The Cost of Failure, Cjhatham House briefing paper february 2010
Eccumenial Accompaniment Programme in Palestine & Israel (EAPPI), Silent Displacerment in the West Bank, June 2009
The Ecumenical Accompaniment Programme in Palestine and Israel (EAPPI), Situationsbericht 2010 No.5: Eine neue Welle der Zerstörung, August 2010
Epshtain, Itay, The Judaization of Palestine: 2011 Displacement trends, The Israeli Commitee Against House Demolitions (ICAHD), 12.1.2012
European Union Heads of Mission Report Jerusalem 2011
Emergency Water Sanitation and Hygiene in the occupied Palestinian territory (EWASH), Advocacy Task Force, Fact Sheet 5, Access to Water, Sanitation and Hygiene in Area C, March 2010
Emergency Water Sanitation and Hygiene in the occupied Palestinian territory (EWASH), Advocacy Task Force, Fact Sheet 11, Demolition and Destruction of Water, Sanitation & Hygiene (WASH) Infrastructure in the Occupied Palestinian Territory (OPT)
Falk, Richard, Report of Special Rapporteur to the Human Rights Council on Occupoed Palestinian Territories, 14.2.2011
Human Rights Council, 12.Session, Agenda Item 7 15.9.2009: Human Rights in Palestine and other Occupied Arab Territories. Report of the United Nations Fact Finding Mission on the Gaza Conflict (Goldstone-Report)

Human Rights Watch, Israel: Budget Discriminates Against Arab Citizens, 12.8.2004
Human Rights Watch, Israel: End Crackdown on Anti-Wall Activists, 5 March 2010
Human Rights Watch, Israel: End Restrictions on Palestinian Residency, 5.2.2012
Human Rights Watch, Israel: End Systematic Bias Against Bedouin, 31.3.2008
Human Rights Watch, New Peak in Arbitrary Razing of Palestinian Houses, 19.8.2010
Human Rights Watch, Off the Map: Land and Housing Rights Violations in Israel's Unrecognized Bedouin Villages, March 2008
Human Rights Watch, Rain of Fire. Israel's Unlawful Use of White Phosphorus in Gaza, 25.3.2009
Human Rights Watch, Separate and Unequal,. Israel's Discriminatory Treatment of Palestinians in the Occupied Palestinians Territories, December 2010
Human Sciences Research Council, Democracy and Governance Programme, Middle East Project, Occupation, Colonialism, Apartheid? A Re-assessment of Israel's Practices in Occupied Palestinian Territories under International Law, Cape Town May 2009
International Crisis Group, Israel's religious right and the question of settlements, Middle East Report No. 89, Jerusalem/Brüssel 20.7.2009
Ir Amin, Evictions and settlement plans in Sheikh Jarrah: The case of Shimon HaTzadik, Jerusalem 25.6.2009
Ir Amin, Israeli Settlement in Palestinian Communities in East Herusalem, Shanpshot August 2009
Ir Amin, Shady Dealings in Silwan, Jerusalem May 2009
International Physicians for the Prevention of Nuclrear War (IPPNW, Factsheet:Weißer Phosphor. Eine Bomber und ihre medizinischen Folgen, Januar 2009MA'AN Development Center, Parallel Realities: Israeli Settlements and Palestinian Communities in the Jordan Valley 2012
MA'AN Development Center, Demolitions in the Jordan Valley, Spotlight 4, 2012
MA'AN Development Center, Means of Displacement, Charting Israel's Colonisation of East Jerusalem, Februar 2010
MA'AN Development Center & Jordan Valley Popular Commitees, Bankrolling Colonialism. How US Zionist Organizations in the Jordan Valley are undermining the future Palestinian State, 2010
MA'AN Development Center & Jordan Valley Popular Commitees, Eye on the Jordan Valley, 2010
Mada al-Carmel, Political Monitoring Report, Issue No.11, Haifa 2010
Medico International (Deutschland) u.a., Handel gegen den Frieden: Wie Europa zur Erhaltung der israelischen Siedlungen beiträgt, 2012
Mossawa, One Year for Israel´s New Governemnt and the Arab Minority in Israel, April 2010
Mossawa, The Human Rights Status of the Palestinian Arab Minority, Citizens of Israel, October 2008
Negev Coexistence Forum for Civil Equality, The Arab-Bedouin in the Negev-Naqab Desert in Israel. Response to the Report of the State of Israel on Implementing the Covenant on Economic, Social and Cultural Rights (ICESCR), October 2010
Munayyer, Yousef, When Settlers Attack, The Palestine Center, Washington D.C. 2012
Munayyer, Yousef, The Gaza Siege: A Fact Sheet, The Palestine Center Brief No.203, 3.6.2009
Negev Coexistence Forum for Civil Equality, The Indigenous Population of the Naqab-Negev Desert in Israel. Shadow Report submitted to the seventh Session of the UN Permanent Forum on Indigenous Issues, April 2008
Noach, Haia (Hg), The Bedouin Arabs in the Negev-NAqab Desert in Israel. Shadow Report submitted by the Negev Coexistence Forum for Civil Equality, Response to the State of Israel on Implementing the Covenant on Civil and Political Rights (CCPR), August 2009
Oxfam, The road to olive farming. Challenges to developing the economy of olive oil in the West Bank, Oxford October 2010
PLO Negotiation Affairs Deparment (PLO-NAD), The Jordan Valley: A Microcosm of the Israeli Occupation, Factsheet , Ramallah December 2011
Save the Children UK, Fact Sheet Jordan Valley, October 2009

Save the Children UK, Life on Edge: The Struggle to Survive and the Impact of Forced Displacement in High Risk Areas of Occupied Palestinian Territory, Jerusalem October 2009
Save the Children, UK, Forced Displacement in the Occupied Palestinien Territory, Briefing Paper October 2009
Shadow Report United Nations committee Against All Fporms of Racial Discrimination, January 2012 written by the Mossawa Center, the Advocacy Center for Arab Citizens in Israel, the Israeli Religious Action Center, the Hotline for Migrant Workers, edited by Mariyam Hussein, submitted on behalf of the Coalition Against Racism in Israel
Russell Tribunal on Palestine, Findings of the South African Session: Are Israel's Practices against the Palestinian People in breach of the Prohibition on Apartheid under International Law. Third International Session – Cape Town, 5-7 November 2011
Strauss, Uri, Defining Apartheid: Israel's Record, Al Haq, Ramallah 2002
Palestinian Grassroots Anti-Apartheid Wall Campaign, The Apartheid Wall. Land Theft and Forced Expulsion, Fact Sheet 2010
Palestinian Grassroots Anti-Apartheid Wall Campaign, Palestinian towns and villages: between isolation and expulsion 27.12.2007
The Israeli Democracy Institute, Presentation of the 2010 Israeli Democracy Index: Democratic Values in Practice, 20.11.2010
The Palestinian Centre for Human Rights (PCHR), Gaza Annual Report 2010
The Palestinian Centre for Human Rights (PCHR), Occupied lives: Fishing in troubled waters, Gaza 25.7.2012
The Public Committee against Torture in Israel (PCATI), Special Report: November 2009, No Second Thoughts. The Changes in the Israeli Defense Forces' Combat Doctrine in Light of ‚Operation Cast Lead', Jerusalem 2009
The Transnational Institute of Policy Studies (TNI), Amsterdam, Examining the Relationship betweeen Zionism and Racism, Phyllis Bennis, For the Record, No.81, 6.9.2001
United Nations, Gaza in 2020: A livable place? A Report by the United Nations Country Team in the Occupied Palestinian Territory, August 2012
United Nations Committee on the Elimination of Racial Discrimination (CERD), Consideration of Reports submitted by States Parties under Article 9 of the Convention: International Convention on the Elimination of All Forms of Racial Discrimination: Concluding Observations of the Committee on the Elimination of Racial Discrimination: Israel. 14 June 2007, CERD/C/ISR/CO/13
United Nations General Assembly, Report of the Special Rapporteur on the Situation of Human Rights in the Palestinian Territories Occupied since 1967, John Dugard, Human Rights Council Forth Session Item 2 on the Provisional Agenda, A/HRC/4/17, 29.1.2007
United Nations Office for the Coordination of Humanitarian Affairs, Occupied Palestinian Territories (OCHA OPT), Area C Humanitarian Response Plan Tact Sheet, August 2010
UN OCHA OPT, Displacement and Insecurity in Area C of the West Bank, Special Focus 2011
UN OCHA OPT, East Jerusalem, Key Humanitarian Concerns. Special Focus March 2011
UN OCHA OPT, Fact Sheet Barrier July 2008 Update No.8 updated August 2008
UN OCHA OPT, Five years of blockade: the humanitarian situation in the Gaza Strip, June 2012
UN OCHA OPT, Humanitarian Fact Sheet on the Jordan Valley and the Dead Sea Area, February 2012
UN OCHA OPT, Israeli Settler Violence in the West Bank, November 2011
UN OCHA OPT, Sharp increase in demolitions and displacement in the West Bank, Update July 2010
UN OCHA OPT, Shrinking Space: Urban Contraction and rural fragmentation in the Bethlehem Governorate, Special Focus May 2009
UN OCHA OPT, The Case of Sheikh Jarrah, Updated Version October 2010
UN OCHA OPT, The humanitarian Impact of the Barrier, July 2012

UN OCHA OPT, The humanitarian impact of the take-over of Palestinian water springs by Israeli settlers, March 2012
UN OCHA OPT, West Bank – Settler Violence incidents in 2011, April 2012
United Nations Relief and Works Agency for Palestine Refugees in the Near East (UNRWA), Emergency Appeal 2011, December 2010
Wadi Hilweh Information Center, The Story behind the Tourist Site, Jerusalem o.J.
Yesh Din, Law Enforcement upon Israeli Civilians in the West Bank, Tel Aviv March 2012
UNO-Resolutionen und Konventionen
United Nations Security Council: Resolution 465 (1980), S/RES/465 (1980) 1 March 1980
United Nations General Assembly, International Convention on the Suppression and Punishment of the Crime of Apartheid, 30 November 1973, A/RES/3068 (XXVIII)
United Nations General Assembly, Convention on the Prevention and Punishment of the Crime of Genocide, New York 9 December 1948

Zeitschriften, Tageszeitungen, Nachrichtenagenturen und Fernsehsender

Al-Adab, Beirut
Al-Ahram Weekly, Kairo
Al-Akhbar, Beirut
Aljazeera, Doha
Al-Majdal, BADIL's Quarterly Magazine on Palestinian Refugees, Bethlehem
Alternative Information Center, West-Jerusalem
BBC, London
Comparative Studies in Society and History, University Cambridge
The Christian Science Monitor, Boston
Counterpunch, Petrolia/California
The Daily Star, Beirut
Deutschlandradio, Köln/Berlin
Forced Migration Review (FMR), Refugee Studies Centre in the Oxford Department of International Development, University of Oxford
The Guardian, London
Haaretz, Tel Aviv
The Harvard Crimson, Harvard University
Holy Land Studies, Universität Edinburgh
The Independent, London
Institut für Palästina-Kunde, Bonn
International Journal for Law and Politics, New York University
International Middle East Media Center (IMEMC), 1967 besetzte palästinensische Gebiete
IRIN, Humanitarian News and Analysis, a Service of the UN Office for the Coordination of Humanitarian Affairs unter: www.irinnews.org
The Jerusalem Post, Jerusalem
Jerusalem Quarterly, Institute for Palestine Studies, Ramallah
Journal of Environmental Research and Public Health,
Journal of Genocide Research, Journal des Internationalen Netzwerks der Genozidwissenschaftler, London
Journal of Palestine Studies, Institute for Palestine Studies, Washington D.C.
Junge Welt, Berlin
Kivunim, A Journal for Judaism and Zionism, Jerusalem
Le Monde diplomatique, deutsche Ausgabe, Berlin

London Review of Books, London
Ma'an News Agency, 1967 besetzte palästinensische Gebiete
Makan, Adalah's Journal for Land, Planning and Justice, Haifa
Mediterranean Journal of Human Rights, Faculty of Law, University of Malta
Middle East Monitor (MEMO), UK
Middle East Research and Information Projekt (MERIP Reports), Washington D.C.
The National, Abu Dhabi
Nebula, A Journal of Multidisciplinary Scholarship, Glebe/Australia
New Left Review, London
The New York Times, New York
The Observer, London
Palestine-Israel Journal of Politics, Economics and Culture, Ost-Jerusalem
Reuters
Settler colonial studies journal, Swinburne-Universität, Victoria, Australien
Tagesanzeiger, Zürich
The Washington Post, Washington D.C.
Vanity Fair, USA
Washington Report on Middle East Affairs, Washington D.C.

Online-Zeitungen, Webseiten und Blogs

www.ag.friedensforschung.de
www.al-awda.org
http://ameu.org
http://al-shabaka.org
www.arendt-art.de
www.aztlan.net
www.bds-kampagne.de
www.bdsmovement.net
www.bitterlemons.org
blogjerusalemfund.org
www.borderlands.net
www.commondreams.org
www.countercurrents.org
www.democracynow.org
http://derstandard.at
desertpeace.wordpress.com
www.dissidentvoice.org
electronicintifada.net
forward.com
http://english.pnn.ps
http://german.pnn.ps
www.geog.bgu.ac.il/member/yiftachel/papers.html
www.heise.de
www,huffingtonpost.com
ingaza.wordpress.com
www.ipsnews.net
www.jadaliyya.com
jadal-mada-research.org
jordanvalleysolidarity.org

www.juancole.com
www.kibush.co.il
www.thelancet.com
www.lebenshausalb.de
www.mafhoum.com,
maxblumenthal.com,
www.mcclatchydc.com
www.mideastweb.org
miftah.org
www.monabaker.com
mondoweiss.net
my.news.yahoo.com
nclg.org.uk
newmatilda.com
www2.ohchr.org
online.wsj.com
www.opendemocracy.net
www.opednews.com
onedemocracy.co.uk
www.pacbi.org
www.palestinechronicle.com
www.palestinmonitor.org
www.pambazuka.org
http://palsolidarity.org, Website der Internationalen Solidaritätsbewegung (ISM)
peacemagazine.org
http://peacenow.org.il
popular.struggle.org
prrn.mcgill.ca
www.publicsolidarity.de
pulsemedia.org
reliefweb.int
www.ror1state.org
www.salon.com
http://silwanic.net
www.spiegel.de
http://stopthewall.org
www.timesofisrael.com
www.transnational.org
http://truth-out.org
www.wikinews.org
www.ynetnews.com
youtube.com
zcommunications.org/znet
www.zmag.de
http://zochrot.org
www.1not2.org
+972mag.com

Landkarten

Landraub im Jordantal und dem Gebiet des Toten Meeres

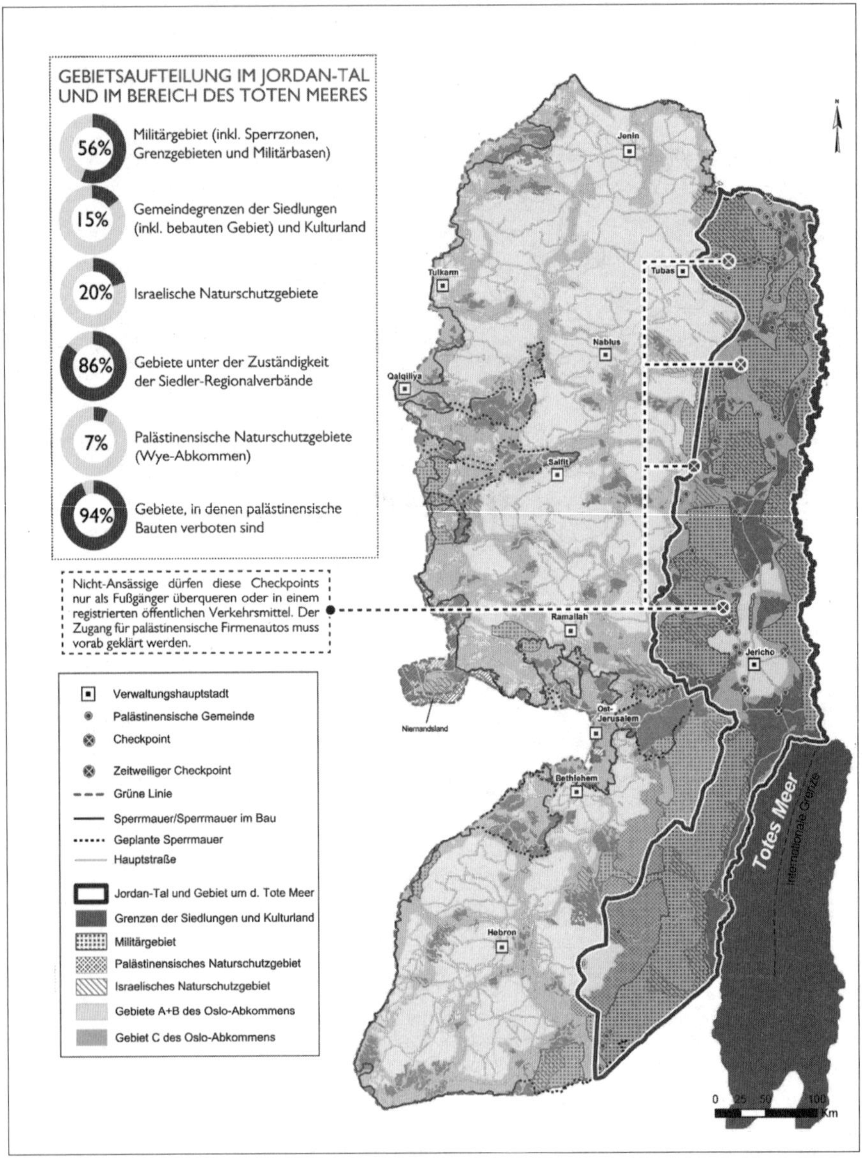

Die Aufteilung der Westbank nach den Oslo-Abkommen

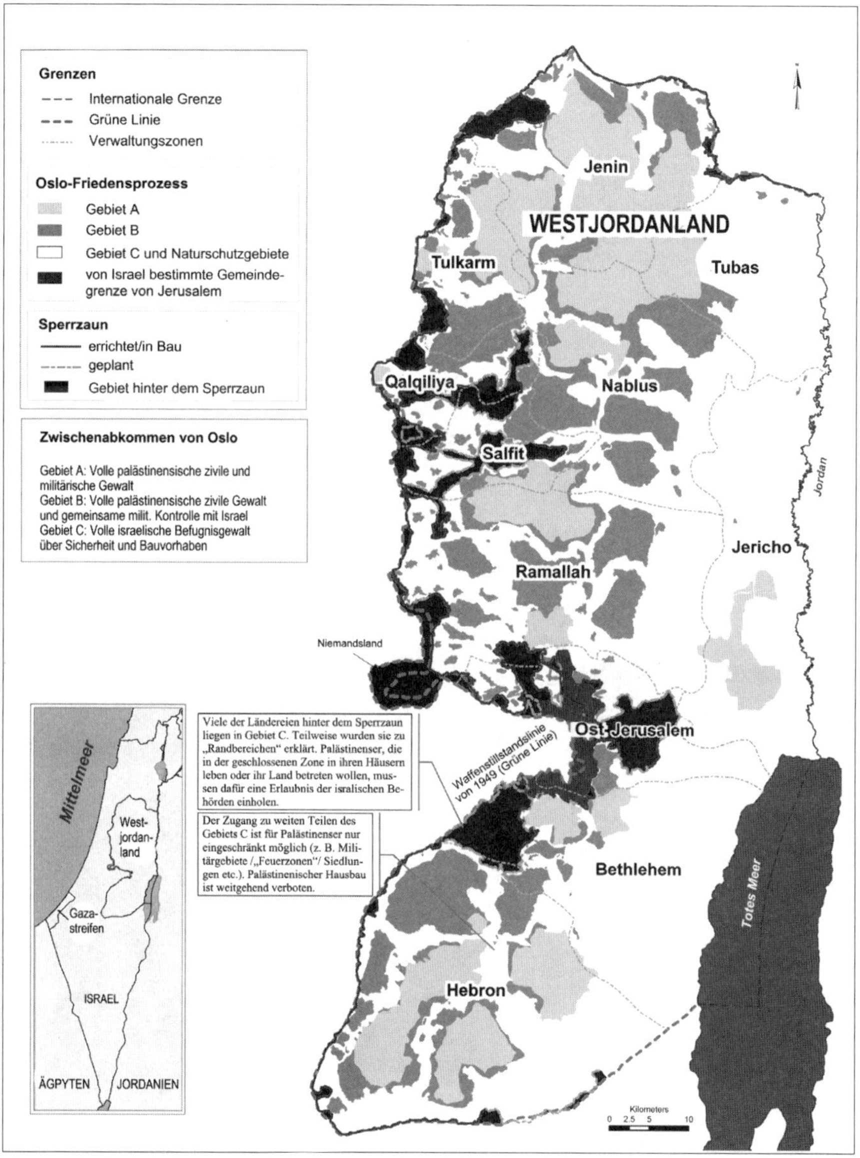

Siedlergewalt in der Westbank

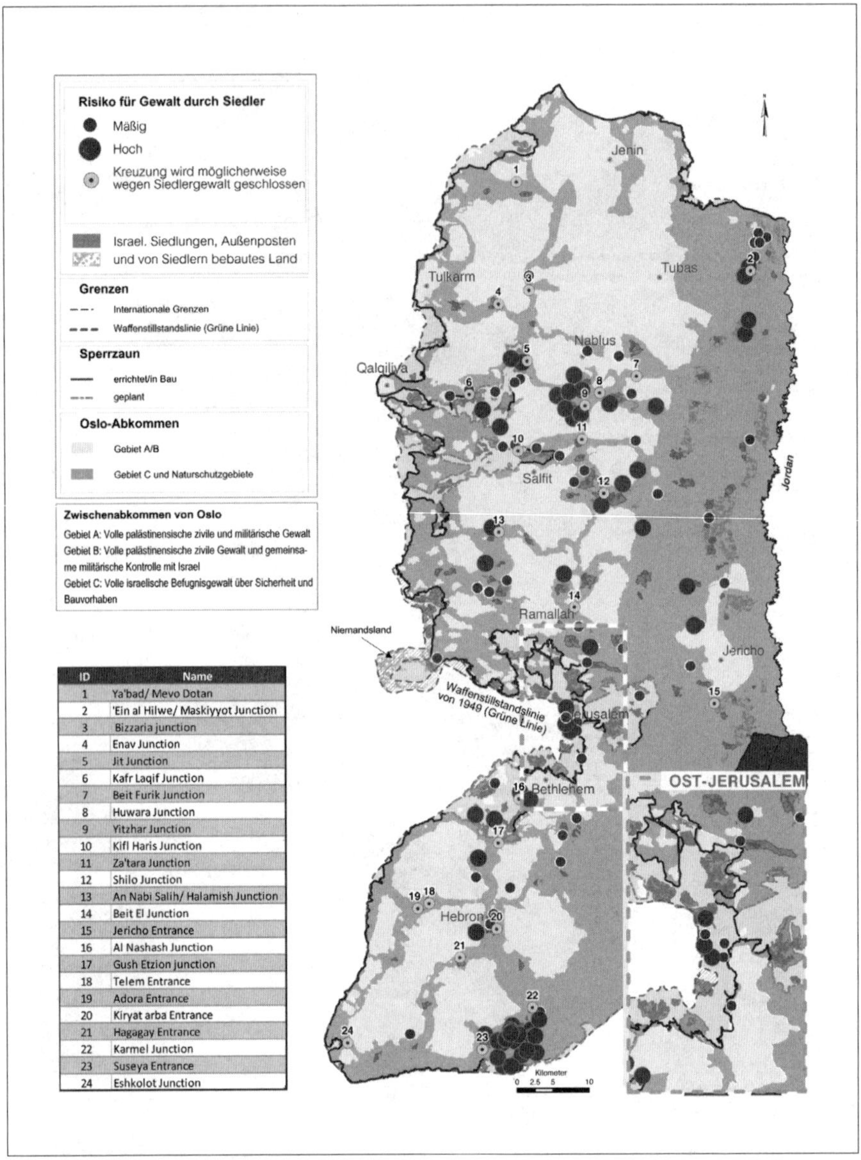

ID	Name
1	Ya'bad/ Mevo Dotan
2	'Ein al Hilwe/ Maskiyyot Junction
3	Bizzaria junction
4	Enav Junction
5	Jit Junction
6	Kafr Laqif Junction
7	Beit Furik Junction
8	Huwara Junction
9	Yitzhar Junction
10	Kifl Haris Junction
11	Za'tara Junction
12	Shilo Junction
13	An Nabi Salih/ Halamish Junction
14	Beit El Junction
15	Jericho Entrance
16	Al Nashash Junction
17	Gush Etzion junction
18	Telem Entrance
19	Adora Entrance
20	Kiryat arba Entrance
21	Hagagay Entrance
22	Karmel Junction
23	Suseya Entrance
24	Eshkolot Junction

Israelische Siedlungen in der arabischen Altstadt von Jerusalem/al-Quds

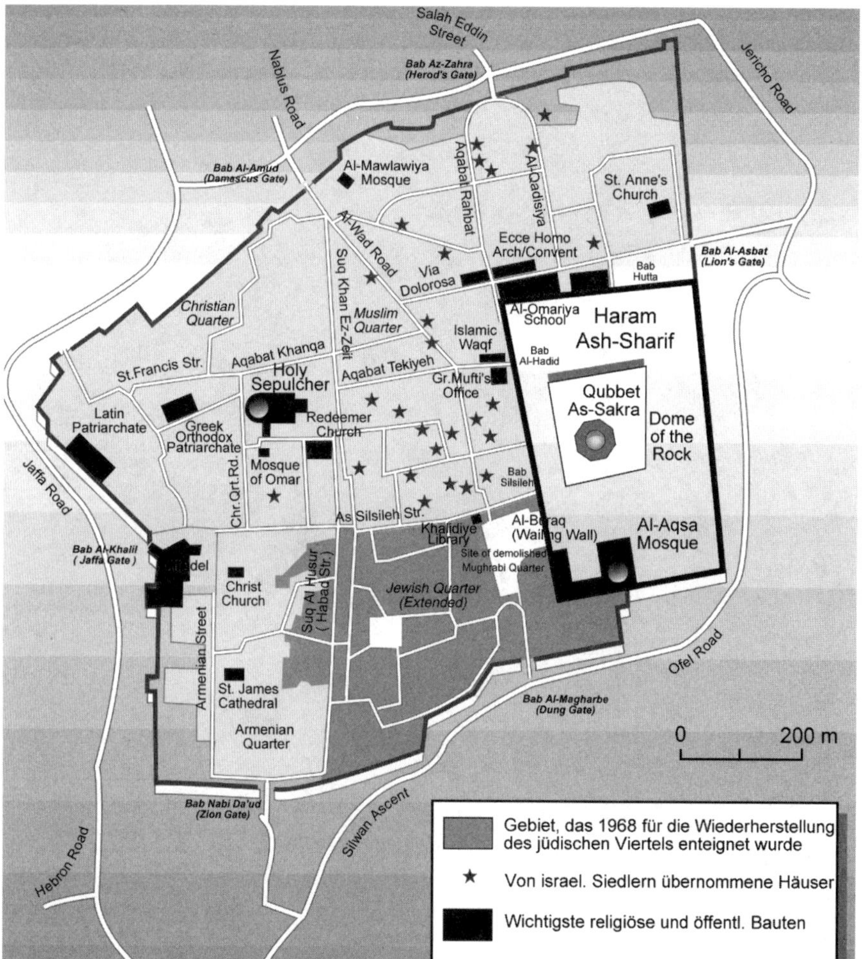

Israelische Siedlungen in und um Jerusalem

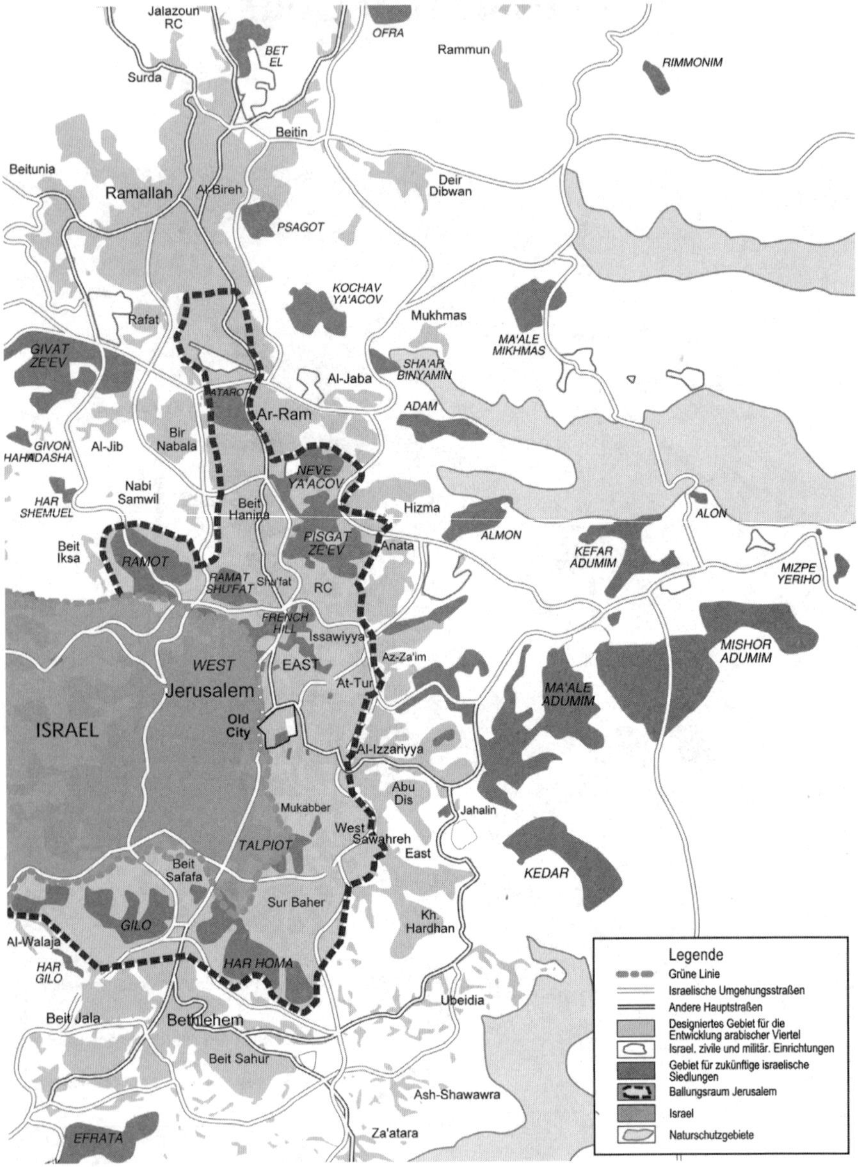